高等院校经济学管理学系列教材

华东政法大学
课程和教材建设委员会

主　任　何勤华
副主任　杜志淳　顾功耘　刘晓红　林燕萍　唐　波
委　员　刘宪权　吴　弘　刘宁元　罗培新　杨正鸣
　　　　　沈贵明　余素青　范玉吉　张明军　高富平
　　　　　何明升　杨忠孝　丁绍宽　闵　辉　焦雅君
　　　　　陈代波　金其荣　贺小勇　徐永康
秘书长　唐　波（兼）

中央银行理论与实务

(第二版)

陈 燕 ⊙ 主编

北京大学出版社
PEKING UNIVERSITY PRESS

图书在版编目(CIP)数据

中央银行理论与实务/陈燕主编.—2版.—北京:北京大学出版社,2013.1
(高等院校经济学管理学系列教材)
ISBN 978-7-301-21789-4

Ⅰ.①中… Ⅱ.①陈… Ⅲ.①中央银行-高等学校-教材 Ⅳ.①F830.31

中国版本图书馆 CIP 数据核字(2012)第 300955 号

书　　　名：中央银行理论与实务(第二版)
著作责任者：陈　燕　主编
责 任 编 辑：赵圆圆　徐　音　王业龙
标 准 书 号：ISBN 978-7-301-21789-4/F·3448
出 版 发 行：北京大学出版社
地　　　址：北京市海淀区成府路 205 号　100871
网　　　址：http://www.pup.cn
新 浪 微 博：@北京大学出版社
电 子 信 箱：law@pup.pku.edu.cn
电　　　话：邮购部 62752015　发行部 62750672　编辑部 62752027
　　　　　　出版部 62754962
印　刷　者：三河市博文印刷有限公司
经　销　者：新华书店
　　　　　　730 毫米×980 毫米　16 开本　24.25 印张　464 千字
　　　　　　2005 年 6 月第 1 版
　　　　　　2013 年 1 月第 2 版　2014 年 12 月第 2 次印刷
定　　价：45.00 元

未经许可,不得以任何方式复制或抄袭本书之部分或全部内容。
版权所有,侵权必究
举报电话:010-62752024　电子信箱:fd@pup.pku.edu.cn

前　言

金融经济的快速发展与国际化趋势，使中央银行日益成为经济体系中最为重要的组成部分，成为经济运行的轴心。中央银行在宏观经济调控中的作用的不断强化，推动着中央银行理论与实务的发展。

本教材以中央银行履行其职责的内部运作方式和对金融及经济在微观和宏观方面产生的客观影响为主要线索，从理论与实务的角度，重点围绕中央银行所承担的三大基本职责——制定和执行货币政策、提供金融服务、监督管理金融业，分四部分系统阐述现代中央银行理论与实务。第一部分为中央银行制度，主要介绍中央银行产生和发展的一般规律，以及现代中央银行制度的类型、结构等基本理论；第二部分为中央银行业务，具体研究中央银行资产负债、统计分析、支付清算、代理国库等业务活动的内容、特点及其与中央银行发挥职能作用的关系；第三部分为货币政策，着重阐述中央银行货币政策构成、传导以及政策效果等方面的理论与实务；第四部分为金融监管，主要介绍中央银行金融监督管理理论与模式，着重阐述中央银行对银行业监管方面的内容。

自 2005 年《中央银行理论与实务》出版以来，全球经历了一场史无前例并仍在演化之中的金融危机。这场危机使全球中央银行面临全新的挑战，中央银行货币政策工具、货币政策操作方式以及金融监管都在快速的调整之中，凡此种种，构成了本教材修订的理由。在本修订版中，我们参阅了大量最新资料，对原教材各章内容进行了修改，力图将中央银行在上述领域的新变化反映在新版教材中。

本教材坚持理论联系实际，注重基本理论分析，注重现实与未来的结合，中国实际与国际惯例的结合，宏观与微观的结合，理论与实际的结合，反映学科研究的新成果和金融发展的新趋势。本书内容全面，资料充实，结构新颖。本书除可作为大学教材外，也可供金融系统和其他经济管理干部阅读参考。

本书由陈燕教授任主编。各章编写作者如下：许景波、王培（第一、二、三章），陈燕（第四、五、八、九、十、十一、十二章），吴光明（第六、七章），崔瞳、李星星（第十三、十四章），赵月（第十五章）。

在本书的写作中，编者参阅了大量有关文献资料，在此谨致谢意。由于我们水平有限，加之中央银行理论与实务发展变化较快，不足之处在所难免，敬望各位读者不吝赐教。

作　者
2012 年 7 月

目 录

第一篇 中央银行制度

第一章 中央银行制度的产生和发展 ……………………………… (3)
　　第一节　中央银行制度的产生 …………………………………… (3)
　　第二节　中央银行制度的发展 …………………………………… (17)
　　第三节　我国中央银行的演变 …………………………………… (28)

第二章 中央银行制度的类型和结构 ……………………………… (32)
　　第一节　中央银行的组织形式 …………………………………… (32)
　　第二节　中央银行的结构 ………………………………………… (37)

第三章 中央银行的性质和职能 …………………………………… (59)
　　第一节　中央银行的性质 ………………………………………… (59)
　　第二节　中央银行的职能 ………………………………………… (63)
　　第三节　中央银行的独立性 ……………………………………… (69)

第二篇 中央银行业务

第四章 中央银行资产负债业务 …………………………………… (81)
　　第一节　中央银行的资产负债表 ………………………………… (81)
　　第二节　中央银行的负债业务 …………………………………… (89)
　　第三节　中央银行的资产业务 …………………………………… (100)

第五章 中央银行的统计分析业务 ………………………………… (108)
　　第一节　金融统计分析概述 ……………………………………… (108)
　　第二节　货币与银行统计分析 …………………………………… (112)
　　第三节　资金流量统计分析 ……………………………………… (127)

第六章 中央银行的支付清算业务 ………………………………… (136)
　　第一节　中央银行支付清算业务概述 …………………………… (136)
　　第二节　主要国家和地区支付清算体系及其运作 ……………… (148)
　　第三节　支付清算体系的风险及其管理 ………………………… (161)

第七章　中央银行的其他业务 …… (167)
 第一节　中央银行的代理国库业务 …… (167)
 第二节　中央银行的会计业务 …… (173)

第三篇　中央银行与宏观调控

第八章　货币政策概述 …… (179)
 第一节　货币政策体系运行 …… (179)
 第二节　货币政策体系中诸变量之间的关系 …… (180)
 第三节　货币政策决策机构与程序 …… (184)
 第四节　货币政策操作规范 …… (187)

第九章　货币政策目标 …… (197)
 第一节　货币政策最终目标 …… (197)
 第二节　货币政策操作目标和效果目标 …… (205)
 第三节　通货膨胀目标制 …… (219)

第十章　货币政策工具 …… (227)
 第一节　法定存款准备金政策工具 …… (227)
 第二节　再贴现政策 …… (243)
 第三节　公开市场业务 …… (252)
 第四节　其他政策工具 …… (261)

第十一章　货币政策传导机制 …… (268)
 第一节　货币政策传导机制理论 …… (268)
 第二节　货币政策传导的具体渠道 …… (279)
 第三节　主要国家货币政策传导机制分析 …… (284)

第十二章　中央银行货币政策效应 …… (289)
 第一节　货币政策对货币供给的影响 …… (289)
 第二节　货币政策对经济的影响 …… (292)
 第三节　货币政策效应分析 …… (300)

第四篇　中央银行与金融监管

第十三章　金融监管概述 …… (309)
 第一节　金融监管及其必要性 …… (309)
 第二节　金融监管的目标与原则 …… (313)
 第三节　金融监管的内容与方法 …… (317)
 第四节　金融监管制度的选择 …… (322)

第十四章 中央银行对银行业金融机构的监管 (331)
第一节 银行业金融机构市场准入、退出监管 (331)
第二节 中央银行对商业银行日常经营的监管 (338)
第三节 银行业监管的国际准则——巴塞尔资本协议 (342)

第十五章 中央银行对外汇、外债和国际储备的监管 (356)
第一节 中央银行对外汇的监管 (356)
第二节 中央银行对外债的监管 (364)
第三节 中央银行对国际储备的监管 (375)

主要参考文献 (381)

第一篇 中央银行制度

第一篇　中央集権制度

第一章 中央银行制度的产生和发展

> **内容提要**

从现代的标准观察,中央银行是一个国家为实行总体经济目标、保证国家货币政策正确制定和执行,防范和化解金融风险,维护金融稳定而设立的特殊金融管理机构,担负着调节和控制全国货币流通和信用活动的重任。它是发行货币的银行,一般垄断着国家货币发行权;是政府的银行,一般由政府出资或者受政府控制,同时经理国库为政府提供金融服务;是银行的银行,其主要的业务对象是普通银行业金融机构,组织或者协助组织银行业金融机构相互之间的清算系统,保管准备金,并充当银行业金融机构的最后贷款人。然而,任何一种制度的形成都是历史的产物,中央银行的上述职能和特性并不是与生俱来的,而是经过几百年的演进才得以形成。本章首先介绍中央银行产生及其发展过程,并通过全球具有代表性的中央银行制度的分析,阐述中央银行制度的构成及其发展变迁。

第一节 中央银行制度的产生

一、中央银行制度产生的社会经济条件

(一)中央银行产生是社会经济发展客观需要

在银行的产生、演进的历史过程中,中央银行的产生晚于商业银行。就中央银行作为一个国家组织机构而言,各国中央银行建立和发展的道路是不尽相同的,有的是从商业银行发展而来,如英格兰银行;有的从它诞生那一天起就是中央银行,如美国联邦储备银行。如果我们抛开各国中央银行发展的个性特点,仅就其作为一种制度进行考察,中央银行制度的形成和发展有着更深层次的经济原因。在银行业的早期发展过程中,信用制度特别是银行信用体系比较脆弱,因此,银行资本的扩大、业务活动的创新和银行信用规模的扩大缺少有效的、稳定的制度保障。从某种意义上说,社会经济发展的客观需求是催生中央银行产生的基本动力。

1. 满足政府融资的需要

在银行业形成的初期,银行借款的对象主要是商人和一些挥霍无度的王公

贵族。自然灾害的发生和国家战事的频繁,使国家的财政匮乏。如果单纯通过增加税收和减少政府开支的方法,很难解决实际的困难。因此,政府开始将目光投向银行家集团,为填补财政亏空,政府逐渐成为银行的常客。17世纪末英国威廉三世时,国家经济发展陷入前所未有的困境,需要大量的款项。但是当时的银行规模普遍较小,没有为国家提供大额贷款的能力;同时,高利贷盛行,大量借款后利息负担很重。根据当时的客观情况,1694年7月27日英国国会通过法案设立英格兰银行,准许其取得不超过资本总额的银行券发行权,并代理国库。从此,英格兰银行就成为政府的融资工具和国库经理人。通过英格兰银行不断提供的贷款,政府避免了社会动荡的发生。到1746年止,英格兰银行向政府发放的贷款额达到了1168.68万英镑。"英国政府稳定,英格兰银行亦随之稳定"[①]。实际上,世界各国早期形成的中央银行,几乎无一不是为了解决政府融资问题而建立的,中央银行和政府之间形成的关系,已经不是一般意义上的借贷关系。中央银行一开始就具有"政府的银行"的职能。

2. 银行券统一发行的需要

在银行业形成的初期,商业银行都有发行银行券的权力。随着资本主义工业革命的发展和社会生产力的提高,工业场主为了扩大生产规模,对资本的需求日趋强烈。同时,由于当时的存款业务没有得到充分的发展,各商业银行不得不依赖发行银行券的方式增加银行的资金,以解决资金不足的问题。于是,当时社会上就出现了多种银行券并行流通的局面。如果每家银行都能够保证按时兑现自己发行的银行券,问题就不会出现了。但是,银行券分散发行的制度存在诸多弊端,为经济危机的爆发埋下了隐患。首先,银行券流通存在地域限制。一般商业银行规模比较小,资金、信用、分支机构都十分有限,业务活动地域范围的限制造成其发行的银行券也只能在一定的范围内流通。随着生产力的发展,商品流通必然要求冲破区域的限制,形成统一的市场。于是,商品市场的统一性、流通区域的无限性和银行券流通区域限制性就发生了矛盾。这就要求银行券成为能在全国市场流通的一般信用工具,否则,将阻碍商品经济的发展。其次,分散发行的银行券得不到可靠的保证。众多发行银行券的小银行信用功能薄弱,信用度较差,它们发行的银行券往往不能兑现。一些银行甚至利用交通和结算不便的因素,故意把银行设在偏远地区,以逃避客户兑现。尤其在经济危机时期,这种情况更加普遍,从而使货币流通趋于非常混乱的状态。因此,客观上要求国家有一个资力雄厚并且具有权威的银行机构,发行能在全国流通的货币并保证能随时兑现。到20世纪20年代末,已经建立中央银行的国家,其货币发行权基本

[①] 〔英〕亚当·斯密:《国民财富的性质和原因的研究》(上卷),郭大力、王亚南译,商务印书馆1972年版,第294页。

上得到了不同程度的集中,中央银行"货币发行的银行"地位得以确立。

3. 解决银行支付保证能力,充当最后贷款人的需要

随着商品生产和流通的不断扩大,对贷款的需求量不断提高,还款周期延长。商业银行以自己吸收存款来发放贷款已经远远不能满足借款人的资金需要。另外,如果有些贷款不能按期还款甚至成为银行呆账,或者出现突然性的挤兑,一些银行就会发生资金周转不灵、兑现困难,甚至破产。这些问题,虽然一定程度上可以通过同业拆借、透支和向存款准备金充足的大银行提前准备的方式解决,但是,同业之间的存款准备在数量上有一定的虚拟性质,同业拆借和透支的数量也很有限。在这种情况下,有必要适当集中各家商业银行的一部分现金准备,在部分商业银行发生困难时给予必要的支持。于是,客观上要求建立一个实力强大、信用卓著并能随时提供有效支付手段的机构以金融机构最后贷款人的身份支持陷入资金周转困难的银行。例如,英格兰银行由于具有良好的信誉,并且拥有许多银行的同业存款准备,因此在19世纪的历次经济危机中不仅本身安然无恙,而且为一般银行提供贷款,为国家对经济实行宏观调节起重要作用。在中央银行史上,英格兰银行最早地确立了"银行的银行"的地位。

4. 统一票据交换和清算交割的需要

商品经济的发展和银行业务的扩大,使得银行每天处理的票据数量不断增加,各个银行之间的债权债务关系日趋复杂化。与之伴随,银行每天都有大量的资金需要清算交割。虽然在当时一些大中城市中也建立了票据交换所,但还不能为所有的商业银行服务和从根本上解决全国性票据结算问题。实际上,不仅异地银行之间的清算矛盾突出,而且同城银行之间清算程序也很复杂。因此,这在客观上要求建立一个统一的、在全国有权威的、公正的票据交换和债权债务的清算机构,作为票据支付体系的中心,而这个中心只能由中央银行担任。

5. 对金融业实施监督和管理的需要

虽然随着各国中央银行独立性的加强,中央银行的货币政策和金融监管职能逐步分离,但是在中央银行产生初期,对金融业进行监督和管理是其产生的诱因之一。商品货币经济关系的发展,使得银行和其他金融机构在整个社会经济中的地位和作用日益重要。中央银行独占货币发行,稳定了货币流通;通过组织全国的资金清算,促进了商品生产和流通;充当商业银行的"最后贷款人",提高了商业银行的信用度,增强了信誉稳定性。但是,金融业是一个十分特殊的行业,它存在着很高的风险,尽管金融风险并不一定必然发展成为严重的金融危机,但两者存在着紧密的联系,轻微的金融风险若不及时处理,就会在一定条件下转化为不可挽回的金融危机。因此,为了保证金融业公平有序竞争,减少金融风险的发生,政府对金融业实施监督管理就显得很有必要。

在资本主义从自由竞争阶段向垄断阶段的转变时期,中央银行制度还很不

健全,人们对金融业的监督管理的意识还是很淡薄的,所以在20世纪20年代以前的中央银行对金融业的监督管理是比较松懈的。1929至1933年间,资本主义世界爆发了人类历史上规模最大的经济危机。在危机中,首先受到冲击的是金融业,大批的银行破产倒闭,货币制度崩溃,国家信用瓦解。在危机中及危机后,人们痛定思痛,开始对本国金融业的安全防范机制重新审视,各国对金融业的监督管理意识明显加强。但是,政府对金融业进行监督和管理必须依靠专门的机构来实施,这时,将金融业的经营活动置于中央银行的严格监督管理之下无疑是政府对金融业宏观调控的最好方式。为此,美国、法国、比利时、瑞士等国家,在20世纪30年代至40年代相继通过新的法律,在银行业准入、贷款限制、经营范围、业务范围、存款保险、资本充足率等方面加强了中央银行的监督管理职能,为金融业的稳定和发展提供了有效的保障。

(二)中央银行产生的社会经济条件

17世纪初至19世纪初,随着社会生产力的迅速发展和商品流通的迅速扩大,商品经营者对货币和信用的要求日愈迫切。马克思曾经指出:"兑换业和金银贸易是货币经营业的最原始的形式"[1]。作为金融业核心的银行业是商品、货币和信用关系发展到一定阶段的必然产物。人们一般认为,近代银行业起源于中世纪资本主义萌芽较早的意大利威尼斯等城市。当时的威尼斯是著名的国际贸易中心,商贾云集,市场繁荣。各国的商人携带的是不同形状、不同成色、不同重量的各种铸币。商品的买卖,必然伴随着货币的兑换,于是,单纯从事货币兑换业并从中收取手续费的专业货币商便开始出现和发展起来。商业银行制度的逐渐形成,给中央银行制度的产生提供了必要的前提。一方面,社会上已经出现了一些大银行,它们拥有大量的资本并且在全国范围内享有较高的信誉,基本上垄断了全国的货币发行,控制着其他的中小银行;另一方面,由于银行券的分散发行、货币流通的紊乱、银行破产的信用纠葛,政府迫切需要对银行业及其金融活动进行有效的监督管理。因此,当一国政府谋求一个对全国银行和有关的金融活动履行监督和管理职责的代理人时,就需要政府出面使这些大银行的特殊地位和职能合法化。这样,中央银行便应运而生。

一般认为,中央银行得以产生必须具备客观的社会经济条件:

1. 商品经济的发展、银行信用事业的兴起、庞大的银行体系的出现,是中央银行赖以发挥作用的基础。在资本主义工业革命浪潮的推动下,社会生产力和商品流通得到迅猛的发展,与其相呼应,对货币信用业务的要求日趋强烈,孕育了资本主义银行业的产生。美国在1781至1861年的80年中,各地就新建了2500家银行。起初,每家银行都有发行银行券的权力,如果每家银行都能保证

---

[1] 《马克思恩格斯全集》(第二十五卷),人民出版社1975年版,第356页。

自己发行的银行券能够随时兑现,问题就不会出现了。但是实际上,银行林立,恶意挤兑,逃避兑现客户的情况时有发生,由此导致的连锁反应社会危害极大。这样就需要有一个机构能够成为国民经济信用体系的神经中枢,正如马克思在《资本论》中指出:"中央银行是信用制度的枢纽。"①

2. 多层次银行的存在、多种负债形式的创造及其债务相互之间的转让是现代经济支付体系的核心。在此基础上发育起来的全国性金融市场,是中央银行发挥宏观调节职能的必要条件。

3. 经济生活的逐步社会化和国际化、各国银行业的普及化,使国内外错综复杂的货币信用关系得到相应的发展。中央银行有可能通过货币政策传导对商业银行、专业银行和其他金融机构的货币信用规模结构的及时调整,从而间接促进或者影响社会生产资料和消费资料的生产和分配。

4. 由于统一民族国家相继形成,中央政权不断加强,通过国家干预经济,宏观调控理论崛起并发展,为中央银行宏观管理体制的演变与发展创造了良好的社会经济环境和条件。当然,这些环境条件在不同历史时期所具备的程度不同,因而形成各国中央银行制度的不同民族特性。

二、中央银行的产生及其初期发展阶段

中央银行产生于 17 世纪后半期,而形成中央银行制度,则是在 19 世纪初期。世界历史上最早执行中央银行职能的银行是 1656 年由私人创立的瑞典里克斯银行(Sveriges Riksbank),在其成立之初就把银行划分为两个独立的部门,一个是汇兑银行,另一个是贷款银行。1661 年里克斯银行在欧洲首次发行银行券,以作为硬币的替代物。以此为开端,西方国家中央银行如雨后春笋般地涌现。

专栏 1-1

现代中央银行的滥觞——瑞典国家银行

瑞典国家银行(The State Bank of Sweden)始创于 1668 年,是瑞典的中央银行,也是世界上历史最悠久的中央银行。瑞典国家银行的前身是瑞典里克斯银行,它成立于 1656 年,由私人创立;1661 年在欧洲首次发行银行券,作为硬币的替代物,由此成为欧洲第一家发钞银行;1668 年瑞典政府将其改建为瑞典国家银行,并收归国有,对国会负责。由于它最先冠以国家的名称,最先享有发钞权,所以被称做现代中央银行的滥觞。

---

① 《马克思恩格斯全集》(第二十五卷),人民出版社 1975 年版,第 648 页。

但瑞典国家银行却未能成为现代中央银行的鼻祖,其原因有:第一,瑞典国家银行的早期业务主要属于商业性质;第二,虽然它最先享有货币发行权,但是1830年以后,其他无责任银行相继成立,另有28家商业银行同时发行银行券。直至1897年,瑞典国家银行才通过政府法案独占货币发行权。因此,一般认为,英格兰银行才是现代中央银行的鼻祖。

(一) 英格兰银行的产生及其初期发展

英格兰银行(Bank of England)被学术界普遍认为是中央银行制度发展史上的重要里程碑,世界上一般认为它是中央银行的鼻祖。英格兰银行始建于1694年,它是根据国王特准法唯一一个由英国议会批准设立的股份制银行。成立时的主要目的是解脱政府在英法战争中的财政困境,因此从一开始就和政府有着密切的联系。

英格兰银行成立早期主要从事政府债券业务,即把英国政府在长年战争中发行的各种各样的债券改变成分散的长期借款。从表面上看它从事的经营业务与一般的商业银行也没有什么显著的区别,但是,实际上它却拥有许多政府赋予的特权。如,虽然在英格兰银行成立时,其他银行商业银行也有发行银行券的权力,但英格兰银行却还可以以政府债券为抵押发行等值银行券,有向政府放款和代理国库、管理政府债务的权力。并且,英格兰银行的放款能力可以超过其存款额度的限制。这些特权决定了曾经独占金融市场的金匠和其他金融机构在业务竞争上和英格兰银行不可相提并论,因为,他们都不能背靠政府,而只能以存养贷,依靠吸取存款开展业务。难怪迪克森认为:"英格兰银行的成功是一场金融革命,这场革命使人口仅有法国三分之一的英格兰能够在整个18世纪的战争中一次一次地打败法国。"[①]

为了进一步强化英格兰银行的地位,1826年英国议会通过《1826年银行券法》(Bank Notes Act of 1826)。根据该法案,其他银行虽然仍可以发行银行券,但是其面额不得低于5英镑,并且这些银行的银行券的发行和流通限制在距伦敦65公里之外,以示有别于英格兰银行。英格兰银行就成为唯一一个在伦敦周围65公里内发行银行券的股份银行,在利物浦勋爵的指示下,英格兰银行还可以在伦敦65公里外设立分行,目的是逐步把乡村银行的银行券发行权也拿过来。[②] 1833年英国议会又通过一项法案,规定只有英格兰银行发行的银行券才具有无限清偿的资格,这是英格兰银行成为中央银行迈出的决定性的一步。

1844年,当时担任英国首相的皮尔根据通货学派的主张,主持拟定并最终由英国议会通过了《1844年银行特许法》(Bank Charter Act of 1844,又称《皮尔

---

① 转引自〔美〕P.金德尔伯格:《西欧金融史》,徐子健等译,中国金融出版社1991年版,第105页。
② 参见同上书,第117—118页。

法》,Peel Act)。① 该法案规定:(1) 英格兰银行内部,可以分设发行部和银行部。发行部的货币发行必须以金币或者金块为主要准备。银行券保证兑现。(2) 货币流通数量有最高限额,即英格兰银行只能发行 1400 万英镑,仅对政府借款作保证。超过限额的应当以金银作为发行准备。(3) 其他银行虽然仍可以发行银行券,但是其发行定额不得超过 1844 年 4 月 27 日前 12 年的平均数。若有放弃银行券发行权、破产或者合并的,都不得再发行银行券。这一法案的颁布促进了银行券发行的日益集中,使英格兰银行成为英国正式的货币发行银行。

由于英格兰银行对银行券发行权的日益独占,作为政府银行的代理职能日益增强,再加上该行发行的银行券信用稳固,因此,从 18 世纪起,许多其他商业银行为了业务的方便开始把一部分现金准备入英格兰银行。它们之间的债权债务关系也都通过英格兰银行来划拨冲销,票据交换的最后清偿也通过英格兰银行进行。英格兰银行作为清算银行的职能在 19 世纪逐渐得到确立和巩固,收款银行和付款银行均在英格兰银行开立了账户。到 1854 年,英格兰银行发展成为英国行业的交换中心即清算中心。这样,英格兰银行便逐渐成为"银行的银行"。

在 19 世纪后半叶,随着科学技术的进步和信息技术的发展,各地金融中心的联系日益增强,世界上开始出现较为集中的金融中心。自法国巴黎金融市场崩溃之后,伦敦成为世界上最大的金融市场,英格兰银行的资产和负债数量急剧上升,其调节信用的功能也随之增强。尤其在 1873 年,由于英格兰银行调节信用得当,英国政府安然度过了当时席卷欧洲的金融恐慌,英格兰银行对于稳定金融市场起着不可替代的作用。这不仅提高了该行的国际信誉,而且也使英格兰银行最终成为英国的中央银行,并且对世界其他国家的中央银行制度发生了重大的影响,为现代中央银行理论和实务奠定了基础。

(二) 美国中央银行制度的产生和发展

美国中央银行的萌芽历史比欧洲晚,其确立经历了漫长的摸索过程。与英国不同,美国的中央银行不是由商业银行演变而来,而是出于国家利益和金融管理的需要,最后由政府以法律的形式确定下来。此后,美国政府又不断地依法律的形式强化中央银行的地位,使中央银行真正成为国家干预经济的重要

---

① 《1844 年银行特许法》的立法背景是 1825 年、1837 年及 1844 年的商业危机。这些危机本质上是生产过剩危机,但是从货币信用领域开始爆发,其特征是股市大跌,支付手段缺乏,信用中断,存款逼提,贷款被迫冻结,银行倒闭,黄金外流,存款人和银行券持有者对银行失去信心。人们认为货币信用问题是危机的根源,开始寻求防止危机的方法,进而酿成一场关于银行券发行担保问题的大讨论。银行学派认为银行券是为了供应商业需要,应当由银行资金决定,政府不应进行过多干预。通货学派认为银行券乃现金代用品,政府应对发行准备加以规定。最终,该法采取了通货学派的主张。

工具。

1. 重要的尝试——美国第一银行和美国第二银行的经历

美国最早的现代意义的银行是成立于1781年5月16日的北美银行,由大陆会议批准成立。但包括北美银行在内的多家商业银行为各自利益所驱动,竞相发行银行券,之后支付不足及其他经营管理中的弊端逐渐暴露。1791年2月25日,华盛顿总统签署了美国第一银行(The First Bank of the United States)成立的特许状。美国第一银行在联邦政府注册,注册有效期限是20年,采取股份制。这是1789年美国独立战争后,政府批准设立的第一家国家银行,其设立的动机主要是为解决联邦政府的财政供给问题,并不是为了监督、管理和发展商业银行业务。美国第一银行注册资本1000万美元,分为2.5万股,每股400美元,美国联邦政府拥有该行20%的股权,其他的80%股权向公众(包括外国人)募集,就规模而言,是当时美国最大的银行。该行董事会由25人组成,其中5人由联邦政府任命。总部设在费城,同时在纽约、华盛顿和波士顿等地设立了8家分行。它的任务是:第一,代理联邦政府管理国库;第二,对其他商业银行的贷款及银行券的发行进行管理;第三,向联邦政府提供贷款;第四,通过拒收过度发行的各州立银行的银行券,或者收进各州立银行发行的银行券后要求兑换金银等方式,借以管理各州立银行等等。虽然美国第一银行还不是真正意义上的中央银行,但它的这些业务都具有中央银行的某些特征。当时美国各州立法机构,均各自制定银行法案,允许申请注册经营银行业务,美国第一银行对各州立银行的管理阻碍了它们业务的拓展,因此,遭到州银行的反对。1811年当其注册期届满后,各州立银行都力图将其扼杀。它们认为美国第一银行不符合联邦体制,中央集中的财权过大,违法美国的宪法;主张实行财政地方分权制,加强各州财政自主权。双方的矛盾除了直接反映了美国第一银行和州银行资金的利益冲突之外,实质上是联邦和州之间的权派之争。在共和党的极力反对下,国会以一票之差,否决了第一银行换领执照的议案,从而使第一银行不得不于1811年关闭。美国第一银行的建立,虽然有许多不尽如人意之处,毕竟迈出了国家对银行业进行监督和管理的第一步,为美国中央银行的建立提供了一个活生生的雏形。

美国第一银行被迫关闭之后,各州立银行的业务得到了空前的发展。州银行的数目在很短的时间内,就由1811年的88家增至1816年的246家,货币发行额从1812年的4500万美元增至1817年的1亿美元。各州银行滥发纸币,而且多数得不到兑现,币值大跌,市场通货膨胀严重。联邦政府因为接受贬值的或者根本没有价值的银行券遭受了大约500万美元的损失。设立中央银行的争议又起。这次,恢复金融秩序的呼声明显占了上风,时任财政部长的达拉斯提出了重建国家银行的议案。经过了5年的金融混乱之后,1816年4月10日,詹姆斯·麦迪逊总统签署特许状,成立美国第二银行(The Second Bank of the United States),①这是美国加强金融管理的第二次尝试。美国第二银行在组建、授权范围等方面都类似于美国第一银行,但规模有所扩大,资本总额为3500万美元,其中20%由联邦政府出资(通过发行政府公债支付),其余的80%由各州和社会公众认购,但是,任何单位和个人的认购额不得超过30万美元。该行注册期限仍为20年,董事会由25人组成,其中5人由总统直接任命,其余20人由私人股东选举产生。美国第二银行和第一银行一样,兼具有中央银行和商业银行的双重职能,其管理职能主要体现在以下两个方面:(1)管理货币流通。它通过发行资金的银行券逐步把各州发行的无法支付或者贬值的银行券逐出流通领域,使自己发行的银行券成为流通中的主要媒介,从而引导货币流通正常运行。(2)监督各州立银行清算和偿付债务。它一旦收到州银行的银行券,便立即向发行银行收款,这样一方面限制了州银行券的发行,另一方面可以保证货币清算系统的正常运行。这些很显然又再次触动了各州的利益,从而受到州政府部门、州银行、农场主和企业家的强烈反对。反对的理由仍然是违反宪法、联邦剥夺州的财政自主权和金融管理权集中等。迫于各方的压力,美国第二银行终于在1836年3月注册期限届满时延期申请未获批准而关闭。

在国际社会还没有形成中央银行的成熟理论和制度的背景下,在各种社会利益的剧烈冲突甚至引发宪法争论的情况下,美国政府建立第一银行和第二银行均以失败而告终。但这两次有益的尝试为美国乃至世界以后建立健全的、完整的宏观金融监督管理体系提供了重要的经验,开创了联邦政府管理银行的历史。同时,这段历史也告诉我们,中央银行的产生和演变与经济基础和政治斗争也有着密切的关联。

2. 美国的国民银行制度

自从美国第二银行被迫关闭以后,1833—1863年美国出现了一段自由银行制度时期,在这一时期只要符合各州银行法的规定就可以成立州银行。到1863年,美国各州银行的数量增至1600多家,贷款余额从第二银行时期的2亿美元增至5亿美元,州银行发行银行券有上千种。由于银行的资本不足,发行的银行券质量较差,加上信贷准备金保证欠缺,贷款风险很大,结果是货币体制紊乱,货币贬值,不少银行倒闭。面对这些情况,人们又重新认识到金融管理的必要性和重要性。1861—1865年美国发生了南北战争,资产阶级的北方对奴隶制的南方取得的节节胜利,给美国资本主义的发展以有力的刺激,在金融上也对货币信用提出了新的要求。1863年,为了结束此前的货币体制紊乱的状况和为南北战争

---

① 美国第二银行成立后,人们称1791年成立的美国银行成为美国第一银行。也有的学者将它们称为第一美洲银行和第二美洲银行。

筹措经费,美国国会通过《货币法》,1864年通过了《国民银行法》,这两项法案的宗旨是确立联邦政府对银行业监督和干预的权威地位,建立统一监管下的国民银行体系以取代经营分散的各州银行,从而协调货币流通,保证金融体系的稳定,防范金融风险。法律还规定,建立国民银行制度,在财政部下设立货币监理局,对国民银行实行管理和监督检查;凡是向联邦政府注册的国民银行可以根据其持有的政府公债发行银行券;任何州银行发行银行券之后都应当按照固定比例缴纳发行税。但是,国民银行制度也存在很多的弊端,主要有以下几个方面:

第一,存款准备金还极端分散,不能应付突然发生的金融动荡。《国民银行法》规定,国民银行分为三级,即中央储备银行、地方储备城市银行和地方银行。地方银行的存款准备金率是15%,中央储备银行、地方储备城市银行存款准备金率都为25%。这种存款准备金制度有很多缺点。首先,采取法定准备金缺少灵活性。各家银行必须满足法定准备金的要求,当准备金不足时,银行就不能发放任何新的贷款。如果银行已经贷出其存款储备所容许的最大限额时,所能采取的措施要么是停止发放新贷款,要么是立即收回旧的贷款,别无其他途径。其次,银行券的发行缺乏弹性。以前各州银行经常滥发银行券,给社会和个人带来了很大的危害,国民银行制度为了限制银行券的发行却又犯了矫枉过正的毛病。法律要求,国民银行发行银行券必须以持有政府的债券为基础,每家在联邦政府注册的国民银行每发行90美元的银行券必须在货币监理局存入100美元的政府公债,其发行额依照公债的价格升降而伸缩,而不能随着经济发展状况调节发行。最后,存款准备金的大部分在一定意义上是虚构的,即不能用来应付实际的对商业银行的提现。

第二,它没有提供一个高效率的票据清算系统。各银行之间的票据结算是单线联络、迂回进行的,彼此之间的结算关系十分混乱。不仅费时、交易费用增加,而且虚假票据或透支的支票也要经过较长时间才能够被发现,容易给银行造成不必要的损失。

第三,缺少能够担负调节社会需要的货币供应量的任务的机构。根据货币供应理论,货币需求具有明显的时间性,如果货币供应常年保持不变,缺乏弹性,就会导致金融市场的不稳定。

国民银行制度的建立虽然取得了一定意义的成功,初步建立了比较规范的银行体系,但是,它并没有实现取代州银行的初衷。由于对州银行的管理仍比较宽松,许多银行宁愿在州注册而不愿意在联邦政府注册。在这种仍不健全的银行制度下,美国1873、1893、1907年相继爆发了规模较大的金融危机。针对这些问题,人们开始对实行多年的银行体系进行深刻的反思,最后达成共识,认为唯有建立一个具有广泛权威的中央银行系统以监测全国金融系统的货币和信用才是保证金融安全的唯一出路。于是,1913年12月23日,美国国会通过了《联邦储备法》(Federal Reserve Act),美国真正意义的中央银行——联邦储备系统正式产生。

3. 联邦储备制度

根据1913年《联邦储备法》的规定,联邦储备银行(Federal Reserve Bank)的主要任务是提供一种有弹性的货币,为商业票据提供一种再贴现的手段,并在美国建立对银行更有效的监督。从法律规定看美国联邦储备系统初步具有发行的银行、政府的银行、银行的银行、管理金融的银行这四大职能,使得现代中央银行制度终于在美国建立起来。

联邦储备制度的主要特点有:(1)将全国分为12个联邦储备区,每区设立一家联邦储备银行,各联邦储备银行的资本金不得少于400万美元,在董事会的监督和管理下进行工作。在联邦储备银行的基础上设立联邦储备委员会(Federal Reserve Board),委员会由7名委员组成,其中财政和货币监理局长是当然委员。委员会具有广泛的权力,包括:要求会员银行缴纳存款准备金,对联邦储备银行会员银行进行监督和检查;批准联邦储备银行之间的相互贴现;监督联邦储备券的发行和收回等等。(2)强制国民银行以会员银行的身份加入联邦储备系统,符合条件的州银行可以自愿申请成为联邦储备系统的会员银行。任何会员银行都必须按照自有资本和公积金的6%认购所在区联邦储备银行的股票,联邦储备银行则按照6%的比例向会员银行支付股息。(3)建立存款准备金制度。会员银行必须按照规定比例向联邦储备银行交存存款准备金,该种存款不计利息。会员被划分为储备城市银行、城市银行和农村银行三种,其活期存款准备金率分别为18%、15%和12%,定期存款准备金率一律为5%。上述三种银行的准备金分别按照7/18、6/15、5/12的比例存放在所在区的联邦储备银行。(4)联邦储备银行可以对会员银行贴现的各种商业票据进行贴现,再贴现率可以根据经济状况和金融政策的要求随时调整。同时建立票据清算制度,一切会员均可以享受免费票据清算服务。

但是,联邦储备制度初期仍存在许多不足。如:它没有把大量的州银行置于联邦储备系统的监管之下,联邦储备系统建立以后,除了国民银行是强制加入之外,很少有州银行自愿加入;除国民银行和州银行外,美国还存在诸多的互助储蓄银行、储蓄贷款协会等其他金融机构,但初期的联邦储备系统并没有把它们列入监管之下;联邦储备系统严重依赖于财政,独立性较差。分散决策和管理,缺少权威和独立性使联邦储备系统在成立初期难以发挥其职能。需要注意的一点是,美国联邦储备制度建立于自由放任的经济思想占主导地位的时代,人们相信自由竞争和市场的自我调节能自动使经济达到均衡。

因此,初期的联邦储备制度的职能更侧重于服务,而不是强调宏观调节和控制。以至于有些学者认为:1913年的联邦储备系统基本是银行家之间的合作,其目的是增进银行安全,作为提供紧急资金的来源。①

(三) 第一次世界大战之前的其他西方国家中央银行的产生和初期发展

1. 德国的中央银行——德国国家银行

1790年,弗雷德里克大帝创建的皇家海外贸易公司(1772年成立)演变成为经营外汇信贷和代理国家贷款的银行,19世纪初它被改组为普鲁士国家银行。1846年它获得发行银行券的许可,成为银行券发行银行。随着普法战争中普鲁士的胜利,德国获得统一。政治的统一要求逐渐全国范围内的货币也实现统一,建立中央银行的必要性被提到议事日程上来。1871年,德国中央集权思想盛行,各发行银行券的银行共同推举普鲁士国家银行为中央银行,使其担负运用利率政策稳定全国信用的职责。1875年,以普鲁士国家银行为主体组建成德意志国家银行,履行中央银行的职责,其他发行银行(32家)在规定限额内仍保留发行权。但是,因为限制过严,15家发行银行立即陷入困境,放弃了经营。到1905年又有16家发行银行将其发行权转让给中央银行。②

普鲁士国家银行改组为德国国家银行后,原来属于普鲁士政府之资本和公积金全部退还。银行的所有资本金全部为私有,最初资本为1.2亿马克,公积金3000万马克,到1899年资本增至1.8亿马克,公积金为6000万马克,资本虽然属于私有,但德意志帝国政府仍然有权任命总裁。

2. 法国的中央银行——法兰西银行

法兰西银行成立于1800年,资本为3000万法郎,采取私人股份公司的形式,拿破仑及其周围亲近认购了其中的部分股份。从成立之时起,法兰西银行就与政府之间有着千丝万缕的联系。19世纪30年代,它曾经给君主政体的政府提供帮助;巴黎公社时期,法兰西银行为凡尔赛反革命集团提供了巨额的资助;普法战争中,它又成为向普鲁士投降的金融后盾。作为一位金融思想家,拿破仑竭力反对纸币和政府债券,反对投机和自由市场,成立法兰西银行的初衷也只是为了协助其处理现金事务。但是法国大革命使其以土地为担保的纸币发行过度,发生了严重的通货膨胀,货币的信用遭到彻底破坏。大革命以后,为了恢复千疮百孔的法国经济,建立新的经济和金融秩序,再加上拿破仑个人也开始意识到,政府对于货币发行权的监督和管理,与其分散于各家银行手中还不如集中于一家银行便于宏观调节,因此,法兰西银行便应运而生。

法兰西银行成立以后,由于其性质需要,在以后的发展中发生了一些明显的变化。第一,法兰西银行的业务范围和规模不断扩大。在业务上,除了发行货币

---

① 参见美国第88届国会听证记录《联邦储备系统50年》卷2(1964),第1495页。
② 参见〔美〕P.金德尔伯格:《西欧金融史》,徐子健等译,中国金融出版社1991年版,第178—179页。

之外,法兰西银行还经营贷款等商业银行业务,这是由于当时法国的资本主义发展较为落后,股份银行组织稀少,为了新兴资产阶级的需要法兰西银行不得不在全国普遍设立分行。资本到1809年增至9000万法郎,分支机构不断增多。第二,法兰西银行成立以后,逐步垄断了全国的货币发行权。拿破仑时期授权法兰西银行在银行地区拥有15年的货币垄断权,后来通过不断地合并其他各省银行,取得了统一的货币发行权,其发行的货币也成为全国性的法定货币。

3. 日本的中央银行——日本银行

日本银行是日本的中央银行。1868年日本发生了资产阶级革命——明治维新。为了建立现代银行制度,1870年明治政府派遣大藏少辅伊藤博文专程赴美,考察美国的货币银行制度。1872年颁发了《国民银行条例》,建立了国立银行,但它并不是国营,而是只有货币发行权的私立银行。1877年日本爆发了国内战争,给经济造成很大的破坏。1880年,日本又发生了通货膨胀,物价上涨,金银外流,金融秩序混乱。为了迅速制止通货膨胀,整顿国立银行,稳定金融秩序,明治政府于1882年6月颁布了《日本银行条例》,同年10月10日成立了日本银行。1883年,明治政府通过修改《国立银行条例》,把银行券的发行权集中到日本银行手中。1897年,日本利用在中日甲午战争中攫取的巨额战争赔款,作为实行金本位制度所需的黄金储备,颁布了《货币法》,修改《银行券兑换条例》,将全国的货币由日本银行发行的可兑换银行券统一起来。在垄断了日本货币的发行权后,日本银行中央银行的地位终于确立。

受英国银行制度的影响,日本银行采取政府和私人合股的股份公司的组织形式,资本额为1亿日元,其中政府股份占55%,私人股份占45%。在银行体系上,明治政府将新成立的日本银行置于商业银行之上,使其成为"银行的银行",并开展票据贴现业务。日本银行具有自身的特点:第一,形式上独立于政府之外,但实际上政府通过控股地位实行严密的监督和管理。由于日本银行的半数以上的资本来自政府,政府通过资本多数决达到控制的目的。此外,日本银行还设有国库局作为政府金库,集中处理国库事务,并为政府提供战时融资,使日本银行具有政府银行的色彩。[①] 第二,业务上具有银行券的垄断发行权。第三,私人股份在银行管理中的权利受到多重限制。虽然45%的股份来自于社会公众投资,但是日本银行没有股东大会或者类似于股东大会的议事机构,私人股东完全无权参与银行的经营管理。

4. 加拿大中央银行

加拿大银行是加拿大的中央银行。在西方发达资本主义国家中,加拿大是最晚建立中央银行制度的国家。英国在1694年就建立了英格兰银行,而加拿大

---

① 参见日本银行金融研究所编:《我国的金融制度》,1986年版,第492—498页。

银行建立于 1935 年 3 月 11 日,比英格兰银行晚了两百四十多年,比英联邦的其他国家也要晚。20 世纪 30 年代之前,加拿大人并没有建立中央银行的紧迫感。在加拿大银行成立之前的一百多年时间内,注册银行发行的钞票是流通中的主要货币,而且钞票发行管理得较好,具有一定的弹性,能够满足意外和季节性的变化需要。发生在 30 年代的经济危机使加拿大未能幸免于难,虽然加拿大在这次危机中没有一家商业银行倒闭,但是由于英国在 1931 年放弃了金本位制,各国的国际收支出现了严重的不平衡,各国开始实行浮动汇率制,加拿大的货币出现贬值。因此,加拿大政府在 1933 年指定了一个皇家金融委员会专门研究整个银行和货币制度的组织运行问题。同时,加拿大政府请求英国人麦克米伦[①]担任加拿大皇家银行和金融委员会主席。当时英联邦的其他所有成员国都已经或正在建立中央银行,世界的潮流是金融制度必须以中央银行为核心。该委员会于 1933 年 9 月向加拿大政府提交报告,主张成立中央银行。于是,加拿大银行于 1935 年 3 月正式成立,成为加拿大的中央银行。

　　加拿大银行成立之初便接管了政府发行货币的权力,同时逐步取消了注册银行发行货币的资格;加拿大银行又取代了财政部成为金融机构的最后贷款人,要求注册银行和其他属于加拿大支付协会的金融机构都必须以现金或者中央银行存款保持法定准备金,在银行出现严重的流动手段不足时,由加拿大银行提供必要的贷款,从而成为"银行的银行";加拿大银行还利用存款准备金、公开市场操作、再贷款、道义劝告和选择性的直接控制等手段调控货币和信用。

　　加拿大银行的主要特点有:(1)加拿大银行没有重复英格兰银行从商业银行向中央银行演变的老路,从诞生之时起就成为中央银行。(2)加拿大银行成立时是私营企业,但为了防止私人操纵,又严格限制私有股份的持有,股份极其分散。后来政府又将银行的全部私有股份收购回来,比英国和法国等老牌资本主义国家更早地实行国有化。(3)加拿大银行从成立时起就具有高度的独立性。

　　加拿大中央银行制度虽然建立较晚,但是从其产生来看,避免了长期的演变过程,在英国的帮助下迅速建立了中央银行,并比英法更早地实现国有,充分体现了该国的后发优势。

　　另外,其他一些中央银行还有:俄罗斯银行(1860)、保加利亚国家银行(1879)、罗马尼亚国家银行(1883)、意大利银行(1893)、乌拉圭银行(1896)、瑞士国家银行(1905)、大清户部银行(1905)、埃及国家银行(1898)等。

[①] 麦克米伦勋爵是英国的著名律师,曾经担任英国金融与工业皇家委员会主席,该委员会在 1931 年提出的麦克米伦报告是当时货币银行方面的权威性文献,在英国和世界上影响很大。

三、中央银行制度产生和初期发展的特点

我们通过历史分析的方法,分别考察了英国、美国、法国、德国、日本和加拿大中央银行产生的历史过程。从中我们可以看到,由于各国政治、经济、社会、文化等要素构成的基本国情不同,中央银行制度产生、内容也存在不同。但这些国家的中央银行制度的产生为世界其他国家中央银行制度的建立和发展提供了可以参考和借鉴的范本。因此,早期各国中央银行有着共同的特点:

1. 一般都是由普通的商业银行演变而来。商品经济的发展促进了银行业的形成;银行业的发展,催生了中央银行制度。早期的中央银行,比如说英格兰银行、法兰西银行都是从商业银行脱胎而来。起初,它们只是普通的商业银行,只是在之后的竞争中实力增强,政府为了调控经济和金融的需要,把这些信用卓著的银行置于特殊地位,才慢慢演变成专门的中央银行。

2. 从所有权方面来看,中央银行产生时一般都采取私人股份制或者政府和私人合股制,并不是完全由国家出资建立,采取国家所有。

3. 货币发行权逐步集中。在早期中央银行的发展中,其他商业银行仍享有银行券等金融媒介的发行权,后来由于政府出于财政方面的原因,授予了中央银行一定的垄断性的权力,如代理国库、接受政府存款、向政府发放贷款等,货币发行权才逐步集中。

4. 都具有一定的局限性。中央银行产生时并不完全具有宏观调控国内金融市场、实行货币政策、干预整个国民经济的职能。在产生初期,中央银行制度本身还不完善,货币发行权还没有实行完全垄断,国家干预经济的宏观经济理论还没有形成,人们还没有真正意识到中央银行在干预经济中的重要性。

第二节 中央银行制度的发展

一、中央银行制度的发展背景和原因

(一) 中央银行制度的发展背景

根据中央银行发展过程中的阶段性特点,理论上将其分为两个时期:中央银行制度的改组与推广阶段(19世纪末—第二次世界大战)和中央银行制度的发展完善阶段(第二次世界大战结束—20世纪70年代)。

从19世纪末开始,世界各国普遍建立的中央银行在政治上无不和政府之间存在着密切的关系,货币发行权逐渐集中,并向"银行的银行"方向发展。20世纪初叶,第一次世界大战爆发,各国的金融状况均发生了巨大的变化。为了应付战时的财政需要,中央银行向政府借垫大量的资金,作为战争费用,货币不断地

增量发行,引发了通货膨胀。此外,中央银行还纷纷停止或者限制银行券兑换,提高贴现率,金融秩序一片混乱,各金融中心的交易所也相继停市。第一次世界大战结束以后,国际社会普遍面临的金融恐慌、货币混乱、货币平价迅猛变化而引起的各国货币战的加剧使大多数国家意识到,重构和完善中央银行制度对重建金本位后的货币制度、稳定国际国内金融形势以及保证经济健康发展的重要作用。为了迅速医治战争创伤,发展国民经济,1920年世界主要国家在比利时首都布鲁塞尔召开了在金融史上具有重要意义的国际金融会议。会议明确重申现代金融经济实行中央银行制度的必要性;建议未建立中央银行的国家应当尽快建立起中央银行,已经建立中央银行的国家应根据新的理论和国情进行改组。会议形成12条决议,大意是:(1)为了稳定币值,首先应当使各国财政收支平衡,以割断通货膨胀的根源;(2)发行银行则应脱离各国政府政治上的控制,按照稳健的金融政策活动。这些都成为战后中央银行制度建立的最重要的理论基础。

第一次世界大战以前,金本位制是世界各国普遍采用的金融制度。金本位制主要特点有:金币可以自由铸造;银行券等信用货币可以自由兑换黄金;黄金可以自由流动。金本位制的这些特点在一定程度上限制了中央银行对货币供应量的有弹性的调节。加之一战期间中央银行停止兑现,禁止黄金出口,更加深了金本位制的不利影响,即使布鲁塞尔会议对如何恢复金本位制也毫无办法。1922年在瑞士召开的日内瓦会议上,除了重申财政收支平衡外,还建议各国采取新平价,以稳定币值,日内瓦会议极大地推动了中央银行在各国的建立。特别是20世纪30年代爆发世界经济大危机后,各国纷纷放弃传统的金本位制,开展推行纸币本位制或者信用货币制,世界经济也逐渐由货币经济向信用经济转化。

第二次世界大战后,世界政治、经济和社会情况发生了重大变化,形成了资本主义与社会主义两大政治经济体系。基于战后经济金融秩序重建的需要,在凯恩斯主义的影响下,各国加强了对中央银行的控制,逐步对中央银行实行国有化改造。就中央银行自身而言,其宏观调控和金融监管职能不断增强,货币政策和财政政策并列成为两大主要的宏观经济政策,各国中央银行之间的交流与合作也逐渐规范化和经常化。

各种信用形式和信用工具出现,市场上流通的多数是作为货币符号的纸币而不是金币;第二次世界大战后,以凯恩斯为代表的国家干预经济理论的盛行,中央银行成为国家干预和调节经济的主要工具。稳定币值、维护金融安全和国家干预经济的客观需求构成中央银行制度进一步发展完善的社会背景。

(二)中央银行进一步发展的具体原因

1. 新的货币本位制度建立的影响

本位货币是作为国家货币基础的货币,货币本位制经历了金银复本位制、金本位、银本位制、金汇兑本位制、纸币本位等几个阶段。第一次世界大战爆发时世界各国禁止黄金流出，实行浮动汇率制，各国都加强了对本国金融行业的控制；第二次世界大战之前，在金汇兑本位制下，由于美元、英镑、法郎等储备货币占主导地位，美、英、法等国就成为影响国际金融活动的"中心国"，其他国家的贸易活动和财政金融不得不受来自中心国的影响和控制。另外，中心国的国情不同，储备资产的突然转移难以避免，不仅使中心国自己经济动荡，而且也引起了依附国经济和金融秩序混乱。因此，为了维护本国利益，这些国家只有通过完善本国的中央银行制度使中心国的干预减至最低程度；纸币本位制是一种信用货币制，不兑换金银的纸币及其金属辅币作为法定货币，充当价值尺度和流通、支付、储备手段。因此，货币的发行、货币政策的制度直接关系本国经济命脉，更需要中央银行的宏观调节。

2. 布鲁塞尔会议的影响

从美国联邦储备制度建立以后，各国对中央银行业务与商业银行业务划分的重要性有了初步的认识，一战后恢复经济、金融秩序要求中央银行在稳定金融秩序方面起重要作用。1920年在布鲁塞尔召开的金融会议，是国际社会开始战后重建中央银行制度的一次具体体现。在布鲁塞尔会议以后的十年时间中，各国新成立的中央银行有31家，如中国、澳大利亚、南非、智利等国的中央银行相继建立。同时，由布鲁塞尔会议倡导的12条决议所形成的中央银行制度理论也得到不断的更新和发展。

3. 麦克米伦委员会的影响

上节提到，麦克米伦勋爵曾经担任英国金融与工业皇家委员会主席，为纪念其本人对现代金融制度的特殊贡献，将该委员会称为"麦克米伦委员会"（Macmillan Committee）。1930年，麦克米伦委员会专门开展会议研究讨论当时主要国家的中央银行的目标和功能。认为，中央银行的主要目标应该是国际之间合作管理金本位制的完整性，因此，应首先维持国际之间的物价稳定。受此影响，英联邦及拉丁美洲各国基于国内经济发展的需要和央行发展的国际潮流，纷纷设立或者改组了中央银行。

4. 新国家的产生

第一次世界大战和第二次世界大战，均伴随着许多国家或民族的独立解放运动，产生了一些新的国家。如匈牙利、立陶宛、朝鲜等，为了发展国内的经济金融的需要，这些国家在建立或独立后不久就先后建立了自己的中央银行。

5. 来自其他国家或国际组织的支持

在新设银行的成立浪潮中，许多国家的经济由于长期的战争破坏，金融秩序已经达到十分混乱的地步，单靠本国的国力无法完成建立中央银行的任务。外国及一些国际组织在这些国家中央银行的设立过程中起了十分重要的作用。如一战后,奥地利、秘鲁及南美其他国家接受国际联盟的援助,建立了本国的中央银行制度。二战后成立的国际货币基金组织和国际复兴开发银行在加强各国中央银行交流与合作等方面起了关键作用。

6. 货币发行的制度化

虽然货币发行在第一次世界大战以前已经有了向中央银行集中的倾向,但是商业银行仍保留发行钞票或者维持原有的发行。第一次世界大战中,各国为了在短期内筹集到大量战争费用,财政部也开始发行货币。战后,为了解决货币发行制度混乱的状况,各国相继规定财政部和商业银行不再发行货币,由中央银行独家垄断发行权。另外,为了适应币制改革需要,各国开始建立比例准备制,即发行总额中分为现金准备(包括金、银、外汇等)与保证准备(包括政府债券、贴现票据等)两部分。前者应占有的比例,则根据各国的国情不同而有大小差别,一般在30%—70%之间。

二、几个典型国家中央银行制度的发展

从数量上来看,一战后改组或新建中央银行的国家有了大量增加。从1921年起到1942年,全世界新设立或改组的中央银行有43家。其中美洲15家、欧洲16家、亚洲8家、非洲和大洋洲各2家。

(一)英格兰银行

英格兰银行在一战和二战开始时相继被赋予新的职能,这便是在联合王国承担外汇管制的检查和管理职能。这一职能一直到1980年英国取消金融管制时才消失。

英格兰银行的中央银行职能在1913年至1914年有了新的进展。尽管赋予英格兰银行决定与其交往的其他银行的保证金水平的权力,一度遇到阻力,成为当时英国银行体系监督问题的主要争论议题,然而,在一战结束以后便向这个方向迈出了决定性的一步。

第二次世界大战后,恢复其经济的过程中,英国政府为了使英格兰银行在国家干预经济的过程中更加密切地和政府合作,于1946年公布了国有化法案。该法案规定:股东可以用股票换取票面价值四倍的政府公债;为了公众利益,财政部认为必要时,应当与英格兰银行总裁协商后,发布指令。从中可以看出,英格兰银行作为中央银行的法律地位有所下降。实际上,从1946年国有化法案公布以后,财政部也从未使用过法律上规定的权力。同时,英国政府也非常重视英格兰银行在货币政策方面的意见,从而使英格兰银行在履行其中央银行职责时仍享有相当大的独立性。战后,英国不断发生财政赤字,大量发行公债和国库券。英格兰银行为了控制货币供应量,公开市场活动成为主要的货币政策工具。1946年英格兰银行确认了8%的现金准备率,但是商业银行不愿买进政府公债而是愿意放款,以至于公开市场活动不得不求助于其他手段。1971年开始规定商业银行必须按照合格负债的12.5%保持流动性资产。1980年3月,为了控制通货膨胀,规定商业银行必须将合格负债中的0.5%以现金形式无息存入英格兰银行。

英格兰银行的再贴现率统称为银行利率,1932年—1951年一直维持在2%的水平,1952年后不断提高。

（二）美国联邦储备体系

20世纪初,美国已经是个法制比较健全的国家,1913年国会通过《联邦储备法》,联邦储备系统正式成立。1929年至1933年的经济和金融大危机严重地破坏了西方经济,冲击了自由放任的经济思想。凯恩斯主义的勃兴为国家干预经济披上了合理的外衣,货币政策逐渐成为国家干预经济的重要工具。美国联邦储备体系也随之发生了一些变化。

1933年《格拉斯—斯蒂格尔法（Glass-Steagall Act）》要求建立联邦存款保险公司（Federal Deposit Insurance Company），将不参加联邦储备系统的州银行和其他存款机构纳入监管范围。在中央和地方权力关系上,1935年,美国国会通过《1935年银行法》（The Banking Act of 1935）,该法对联邦储备系统的组织机构进行了改革,撤销了联邦储备委员会,成立联邦储备系统理事会（Board of Governors of the Reserve System）,理事会由七名理事组成,财政部长和货币监理局长不再担任理事会成员。同时,该法加强了联邦公开市场委员会的权力,将它作为联邦储备系统的决策机构。通过改革,12个联邦储备银行的权力受到大大削弱,联邦储备系终于成为中央集权的真正中央银行。《1946年就业法》首次明确,宏观经济的目标是经济增长、充分就业、物价稳定和国际收支平衡,美国政府已经意识到运用财政金融手段来实行上述四项目标。在和政府之间的关系上,1950年以前,联邦储备系统名义上独立,实际上受总统和财政部的牵制。1951年《联邦储备系统—财政部协议》,结束了美国长期以来利率和政府财政债券挂钩的"盯住制",使联邦储备系统彻底摆脱了财政部的控制,开始独立制定和实施货币政策。这里所谓的"独立"是指联邦储备系统的决策不必经过总统和其他政府部门的批准,而是在政府确定的总的经济目标内,联储可以自己决定为达到目标所采取的手段。

从《联邦储备法》颁布后历经的四十余次近八十处的修改看,美国的联邦储备体系的作用已经明显发生变化,联邦储备制度也日趋成熟。最早的联邦储备法开头就规定它的目的是:提供一种具有弹性的货币,为商业票据提供再贴现的手段,建立对银行更有效的监督等。这一规定虽未修改,但1935年联储改组后,国家已开始利用这一机构干预经济。货币政策的传导机制也由重视利率、货币市场情况,转向同时重视货币供应量的控制。联邦储备系统已成为美国干预和调节国民经济的重要工具之一。另外,联邦储备系统还获得了政府内的独立,其权力有所扩大(如审批和管理银行持股公司、管理消费信贷、管理美国的海外银行及外国在美国本土设立的银行),并形成了以公开市场操纵为主的宏观调控机制。之后,进入80年代,以《存款机构放松管制和货币控制法》为标志,联邦储备体系又有了新的实质性变化。

从1913年开始,联邦储备制度随着政治经济情况和主流经济学思潮的变化,不停地演变和发展。从中我们可以得出,在社会经济基础和思想意识不断变化的情况下,中央制度的稳定性只能是相对的。中央银行制度一旦形成,往往也成为经济基础和政治制度发生变化的原因之一,这种互动关系在美国中央银行制度的演变史中存在着丰富的实例。美国中央银行制度的成因和特色,只能从美国的政治、经济、文化和社会背景中去寻求答案。离开这些背景,我们不但无法理解它,而且无法从中寻找可以借鉴的价值。

(三) 德国的中央银行

第一次世界大战后,德国政府进行了改组,成立了德意志共和国,仍以德国国家银行为中央银行。为了重建战后国家货币体制,对中央银行制度进行了重要改革。《1924年银行法》规定,国家银行独立于政府,改组银行理事会,1930年前要求有一半的外国人参与;银行理事会负责其经营和货币政策的制定;取消政府的监督权。要求有一半的外国人参与,用意十分明确,就是使德国国家银行完全脱离政府的控制,保证德国政府对一战战胜国的赔款义务。希特勒上台执政后,于1933年修改银行法,取消了国家银行理事会,将该行直接置于国社党领袖与国务总理指挥之下,该行的独立地位丧失。

第二次世界大战后,根据1945年《波茨坦协定》,美英法苏四个占领国有义务把德国作为一个单一的经济单位对待。但由于种种原因后来却违反了这一规定。1946年,西方占领国开始在西部各州建立州中央银行,先是美占区,继之是英占区和法占区都成立了州中央银行。起初这些银行之间没有组织上的联系,1948年3月,盟国把分散的各州中央银行联合起来,成立了德意志诸州银行,建立了一个仿效美国联邦储备系统的两级中央银行体制,但这只是战后重建德国中央银行的过渡形式,它本身缺乏牢固的法律基础。1957年7月26日,德意志联邦议会通过了《德意志联邦银行法》,两级中央联邦体制被废除,取而代之的是统一的中央银行——德意志联邦银行,它由各州中央银行、柏林中央银行及德意志诸州银行合并改组而成。该法规定,联邦银行为完成本身使命,在执行授予的权力时,不受来自政府指示的干涉;理事会中的政府官员有建议权,而无表决权;政府在讨论货币政策有关事项时,必须邀请联邦银行参加。德意志联邦银行在西方国家是较早使用控制货币供应量办法的中央银行,即根据生产力发展潜力、货币流通速度、物价上涨程度等因素决定下一年的货币供应量。同时,在苏占区,1948年5月21日成立了德意志发行和汇划银行,它于1948年7月20日货币改革后转变成为德意志发行银行,1968年又转变成为德意志民主共和国国家银行。1990年7月1日,当联邦德国和民主德国缔结的《货币、经济和社会合并条约》生效时,联邦德国马克成为德国统一后唯一的货币,德意志联邦银行成为全德的中央银行。

(四)日本银行的发展

第一次世界大战刺激了日本经济,国际收支出现了巨额顺差,大量的金银流入日本,从而带动了日本金融行业的发展。当时日本银行调节金融的手段极其有限,没有存款准备金制度。1919年,日本银行引进银行承兑票据的再贴现制度,并通过调节贷款来控制现金和在银行中的存款量。"9·18"事变后,日本银行承担了填补财政赤字的新任务,1932年开始实施自身承购国债的发行方式,这为财政通货膨胀的发生埋下了祸根。日本银行不得不通过市场出售资金承购的国债的形式,用以吸收剩余资金,防止货币贬值。

第二次世界大战爆发后,为了解决日本政府战时军费需要,日本以纳粹德国的银行法为蓝本颁布了《日本银行法》,日本银行按照战时统制体例确定的方向进行了改革。规定:日本银行应当专门以国家目的之达成为使命营运;确立日本银行管理通货制度,要求日本银行应对政府提供无限制、无担保的贷款和国债的募集或承销;政府拥有任免、监督和命令日本银行行政官员的权力。二战结束,日本成为战败国。1949年,在美国的干预下,日本对《日本银行法》进行了部分修改,提高了日本银行的自主性,促进了日本银行经营的民主化。① 虽然该法只是进行了部分修改,但日本中央银行制度在二战后还是发生了很大变化。如日本银行可以通过操作存款准备金率使银行支付准备发生变化,以控制银行的信用创造能力;通过对商业银行的"窗口指导",日本银行加强了对金融业的管理。经过多年的发展,日本银行已经逐步演变成为组织完善、金融手段比较健全的现代中央银行。

(五)苏联国家银行

十月革命后,1918年成立了俄罗斯共和国人民银行,但是在当时激烈的国内斗争中,该行并不能发挥信用制度的作用。在1920年12月22—29日召开的俄罗斯苏维埃第八次代表大会上,列宁认为,用国家预算资金为工业和贸易提供资金就使得具有国家信贷机构性质的国家银行成为不必要了。于是1921年取消了人民银行,其职权由财政委员会接管。随着战时共产主义时期向新经济政策时期过渡,1921年10月12日全俄中央执行委员会决定成立国家银行,11月开始营业。1923年将其改组为苏联国家银行。该行办理存放款、国家预算出

---

① 参见陈晓:《日本银行法述评》,载《外国法译评》1994年第3期。

纳、对外汇兑、票据贴现等业务,实际上是一个复合性的银行。

1965年苏联进行经济改革时,强调要加强银行的地位与作用,重视利用信贷、利息和结算等经济杠杆,以刺激经济发展。1980年12月18日,苏联部长会议批准新的《苏联国家银行法》,明确苏联国家银行是统一的发行银行、国民经济贷款银行和结算中心;根据苏联国家经济和社会发展计划,吸收国民经济一切部门和居民的闲置货币资金,办理长短期贷款和结算;经办基本建设投资和固定资产大修理拨款;组织和办理国际结算及各种对外经济活动的贷款,并办理外汇业务;办理预算出纳业务;对国民经济各部门实行卢布监督。

苏联国家银行最高管理部门是理事会。理事会主席负责领导理事会和整个银行工作,由苏联最高苏维埃任命,是部长会议成员,与苏联部长享有同等权力和待遇。

（六）南斯拉夫人民银行

南斯拉夫在革命胜利以后,1944年11月宣布南斯拉夫王国银行国有,1945年9月,改名为国家银行。1946年底国家银行合并了一些银行,建立南斯拉夫人民银行,作为中央银行。1954年起南斯拉夫在经济体制管理上,取消了自上而下的强制性计划,银行制度出现了由集中到专业化的过程。在职能上大部分短期业务仍由人民银行办理,但利率政策则有所变化,分为最高利率、固定贷款利率和灵活贷款利率,以发挥利息的调节作用。1961年南斯拉夫进一步在经济上采取改革措施,人民银行不再与企业单位直接发生业务关系,成为名实相符的中央银行。

1971年随着宪法的修改,对金融银行法令也进行了修改。除中央的人民银行外,在六个共和国和两个自治省相应地建立了八个人民银行,九个人民银行作为统一的整体。在这个体系内,南斯拉夫人民银行只是作为中央银行体系的一个主要部分发挥作用。对国家来说,它充当中央银行体系的代表。共和国和自治省的人民银行一方面作为中央银行体系的一个局部发挥作用,另一方面则作为共和国、自治省一级中央银行,它们在南斯拉夫人民银行理事会中担任理事。新的中央银行体系是1971年宪法修改后的产物。1976年11月通过的《南斯拉夫人民银行与共和国及自治省人民银行统一货币汇率法及货币制度法》,保证了这个体系形成一个高度的统一体。

由中央和地方人民银行行长组成的理事会,是中央银行的最高领导机构,除对重大问题和特定范围内的问题采取全体一致通过原则外,都采取少数服从多数的表决方式通过。

南斯拉夫联邦执行委员会根据议会制定的总的货币信贷政策、任务以及国民经济发展所要达到的目标,每年在南斯拉夫人民银行的建议下,提出具体的任务以及完成任务的方针政策。人民银行理事会则据以制定出具体的措施和办法,如确定各银行缴存准备金的数量、利率水准、贷款银行的资金来源和用于一定目的贷款限额等等。为保证货币信贷任务的贯彻执行,按季度和年度编制货币和信贷计划。

三、中央银行制度的新发展:超越国家的中央银行——欧洲中央银行

欧洲中央银行(European Central Bank)简称欧央行(ECB),总部设在德国法兰克福。是世界上第一个管理超国家货币的中央银行,它不接受欧盟领导机构的指令,不受欧元区各国政府的监督,是唯一有资格在欧元区发行欧元的机构。其前身为欧洲货币局(European Monetary Institute,缩写为 EMI)。

1992年,欧盟首脑会议在荷兰马斯特里赫特签署了《欧洲联盟条约》(亦称《马斯特里赫特条约》),决定在1999年1月1日开始实行单一货币欧元和在实行欧元的国家实施统一货币政策,从2002年1月1日起,欧元纸币和硬币正式流通。1998年6月1日欧盟理事会为适应这一需要,正式任命欧央行行长、副行长及执行董事会的四位成员,欧洲中央银行作为超国家货币政策执行机构开始正式运作。根据《欧洲联盟条约》,使用欧元的国家为德国、法国、意大利、荷兰、比利时、卢森堡、爱尔兰、希腊、西班牙、葡萄牙、奥地利、芬兰12国,所以习惯上将这些国家统称为欧元区。欧央行和欧盟各成员国的中央银行共同组成"欧洲央行体系"(European System of Central Banks,简称 ESCB),负责制定欧元区统一的货币和金融政策,以维持欧盟的价格稳定,刺激欧盟的经济增长。没有参加欧元区成员国的中央银行仍然是 ESCB 的成员,但是地位较为特殊,即允许其制定和执行各自独立的国家货币政策,但又不参与制定有关单一货币的货币政策及实施这些政策。因而在 ESCB 中还存在另一紧密群体——欧元体系(Euro System),它是由 ECB 和加入欧元区的几国中央银行组成。

1. 欧洲中央银行的组织机构

《马斯特里赫特条约》对欧洲中央银行决策机构的设置作出了明确的规定。欧洲中央银行行长理事会和执行董事会是欧洲中央银行的两个主要决策机构。行长理事会由执行董事会成员和欧元区成员国中央银行行长组成,每年至少开会十次。每个成员拥有一份表决权,采用简单多数表决法决定要实施的货币政策。其主要职责是确定欧元区的货币政策目标、主要利率水平和中央银行体系准备金数量等。欧洲中央银行行长(正常任期为8年,首任行长威廉·F.杜森伯格,荷兰籍,1998年6月上任,由于年龄偏大提前退休;第二任行长让·克洛德·特里谢,2003年11月1日上任,2011年10月底离任;现任行长马里奥·德拉吉,2011年11月1日上任)担任行长理事会主席,并且拥有在表决中出现赞成票与反对票相等时作出最后裁决的权力;执行董事会由 ECB 行长、副行长和其他四个成员组成,负责欧洲央行的日常工作。这些人员必须被公认为在货币

和银行事务中具有丰富的专业经验,由欧盟理事会咨询欧洲议会和欧洲中央银行行长理事会后提议,经成员国首脑会议一致通过加以任命。执行董事会的表决采取一人一票制,在没有特别规定的情况下,实行简单多数。

2. 欧洲中央银行的职责

保持价格稳定和维护中央银行的独立性是欧洲中央银行的两个主要职责。鉴于欧洲中央银行是一个崭新的机构,为增强欧洲中央银行的信誉,《马斯特里赫特条约》从立法和财政上明确规定了欧洲中央银行是一个独立的机构。同时,要求欧洲中央银行有责任对其实行的货币政策进行说明。欧洲中央银行每周发表综合财务报告,每月发布中央银行体系活动报告。

3. 欧洲中央银行货币政策机制

欧洲中央银行的货币政策操作必须以统一的标准和条件在所有成员国内进行。但由于欧洲中央银行的货币政策只能通过成员国的中央银行来实施,因此,欧洲中央银行货币政策机制要反映各成员国货币政策机制的不同特点。其货币政策机制主要包括:公开市场业务、准备金制度、管理流动资金的经常便利。

自 2008 年金融危机发生以后,欧盟国家由希腊开始,相继爆发了主权债务危机,使人们意识到了这种新的经济体存在的诸多深层次的问题和弊端。而毫无疑问的是,欧洲中央银行必须审时度势,发挥其应有的作用。但是,从近期欧洲中央银行的各项政策的效果来看,并不尽如人意。甚至有学者认为,之前问题的产生是因为欧洲中央银行没有发挥作用,在欧洲货币机制形成后,该行没有代替那些失效的成员国中央银行,发挥的作用十分有限。因此,欧洲央行任重而道远。

专栏 1-2

欧债危机与欧洲中央银行的隐疾

欧洲主权债务危机爆发的导火索是希腊。希腊为了达到足够的财赤率加入欧元区,与高盛签订了一个货币互换协议,这样,希腊就必须在一段相当长的时间内支付给高盛高于市价的高额回报。随着时间的推移,高福利、低盈余的希腊无法通过公共财政的盈余来支撑过度的举债消费,并最终爆发了主权债务危机。危机相继在葡萄牙、西班牙、爱尔兰等欧盟国家爆发,使整个欧洲都陷入债务危机的梦魇中。

对于欧债危机形成的原因,各方意见不一。但是,欧洲中央银行作为欧盟区货币政策的制定者和决策者,其存在的缺陷也遭受了学者的批评。其观点之一是:货币制度与财政制度不能统一,协调成本过高。根据有效市场分配原则,货币政策服务于外部目标,主要维持低通胀,保持对内币值稳定,财政政策服务于内部目标,主要着力于促进经济增长,解决失业问题,从而实现内外均衡。欧元区一直以来都是世界上区域货币合作最成功的案例,然而2008年美国次贷危机的爆发使得欧元区长期被隐藏的问题凸现出来。欧洲中央银行在制定和实施货币政策时,需要平衡各成员国的利益,导致利率政策调整总是比其他国家慢半拍,调整也不够到位,在统一的货币政策应对危机滞后的情况下,各国政府为了尽早走出危机,只能通过扩张性的财政政策来调节经济,许多欧元区成员国违反了《稳定与增长公约》中公共债务占GDP比重上限60%的标准,但是并没有真正意义上的惩罚措施,由此形成了负向激励机制,加强了成员国的预算赤字冲动,道德风险不断加剧。具体传导路径为:突发美国金融危机→货币财政制度的不统一造成货币政策行动滞后→各国通过扩展性财政政策刺激经济→主权债务激增→财政收入无法覆盖财政支出→危机爆发。

专栏1-3

欧洲中央银行的两难选择

欧洲央行现在面临着一个历史使命:一方面它需要控制货币发行量,一方面又要应付当下的危机。央行的独立性受到了挑战,同样的也有欧元的未来。

从本源上来说,央行必须要保证其独立性。这个是在过去的几十年中被国际上奉行的原则。作为货币的看门人它必须独立于政策之外,必须抵御来自那些民选代表对便宜货币的追求。只有这样,才能够控制住通货膨胀并保持经济的长期稳定发展——这些是长时间被认为行之有效的策略。德国央行相信它,欧洲央行在90年代也是根据这个理论建立的。但是经济危机改变了央行的角色,它开始被政治所裹挟。在第一波危机袭来的时候,它非常积极地加入了对银行的救援和国有化行动。现在它又卷入了对国家财政的支援中。这不仅是需要反思的,而且相当危险。

危机突破了很多以往不可思议的禁区。美联储和英格兰银行在之前的一年多时间里直接印刷钞票来购买国债。这种政策在平常必定会导致通货膨胀,因此《马斯特里赫特条约》明确规定这是禁止的行为。最终,央行内部也出现了对此原则怀疑的声音。欧洲央行最终屈服于欧盟的压力,开始对其成员提供财政支持。现在是为了希腊,或许很快就会对其他国家。

欧洲央行之前一直也在银行和拯救危机的角色之间徘徊。欧央行现在负责对希腊的援助计划,并将自己的流动性从财政系统里抽回的退出策略作出了妥协:以后不管希腊的国家信用评级如何,都将接受它的货币作为抵押。但这样能坚持多久也是个大大的疑问。很快可能局势会失控,如果一些大的经济体,比如西班牙或者意大利也需要救援的话,那么就算是财务良好的德法两国也无力继续提供支援了。这也是市场上目前比较担心的一点。"印钞填平赤字"这一饮鸩止渴的毒剂会不会被使用？引起直接通胀不是个好玩的事。

即使不购买国债，央行总还有手段提供财政支持。非常容易，将利率长时间保持低水平就可以了。它的主要任务还是保证币值的稳定，但是在目前的政策压力下，很难做到。

升息可能是现在需要的一个选择，就像德国央行在 90 年代初的应对那样，快速将利息升到位，因为它看到了当时因为两德合并需要的大量花费会导致币值不稳的危险。财政和货币政策当时逆向行驶，这证明了一个独立、强大的央行的可贵之处。这些在以后还能被看到么？

第三节 我国中央银行的演变

一、中央银行的萌芽

中央银行在我国产生较晚，到 20 世纪初方见萌芽，由于当时国际银价不断下跌，银元、铜钱、银票、私贴以及外国银元同时流通，成色折合繁杂，货币秩序十分混乱。为了整顿币制，光绪三十年（1904 年）由户部奏请清政府设立户部银行。经过一年多的筹备，户部银行于次年 8 月正式成立，它的资本额为 400 万两白银，分成 4 万股，每股 100 两，其中户部认购 2 万股，招商股 2 万股（不允许外国人购买）。因此，户部银行实为官商合办的股份制银行，但实际管理大权操纵在政府手中。户部银行可以发行纸币，经营工商信用业务，同时代理国库，可以说身兼中央银行与商业银行双重职能。户部银行的设立是对封建社会"重本抑末"政策的批判和否定，表明政府开始注重发展实业，这显然是维新变法带来的成果。当时国库年收入 1 亿余两白银，但在入库待用期间白白闲置，而且上解下拨也耗费良多，因此，设立户部银行，既可使困款得到利用，又可节省费用。同时，当时账局、票号、钱庄等金融机构颇多，但由于个体资力所限，遇有市场波动及外资银行打压，不免发生经营困难，倒闭事件时频频发生，需要政府进行干预。

1908 年，户部银行改名为大清银行，资本增至 1000 万两，官商各半。按《大清银行则例》规定，大清银行为股份有限公司。政府授予大清银行三项特权：(1) 代国家发行纸币；(2) 经理国库及国家一切款项，并代国家经理公债及各种证券；(3) 代国家发行新铸币。可见，大清银行既是发行银行和政府银行，在市场危急时又是银行的银行，同时还经营各种商业性业务，因此，大清银行既是商业银行，又具有中央银行性质。1909 年 6 月，清政府又颁发《通用银钱票暂行章程》，禁止新设官商行号发行银钱，该章程颁发前已发行纸票者，限期收回，从而把纸票发行集中于大清银行。但不久便爆发了辛亥革命，大清银行亦宣告停业。

二、民国时期中央银行的发展

(一) 广州国民革命政府的中央银行

伟大的革命先行者孙中山先生领导的资产阶级革命是中国近代历史上,继太平天国、义和团运动之后的第三次革命高潮。这次资产阶级革命结束了延续两千多年的封建帝制统治,宣告腐朽的清王朝的灭亡。1924年孙中山改组国民党,出现了第一次国共合作,8月在广州成立的革命政府中,曾经设有中央银行,但后来改组为广东省银行。1926年7月,北伐军攻占武汉后,又在武汉设立中央银行。但两行存在的时间都较短,主要目的是为筹集军费而发行钞票,故虽有中央银行之名,却无中央银行之实。

(二) 国民政府的中央银行

1927年,蒋介石破坏了国共合作,在南京成立了新的国民政府。同年10月,南京国民政府颁布《中央银行条例》(共20条),1928年10月颁布《中央银行章程》(共45条),同年11月1日中央银行成立。该条例规定,中央银行为国家银行,资本总额为2000万元,由财政部库款一次拨给。其宗旨是:统一币制、统一金库及调剂金融。它享有经理国库、发行兑换券、铸造和发行国币、经募国内外公债等特权。1935年5月23日,立法院通过《中央银行法》,将资本额升至1亿元,并就中央银行的组织、特权、业务、决算及报告事宜均作了明确规定。该法规定,中央银行是发行的银行(发行本位币兑换券,代理发行本位币、辅币),是政府的银行(经理国库及国营事业金钱之收付,承募政府内外债,经理还本付息事宜),是银行的银行(收管各银行法定准备金,办理票据交换及各银行间之划拨结算,国内银行承兑票据及国内商业银行票据的再贴现)。由此可见,它基本具有中央银行的特征。只是此时尚未垄断货币发行权,它与中国银行、交通银行发行的钞票均是法币。直至1942年,财政部决定所有法币之发行统一由中央银行办理,才最终实现货币发行权的集中统一,它的其他职能也逐渐完善,终于在1942年成为名副其实的中央银行。

三、新中国的中央银行

新中国的中央银行是中国人民银行,它是在革命根据地银行基础上发展起来的。早在1931年,中华苏维埃共和国临时中央政府在瑞金成立后,便成立了中华苏维埃共和国国家银行,它隶属于中央政府财政人民委员会,资本100万元,发行钞票,代理国库,同时还经办存贷、结算等普通银行业务。1935年红军长征达陕北后,将其改组为中华苏维埃共和国国家银行西北分行,1937年又改组为陕甘宁边区银行,同年并入西北农民银行。

1948年,晋绥、晋察冀、晋冀鲁豫等解放区连成一片,迫切需要统一的金融机构和统一的货币。1948年12月1日,在华北银行(华北各解放区)、北海银行(山东解放区)和西北农民银行(陕甘宁边区)合并的基础上在石家庄成立了中国人民银行。1949年2月中国人民银行总行迁入北平,各解放区的银行逐渐并入中国人民银行,成为其分行。成立初期的中国人民银行是唯一行使中央银行职能的银行,从而形成了"大一统"的银行体制;同时,在职能上,中央银行与商业银行职能并存。

中共十一届三中全会后,随着改革开放的展开,银行体制也进行了相应的改革。1979年以来,相继恢复了中国农业银行、中国银行、中国人民建设银行、中国人民保险公司,新设立了中国国际信托投资公司、交通银行等一大批金融机构,大一统银行体制宣告结束。1983年,国务院决定中国人民银行专门行使中央银行职能,并于1984年成立了中国工商银行,承担原由中国人民银行办理的工商信贷和储蓄业务。1986年国务院颁布《银行管理暂行条例》,以法律形式将中央银行制度确定下来。中国人民银行专门行使中央银行职能之后,成为国务院领导和管理全国金融事业的国家机关,彻底改变了身兼双任的状况,成为发行的银行、政府的银行、银行的银行和管理金融的银行。

中共十四大明确提出要建立社会主义市场经济体制,金融改革和金融创新得到了进一步的深化。中共十四届三中全会《关于建立社会主义市场经济体制若干问题的决定》和国务院《关于金融体制改革的决定》,都要求中国人民银行在国务院领导下独立执行货币政策,调控货币供应量,保持币值稳定;监管各类金融机构,维护金融秩序。这就要求中央银行要具有相当的权威性和独立性。1995年3月18日,全国人大八届三次会议通过了《中国人民银行法》,这部法律是新中国历史上的第一部金融法律,是我国中央银行制度建设的重要里程碑。

2003年12月27日,第十届全国人民代表大会常务委员会第六次会议对《中国人民银行法》进行了修订。概括而言,新《中国人民银行法》将中国人民银行的职责由原来的制定和执行货币政策、实施金融监管、提供金融服务调整为制定和执行货币政策、维护金融稳定和提供金融服务三项新的法定职责。今后,中国人民银行在履行职责方面最大的变化集中体现在:"一个强化、一个转换和两个增加"。"一个强化"就是强化了中国人民银行制定和执行货币政策有关的职责;"一个转换"即由过去主要对银行业金融机构的设立审批、业务审批和高级管理人员任职资格审查和日常监督管理等直接监管的职能,转换为对金融业宏观调控和防范与化解系统性风险的职能,即维护金融稳定职能;"两个增加"是指增加反洗钱和管理信贷征信业两项职能。

本章小结

本章运用历史分析和个案分析的方法,介绍了中央银行制度产生和演变的过程。各国的具体国情不同,导致中央银行制度的产生、演变和内容也有很多差异。最早的中央银行——英格兰银行是从商业银行逐步演变成为货币发行银行、政府的银行和银行的银行。经过长期发展,英国的中央银行理论不断地完善,对其他国家中央银行制度的建立和完善提供了重要的参考价值。但借鉴和参考并不等于照搬或抄袭,美国联邦储备系统就是别具一格的另一种模式。由此可见,在各国的中央银行制度中,并没有所谓的国际惯例,虽然各国的中央银行在性质和职能方面存在诸多的相似之处,但是在具体制度和操作层面却又千差万别。

从中央银行制度的产生和发展脉络看,中央银行制度的发展的原因是:商品经济的迅猛发展和银行信用制度的发展要求;货币发行制度化的要求;国家干预经济所需。

总之,中央银行制度作为国家金融制度的一部分,不仅要与国家的经济基础相适应,还需要与上层建筑的其他部分相协调;不仅需要与金融实际状况和发展相适应,而且要在整个金融结构框架中寻求一个恰当发挥作用的位置,并能够随着国内国际金融形式的变化作出适当的调整。

关键词

中央银行制度　金本位制　《格拉斯—斯蒂格尔法》　美国联邦储备体系　欧洲中央银行

思考题

1. 简述中央银行产生的社会经济条件。
2. 从历史的角度说明中央银行制度产生的必然性。
3. 谈谈联邦储备制度的主要特点及其意义。
4. 试比较早期的中央银行制度和现代中央银行制度的异同。
5. 试说明中央银行兼营商业银行业务的弊端。
6. 分析中央银行在稳定金融秩序方面的主要措施有哪些。

第二章　中央银行制度的类型和结构

内容提要

在社会科学研究领域,制度是众多学科研究的共同对象。新制度经济学代表人物诺斯认为:制度是一个社会的游戏规则,更规范地说,它们是为了决定人们的相互关系而人为设定的一些制约。制度构造了人们在经济、政治和社会方面发生交换的激励结构,制度变迁则决定了社会演进的方式,因此,它是理解历史变迁的关键。① 由于受经济、文化、传统、技术的影响,同一种制度在不同的国家会存在很大的差异。比较和理解这些差异是一项艰巨的工程,但对一国某种制度的构建却是十分重要的。中央银行制度本身浓聚着历史的积累和沉淀,由于各国的社会制度、经济管理体制、商品经济发展水平、金融业的发展程度、历史传统等要素构成的具体国情不同,造成了各国中央银行制度在类型、资本结构、组织结构设置方面存在很多差异。新兴国家在建立和完善本国中央银行制度过程中,采用什么类型的中央银行制度和如何构建中央银行的组织架构也就成为必须解决的两个重要课题。本章通过对中央银行制度历史上出现的几种类型、资本来源、权力机构、职能部门的设置等内容的介绍,为完善我国的中央银行制度提供借鉴。

第一节　中央银行的组织形式

中央银行的类型是根据各国中央银行组织形式的不同而进行的分类。中央银行的组织形式是指中央银行存在的状态。尽管目前各国的中央银行在职能、作用、地位等方面存在很大的一致性,但是从组织形式上看,由于受各国国情的影响,仍然存在很大的差异。世界各国的中央银行制度主要有以下类型:

一、单一制中央银行制度

单一制中央银行制度,是指在一个主权国家内只设立一家中央银行,该行作为发行的银行、政府的银行、银行的银行及管理金融的银行的制度形式。虽然中

---

① 参见〔美〕道格拉斯·C.诺斯:《制度、制度变迁与经济绩效》,刘守英译,上海三联书店1994年版,第3页。

央银行本身是由总行和分支机构组成的有机系统,但是它以一个法人的名义开展业务,实行集中统一与适当分权相结合的管理体制。目前,世界上大多数国家实行单一制中央银行制度,包括英国、日本、法国、意大利、瑞典、墨西哥、捷克、菲律宾、马来西亚等国家。

这种类型的中央银行制度主要特点有:作为一个专门从事货币信用活动的金融机构,中央银行制定货币政策的权力高度集中;职能齐全,包括调节货币供应量、调整存款储备率与贴现率等;部门体系完整统一,可以根据需要在全国建立分支机构。

二、多元制中央银行制度

多元制中央银行制度是指在一个国家内同时存在多家行使中央银行职能的机构,分别依法承担部分中央银行职能。这种类型的中央银行制度一般为联邦制国家所采用,如德国、美国。1913 年《联邦储备法》规定,美国中央银行是由联邦储备系统中央机构(联邦储备委员会、联邦咨询委员会等)和 12 家联邦储备银行及其分支机构组成的一个体系,其中联邦储备系统的中央机构和 12 家联邦储备银行,均可依法独立行使职权。12 家联邦储备银行可以各自发行联邦储备券,各自制定本储备区的贴现率,各自对本储备区的会员银行进行管理,这让联邦储备委员会的权威受到限制。不过,《1935 年银行法》对联邦储备系统进行了改革,撤销了联邦储备委员会,成立联邦储备系统理事会,12 个联邦储备银行的权力得到了削弱,但多元制的中央银行体系得以保留。这种类型的中央银行制度的主要特点是:央行的权力分散,央行的职能分别由不同的机构履行;各区域中央银行的权力逐渐缩小,其权力逐渐集中到中央机构手中,中央银行制度有向单一制中央银行制度转变的趋势。

需要明确的一点是,多元制并不意味着在每个联邦主体均设一个中央银行,如美国有 50 个州,但只跨州设立了 12 家联邦储备银行;德国有 16 个州,但只有 9 个州中央银行,其中 5 个州中央银行分别管辖 2 个或 3 个州(《德意志联邦银行法》第 8 条)。

另外,多元制中央银行一般出现在联邦制国家,但并非联邦制国家的中央银行均采取多元制或者非联邦制的国家就不能采用多元制中央银行制度。例如,奥地利、瑞士、加拿大、澳大利亚这样一些联邦制国家的中央银行,便实行单一制;而新加坡则实行了该制度(新加坡在 1970 年以前的中央银行职能机构主要有货币局、会计总长、银行总监、贷款注册官等,1971 年成立了金融管理局行使货币局以外的央行职权,1981 年又设立投资局,从而形成货币局、投资局和金融管理局共同行使央行职能的状态)。因此,中央银行组织形式意义上的多元制与国家结构形式意义上的联邦制不能混为一谈。

三、混合制中央银行制度

混合制中央银行，是指国家设立一家银行既行使中央银行职能，又办理普通银行业务，中央银行的职能和商业银行的职能并存，交织在一起。混合制中央银行制度有两种具体形式：

1. 大一统制

所谓大一统制即国家只设立一家银行，集中办理中央银行和商业银行的全部业务，除此之外，再没有其他银行。实行高度计划管理体制的社会主义国家，如苏联、东欧一些国家和中国均实行过大一统的银行体制。苏联最早建立了这种中央银行制度。受其影响，社会主义阵营里的其他国家实行经济改革前都采用这种制度。严格地讲，在大一统制度下，并不存在真正意义上的中央银行和商业银行，国家银行也不是真正意义上的银行，充其量只是计划的工具和财政的会计与出纳。

2. 非大一统的混合制

所谓非大一统的混合制，是指在一国存在多家银行，其中一家银行既履行中央银行职能，又兼办商业银行业务。苏联和东欧国家实行社会主义制度时，曾采取过这种形式。新中国成立后的不同时期，我国曾轮换采取过大一统制和非大一统混合制。如50年代初期，曾存在中国人民银行、中国农业银行、中国人民建设银行、公私合营银行等；在50年代中期到60年代初期，其他银行相继撤销并入中国人民银行，建立起大一统的银行体系；60年代初到"文化大革命"前夕，相继恢复了中国农业银行和中国人民建设银行，重新实行非大一统的混合制；"文化大革命"时期，中国农业银行和中国人民建设银行相继并入中国人民银行和财政部，重新恢复了大一统制。1978年以后，恢复中国农业银行，分设中国银行，强化中国人民建设银行，直到创建中国工商银行之前，我国仍然实行混合制，中国人民银行既行使中央银行的职能，又办理普通银行业务。当1984年中国工商银行从中国人民银行分设出来并承担过去由中国人民银行办理的信贷、储蓄、结算等普通银行业务之后，中国人民银行才成为专门行使中央银行职能的银行。1995年，《中国人民银行法》的颁布从法律上确定了中国人民银行的职能范围和独立地位，混合制才在我国宣告终结。

这种中央银行制度的特点是：央行没有权力基础，职能不明确，组织体系庞杂，分支机构泛滥。

四、准中央银行制度

准中央银行制度是指在一个国家或者地区还没有建立通常意义上的中央银行制度，或者由政府授予某个或者某几个商业银行行使部分中央银行的权力，或者虽然建立了中央银行,但是缺乏央行的基本职能。具有这种中央银行制度的国家有 1982 年以前的马尔代夫、利比里亚、斐济等国家。其主要特点是:中央银行的职能十分有限,一般只有发行货币、为商业银行提供最后贷款援助和资金清算等职能。

专栏 2-1

香港金融管理局

香港作为中国的特别行政区,采用的是典型的准中央银行制度。香港金融管理局(Hong Kong Monetary Authority, HKMA,简称金管局)是中华人民共和国香港特别行政区政府辖下的独立部门,负责香港的金融政策及银行、货币管理,担当类似于中央银行的角色,直接向财政司司长负责。

金管局是香港政府架构中负责维持货币及银行体系稳定的机构,其政策目标为:

(1)在联系汇率制度的架构内,通过外汇基金的稳健管理、货币政策操作和其他适当措施,维持货币稳定;

(2)通过规管银行业务和接受存款业务,以及监管认可机构,促进银行体系的安全和稳定;

(3)促进金融体系,尤其是支付和结算安排的效率、健全性与发展。

金管局的主要职能为:

(1)维持港元汇价稳定;

(2)通过稳健投资策略,管理外汇基金(即香港的官方储备);

(3)促进香港银行体系稳健;

(4)发展香港金融市场基础设施,使货币畅顺流通。

五、跨国制中央银行制度

所谓跨国制中央银行是指由两个或两个以上主权独立国家共同出资设立的中央银行,它是各成员国共同的中央银行。其主要职能是发行货币、执行共同的货币政策及有关成员国政府一致决定授权的事项。目前世界上存在的跨国中央银行有:

(一)西非国家中央银行

西非国家中央银行(Central Bank of West African States)是由西非七国联合设立的中央银行,它是由西非货币联盟根据 1962 年条约将 1955 年成立的西非中央银行改组后重新建立的。1962 年成立的西非货币联盟(West African Monetary Union)由贝宁、象牙海岸(科特迪瓦)、尼日尔、塞内加尔、上沃尔特(布基纳法索)、多哥、马里这七个国家组成。截至 2009 年 3 月,这个联盟一共有八个成员,新增的成员是几内亚比绍。联盟宗旨和任务是:统一成员国的货币,使非洲金融共同体法郎成为联盟内通用的法定货币;建立西非国家中央银行和西非开发银行;组织和监督联盟内的信贷分配,在银行和信贷方面采取共同的基本政策。西非国家中央银行负责发行成员国共同的货币——非洲金融共同体法郎;负责执行统一的货币政策和外汇制度,管理外汇储备;监督各国的金融活动,作为成员国共同的中央银行发挥作用。西非国家中央银行总部设在西非货币联盟总部所在地——塞内加尔首都达喀尔,并在各成员国设立代理机构。代理机构在各国行使中央银行职能,中央银行对各国政府的贷款不得超过该国上一年财政收入的 20%。

(二) 中非国家银行

中非国家银行是中非六国联合设立的中央银行。1964 年 12 月 18 日,喀麦隆、加蓬、乍得、刚果和中非共和国联合签约,建立了中非货币联盟(Central-African Monetary Union),其宗旨是建立成员国统一的货币。1972 年五国签订货币合作协议,1973 年 4 月设立中非国家银行,1984 年 8 月 27 日,赤道几内亚加入中非货币联盟,成为该联盟的第六个成员国。中非国家银行的宗旨是促进成员国的经济发展和金融稳定,其总行原设在巴黎,1977 年迁到喀麦隆首都雅温得,并在成员国设立分支机构。中非国家银行发行成员国共同统一的货币——中非金融合作法郎。中非金融合作法郎与法国法郎实行固定比价,1 法国法郎折合 50 中非金融合作法郎。中非金融合作法郎由法国提供担保,在法郎区可以自由兑换。

(三) 欧洲中央银行

1992 年,欧盟首脑会议在荷兰马斯特里赫特签署了《欧洲联盟条约》(亦称《马斯特里赫特条约》),决定在 1999 年 1 月 1 日开始实行单一货币欧元和在实行欧元的国家实施统一货币政策。1998 年 6 月 1 日欧盟理事会正式任命欧央行行长、副行长及执行董事会的四位成员,欧洲中央银行作为跨国货币政策执行机构开始正式运作。

这种中央银行制度的最大特点是由管理超国家货币的机构行使中央银行职能。

就目前而言,大多数国家的中央银行采取单一制,采取多元制、混合制和跨国制的只是少数国家。同时,多元制在实质上日益与单一制趋同,多元制中的区域性中央银行实质上已沦为中央机构的分行,只是名义上保留了独立性。随着社会主义国家采取市场经济体制,混合制也逐渐消失而成为历史。跨国制实际上有跨国单一制和跨国多元制(每一成员国都有自己的中央银行,联盟设立一家共同的中央银行)之分,西非国家中央银行和中非国家银行属于前者,欧洲中央银行则属于后者,并具有逐步演变成前者的趋势。对于中央银行制度的几种类型,很难笼统地说孰优孰劣,一个国家采取什么样的组织形式与该国的历史传统和具体国情密切相关。在中央银行发展的初期和实行单纯计划经济的国家,多采用混合制;单一制国家和少数联邦制国家采取单一制中央银行的组织形式;少数国家采取多元制的中央银行制度,且有向单一制发展的趋势;跨国中央银行是为了适应世界经济一体化需要的产物。因此,中央银行制度类型绝对不是可以任意选择的,而是由该国的政治体制、经济发展水平、历史传统、文化环境所决定的。

第二节 中央银行的结构

中央银行作为一个独立的执行货币政策的特殊机构,对一国经济的健康发展和金融秩序的稳定起着十分重要的作用。而其正确、恰当地履行职能首先有赖于中央银行自身具有稳定性,包括机构的设置、人员的任免、资金的充足、明确的职责。因此,如何构建和保持稳定的中央银行结构就显得十分重要。中央银行的结构是指诸多中央银行的职能部门依法组成的有机整体及其运行机制。理论上,一般把中央银行的结构分为:中央银行的资本结构和组织结构。

一、中央银行的资本结构

(一)中央银行的资本数额

任何国家设立中央银行都需要一定数量的资本金,一是中央银行作为法人成立的需要,二是保证中央银行独立履行职能的必然要求。就世界范围来看,成立中央银行需要的资本数额没有统一的标准,有的国家在法律中有明确的要求,有的国家法律中没有规定,由政府根据需要设定。各国由于综合国力的强弱不同,资本数额也有很大的差别。例如,瑞典国家银行资本额为 10 亿克朗(《1979 年瑞典国家银行法》第 3 条);英格兰银行资本额为 1455.3 万英镑(1989 年);德意志联邦银行的设立资本为 2.9 亿德国马克(1992 年);加拿大银行的资本额为 500 万加元(另有公积金 2500 万加元);荷兰银行的资本额为 2000 万荷兰盾(1988 年);比利时国家银行资本额为 4 亿比利时法郎(1993 年);法兰西银行的资本额为 2.5 亿法国法郎(1973 年);2003 年《中国人民银行法》第 8 条虽然有关于资本所有制的规定,但是没有法定资本额的要求。

(二) 中央银行资本所有制形式

中央银行的资产负债表所反映出来的营业资本结构一般由三部分组成：流通中的货币、存款、资本金。流通中的货币是指在市场上流通的纸币和铸币；存款主要包括各商业银行、专业银行及其他金融机构在中央银行的存款等；资本金包括中央银行实收资本、资本公积金和上交财政税后剩余的公积金。前两项各国的内容基本相同，但是资本金的所有形式由于中央银行成立时的资金来源不同，各国之间存在很多的差异。归纳起来，中央银行资本的所有制形式主要有：

1. 国家所有制

国家所有制中央银行是指全部资本属于国家所有的中央银行。理论上，国内有的学者又将其称为国有中央银行，或者国有化银行。它是目前中央银行资本所有制中的一种主要形式，为世界多数国家采用。国有中央银行的形成有两种方式：一是由国家全额投资建立，第二次世界大战以后成立的中央银行多数属于此类；二是对原先履行银行券发行职能的商业银行经国家收买了私人股份，国有化改组成立的中央银行。历史久远的中央银行最初多数不是国家投资，而是由商业银行银行演变而来。国家为了加强对经济的干预，同时中央银行的活动又要为国家的整体经济目标服务，所以，从维护国家经济调控的高效性出发，持国家所有制说的学者认为排除私人股东更为适宜，逐渐实行了国有化。以至于第二次世界大战以后，许多新成立的中央银行借鉴了那些老牌中央银行的经验和教训，一开始就直接由国家投资建立中央银行。这段时间，主要是发展中国家建立中央银行的高潮，国家所有制出现了空前的繁荣。目前，资本所有制属于国有化的中央银行有：法国、英国、德国、荷兰、挪威、西班牙、巴哈马、印度、肯尼亚、加拿大、澳大利亚、埃及、阿曼、尼日利亚、瑞典、坦桑尼亚、南斯拉夫等五十多个国家。并且，从世界范围看，中央银行国有化已成为一种发展趋势。

2. 混合所有制

由国家和私人共同投资组建的中央银行称为混合所有制中央银行，也可以称半国家性质的中央银行。其资本金一部分由国家持股，一般占资本总额的50%以上；另一部分的股份由民间普通投资者持有。如日本银行，由政府认购资本的55%，其余45%由民间的企业法人、社会团体、一般公众认购；又如比利时的中央银行，国家资本占资本总额50%；墨西哥的中央银行，国家资本占资本总额的51%等等。但是，在中央银行混合所有制的国家，私股持有者的股东权利在行使方面受到很多限制，他们唯一的权利是按法律规定每年领取最高股息，股票的转让也须征得银行同意。属于这类的中央银行还有奥地利、土耳其等国。

3. 私有制

属于私人股份资本的中央银行，其资本全部是由私人股东投入，经政府授权,执行中央银行的职能。如意大利的中央银行就是由股份公司组织转变为按公法管理的机构,其资本分成 30 万股,每股面值 1000 里拉,只能由储蓄银行、全国性银行、公营信贷机构等认购。

另外,还有一种中央银行的资本所有比较特殊。如美国联邦储备银行,其资本属于参加联邦储备银行的各会员银行,即各会员银行认购其所参加的联邦储备银行的股票,这种中央银行实质上也是属于广义私人股份资本的中央银行。根据《联邦储备法》的规定,美国 12 家联邦储备银行的资本均由辖区内的会员银行认购。每家联邦储备银行的资本最低额为 400 万美元,没有募集的不得开业。组织委员会在联邦储备银行向会员银行募集的股金低于必需的资本额时,可以向公众募集股金,也可以由美国政府认购。该法还规定,国民银行必须认购联邦储备银行的资本,联邦的其他合格银行及哥伦比亚特区内的信托投资公司也可以根据自身状况自愿认购。会员银行认购的所在区的联邦储备银行股票的总额为该会员银行实收资本的 6%,股金的 1/6,在接到联邦储备银行组织委员会或者联邦系统理事会的书面通知后立即缴纳,在此以后的三个月和六个月分别再缴纳 1/6,合计为股金的 1/2。另外的 1/2 股金在联邦储备系统认为必要时随时通知缴纳。可见,联邦储备银行的资本额不是恒定的。到 20 世纪末,美国各联邦储备银行实收资本总额为 20.06 亿美元。

4. 无资本要求的中央银行

这种形式的中央银行在建立之初,根本没有资本,而由国家授权执行中央银行职能。中央银行运用的资本金,主要是各金融机构的存款和流通中货币,自有资本金只占很小部分。中央银行有无资本,实际上不重要。如新西兰储备银行和韩国银行都是无资本的中央银行。

中央银行的资本无论属于国有、私有,还是半国有,甚至无资本,都不影响其性质和地位,国家都通过各种方法牢牢地控制着中央银行。最终,它都演化为推行国家货币政策的机构,受国家的直接控制和监督。中央银行的负责人由国家任命,完成国家赋予的任务。对私人持股除了在持有份额上有限制外,不设立类似于股东大会的出资者大会或其他议事结构;持股者在中央银行既无决策权,也无经营管理权,仅能按其规定获得股息,其目的在于排除私人利益在中央银行占有特殊地位。因此,当今中央银行的资本金所有权问题已逐渐淡化。

二、中央银行的组织结构

(一)中央银行的组织机构的个案考察

1. 日本

(1) 政策委员会

日本银行政策委员会是日本银行的最高权力机关。政策委员会由七名委员组成,他们分别是:日本银行总裁以及大藏省、经济企划厅、都市银行、地方银行、工商业、农业代表各一人。其中:日本银行总裁为当然委员,都市银行、地方银行、工商业及农业代表为任命委员,法律要求银行业的两名委员对金融业富有经验和学识,工商业和农业的两名委员分别对工商业和农业富有经验和学识。任命委员在取得参众两院同意的情况下由内阁任命,任期四年,可以连任。在发生下列情形之一时,内阁应罢免任命委员:第一,该委员宣告禁治产、难禁治产或破产的;第二,该委员被处以监禁以下刑罚的;第三,经内阁认定,因身心故障不能胜任职务的;第四,经内阁认定,违反职责不适合担任委员的。除此而外,任命委员在任期内不得被罢免。政策委员会设议长一人,由委员互选产生,但依惯例,日本银行总裁一直被选为议长,议长总理政策委员会会务,对外代表政策委员会。日本银行总裁与四名任命委员有表决权,大藏省和经济企划厅代表无表决权。政策委员会的议事,由有表决权的委员过半数通过才能决定。可见,政府代表对政策委员会的日常决策不能直接参与,政府的干预只能通过其他途径进行。

该委员会的任务是:根据国民经济的要求,调节日本银行的业务,调节通货,调节信用,以及应用其他金融政策。其具体职责是:决定经营日本银行业务的基本方针;决定和变更商业票据、银行承兑票据和其他票据的再贴现和以票据、公债及其他有价证券、金银或商品为担保的贷款利率;决定和变更前项贴现票据的种类和贷款担保的种类、条件和金额;决定和变更公开市场操作的起止时间,操作对象的种类、条件及金额;根据《临时利率调整法》决定、变更或废止市场利率的最高限度;根据《存款准备法》设定、变更或废止存款准备金率;决定和变更日本银行对民间金融机构所作贷款、投资及投资担保的种类、条件和金额限制的管制;决定日本银行的经费预算、资产评估、决算及其他经营管理事项;根据法律或契约,检查政策委员会委办的各项信用调整事宜,检查金融机构以及决定《日本银行法》所列事项以外的其他应由政策委员会掌管的事项;有关金融机构的经营状态、修改必要的法律、变更当年的监督政策、施行政策及其理由方面的事项,可经由主管大臣每年向国会提出报告。

其中,存款准备金的决定、变更和废止,须经大藏大臣认可;对民间利率最高限度的决定、变更和废止,要听取大藏大臣的意见,并经利率调整审议会咨询后才能实行。由此可见,尽管政策委员会作为最高决策机关拥有广泛的事权,但政府主管大臣对日本银行的决策仍有相当大的权威,政策委员会不能做到完全的意思自治和决策自主。

为了保证政策委员会的委员能够专司其职,法律禁止其从事以下活动:担任国会议员或地方公共团体议会的议员,其他公选的公职候补或积极从事政治活动;除经内阁批准者外,担任其他有报酬的职务;经营商业或从事其他以获取金钱利益为目的的业务。

（2）执行机构及其人员

执行机构由总裁、副总裁和理事组成。其中总裁代表日本银行，遵照政策委员会制定的政策执行一般业务；副总裁于总裁发生事故时代理其职务，总裁出缺时行使其职权，并与理事一起，协助总裁执行章程规定的日本银行业务。总裁和副总裁由内阁任命，任期五年；理事由总裁推荐，主管大臣任命，任期四年。

目前，日本银行总行设有18个局、所，在全国各地设有33个分行和12个事务所。在纽约、伦敦、巴黎、法兰克福及中国香港地区派有专员，负责与外国中央银行联络及调查海外情况。

（3）监事会

日本银行设监事二人以上，监事负责日本银行的监管工作。监事由主管大臣任命，任期三年。设参事若干人，参事负责就日本银行业务的重要事项答复总裁的咨询或向总裁陈述意见。参事由主管大臣从金融业或产业中富有学识经验的人员中选任，任期二年。

（4）日本银行的分支机构

日本银行在全国47个都、道、府设有33个分行、12个办事处。这些分行和办事处是日本银行根据经济发展状况及中央银行履行职能的需要而设立的，一般都设在商业银行比较集中或者说地区经济、金融中心的地方。分行直接受总行领导，与地方政府没有领导、被领导的关系，也不受地方政府管理。日本银行的分行根据业务量多少和辖区经济活动规模的大小，分为大、中、小三种。一般的大型分行有员工150人左右，中型分行50—100人。虽然不管分行大小一律由总行直接领导，但在业务上大分行负责与周围的小分行联系，在符合政策委员和总裁决定的政策、有关业务的基本要求和操作规程的条件下，分行行长作为总裁的代理人有权决定分行的业务活动。分行的组织机构比较简单，一般只设营业科（主要负责经办商业银行和政府的存、贷款，国内汇兑和国债的还本付息）、发行科（负责银行券和辅币的发行，现金收付清点、保管，以及有价证券的出纳、保管）、国库科、文书科（办理行政、后勤、人事工作）；日本银行办事处直接接受总行或分行的指示，对当地的金融机构进行指导，调查本地区的经济、金融动向；另外，日本银行还在纽约、巴黎、伦敦、中国香港地区等地设立了代表处，并在许多国家设置金融专员，负责与这些国家或地区的中央银行联络，调查驻在国的经济、金融情况。下图为日本银行机构设置图：

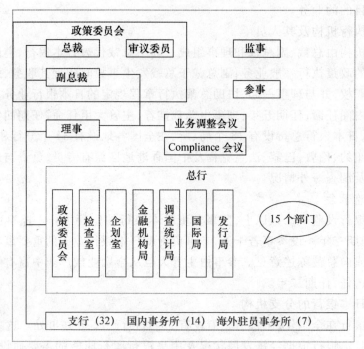

图 2-1 日本银行机构设置图

2．美国

（1）联邦储备区和联邦储备银行

《联邦储备法》规定，将美国分为 12 个联邦储备区，每个区指定一个联邦储备城市，作为联邦储备银行所在地。联邦储备系统理事会有权对各联邦储备区的范围进行调整。各联邦储备区及各区的联邦储备城市名称如下：

表 2-1 各联邦储备区及各区的联邦储备城市名称

联邦储备区名称	联邦储备城市
第一联邦储备区	波士顿
第二联邦储备区	纽约
第三联邦储备区	费城
第四联邦储备区	克利夫兰
第五联邦储备区	里士满
第六联邦储备区	亚特兰大
第七联邦储备区	芝加哥
第八联邦储备区	圣路易斯
第九联邦储备区	明尼阿波利斯
第十联邦储备区	堪萨斯城
第十一联邦储备区	达拉斯
第十二联邦储备区	旧金山

在每个联邦储备区内设立一个联邦储备银行,总部设在每个联邦储备城市,并以该市命名。每个联邦储备银行都设立一个九人组成的董事会。董事会的职权主要是:① 选举联邦储备银行行长,但是须经联邦储备系统理事会批准;② 审查和改变贴现率,也须经理事会批准;③ 审查和批准对会员银行的贷款;④ 监督联邦储备银行业务;⑤ 依法制定联邦储备银行管理细则。联邦储备银行行长为该行行政首长(最高管理人),由董事会委任,并经联邦储备系统理事会批准,负责日常事务管理,任期五年。联邦储备银行的所有其他官员和雇员均直接对行长负责。

联邦储备银行的职责主要是:① 提供纸币和硬币;② 保存存款机构的存款准备金,并通过贴现窗口对会员银行提供贷款;③ 对贴现率的规定提出建议;④ 为存款机构提供清算服务;⑤ 代理国库;⑥ 检查存款机构业务;⑦ 参加联邦公开市场委员会;⑧ 法律规定的其他职能。

(2) 联邦储备系统理事会

联邦储备系统理事会由七名理事组成,经参议院同意,由总统任命。任期14年,任期届满不得连任,并且每隔两年,就有一名理事任期届满。除来自同一个联邦储备区的理事不得超过一人外,总统提名时还应考虑理事在金融、农业、工业、商业及地理划分上是否具有公平的代表性。在理事中,总统可以指派一人为理事会主席,另一人为副主席,任期均为四年,可以连任。从惯例上讲,新主席一旦指定,原主席就应辞职离开理事会,即使其理事任期还未届满。① 理事会主席主持理事会工作,担当联邦储备系统的代言人,同时也是总统和国会的主要经济顾问之一。理事会的各项费用由各联邦储备银行按资本和公积金大小比例分摊。

联邦储备系统理事会的职权主要是:① 决定存款准备金比例;② 批准各联邦储备银行的贴现率;③ 对会员银行、银行持股公司和外国在美银行的业务进行监督和管理;④ 批准任命各联邦储备银行的正副行长和任命部分董事,监督各联邦储备银行的业务;⑤ 决定私人购买股票的自由资金比例;⑥ 参与联邦公开市场委员会决定货币信用重大措施;⑦ 保证全国支付系统的正常运行;⑧ 贯彻执行消费者信贷法,保护消费者正当利益;⑨ 法律规定的其他职权。

(3) 联邦公开市场委员会

联邦公开市场委员会由12名委员组成,其中七名为联邦储备系统理事会理事,其余五名为联邦储备银行行长或第一副行长,按惯例委员会主席由联邦储备系统理事会主席担任,副主席由纽约联邦储备银行行长担任,主席主持委员会

---

① 参见〔美〕弗雷德里克·S.米什金:《货币银行金融市场学》,李扬、贝多广等译,王传纶总校订,中国财政经济出版社1990年版,第375页。

会议。其中纽约联邦储备银行推选一名,波士顿、费城及里士满三行共同选出一名,克利夫兰、芝加哥二行共同选出一名,亚特兰大、达拉斯和圣路易斯三行共同选出一名,明尼阿波利斯、堪萨斯城及旧金山三行共同选出一名。现实中,委员一般由各联邦储备银行行长轮流担任,所有的行长通常都出席会议,只有委员才有表决权。委员会的职责是决定公开市场业务。由于公开市场业务是联邦储备系统用以控制货币供应的最重要的政策工具,因此,委员会是联邦储备系统内制定政策的中心。

(4) 联邦顾问委员会

联邦顾问委员会由12名委员组成,其中每家联邦储备银行每年推选一名董事担任委员。委员会每年至少在华盛顿开会四次。其职责主要是:① 就一般业务状况与理事会直接进行磋商;② 就理事会职权范围内的事宜提出口头和书面意见;③ 对各储备区的贴现率、再贴现业务、钞票发行、准备金状况、各联邦储备银行买卖黄金与证券及公开市场业务状况,以及联邦储备系统一般事务,有权要求提供资料并提出相应建议。

(5) 联邦储备系统各中央职能机构

联邦储备系统中央职能机构包括:理事会成员办公室,负责货币和金融政策的专业主任办公室,负责行政管理的专业主任办公室,负责联邦储备银行活动的专业主任办公室,秘书办公室,法律部,研究与统计部,国际金融部,联邦储备银行业务部,银行监督和管理部,消费者与团体事务部,人事部,审计师办公室,数据处理部等。

3. 法国

(1) 货币政策委员会

货币政策委员会由法兰西银行行长、副行长及六名成员组成。六名成员由部长委员会依法任命,任期九年,每三年有1/3成员任期届满,不得连任。货币政策委员会主席由行长担任,主席应至少一个月召集一次会议,并应在接到大多数成员的要求后48小时内召开会议。至少在2/3的现任成员到会时,委员会的决议才有效。

货币政策委员会是法兰西银行的最高决策机构。它负责制定货币政策,监测货币供应及其有关方面的变化;规定法兰西银行的业务范围,特别是证券买卖和在再出售协议下买卖的期限的条件;借贷款、贴现和利用债券作抵押的期限和条件,发行有息债券的期限和条件,法兰西银行贷款担保的性质和范围;还决定在完成货币政策目标时信贷机构承担的责任,可以临时授予行长一定的权力。

(2) 法兰西银行理事会

理事会是法兰西银行的最高执行机构,由货币政策委员会成员及任期为六年的法兰西银行职员代表组成。如果出席理事会会议的成员不足六人,会议的决策便不能生效。决定的形成必须经过出席会议的大多数理事投票通过,当反对票与赞同票相等时,理事会主席有最终决定权。

其主要职责有:决定有关银行的活动;决定与雇佣职员任期有关的问题;决定银行自有资金的分配,草拟银行的预算支出和相应的修正案;准备银行的资产负债表和账户,提出收入分配和红利上交方案等。

(3) 行长

行长是法兰西银行的最高行政长官,主持货币政策委员会和理事会会议,负责准备和执行委员会与理事会通过的决定,任免银行职员。第一副行长和第二副行长协助行长工作,行使行长授予的权力。当行长缺席或不能出席会议时,要指定一位副行长主持委员会和理事会会议。行长和两位副行长的任命由最高部长会议的法令颁布,任期六年,可连任一次,任职的年龄限制是 65 岁。

(4) 其他机构

法兰西银行的其他机构包括:国家信贷委员会、银行管理委员会、信贷机构委员会和银行委员会。国家信贷委员会在 1993 年以前是法国货币金融政策的决策机构,1993 年之后,新设的货币政策委员会取代了国家信贷委员会的决策职能,但后者仍是一个重要的机构;委员会应负责经济和财政事务的部长的要求,对其职责范围内议案和政令草案发表意见,就起草国家计划提供咨询和建议;委员会每年须向总统和议会提交关于银行与金融系统运作的报告。银行管理委员会和信贷机构委员会均是依《1984 年银行法》设立的机构,其成员从国家信贷委员会的成员中产生。它们均按年度向国家信贷委员会提交报告。银行委员会由法兰西银行行长或其代表(任主席)、国库总监或其代表、经济和财政部部长发布政令所任命的四名成员组成。它负责监督信贷机构并对其违法行为进行制裁,须审查信贷机构的经营方式并对其财务状况的健全性进行监督,确保关于健全的银行业务活动的规章得以遵守。

4. 德国

根据 1992 年《德意志联邦银行法》规定,德意志联邦银行的组织机构主要由中央银行理事会、执行理事会和各州中央银行管理委员会组成。

(1) 中央银行理事会

中央银行理事会是最高决策机构,它由德意志联邦银行行长、副行长、其他执行理事会成员及州中央银行行长组成。中央银行理事会会议由德意志联邦银行行长主持,行长缺席时由副行长主持,一般每两周开会一次,其决议由投票数的简单多数通过。其职责是:确定德意志联邦银行的货币政策,制定业务活动和经营管理的指导方针,依法确定执行理事会和州中央银行管理委员会的职责。在特殊情况下,可向执行理事会和州中央银行管理委员会发布指示。

(2) 执行理事会

执行理事会是德意志联邦银行的最高执行机构。执行理事会由德意志联邦银行行长、副行长以及其他最多六个成员组成。执行理事会成员必须具备特殊的专业资格。行长、副行长及其他成员由联邦政府在征求中央银行理事会意见后提名,总统任命。任期八年,例外情况下可以缩短,但不得少于两年。任职期间,除非个人原因及自己提出辞职或中央银行要求其辞职,不得被罢免。执行理事会成员依公法供职,他们与德意志联邦银行的关系(特别是关于薪金、退休金等)均在其与中央银行理事会签订的合同中确定,该合同须经联邦政府批准。

执行理事会的主要职责是:除了州中央银行管理委员会职责范围内的事务外,负责领导和管理德意志联邦银行;负责实施中央银行理事会作出的决议;开展与联邦政府及其特别基金的各种交易;开展外汇交易和国外业务往来;操作公开市场业务。

(3) 各州中央银行管理委员会

1991年,联邦德国与民主德国实现统一后对《德意志联邦银行法》进行了修改,精简了组织机构并使之与德国统一后的情况相适应。现在,州中央银行不再是独立的中央银行,而是德意志联邦银行在特定地区设立的总管理机构。由此可见,州中央银行这一名称已经"名不副实",它与每个州的行政区划并不一致,而是以面积大致相同的辖区为基础,每一州中央银行管理一个或多个州。州中央银行负责办理辖区内的业务,并承担相应的管理职责,特别是办理州银行和州政府部门的业务,办理该地区信用机构(非全国性信用机构)的业务。

各种中央银行管理委员会管理州中央银行日常事务。委员会由州中央银行行长、副行长组成,在较大的州(包括两个负责三个州的州中央银行)还增加一名成员。所有成员必须具有特殊的专业资格。行长由联邦议院提名,联邦共和国总统任命。提名须依法由相应的政府部门提出建议并征求中央银行理事会的意见之后方可作出。副行长和管理委员会其他成员由中央银行理事会提名,德意志联邦银行行长任命。管理委员会成员的任期为八年,特殊情况下可以缩短但不得少于两年。

每个州中央银行还设有咨询委员会,它负责就货币政策问题与行长磋商,并就管理委员会行使职责的情况与其进行协商。咨询委员会最多由14名成员组成,他们都必须具备银行业务方面的专业知识。成员从银行界、工业界、商业界、保险界、农业界及领取薪金阶层选出,其中银行界的成员不得超过半数。成员由有关的州政府提名,在征得管理委员会同意之后,由德意志联邦银行行长任命,任期三年。

5. 荷兰

荷兰中央银行由银行理事会、监督委员会、银行委员会、皇家专员和股东大会构成。

(1) 荷兰银行理事会

荷兰银行理事会由行长、一名秘书和三至五名理事组成。理事由国王任命，任期七年，理事的数量和候选人名单由理事会与监督委员会联席会议决定。所有理事会成员任期届满后均可连任。在理事会与监督委员会联席会议建议下，国王可以撤换理事会成员。理事会的主要职责是：在法庭内外代表荷兰银行进行诉讼活动；负责荷兰银行的管理和其财产的管理；负责任免荷兰银行的管理人员、官员和职员。

(2) 监督委员会

监督委员会是荷兰银行的监督机构，负责审查资产负债表和损益表，监督银行内部管理人员，并依法对理事会负责。其职能的具体规定由理事会和监督委员会联席会议作出。由12名委员组成，任期四年，每年有三人任期届满，期满后有资格被再度任命一次。

(3) 银行委员会

银行委员会有权听取行长关于总的经济与金融形势及银行政策的汇报，处理成员提出的与荷兰银行地位及责任有关的其他问题，有权主动就荷兰银行政策有关的问题向财政部长提出建议。银行委员会由17人组成，其中包括：① 皇家专员；② 监督委员会指定的四人或从监督委员会挑选的四人；③ 国王任命12人，其中商业、工业和农业部门各选二人，劳动和金融部门各选三人，这12名成员任期四年，每年有1/4任期届满，可连任一次。

(4) 皇家专员

由于受国家政治体制的影响，荷兰中央银行的组织机构还包括代表国王名义的皇家专员。皇家专员是由国王任免的代表政府管理荷兰银行事务的官员。他有权以顾问身份出席股东大会、监督委员会会议、理事会和监督委员会联席会议，有权要求理事会提供有助于其完成职责所需要的信息。皇家专员对理事会提交的资产负债表和损益表有异议时，均可以书面形式向理事会提出，若皇家专员提出的异议不能经联合协调解决，由三名仲裁员进行判定。其中，财政部长和理事会各指定一名仲裁员，第三名仲裁员由位于阿姆斯特丹的地区法院院长担任。仲裁员的判定是最终决定。

(5) 股东大会

荷兰中央银行设股东大会，但是只有形式上的意义，而不像一般的公司那样具有广泛的表决权。股东大会在阿姆斯特丹举行，按照会员召集的方式可以分为普通股东大会和特别股东大会。普通股东大会每年5月2日前召开，听取荷兰银行关于上一财政年度的情况汇报；特别股东大会在理事会与监督委员会联席会议提出或拥有不少于1/10额定资本的股东书面要求并说明具体需要处理的问题的情况下召开。

6. 韩国

韩国中央银行由金融通货运营委员会、银行监督院、高级管理人员和调查部组成。

(1) 金融通货运营委员会

金融通货运营委员会是韩国银行的最高权力机构。由九名委员组成,他们分别是:财政部长官(当他遇有事故时由财政部次官参加),韩国银行总裁(总裁遇有事故时由副总裁参加),经济企划院长官推荐一名委员,金融机关推荐两名委员,农水产部长官推荐两名委员,商工部长官推荐两名委员。委员由总统从推荐机关依总统令规定而成倍推荐的人员中任命,任期三年,可以连任。下列人员不得担任委员:① 非韩国公民;② 未满30岁者;③ 加入政党者;④ 国会议员、地方议会议员、国家公务员或地方公务员(但按上述推荐成为委员者及国立和公立大学的教员除外);⑤ 在金融机关、韩国产业银行等机构任职;⑥ 未复权的禁治产者、限定治产者和破产者,受监禁以下刑罚、刑期已满或确定不执行后未满三年者,自受撤职处罚后不满两年者。其主要职责是:① 依法制定有关通货和信用的运营管理政策;② 对韩国银行的业务、运营、管理进行指导监督,为此有权发布一切必要的规则和指示;③ 根据总裁推荐任免韩国银行职员,制定工资标准,但下级职员的任免和工资标准的决定可委任给总裁;④ 制定韩国银行章程,批准各年度的预算和决算。

(2) 银行监督院

银行监督院是韩国银行内设的金融监督机构,它受金融通货运营委员会指示,在法律规定范围内对所有金融机关进行监督和定期检查。检查后须向财政部长官和委员会报告。银行监督院设院长、副院长各一人,副院长秘书一至三人。院长由金融通货运营委员会提名,总统任命。副院长、副院长秘书及院职员由院长推荐,总裁提名,金融通货运营委员会任命。但一般职员的任免,由委员会同院长协商后由总裁宣布。院长任期四年,副院长及其秘书任期三年,均可连任。

(3) 高级管理人员

银行高级管理人员包括:总裁一人、副总裁一人、银行监事一人和理事一至五人。总裁是韩国银行的法定代表人,他由财政部长官从廉洁奉公并对金融工作有丰富经验的人选中提名,总统任命,任期四年,可以连任。总裁的职责是:① 总管韩国银行业务和内部事务的处理,执行货币政策和韩国银行章程所赋予的其他权限;② 随时向金融通货运营委员会提出其应注意事项,为委员会制定政策提供必要的资料、统计和建议;③ 就金融通货事项出席国务会议并发言;④ 在发生紧急事件时,依法采取委员会权限内的必要措施。副总裁协助总裁工作,在总裁遇有事故时代理其职务,任期三年,可以连任。监事负责经常监督韩国银行业务,每年向委员会提交年度综合监查报告书。监事经金融通货运营委员会同意,由财政部长官任命,任期三年,可以连任。理事协助总裁和副总裁,并根据章程规定分管业务,任期三年,可以连任。

(4) 调查部

调查部是接受金融通货运营委员会指示,为制定货币政策提供必要情报,从事有关通货与银行业务、财政、物价、赁金、生产、国际收支及其他统计之搜集、整理和调查的专门机构。调查部还负责协助撰写韩国银行年度报告书,发行统计月报,定期发行其他同类性质之出版物。

(二) 中央银行组织结构

1. 中央银行组织机构的设立原则和特点

(1) 中央银行组织机构设立原则

由于各国的经济发展水平、金融机构体制、组建组织机构的目的不同,所以在构建中央银行组织系统时也略有不同。在以上对各国中央银行系统的个案考察中,我们或许会发现这些差异的端倪。因而,在构建合理的中央银行组织系统时,必须遵循一些原则。① 设立中央银行组织时应当上下级关系合理、相互间职权明确。中央银行负责管理全国金融业,要求其能对金融市场发生的新现象、新问题及时作出反应,及时予以解决。明确各组织部门的职权范围,有利于提高工作效率,更好地履行央行职能。② 各组织部门合理分工,职能划分合理、清楚。中央银行最高权力机构在制定政策和政策执行过程中,需要有具体的操作部门,这些部门的设立对中央银行正常运作十分重要。如英国的最高权力机构是理事会,理事会的具体工作部门包括人事委员会、国库委员会、稽核委员会、常任委员会和银行印刷委员会,各司其职,分工合作。③ 组织机构人员任职资格和任职程序明确,奖惩严明。出于中央银行工作的特殊性,中央银行组织机构的工作人员的选任和任职程序较为严格。这样有利于保证工作的质量,防止人浮于事,提高工作效率。

(2) 中央银行组织机构设立特点

中央银行作为国家实现对经济宏观调控的工具,在中央银行内部组织机构的设置方面有一些自身的特点。一方面,特别重视对国家经济的宏观调控。中央银行的日常最重要的工作是根据国家经济发展的需要,制定货币政策,调节货币供应量,而货币政策的制定依赖于对经济形势、金融环境作出正确、及时的调查和分析,因此在各国中央银行组织机构中进行宏观经济研究和金融形势分析的部门占很大比重。另一方面,由于中央银行职能的扩张,内部机构的分工越来越细。例如,我国 2003 年修改《中国人民银行法》时,央行增加了反洗钱和管理信贷征信业两项职能,随后,央行成立了相应的四个司局:金融市场司、金融稳定局、征信管理局和反洗钱局(保卫局)。①

2. 中央银行组织机构构成

从上述六个国家的中央银行组织机构的框架构成,我们可以发现一些共同的规律。中央银行一般由最高权力机构、内部各职能部门、中央银行分支机构组成。

(1) 最高权力机构

中央银行最高权力机构是指对中央银行的货币政策、业务方针、人事任免、规章制度具有决策权、执行权、监督权的机构。各国的中央银行最高权力机构的称谓不尽相同,如美国称联邦储备系统理事会、日本称政策委员会、德国称中央银行理事会、法国称货币政策委员会、英国和加拿大称董事会、韩国称金融通货运营委员会。不仅名称有异,职能也不完全相同。但作为中央银行的最高权力机构,其共同的主要特点有:第一,中央银行最高权力机构地位超然,权力较大。特别是中央银行的决策机构,不仅可独立地对全国金融政策行使决策权,而且权力较大,其成员任期长,并由国会、总统或皇室任命,对金融经济决策发挥重大的影响作用。第二,各国中央银行的最高权力机构的组成人选具有广泛的代表性。这些人员一般是工、商、农、政以及金融和经济各方面的人士或专家,这种人员构成有利于决策的民主性和科学性。第三,中央银行的权力机构都拥有一定的独立性。

由于各国中央银行产生的方式、经济发展水平、金融状况和历史传统不同,中央银行最高权力机构的权力行使、职责也有差异。根据这些差异可以把各国中央银行最高权力机构分为三种类型:

第一,最高决策机构和执行机构集中于理事会。属于这一类的中央银行有英格兰银行、美国联邦储备体系、菲律宾中央银行、马来西亚中央银行等。例如,英格兰银行的理事会由英格兰银行总裁、副总裁和16名理事组成,由政府推荐,英王任命。总裁、副总裁任期五年,理事任期四年,轮流离任,每年四人。众议院议员、政府部长以及在政府有工职者不能担任理事。理事会作出的决策,由总裁组织理事、顾问和部门负责人贯彻执行。再如,美国联邦储备体系设有联邦储备委员会,由七名理事组成,任期14年,每两年改派一人,总统有权指派其中两名理事分别担任主席和副主席。这个委员会负责制定货币政策并贯彻执行如批准联邦储备银行的贴现率,规定贴现证券的种类,变更存款准备金比例,任命每一联邦储备银行的三名理事,任命各联邦储备银行的正副总裁等等职责。这种最高权力机构类型决策层次少,权力比较集中。其优点是,有利于政策间的衔接和

---

① 参见李利明:《周小川推央行人才"新政" 从正处到副局仅3年》,载《经济观察报》2004年1月27日。

一致,便于迅速决策和操作;其缺点在于决策、执行和监督之间的制衡机制不强。

第二,最高权力机构分为决策机构、执行机构和监督机构,分别履行中央银行职能。如法兰西银行、瑞士国家银行、荷兰银行、比利时国家银行等。在法国,国家信贷委员会是金融政策的决策机构,法兰西银行总裁担任委员会的副主席,主持委员会的日常工作;法兰西银行的理事会是执行机构,由法兰西银行总裁、副总裁和十名理事组成。其中九人是经济、金融专家,一人从法兰西银行职员中产生,全部理事由内阁任命。理事会的职责是:决定职工工资、准备金金额、研究分红比率、准备金的运用等等;银行管理委员会是法兰西银行的监督机构,由五人组成,法兰西银行总裁是主席,国家法制委员会所属的财政委员会主任、国库局长,以及银行内和银行工会各一名代表为委员。这个委员会的职能主要是监督注册以及监督银行和金融机构执行各项金融法令。这种类型的优点是中央银行各部门的分工明确,有利于业务活动的专业化;缺点是各部门之间的协调性较差。

第三,最高权力机构分为决策机构和执行机构。属于这一类的如德意志联邦银行。在德国,中央银行理事会是德意志联邦最高决策机构,它由德意志联邦银行行长、副行长、其他执行理事会成员及州中央银行行长组成。其职责是:确定德意志联邦银行的货币政策,制定业务活动和经营管理的指导方针,依法确定执行理事会和州中央银行管理委员会的职责。在特殊情况下,可向执行理事会和州中央银行管理委员会发布指示;执行理事会是德意志联邦银行的最高执行机构。执行理事会由德意志联邦银行行长、副行长以及其他最多六个成员组成。执行理事会成员必须具备特殊的专业资格。执行理事会的主要职责是:除了州中央银行管理委员会职责范围内的事务外,负责领导和管理德意志联邦银行;负责实施中央银行理事会作出的决议;开展与联邦政府及其特别基金的各种交易;开展外汇交易和国外业务往来;操作公开市场业务。这种类型的优点是决策机构和执行机构相对分离,有利于实现业务专门化;缺点是不同部门间的协调性差。

目前,具有拓展趋势的做法是将中央银行最高权力机构的职能集中于决策机构。

此外,各国中央银行组织机构的领导体制也有所不同。中央银行作为国家实行宏观调控的工具,其机构人员一般是由委任产生,非依法定程序不得更换;机构人员在开展工作过程中对委任者负责,下级对上级负责。根据其运行方式,可以将中央银行的领导体制分为等级制和合议制。

等级制又称"首长负责制",在首长之下设立层次分明的系列等级,权力集中于首长,其他官员和职员均是他的下属。等级制的目的是实现高效率的领导,等级制的基础是建立委任的链条。过去,中国人民银行实行行长负责制,实际上就是这种类型的代表,现在根据《中国人民银行法》设立了货币政策委员会,实际上是兼采等级制和合议制的折中型体制。首长不是万能者,他必须把他的职权委任给下级,委任的原则是互相负责和连带负责,即被委任者对委任者负责,委任者对委任的职务仍须负责。被委任者还可以将职权再委任给自己的下级,委任链条的延伸建成了金字塔形的组织机构,首长对组织的整体承担全部责任。等级制有效和完备的前提是各级职责分明,联系不断,委任合理。等级制的优点是权责明确,效率高;缺点是不太民主,决策随意性较大,科学性难以保证。

合议制又称委员会制、集体领导制,它不是把机构置于首长的统率之下,而是由若干成员组成的委员会进行领导。一个机构若要制订计划和政策,裁判纠纷,需要集思广益,对有争议的问题交换意见,一般便采用合议制,并吸收各方面的代表参加。合议制的优缺点正好与等级制相反,它决策民主,科学性得到保证,但权责难以明确,效率不高。合议制机构有两种:一种是专职委员会,所有委员均是专职、全日制和领取工资的人;另一种是兼职委员会,委员由非专职人员担任。决策和执行性质的合议制机构,多采取专职委员会形式;咨询性质的合议制机构一般是兼职委员会。目前,大多数国家中央银行的一些重要组织机构实行会议制,其中最高权力机构、执行机构和监督机构采取专职委员会形式;咨询机构采取兼职委员会形式。

(2) 中央银行内部各职能部门

一般而言,中央银行内部各职能部门有广义和狭义之分。广义的中央银行内部各职能部门包括中央银行总行的机构设置和中央银行在各地分行或者支行等分支机构的设置;狭义的中央银行内部职能部门仅仅指中央银行总行的机构设置与权限分工。在这里,中央银行内部职能部门是仅就狭义而言,中央银行分支机构将在下面的内容中进行阐述。

通过对各国中央银行组织机构的考察,我们可以看出,除了最高权力机构(决策机构)之外,中央银行组织机构还包括下列各职能部门:

1) 最高执行机构

由于制度上的差异,各国中央银行最高执行机构的名称也不尽相同。日本、韩国由总裁、副总裁和理事组成;法国称为理事会;比利时称为管理委员会;德国称为执行委员会。在有的国家,把最高权力机构和最高执行机构的职权统一在一个部门,美国和英国就是这种类型。最高执行机构的成员一般由行长(或总裁)、副行长(或者副总裁)和其他专职成员组成。任期因国别不同,也有差异。

2) 中央银行监督机构

有的国家将监督机构的职能归由最高权力机构行使,不设专门的监督机构,如德国和美国。但是,为了保持监督机构的独立性,应当将监督机构与最高权力机构、执行机构分设。设立监督机构的国家对其的称谓也有不同,如荷兰称为监督委员会,比利时由监督委员会和联合委员会对中央银行实行联合监督。

3) 中央银行咨询机构

一些国家的中央银行设有咨询机构,如美国在中央一级设有联邦顾问委员会、消费者顾问委员会和节俭储蓄金融机构顾问委员会;德国在州一级设咨询委员会;日本由参事向总裁提供咨询。咨询机构的名称、数目和设置均有差异,有的国家则不设专门的咨询机构,而由中央银行内部的职能机构(如政策研究室、金融研究所等)负责向权力机构和执行机构提供意见和建议。虽然咨询机构在中央银行内地位不高,权力不大,但其功能不应忽视。

4) 其他具体职能部门

按照国际一般做法,中央银行总行下属的具体职能部门的设置在中央银行法中一般不作具体规定,而是各国根据本国的具体情况由中央银行自己灵活决定。如英格兰银行在理事会下设货币市场局、外汇局、情报局、国际局、企业财务局、海外领域局、金融统计局、银行监督局、政府债券局、经济研究局、金融机构部、银行部、注册局、印刷局、公司服务部等职能部门;美国联邦储备委员会下设的具体职能部门数量比较庞杂,有法律部、银行监督管理部、研究统计部、国际金融部、联邦储备银行业务部、人事部、服务部、理事会办公室、秘书室、货币金融政策主任办公室、审计官办公室等具体工作部门;日本银行下设的职能部门包括:国库局、国债局、外国局、金融研究局、总务局、发行局、营业局、秘书科、业务管理局、电子计算情报局、考查局、调查统计局、文书局、储备推进局、史料调查局、检查局等。

从以上国家中央银行总行的具体职能部门的设置来看,其设置的部门名称和种类有所不同,但归纳起来一般包括下列部门:宏观调控措施实施部门,如美国联邦储备委员会的货币与政策主任办公室、英格兰银行的经济研究局、日本银行的金融研究局和调查统计局等;公共服务部门,如英格兰银行的公司服务部、美联储的服务部、日本银行的总务局等;金融监督管理部门,如英格兰银行的银行监督局、美联储的银行监督管理部与审计官办公室等;调查研究机构;日常事务管理机构;法律机构等。

(3) 中央银行分支机构

1) 中央银行分支机构的性质和地位

由于设立分支机构能够有效地贯彻落实中央银行的货币政策目标,提高央行的工作效率,所以各国在设立中央银行的同时,非常重视对分支机构的建设。如1992年修改后的《德意志联邦银行法》规定,授予德意志联邦银行在各地设立分行和支行的权力。分行由两名经理领导,对所在区域的州中央银行负责,支行由一名经理领导并对上一级分行负责,德国有两百多家分支机构;美国将全国分为12个联邦储备区,在每个区设立联邦储备银行,并根据联邦储备银行的工作需要在不同地区设立了25家分支机构。

就性质而言,一般认为中央银行分支机构是中央银行在各地的派出机构,分支机构无不贯彻执行总行制定的各项制度、政策,并在其所辖区域内履行中央银行的有关职责,领导、管理、监督、稽核金融机构。但是,在实际生活中,由于各国的法律规定和中央银行制度类型的差异,中央银行分支机构的法律地位却有明显的不同。一般而言,存在两种情况:在单一制中央银行制度的国家,分支机构作为中央银行总行的派出机构,不具有独立的法人资格,其一切活动必须以总行的名义进行。总行对各个分支机构实行垂直领导,统一管理。地方各级政府保证分支机构贯彻央行的货币银行政策,保护分支机构的合法权益。在多元制中央银行制度中,中央银行总行和分支机构都具有公司法人资格,能够以自己名义独立活动,并独立承担法律责任。但是,这种独立只是形式上的,例如在美国,12家联邦储备银行都是公司法人,在工作中,实际上它们是联邦储备系统在各地的"分舵",它们共同对联邦储备系统理事会负责。

中央银行分支机构的任务,因各国对其赋予的权力范围或者级别不同而不完全一样。相同的是,任何分支机构都要具体贯彻中央银行货币政策且监督执行。例如,日本银行分支机构的三大任务:一是按总行批准的贷款额度向民间银行提供以国债作为抵押的贷款,并负责它们之间的清算;二是代理国库,负责财政、税收的清算;三是负责银行券的发行和回笼。归根结底,是具体贯彻与实现总行的货币政策且监督货币政策执行情况。

2) 中央银行分支机构的设立原则

虽然为了能够及时、有效地贯彻执行总行的货币政策而设立中央银行分支机构,是各国普遍存在的现象,但任何中央银行分支机构的设立决不是任意的。其设立的地点、数量、层次和规模无不基于业务的开展、央行便于管理经济的需要,并且与该国的经济发展状况有着密不可分的关联。各国央行在设立分支机构时普遍遵守的原则有两种:

a. 根据区域经济的状况设立分支机构的原则。也就是说,中央银行在设立分支机构时应当首先考虑全国范围内,不同地区经济的发展状况和信用制度完备程度。因为,一般来说,金融业的发展水平受经济发展区域性的影响在一个国家不同地区之间也是不平衡的。金融业发展水平高的地区,金融活动频繁,金融衍生工具发展较快,就需要设立层次高、规模大的分支机构;相应的,在经济发展水平较低的区域,就可以设立层次低、规模小的分支机构。而不是单纯根据国家的行政区划来设立分支机构。按照这种原则设立的分支机构,能够反映金融业和经济发展水平间的关系,减小地方政府对中央银行业务的干预,有利于保障中央银行的独立性。现在,世界大多数国家中央银行分支机构是按照这种原则设立的。

b. 根据国家行政区划设立分支机构的原则。按照这种原则设立的中央银行分支机构,强调分支机构和国家行政区划之间的对应,分支机构的业务和管理范围就是行政区划的范围。简单地说,就是政府在什么地方就在什么地方设立相应的分支机构;有什么级别的政府部门,就有什么层次的中央银行分支机构。

新中国成立后相当长的时间内,我国是根据行政区划原则设立中国人民银行分支机构。1998年11月之后,中国人民银行开始实施新的管理体制,根据区域经济的发展状况在全国范围内设立11家一级分支机构,包括中国人民银行营业管理部、重庆营业管理部和天津、上海、济南、沈阳、南京、武汉、广州、成都和西安九家分行,在分行下设金融监管部、中心支行、支行。从我国中央银行分支机构设立情况的变化,我们可以看出两种设立原则的差别:前者符合了经济发展规律的要求,并能保障中央银行的独立性;后者由于为地方干预中央银行事务留下了空间,所以逐渐被多数国家放弃。

三、中国人民银行的制度形式和组织机构

(一) 中国人民银行的制度形式和资本机构

从中国人民银行的组织机构、业务范围来看,我国属于单一制的中央银行制度。《中国人民银行法》第2条规定:中国人民银行是中华人民共和国的中央银行。中国人民银行在国务院领导下,制定和执行货币政策,防范和化解金融风险,维护金融稳定。第7条规定:中国人民银行在国务院领导下依法独立执行货币政策,履行职责,开展业务,不受地方政府、各级政府部门、社会团体和个人的干涉。根据法律规定,中国人民银行是国家唯一的中央银行;是领导和管理全国金融业的国家机关,正部级单位;是在国务院的领导下,制定和执行货币政策,防范和化解金融风险,维护金融稳定,提供金融服务的宏观调控部门。中国人民银行根据区域经济的发展水平和工作需要在全国设立的分支机构(11家)是其派出机构,根据授权履行中央银行的职能。

《中国人民银行法》第8条规定:中国人民银行的全部资本由国家出资,属于国家所有。由此可见,中国人民银行属于国家所有制。

(二) 中国人民银行的组织机构

中国人民银行实行行长负责制。行长领导中国人民银行的工作,副行长协助行长工作。中国人民银行的行长、副行长及其他工作人员应当恪尽职守,不得滥用职权、徇私舞弊,不得在任何金融机构、企业、基金会兼职。

根据2003年修订后的《中国人民银行法》和第十届全国人民代表大会第一次会议批准的国务院机构改革方案和《国务院关于机构设置的通知》,将原来中国人民银行对银行、金融资产管理公司、信托投资公司及其他存款类金融机构的监管职能分离出来,并和中央金融工委的相关职能进行整合,成立中国银行业监

督管理委员会。对银行业金融机构的监管职责,转由中国银行业监督管理委员会承担,中国人民银行的主要职能是在国务院领导下,制定和执行货币政策,防范和化解金融风险,维护金融稳定。从而人民银行制定与执行货币政策的职能得到了强化。

目前,中国人民银行的组织机构设置如下:

1. 内设部门。内设部门有为二十多个职能司(局、厅),分别是:办公厅(党委办公室)、条法司、货币政策司、金融市场司、金融稳定局、调查统计司、会计财务司、支付结算司、科技司、货币金银局、国库局、国际司(港澳台办公室)、内审司、人事司(党委组织部)、研究局、征信管理局、反洗钱局(保卫局)、党委宣传部、机关党委、纪委、派驻监察局、离退休干部局、参事室、工会、团委。

2. 上海总部。中国人民银行上海总部于2005年8月10日正式成立。央行上海总部的成立,主要是围绕金融市场和金融中心的建设来加强中央银行的调节职能和服务职能。目前上海已成为各类金融机构在我国内地的主要集聚地,设有全国统一的银行间同业拆借市场、债券市场和外汇市场,拥有证券、商品期货和黄金三个交易所。建设上海国际金融中心已成为一项国家战略。上海总部作为总行的有机组成部分,在总行的领导和授权下开展工作。上海总部直接管理的单位包括中国外汇交易中心、中国反洗钱监测分析中心、中国人民银行数据处理中心、中国人民银行征信服务中心等,协调管理的单位是中国银联和上海黄金交易所。上海总部承担的主要职责有:根据总行提出的操作目标,组织实施中央银行公开市场操作;承办在沪商业银行及票据专营机构再贴现业务;围绕货币政策操作、金融市场发展、金融中心建设等开展专题研究;负责有关区域金融交流与合作工作,承办有关国际金融业务;承担国家部分外汇储备的经营和黄金储备经营管理工作;承担上海地区人民银行有关业务的工作等。上海总部承担的管理职能包括对现有上海分行辖区内人民银行分支机构的管理,即继续履行大区行的职能,辖区包括浙江、福建在内的共20个中心支行。

3. 直属机构。中国人民银行直属机构有:中国人民银行机关服务中心、中国人民银行集中采购中心、中国反洗钱监测分析中心、中国人民银行征信中心、中国外汇交易中心(全国银行间同业拆借中心)、中国金融出版社、金融时报社、中国人民银行清算总中心、中国印钞造币总公司、中国金币总公司、中国金融电子化公司、中国人民银行研究生部、中国人民银行党校、中国金融培训中心、中国人民银行郑州培训学院、中国钱币博物馆、中国人民银行金融信息中心。

4. 驻外代表机构。

5. 中国人民银行分支机构。《中国人民银行法》第13条规定:中国人民银行根据履行职责的需要设立分支机构,作为中国人民银行的派出机构,中国人民银行对分支机构实行统一领导和管理。中国人民银行的分支机构根据中国人民银行的授权，维护本辖区的金融稳定，承办有关业务。分支机构的设立应当首先考虑经济、金融运营的区域特点和金融调控的需要，并结合与全国经济、金融发展大局的协调发展需要，科学合理地设置。在总行和分行的关系上，由中国人民银行对分支机构，在银行业务和干部管理上实行垂直领导，统一管理。总行主要负责对全国经济、金融业的宏观调控和决策，并通过委任机制将其职能授予分支机构在一定范围内行使。分支机构的主要职责是在中国人民银行总行的领导下，根据国家制定的金融工作方针政策、法律法规，在本辖区范围内，履行中央银行的有关职责，做好调查统计、经理国库、现金调拨、外汇管理、相关法律和政策宣传、加强地区沟通和联行清算等工作。1998年11月，中国人民银行对全国的分支机构进行了调整。根据经济区域设立原则，在全国范围内设立了两家营业管理部和九家大区分行，它们分别是：中国人民银行营业管理部、重庆营业管理部，天津、上海、济南、沈阳、南京、武汉、广州、成都、西安大区分行。

本章小结

本章主要介绍了中央银行制度的类型和结构。

就世界范围来看，中央银行的类型是多种多样的。归纳起来，大致可以分为单一制、多元制、混合制、跨国制和准中央银行制度。目前，大多数国家的中央银行采取单一制中央银行制度。中央银行的资本所有制也具有许多不同的形式，包括国有制、混合所有制和私有制，但无论采取哪种所有制形式，国家都通过各种手段牢牢控制着中央银行。中央银行的组织机构一般由最高权力机构、总行内部职能部门和各分支机构组成。一般的，理事会或者董事会是中央银行的最高权力机构，各分支机构是中央银行的派出机构。

中央银行的结构是指诸多中央银行的职能部门依法组成的有机整体及其运行机制。中央银行作为一个独立的执行货币政策的特殊机构，对一国经济的健康发展和金融秩序的稳定起着十分重要的作用，而其正确、恰当地履行职能首先有赖于中央银行自身具有稳定性。因此，构建和保持稳定的中央银行结构十分重要。中央银行的结构分为中央银行的资本结构和组织结构。

中国人民银行是我国的中央银行，采取单一制中央银行制度的形式。货币政策委员会是最高权力机构。目前，中国人民银行的组织机构设置分为五大部分：(1) 内设部门，由包括货币政策司、金融市场司、金融稳定局、调查统计司在内的二十多个职能司（局、厅）构成；(2) 上海总部，上海总部承担的主要职责有根据总行提出的操作目标，组织实施中央银行公开市场操作等；(3) 直属机构，包括中国反洗钱监测分析中心、中国人民银行征信中心、中国外汇交易中心等机构；(4) 驻外代表机构；(5) 中国人民银行分支机构。中国人民银行按照经济区域，在全国设立了两家营业管理部和九家大区分行分支机构，作为总行的派出机构,履行中央银行职能。

> **关键词**

单一制中央银行制度　多元制中央银行制度　混合制中央银行制度　准中央银行制度　中央银行资本结构　中央银行组织机构

> **思考题**

1. 中央银行制度的类型有哪些？试比较它们之间的优缺点。
2. 中央银行的资本所有制有几种？国家是如何实现对中央银行控制的？
3. 中国人民银行分支机构是如何设立的？目前人民银行分支机构的设置有哪些不足之处？
4. 结合实际,谈谈你对完善我国中央银行组织机构的想法和建议。

第三章　中央银行的性质和职能

> **内容提要**

在经济生活中起重要作用的中央银行,是属于机关法人还是属于企业,抑或兼有机关和企业的双重性质?作为一个重要的部门,在经济生活中应履行哪些职能?这就是下面我们要讨论的中央银行的性质和职能问题。中央银行的性质和职能是两个密切相关的问题,其性质是职能的前提和基础,职能范围的确定有赖于性质的清晰、明确;其职能是性质的自然体现,有什么样的性质就决定要履行哪些职能。本章通过对现代中央银行的性质、职能的探讨,揭示它们形成的特点,进一步了解强化和完善中央银行职能的方法和途径,并对中央银行独立性问题进行了探讨。

第一节　中央银行的性质

一、中央银行性质的法律界定

所谓中央银行的性质,是指中央银行究竟是国家机关抑或一种特殊的企业。明确中央银行的性质,有助于我们理解其职能和业务范围。基于中央银行在一个国家经济生活中的重要地位,对其性质一般通过国家立法予以确定,以保持其稳定性。由于各国的社会经济情况不同,中央银行制度的历史发展也不完全相同,所以,各国法律对本国中央银行性质的规定也不尽相同。如《瑞典宪法》第9章第13条与《瑞典国家银行法》第1条规定:瑞典国家银行是直属国会的官方组织;《日本银行法》第1条规定:日本银行是法人;《荷兰银行法》第1条规定:荷兰银行是一个股份有限公司;《德意志联邦银行法》第2条规定:德意志联邦银行是公法意义上的联邦直接法人;《美国联邦储备法》第4条规定:联邦储备银行在其组织证书向货币总监备案后即成为一个公司实体;《韩国银行法》第1条和第4条规定:韩国银行作为法人行使各种权利和承担各种义务,它为无资本的特殊法人;《墨西哥银行组织法》第1条规定:墨西哥银行是联邦政府下属的具有独立的法人地位和产权的公共机构;《马来西亚中央银行法》第3条规定:马来西亚中央银行作为一个法人实体建立起来,具有通用标志和独立起诉或者被起诉的能力。

从以上各国宪法或者中央银行法对中央银行性质的规定来看,文字表述是不尽一致的,在理论界也有不同的观点和主张,争议的焦点主要在于,中央银行究竟是国家机关,还是金融企业,或者两者兼而有之。随着近年来,各国政府对中央银行实施国有化和控制的加强,人们在中央银行性质的问题上争议开始淡化,并普遍达成了一种共识:中央银行兼有国家机关和金融机构的双重特性,是一种特殊的国家机关。

一方面,中央银行是国家机关。回顾一下中央银行的发展史,我们不难发现,中央银行作为国家干预经济的重要工具,享有国家赋予的行政管理权,实际上是国家机构的重要组成部分。中央银行最初主要是为了统一银行券的发行和克服货币信用危机而设立的,享有其他银行不具有的行政权力,但当时还称不上是国家干预经济的工具。第一次世界大战结束后,各国普遍存在的通货膨胀、金融秩序混乱的状况使人们进一步意识到中央银行对稳定金融的重要性,为了保障其能有效地、及时地采取措施,各国纷纷授予中央银行更多的行政管理权及其他公权力,使中央银行成为拥有一定的立法权、行政权和司法权的国家机关。[①]这就是说中央银行是国家机关,代表国家制定和执行货币金融政策,监督和监测全国金融机构的活动,是国家控制通货膨胀和信用活动,干预经济生活的有力机构之一,是国家宏观经济调控的一个重要组成部分。中央银行作为国家政府机关,亦具有银行的性质,有着显著的特征,主要表现:(1)中央银行由国家设立或者控制。中央银行多数是国家全部或者部分出资设立的,在国家只拥有部分或者根本不拥有中央银行资本的情况下,中央银行的非国家股东也不能享有对中央银行日常经营决策的控制权,除了按时取得股息收入外,股东的权利受到多重限制,国家牢牢地掌握着对中央银行的控制权。(2)中央银行资本运营不同于一般国家机关。一般的,政府机关由国家财政拨付经费,没有资本收益,不准参与盈利性经营活动。而中央银行办理金融业务,如存款、贷款、贴现、清算等,实行的是资本负债管理,其经营过程有资本,有收益。(3)管理的手段与一般政府机关有很大区别。一般政府机关依法运用行政手段管理社会事务,包括具体行政行为和抽象行政行为。中央银行在履行其职能时,主要依据货币流通规律制定货币政策,并通过金融业务活动来实现,其管理的手段主要是经济手段,调控工具是间接杠杆。(4)中央银行在国家机构体系中具有特殊地位。一般的,政府机构隶属于政府,必须与政府在工作或者业务上保持完全一致,对政府负责,毫无独立性可言。中央银行担负着稳定货币的重任,而币值的稳定是人民生活水平得以改善和提高、国家经济得以持续发展的基础。中央银行由于其职能、业务的特殊性,政府不能视其为一般的政府机构。一般而言,中央银行具有相对独

---

① 参见龚祥瑞:《比较宪法与行政法》,法律出版社1985年版,第488页。

立的法律地位,在人事任免、货币政策的制定和实施等方面可以相对独立于政府。

另一方面,中央银行又是一种特殊的金融机构。中央银行处于国家金融中心和金融体系的最高地位,担负着调整国家经济、金融秩序的特殊使命,与其他国家机关不同,它还是银行。无论是从商业银行演变而来的中央银行,还是国家专门设立的中央银行,它们的金融业务从来没有被剥夺过,而是作为其重要的调节手段。因此,中央银行和其他银行金融机构一样,也从事货币、信用等金融活动,具有金融企业的一般特性。同时,中央银行又和普通银行(如政策性银行、商业银行、投资银行等)有明显的区别。其特殊性主要表现在:首先,中央银行是发行的银行。中央银行垄断货币发行权,是其制定和执行货币政策的前提,垄断货币发行权也是中央银行履行职能的重要基础。只有垄断了货币的发行权,中央银行才能够通过改变其货币供应量来控制全社会的货币存量,起到控制或者刺激社会总需求,并有效避免通货膨胀或通货紧缩危险的作用。进而,保障货币政策的有效实施,稳定金融秩序。其次,中央银行是政府的银行。政府的银行是指中央银行由政府设立或者控制,履行政府的管理职能,并为政府提供金融服务。第三,中央银行是银行的银行。中央银行作为银行的银行,主要负责集中保管银行业的存款准备金(包括法定准备金存款和超额准备金存款),成为金融机构的现金准备中心;在各金融机构存款的基础上,办理它们相互之间的转账结算,成为全国金融行业的票据清算中心;以准备金存款和货币发行为资金来源,对金融机构发放贷款,成为最后贷款人;为商业银行办理再贷款和再贴现业务。第四,中央银行是管理和监督金融业的银行。这是指中央银行有权制定和执行货币政策,并对商业银行和其他金融机构的业务活动进行管理和监督。

中央银行是发行的银行、政府的银行、银行的银行,使中央银行成为一国的最高金融机构,承担管理和监督金融业的特殊使命。其货币政策具有逆对现行经济风向的任务,扭转不足或者过多的需求支出,以便导致最优的、实际的经济成长和价格水平的稳定。制定和执行本国的货币政策是其主要职责之一,通过控制货币供应量来影响经济,维持币值和汇率的双重稳定,达到稳定物价、促进经济增长的目的。

出于保障金融安全、保证金融业健康与稳定发展和经济稳定增长的考虑,各国政府均赋予中央银行制定和执行金融法规、规章的权力。除了议会以外,中央银行是一国唯一具有金融立法权的国家机构。它制定的金融方面的法规、规章涵盖货币发行、存款准备金、银行管理、外汇管理、票据结算和贴现、信贷资金管理、资金清算、联行和利率管理等方面。例如,1980年《美国银行法》确定了新的存款准备金制度,以加强联邦储备系统对货币的管制权力,使货币政策得以有效执行。随着金融机构业务的复杂化和混业经营的趋势,对中央银行监督和管理金融业的手段或者方式提出了更高的要求。关于监督的手段或方法各国的做法也不一致,有的国家中央银行是通过直接干预的手段进行的,如对金融机构的成立进行审查、监测银行的清偿能力、颁发营业执照、黄金和外汇管理、对金融机构的其他行为进行检查监督;有的中央银行是通过间接方式对金融业实施监督管理,如调查整理有关银行的账目、资产负债情况、利息结构和存款准备的资料,间接地监控金融机构的行为,维护交易安全,保证金融业的稳定发展。

二、中央银行的任务

中央银行的任务是指一国设立中央银行所需要解决的问题和达到的目的。在中央银行的形成、发展过程中,由于各国所处的历史环境、社会经济条件、经济发展水平及文化传统的不同,设立中央银行的主要目的及其任务也就不完全相同。

(一)设立中央银行的主要目的

纵观各国中央银行形成的过程,我们可以发现,各国建立中央银行的初衷主要有以下几种情形:(1)制定和执行货币政策,稳定货币。通过调节社会的货币供应量,保持币值和汇率的稳定,防止通货膨胀或者通货紧缩,使社会总需求和总供给保持均衡。(2)作为国家干预经济的重要手段,履行对金融业的监督和管理职责,保证经济和金融秩序稳定和可持续发展,提高金融工作效率,防范金融风险。(3)作为政府的银行和国家金融业的最高机构,代表国家参与国际金融会议,协调国际金融关系,开展对外金融交流。

(二)中央银行的主要任务

1. 稳定货币,维持金融秩序,促进经济增长

中央银行作为金融体系的最高层,其首要任务是稳定货币,通过稳定货币达到维护金融秩序稳定和保证经济健康发展的目标。只有货币稳定,才能够给社会提供一个可靠的、信誉良好的流通工具;才能够更有效地利用市场调节机制,充分发挥价值规律的作用,促进劳动生产率的提供;才能够有效地维护金融安全。基于币值对社会经济的重要作用,各国中央银行都将稳定货币作为义不容辞的责任,并从立法上对稳定货币作为中央银行的首要任务予以确定。例如,《韩国银行法》第3条规定:"韩国银行的主要任务之一是为国民经济的发展而稳定通货价值。"《德意志联邦银行法》第3条规定:"德意志联邦银行运用本法赋予的货币方面的权力,以稳定货币为目的,调节流通中的货币量和提供给经济部门的信贷量,并办理国内外支付往来的银行业务。"《芬兰银行法》第一章规定:"芬兰银行的目标是维护和巩固安全的货币体系,支持和促进芬兰的货币流通。"《1994年西班牙银行自治法》规定:"保持价格稳定是西班牙银行制定和实施货币政策的主要目标。"

2. 保证货币政策正确制定和执行

货币政策又称金融政策,是指国家为了实现一定的经济目标而采用的各种调节货币供应量或者管理、调控信用规模的方针、政策和措施的总称。它起源于20世纪30年代,盛行于第二次世界大战后,现在已经成为各国中央银行对宏观经济进行调节的重要手段。中央银行是国家对经济实施宏观调控的重要工具之一。在市场经济中,国家对经济宏观调控的手段主要有货币政策、财政政策、收入分配政策、区域发展政策等,但最主要、最基本的手段是货币政策和财政政策。在某种程度上,市场经济就是货币经济,货币及其运行状况是市场经济正常运行的重要前提。中央银行作为货币政策的制定者和具体实施者,对货币及其运行状况的调整,就成为宏观调控体系中的重要一环。中央银行还可以通过调整其与财政及银行之间的信用关系,达到对社会所有信用活动的调控,完善信用体系,实现对宏观经济的间接调控。

第二节 中央银行的职能

一、中央银行的职能

中央银行的职能,是指中央银行作为特殊的国家金融监管机构应有的作用,是中央银行性质的具体反映。中央银行作为国家宏观经济管理的重要工具之一,其一举一动都会对国民经济产生不可忽视的影响。中央银行的作用是由其法律地位来保障的,并通过其职能的行使来实现。学理上,根据不同的标准,中央银行职能有不同的划分方法。根据中央银行在国民经济中的地位,可以将其分为发行银行职能、政府银行职能、银行的银行职能和金融监管职能;根据中央银行业务范围可以将其分为货币发行、存款准备金、充当最后贷款人、为政府提供金融服务、集中保管黄金和外汇、主持全国各银行之间的清算和监督各金融机构活动等职能。本书根据中央银行职能的性质,将其划分为宏观调控职能、公共服务职能和金融监督管理职能。

(一)宏观调控职能

中央银行的宏观调控是指中央银行利用自己拥有的各种金融手段,对货币和信用进行有目的的调节和控制,影响和干预国家宏观经济,实现其预期货币政策目标的职能。中央银行作为国家宏观经济调控体系的一个重要组成部分,对国民经济进行宏观调控是其主要职能之一。中央银行的宏观调控是对全社会总供给和总需求进行的调控,采取的方法和措施主要是围绕着货币供应量为核心展开的,通过宏观调控实现货币政策目标和影响经济运行的目的。宏观调控的手段由于经济体制和具体国情的不同,各国也存在很多差别。总体而言,中央银行的宏观调控手段主要有以下几种：

1. 存款准备金手段

存款准备金手段是指中央银行在法律赋予的权力范围内，通过规定或者调整商业银行交存中央银行的存款准备金比例，控制商业银行的信用创造能力，从而间接地控制社会货币供应量的措施。英国是世界上最早将存款准备金集中于中央银行的国家，18世纪基于英格兰银行发行的货币在经济运行中的良好信誉，许多私人小银行为了规避风险，纷纷将一部分准备金交存到英格兰银行，开立活期存款账户，以备急需。后来英格兰银行逐渐演变为英国的中央银行开始开展银行之间的结算业务，更需要各银行在英格兰银行保留必要的存款准备。美国在《1913年银行法》中率先以法律形式规定，各商业银行必须向中央银行交存存款准备金。特别是20世纪30年代的经济大危机以后，各国普遍开始重视对商业银行过度扩张信用的限制，通过设立法定存款准备金比例来调节和控制货币供应量。当前各国法律均规定，中央银行有权确定存款准备金的构成、比例和交存办法，存款准备金比例的高低意味着向中央银行交存存款和发放贷款的多少。当法定存款准备金比例发生变动时，中央银行可以通过调整和控制商业银行的放款和投资规模，改变货币乘数，从而规避金融风险的发生。

2. 公开市场操作

公开市场操作是指中央银行为了实现货币政策目标而在公开市场上买进或者卖出有价证券（主要是政府短期债券和国库券）的行为。公开市场主要是买卖政府公债和国库券的市场，中央银行通过在公开市场上买进或者卖出政府公债和国库券，以期达到调节信用、控制货币供应量的目的。那么，公开市场操作是如何实现对货币供应量的影响呢？当金融市场中发生资金匮乏时，中央银行在公开市场上买进有价证券就相当于向社会投入了一笔基础货币，如果它直接流入社会公众手中就等于增加了中央银行的货币供应量，如果它流入商业银行，就意味着货币供应量的成倍增加和社会信用的扩张；反之，如果社会上有通货膨胀之虞时，中央银行卖出持有的有价证券，就会有相应的货币流回中央银行，从而引起信用规模的收缩，货币供应量成倍减少。中央银行通过公开市场操作，可以减轻由于政府收支造成的影响，协助政府债券的发行和管理，达到扩张或者收缩信用规模、调节社会货币供应量的目的。

3. 再贴现手段

再贴现是指商业银行或者其他金融机构将贴现获得的未到期的银行票据，向中央银行转让，获取现金支付的行为。中央银行通过制定或者调整再贴现利率干预和影响市场利率及货币市场的供应和需求。它是中央银行调节货币供应量的又一重要的金融手段，和存款准备金手段、公开市场操作一起被称为中央银行实现宏观调控的"三大法宝"。再贴现手段的核心是确定再贴现利率，再贴现利率的确定与同期中央银行贷款利率密切相关。从实践上讲,再贴现利率可以高于、低于或者等于中央银行贷款利率,它是国家根据信贷政策而确定的,在一定程度上反映了中央银行的政策意向。那么再贴现手段是怎样发挥作用的呢?一般而言,中央银行对商业银行进行再贴现的利率水平,不仅会影响商业银行的借贷成本,而且还会影响整个金融市场的利率水平。当中央银行提高再贴现率,商业银行向中央银行的借款或者贴现的资金成本就会上升,从而减少向中央银行借款或者贴现,抑制社会资金的需求,银根收缩,缩小商业银行对客户的贷款和投资规模,起到减少货币供应量的实际效果;相反,如果降低再贴现率,商业银行向中央银行借款或者贴现的资金成本就会下降,借款受到刺激,就会加大对中央银行的借款和贴现,银根松动,社会对货币的需求相应增加。中央银行正是通过调整再贴现和再贷款利率来调节货币供应量,实现预期的货币政策目标。

4. 其他调控手段

上述几种调控手段是中央银行对经济进行宏观调控的常规方式,它们以整个银行系统的资产运用和负债经营为调控对象,旨在调控货币供应量、信用规模。但是,这些调控手段却不能影响银行体系的资金用途以及不同信用方式的资金利率。因此,中央银行除了常规的调控方式之外,还有一些其他的调控方式。

(1)直接性信用控制。直接性信用控制是指中央银行为了实现控制信用规模的目的,依法对商业银行创造信用业务进行直接干预的方式或者措施的总称。主要包括以下几种:第一,直接干预。直接干预是指中央银行依法直接对商业银行的信贷业务进行干预的一种调控方式。具体包括:直接限制贷款的额度;直接干预商业银行对活期存款的吸纳;拒绝经营不当的商业银行的贴现请求;采取惩罚性利率;明确规定各家商业银行信贷范围和方针。第二,信用分配。信用分配是指中央银行根据金融市场状况和社会客观经济形势对商业银行的信用进行合理分配和限制等措施。具体的做法是:中央银行根据客观需要首先确定资金的授信额度,然后按照一定标准将授信额度分配给各家商业银行,商业银行在取得的额度内向中央银行提出贴现或者贷款请求,超过额度的部分将被否决。信用分配起源于英国,后来为多数国家采用。第三,流动性比率。流动性比率是指中央银行为了保障各商业银行的支付能力,规定流动性资产和存款间的比例。一般来说,流动性高的资产收益率较低,商业银行趋向收益高的业务,长期贷款就成为众多银行的偏好。但长期贷款的比重过高,势必会影响银行的支付能力。因此,中央银行确定流动性比率可以促使商业银行在放贷时缩小长期贷款的比重,扩大短期贷款的比重,这样信用扩张就得到有效的控制。第四,确定利率最高限额。利率最高限额是指中央银行依法规定商业银行对各种银行存款所能支付的最高利率。它可以影响利率结构,防止商业银行之间的过度竞争或者为了谋取高利润而进行风险投资。因此，限定利率最高限额有利于限制银行的贷款能力，从而限制货币供应量。但是，在通货膨胀的情况下，绝对不能单纯依靠限制最高利率的方法，否则，必然会导致存款流出金融机构。

（2）间接性信用控制。间接性信用控制是指中央银行采用直接性信用控制以及一般信用控制方法以外的其他方式，对商业银行的信用创造活动实施影响。主要包括道义劝告、公开宣传等。第一，道义劝告。道义劝告是指中央银行利用其在金融体系中的特殊地位和说服力，通过对商业银行及其他非银行金融机构的劝告影响其经营活动的行为。第二，公开宣传。公开宣传和道义劝告的主要不同在于，针对的对象不完全相同。道义劝告的主要对象是特定的金融机构，而公开宣传的对象是整个金融业和不特定的社会公众。中央银行通过电视、广播、因特网等媒介，将自己的货币政策目标、观点及有关金融信息公布于众，影响投资偏好和企业的预期，从而把金融机构和社会公众的行为纳入到宏观调控的范畴。第三，选择性调控手段。选择性调控手段主要以个别商业银行的信用活动或者整个银行体系的某种信用活动为调控对象，有选择地调整某些具体信用活动的措施。主要包括：消费信用控制、不动产信用控制、证券市场信用控制、优惠利率政策等。

（二）公共服务职能

公共服务是指中央银行向政府和银行以及其他非银行金融机构提供资金融通，划拨清算、代理业务等方面的金融服务。中央银行作为金融机构，它需要以银行的身份提供金融服务。由于中央银行不直接办理工商企业和个人的存贷款业务，所以，其服务对象主要是政府、普通银行等金融机构。这方面的职能主要包括：

1. 为政府提供金融服务

政府的银行是中央银行的主要特征之一，为政府提供金融服务也是中央银行义不容辞的责任。各国的中央银行为政府提供服务的范围、内容也不尽相同，但目的都是为了稳定货币，促进经济增长。第一，为政府提供融资服务。由于中央银行直接向政府融资会导致其无法控制货币发行总量，进而无法有效控制社会总供给，导致通货膨胀，引发诸多弊端。因此，当今世界上大多数国家都严格禁止中央银行向政府提供直接融资服务，例如，向政府财政透支、直接认购或者包销国债和其他政府债券、向政府直接提供贷款；仅允许间接向政府融资，如在公开市场上买卖国债和其他政府债券。第二，经理国库。对于国家的财政收入，各国一般都由中央银行负责办理财政预算的缴纳、划分，财政支出的拨付。同时，为政府机构开立各种账户，办理财政预算收支划拨和清算业务，执行国库出纳职能。中央银行经理国库还加强了财政和银行之间的联系，便利了资金的融通。第三，充当政府的金融顾问。由于中央银行在各国都建立了相对完善的体系,分支机构覆盖全国,有能力为宏观经济政策的制定提供可靠的、翔实的资料信息,有利于政府正确制定和执行宏观经济政策。

2. 为金融机构提供金融服务

中央银行不仅是政府的银行,还是银行的银行,因此,为金融机构提供服务也是其主要任务之一,中央银行主要通过建立和维护全国金融业的资金清算中心和担当最后贷款人来向金融机构提供服务。

各金融机构为了实现其经营目的必然发生资金往来关系,建立一个全国性的清算中心进行票据结算和交换就显得很必要。中央银行通过集中办理票据交换,办理各商业银行的异地资金转移等方法,为金融机构提供结算服务,不仅能够大大减少结算的时间和环节,而且还能够提供结算效率。同时,当商业银行资金不足时或通过同业拆借还不满足需要时,中央银行就以通过再贴现和再贷款两种方式向金融机构提供资金融通,称为整个社会的最后贷款人。

另外,中央银行还间接地向社会公众提供服务。向社会公众提供服务的主要内容包括:依法发行法定货币,维护货币信用和保持币值稳定;通过各种业务活动,对金融业进行调查、统计、分析、研究和预测,并予以公布,使社会公众及时了解到金融和经济形势。因此,从某种意义上说,中央银行是以公共利益为出发点的公共部门。

(三) 监督和管理金融职能

金融监督和管理是指国家对金融机构、金融市场和金融活动的监督和管理,惩处违法行为,净化市场环境。早在16世纪,在欧洲的米兰、阿姆斯特丹、汉堡等城市政府就开始对银行业进行管理。后来,经济危机的频繁爆发使各国更加重视对金融业的监督和管理。

在不同国家、不同的历史时期,金融监督和管理的内容、方法、标准等均有一些差异。总体而言,对金融业的监督和管理是为了维护金融体系的安全和稳定,保护投资者利益,并促进金融业的公平竞争。金融监督和管理可以概括为两个方面:一是规范和监督金融机构的设立和业务活动;二是调控和管理整个金融市场的设置和运行体制。具体做法包括以下内容:制定金融法规、规章,这些法规、规章的涵盖范围既包括中央银行自身行为的准则,又包括商业银行和其他金融机构开展有关金融业务活动的准则;管理信贷、资金、外汇、黄金等金融市场;依法审查批准金融机构的设立及业务范围;检查监督商业银行和其他金融机构的清偿能力、资产负债、存款准备金等情况;检查监督金融机构的业务活动。

关于金融监督和管理机构设置方面,尽管各国存在很多的差异,中央银行在金融监管体系中所处的地位也各不相同,但对金融监督和管理权的扩大已是金融体制改革的发展趋势。这是因为:首先,中央银行在金融体系中处于最高的地位,在法律上有独立性,能够实施强有力的监管措施;其次,中央银行具有完整的上下级体系，拥有大量的金融信息，可以有的放矢地实施检查监督；第三，中央银行的金融调控手段和方式是其他机构所不能比拟的。中央银行通过金融监管，更直接地规范金融业的活动，促进其协调发展。

应当指出，近年来为了加强对金融业的监督、管理和防范金融风险的需要，有的国家开始设立专门的银行监督管理机构，取代中央银行履行对金融业的监管职责。以前，在我国金融监管体系中，作为中央银行的中国人民银行是唯一的金融监督管理机构。根据第十届全国人民代表大会审议通过的国务院机构改革方案的规定，将中国人民银行对银行、金融资产管理公司、信托投资公司及其他存款类金融机构的监管职能分离出来，并和中央金融工委的相关职能进行整合，成立中国银行业监督管理委员会。2003年12月27日第十届全国人民代表大会常务委员会第六次会议通过的《银行业监督管理法》和修改的《中国人民银行法》，以法律的形式明确了对银行业监管体制。

二、中央银行职能之间的关系

上述中央银行的三项职能之间是相互依存、相互统一的。

（一）三种职能之间是相互统一的

中央银行的三种职能是由中央银行性质决定的统一体。中央银行在国民经济中的作用表现为它是发行的银行、政府的银行、银行的银行和管理金融的银行。作为发行的银行，它享有货币发行的独占权，并负责控制信用，调节货币流通。中央银行通过调整货币供应量来调节货币和信用，同时影响社会总供给、总需求和整个国民经济，这就决定了中央银行具有宏观调控的职能。中央银行作为政府的银行和银行的银行，它需要向政府和金融机构提供金融服务，这就决定了中央银行的公共服务职能。另外，中央银行作为一个管理全国金融的特殊国家机关，它负有制定和执行国家货币金融政策，检查和监测金融市场、金融机关的职责，这就决定了中央银行的金融监督和管理的职能。所以，中央银行的性质决定了中央银行的公共服务、宏观调控、监督和管理职能是相辅相成的。

（二）中央银行的公共服务职能与宏观调控、监管职能的关系

中央银行作为银行存在，它必须以一个银行的身份提供金融服务，所以公共服务职能也就称为中央银行的核心职能。无论中央银行是履行宏观调控职能还是监管职能，都不是纯粹的调控或者监管，它们都有着一个共同的目的，就是为了更好地服务。公共服务职能贯彻于宏观调控和监管的过程之中。同时，中央银行为了更好地为政府、金融机构乃至整个社会服务，又有赖于宏观调控和监管，创造一个良好的金融环境。因此，中央银行有效地发挥宏观调控和监管职能，才能使金融机构在竞争的基础上为公众提供尽可能多样化的金融服务。可见，宏观调控和监管是公共服务的要求，中央银行在履行宏观调控和监管职能

时，决不能违背公共服务职能的要求。但是，这也不是意味着为了公共服务就要放弃宏观调控和监管，因为它们之间的目标、对象和具体内容是不同的。

（三）宏观调控和监管职能的关系

中央银行的宏观调控和监督管理职能也是密切相关的。可以说监管要借助于一定的调控手段，而调控也往往需要行政监管措施的相互配合。宏观调控实质上是一种经济手段，中央银行作为管理全国金融的特殊机构，它对全国范围内的金融业的管理很大程度上是通过经济手段进行的，按照价值规律，以市场调整资源配置。例如，货币政策、存贷款、利率、存款准备金等；另一方面，中央银行履行调控职能的各种调控手段也离不开行政手段。如再贴现率的调节、存款准备金的缴纳、信用的控制都需要一定的行政力量为后盾。

总而言之，中央银行的宏观调控职能、公共服务职能和监督管理职能是相互作用、相互依存、相互对立统一的关系，对这三者之间关系如果处理不好就会发生矛盾。中央银行无论为政府提供服务，还是为金融机构提供服务，都必须同时对它们的金融活动进行监督管理，对它们违反金融法律、法规和规章的活动予以限制、惩处。这就会产生中央银行强调对政府部门、金融机构的监督管理，政府部门、金融机构强调中央银行对它们的服务的矛盾。因此，中央银行应当将这三项职能统一起来才能更好地达到稳定货币、维护金融安全、促进经济增长的目标。否则，中央银行就不但不能发挥预期的积极作用，而且还可能削弱其作用，甚至产生消极作用。

第三节 中央银行的独立性

一、中央银行独立性的含义和内容

中央银行独立性，是指法律赋予中央银行在国民经济宏观调控体系中制定和执行货币政策、进行金融监管与调控的自主权，以及为确保自主权的有效行使而采取的相关法律措施。其内容主要由两部分构成：一是中央银行在国民经济宏观调整体系中的职责范围；二是中央银行在行使自主权时受制于其他部门的程度，亦即要处理中央银行和其他部门（尤其是政府）之间的关系。从一定意义上讲，中央银行的独立性问题实质就是中央银行法律地位的确定问题。

（一）中央银行独立性的具体内容

1. 中央银行享有独立的货币发行权。在资本主义发展初期，许多商业银行既从事一般银行业务，同时又从事银行券的发行。银行券的分散发行，既受流通地域的限制，又有信誉欠佳、币值不稳的弊端，不利于商品经济的发展。中央银行代替众多商业银行独立行使货币发行权，便会避免多头发行的弊病。中央银行独立行使货币发行权,既是其履行职责的需要,又是发挥其作用的基础。如果中央银行没有货币发行权,就不能有效地实现对国家经济的宏观调控。另外,中央银行在何时何地发行多少货币、发行什么面额的货币,应当是根据国家的宏观经济政策和经济发展的客观需要确定的,而不受任何政府更替、任何个人观点的影响。只有保障中央银行独立的发行货币,才能保证币值稳定。

2. 中央银行独立制定和执行货币政策。货币政策作为一种宏观经济管理的工具,是为调节社会总需求和总供给服务的。其实质是通过正确处理经济发展和货币稳定的关系,使国民经济的有关指标利用货币机制紧密服务于国民经济政策,并成为国家经济政策的一个重要方面。中央银行必须把货币政策的制定权牢牢掌握在自己手中,而不是其他政府部门手中。在制定货币政策的过程中应当保持高度的独立性,不受来自任何机构、个人的干涉。在货币政策的制定和执行过程中,中央银行与政府发生不同意见时,政府应当充分尊重中央银行的经验和意见,避免出现政府行为对中央银行业务、职责干预过多的现象。其他有关部门应当尽量配合中央银行执行货币政策,以便中央银行货币政策在国家经济生活中发挥积极作用。

3. 独立监督、监测金融市场。为了维护金融市场的健康发展、规避金融风险,中央银行有权独立地组织协调国家反洗钱工作,指导、部署金融业反洗钱工作,承担反洗钱的资金监测职责。对违反金融法律、法规的金融活动或者抗拒检查、管理的金融机构给予经济或者行政的制裁。

(二) 中央银行独立性的现实基础与判断标准

中央银行独立性问题的产生与各国政府解决本国经济中的通货膨胀问题是分不开的。20世纪国家货币制度的最大问题是币值稳定,通货膨胀一直与各国经济增长有着某种紧密的联系,稳定币值也就被认为是中央银行的首要任务。但是,在实际经济生活中,政府为了保持经济的增长,往往希望积极的货币政策,即增加货币量来刺激经济,在政府目标和货币稳定目标相矛盾的情况下常常会牺牲货币的稳定,从而为经济泡沫的产生埋下了隐患,经济增长与通货膨胀陷入恶性循环之中。当人们把经济增长的重任置于政府时,为了避免通货膨胀的发生,实现稳定货币的任务,也就迫使中央银行在制定和执行货币政策方面必须与政府分离开来。[1] 如果中央银行不能抵制来自政府不合理的融资要求和对货币政策的干预,稳定货币的目标就难以实现。因此,为了保障独立制定和执行货币政策,必须保证和加强中央银行独立性。

如何判断一国中央银行的独立性呢? 学理上,存在不同的方法,早在1980年,英国考察金融机构职能委员会是从以下五个方面评判中央银行独立性的:

---

[1] 参见蔡志刚:《中央银行独立性与货币政策》,中国金融出版社2004年版,第45—46页。

(1)它归谁所有,是私有还是国有;(2)它的总裁与理事的职权及其任命与任期;(3)它在执行货币政策方面有哪些法定职责,履行这些职责时是否受政府支配,双方有矛盾时如何解决;(4)它同政府有关部门是否有人员交换或人员之间的联系,政府在中央银行理事会中有无直接代表;(5)它是否直接向议会汇报工作。1990年1月,在北京举行的国际中央银行研讨会指出:"中央银行独立性的具体体现是,它必须独享货币发行权;发行货币根据经济的客观需要而不受财政透支的干扰;能独自解决严重的通货膨胀而无须向财政部报告自己的工作;重大决策不是由某一部门或个人决定,而由中央银行理事会决定;享有充分的权力对金融系统进行监督和管理;拥有资金来源与运用的支配权而不依赖财政拨款。"[1]1994年,美国纽约联邦储备银行行长威廉·麦克多诺在其所著的《一个民主国家中独立的中央银行——联邦储备委员会的经验》一文中提出的标准是:(1)中央银行在制定和实施政策(尤其是货币政策)方面对政府享有多大程度的自由;(2)任命和撤销中央银行领导人的程序;(3)中央银行筹措资金的方法是否依赖政府或议会的拨款。费希尔认为,中央银行的独立性实际上有两种:一种是目标独立,即中央银行可以自由选择政策目标,主要是对稳定物价与经济增长的选择;另一种是手段独立,指中央银行在明确自身职责之后,可以自由选择货币政策的操纵手段及政策工具。[2]

上述标准虽然各有道理,但都是在特定时期针对特定目标而言的,因而是不全面的。我们认为,中央银行独立性的衡量应有四个标准:(1)职能独立性标准,即中央银行能否独立制定和实施货币政策,如何解决货币政策与政府其他宏观经济政策之间的矛盾和冲突,能否抵御财政透支及其他不合理的融资要求,能否独立进行金融监管;(2)组织独立性标准,即中央银行是否隶属于政府或政府的有关部门,其内外组织机构与政府及政府有关部门的关联程度;(3)人事独立性标准,即中央银行的主要领导人的任期、任命、组成及罢免是否由政府批准和决定,有无政府人员的兼职和渗透;(4)经济独立性标准,即中央银行是否依赖于财政拨款,有没有可供独立支配的财源。上述四项标准中,第一项标准是确权性标准,亦即确定中央银行的法定职权,而后三项标准是保障性标准,是为确保中央银行法定职权自主行使多方面的制度安排。

二、中央银行独立性的模式

与中央银行制度建立、发展、完善的历程相一致,关于中央银行独立性的认

---

[1] 蔡志刚:《中央银行独立性与货币政策》,中国金融出版社2004年版,第45—46页。
[2] 参见中国人民银行、国际货币基金组织、联合国开发计划署编:《宏观经济管理中的中央银行》,中国金融出版社1990年版,第120页。转引自蔡志刚:《中央银行独立性与货币政策》,中国金融出版社2004年版,第34页。

识也存在从无到有,趋同去异的演进。初期的中央银行大多数具为政府提供资金的政府银行和拥有乃至垄断货币发行权的发行银行的双重性格,因此,人们担心,一个被政府控制的中央银行可能无节制地供应货币以满足政府的贪婪需求。历史证明这并不是杞人忧天,第一次世界大战中,中央银行为向政府提供战争资金而滥发纸币,引发严重的通货膨胀,金本位制也因此一度停止运行。于是1920年布鲁塞尔国际金融会议作出决议:"中央银行必须不受政府压力,应依据审慎的金融路线而行动。"1922年热那亚国际金融会议重申上述宗旨,但是由于金本位下中央银行职能和影响的局限,独立性的认识也停留于较低水平。30年代经济危机席卷全球,主要资本主义国家相继实行凯恩斯的国家积极干预政策,主要手段是财政政府,相应的,货币政策则是从属于财政政策的配套措施,于是中央银行独立性也无从谈起,二战爆发,各参战国中央银行再次成为战争政策的工具,其独立性也就丧失殆尽。直至战后,各国总结经验教训,逐渐感悟到保持本国币值稳定以及长期经济稳步发展,必须存在一个独立的中央银行,但是由于各国社会经济状况、文化传统的不同,中央银行的法律地位也不尽相同。根据中央银行的独立性大小,可以将中央银行独立性分为以下几种类型:

(一)中央银行直接对国会或者议会负责,独立性较强型

德国、美国、瑞典、瑞士等最为典型。在这些国家中,中央银行直接对议会或者国会负责,可以单独制定和执行货币政策,政府不得对中央银行发布命令和指示。例如,《德意志联邦银行法》第29条规定,德意志联邦银行是公法意义上的联邦直接法人单位,联邦银行的中央银行理事会和执行理事会,享有最高联邦政府职能机构地位。第12条明确规定,联邦银行与联邦政府的关系,在对其职责的执行不受侵犯的条件下,德意志联邦银行必须支持联邦政府总的经济政策,在行使本法律赋予的权力时,联邦银行可以不按联邦政府的指示。该法还规定,联邦政府讨论有关货币政策意义的事项,必须邀请德意志联邦银行的总裁参加,同时,联邦政府官员参加中央银行理事会的会议时,只能够提起动议,不享有表决权。美国中央银行制度颇具特点,由于分权制衡的法律政治理念和联邦制的宪政架构,联邦政府在1811年、1836年两次组织设立中央银行先后失败,于是形成现在的通货监理署、联邦储备系统、联邦存款保险公司的联邦一级的三大机构分享中央银行职能,其中依据1913年《联邦储备法》建立的联邦储备系统行使制定货币政策和实施金融监管的双重职能,最类似于中央银行。依据有关法律规定,美联储作为与政府并列机构直接向国会负责,除个别情况下总统可对其发号施令外,任何机构或部门均无权干涉。此外美联储享有资金和财务独立权,并且独立自主制定和执行货币政策,进行金融监管,具有极大的权威性。此外,因为货币政策制定的技术性和不透明性,美联储实际拥有不受国会约束的自由裁量权,而成为立法、司法、行政之外的"第四部门"。《瑞典国家银行法》第32条

规定:"瑞典国家银行董事会只受命于国会,不接受任何其他有关国家银行经营管理的指示。董事会履行其职责,也只对国会或者财政执行委员会及其监察人负责。"另外,这些国家一般还从立法上规定中央银行具有相对独立于政府的人事任免制度。

专栏 3-1

中央银行独立性——德国模式

就独立性而言,德国的中央银行,即德意志联邦银行最具代表。

在德意志联邦银行组织独立性方面,《联邦银行法》第3条明确规定:德意志联邦银行是公法意义上的联邦直接法人。虽然该条接着规定了联邦银行的设立资本2.9亿德国马克归联邦政府所有,但是,法律赋予联邦银行完全的自主权,其组织上不受总理的领导,不受政府的监督,也不受银行监督局的检查。政府作为最大的股东对央行的业务不得进行干涉。该法第12条规定:在行使本法授予的权力与职权时,联邦银行不受联邦政府指令的干涉。在管理组织机构上,联邦银行由中央银行理事会、执行理事会和州中央银行执行理事会共同完成,但最高管理机构是中央银行理事会,它也是独立于政府单独行使最高管理权的。另外,德国中央银行的人事任免制度亦保证了其组织上的独立性。德意志联邦银行具有最高国家行政级别,直接向议会负责,其行长由总统任命,任期八年。这就使得联邦银行行长不受总统和政府更迭的影响,从人事组织上保证了联邦银行各项经济政策的独立性和延续性。

在央行与政府的关系方面,《联邦银行法》也有明确的界定。联邦银行与政府的关系,充分体现着联邦银行的最大特点,亦即中央银行对政府和议会的适当程度的独立性,从而保证央行能够有效地完成法律所规定的包括稳定货币在内的一切任务。一方面,《联邦银行法》明确规定,联邦银行在行使法律赋予的权利和活动时不受政府的干预,虽然联邦政府的代表有权出席联邦银行董事会,有权向其提出建议,但无最后之表决权,只能提出异议,可要求董事会推迟表决,但最多只有两周。另一方面,该法也规定联邦银行在保卫本身任务的前提下,有责任支持政府的一般经济政策,并与之合作,就具有重大货币政策意义的事项向政府提供咨询,并应政府的要求回答问题和提供情报。

在德国央行的职能方面,《联邦银行法》第3条规定:德意志联邦银行利用本法赋予的货币政策权限,调节货币流通和经济的资金融通,以达到保卫货币的目的,并从事国内外支付事务的银行清算。并且,联邦银行在行使上述职权时不受政府指令的干涉。

（二）中央银行名义上隶属财政部，独立性居中型

英国、加拿大、日本属于这一类型，其中英国最为典型。在这些国家的银行立法中，一般规定政府可以对中央银行发布命令，监督其业务活动，并有权任免其主要负责人。其法律地位比直接对国会或者议会负责的中央银行要低些。但由于政府实际上很少行使这些权力，因此，这些国家的中央银行在实践中仍享有很大的独立性。

素有中央银行鼻祖之称的英格兰银行是由伦敦城一个商人集团于1694年出资设立，成立伊始为英国国王威廉三世提供贷款、筹集军费和政府开支，并且为了延长货币发行的营业特许证而与政府建立密切联系，充当政府资金提供者。1844年《银行特权法》(又称皮尔法)始赋予其中央银行部分职能，直至1946年《英格兰银行法》将其收归国有，才完成英格兰银行由私营银行向中央银行的演变，并且在财政部指导下享有统治银行系统的权力。尽管法律上英格兰银行隶属于财政部，但是实践中，财政部一般尊重英格兰银行决定，英格兰银行也主动寻求财政部支持，而互相配合，几乎未发生"独立性"危机。近年来，英格兰银行的地位有所上升，其总裁与财政部长每月进行磋商，讨论货币政策和经济状况。1997年5月《英格兰条例》修改，又在法律上承认英格兰银行在事实上的独立地位，使之向第一种模式转化。

根据《日本银行法》规定，日本银行受主管大臣的监督。主管大臣认为为了实现日本银行的目的有特殊必要时，可以命令日本银行开展必要的业务或者修改章程及其他必要事项。日本银行负责人的行为违反法律、章程，或者主管大臣的命令，或者被认为有害公共利益，或者为了实现日本银行的目的有特别必要时，内阁可以解除总裁或者副总裁的职务，主管大臣可以解除理事、监事及参事的职务。

《加拿大银行法》规定，加拿大联邦政府可以以书面命令，裁定加拿大银行的货币政策不适用于某一特定时间。1967年《加拿大银行法》修订后规定，当财政部长与加拿大银行在货币银行政策上发生分歧时，财政部长在与加拿大银行总裁协商并经过内阁批准后，可以向总裁发布指示，总裁必须执行。从制度上说，这些国家的中央银行随时有可能受到来自政府的干预，因此，这些国家的中央银行一直在为争取更独立的地位而努力。

专栏 3-2

中央银行独立性——英国模式

英格兰银行表面上隶属于财政部，实际上拥有相当的独立性。英国1946年国有化法案规定，财政部为了公共利益，认为有必要时，在与英格兰银行总裁磋

商后,有权向英格兰银行发布命令。这一规定与第二次世界大战后英国经济遭到严重破坏,必须集中全力恢复经济有关。但是财政部从未行使过这项权力。

英格兰银行向议会提交年度报告,议会一般不就此辩论。英格兰银行与政府始终保持着密切合作,政府也一贯尊重其货币政策的意见,不参与理事会的评议,也不过问政策的制定。

由于政府授权,英格兰银行在货币金融政策方面享受相当的独立性,比法律规定的要大得多。在与政府的资金关系方面,英格兰银行一般不给政府垫款,只提供少量的隔夜资金融通。

（三）中央银行隶属财政部,独立性较小型

尽管中央银行享有独立性是各国普遍认同的一种观念,但是,世界上仍有一些国家的中央银行直接受控于政府,这些国家包括意大利、法国、澳大利亚、韩国等。在这些国家,无论从中央银行的组织机构、领导机制,还是在货币政策的制定和执行方面都受到政府很大的影响。例如,意大利的最高金融监督管理机构是财政部和国家信贷与储蓄委员会,其中家信贷与储蓄委员会具有制定重大金融政策、发布各项金融管理指令的权力,委员会由政府财政部长担任,意大利银行仅仅是其执行机构。韩国的中央银行职权受到财政部较大的干涉,无法实现对商业银行的有效监管,这也是造成韩国金融危机的一个重要因素。

三、我国中央银行的独立性

（一）中国人民银行的法律地位及其独立性

如前所述,中央银行的独立性是法律赋予中央银行在国民经济宏观调控体系中制定和执行货币政策、进行宏观调控的自主权,以及为确保自主权的有效行使而采取的相关法律措施。确定中央银行的法律地位是实现中央银行独立的基础和条件。我国关于人民银行法律地位的界定与法制逐步完善是分不开的。中国人民银行自1984年专门行使中央银行职能以来,其独立性不断加强、完善。根据我国现行法规,中国人民银行的独立性主要体现在:

1.《中国人民银行法》第2条规定:"中国人民银行是中华人民共和国的中央银行。中国人民银行在国务院领导下,制定和执行货币政策,防范和化解金融风险,维护金融稳定。"这首先对中央银行与中央政府的关系进行了定位,按现行法律规定,中国人民银行是国务院的一个职能部门,受国务院领导,与财政部是平行的,不受其节制,在与财政的关系上已具有独立地位。

2.《中国人民银行法》第5条规定:"中国人民银行就年度货币供应量、利率、汇率和国务院规定的其他重要事项作出的决定,报国务院批准后执行。中国人民银行就前款规定以外的其他有关货币政策事项作出决定后,即予执行,并报国务院备案。"这项规定意味着中国人民银行在制定和执行货币银行政策方面具有很大的自主权。依照法律这一规定,中央银行虽然没有在有关货币政策重大事宜方面的完全自主权,重大事项要经国务院批准,但是对其他一般事项有决定和执行权。

3.《中国人民银行法》第7条规定:"中国人民银行在国务院领导下依法独立执行货币政策,履行职责,开展业务,不受地方政府、各级政府部门、社会团体和个人的干涉。"这就从立法上保障了中国人民银行独立履行执行货币政策的职能。

4. 在人事任免、组织机构方面,中国人民银行行长的人选,根据国务院总理的提名,由全国人民代表大会决定;全国人民代表大会闭会期间,由全国人民代表大会常务委员会决定,由中华人民共和国主席任免。中国人民银行副行长由国务院总理任免。根据《中国人民银行法》第12条,中国人民银行设货币政策委员会,其职责、组成和工作程序,由国务院规定。可见,在中国人民银行领导人任免、有关机构设置等方面,国务院居主导地位。至于作为中国人民银行总行派出机关的各地分支机构,由总行对其实行集中统一领导和管理,这从组织上割断了分支机构与地方政府的关系。

(二) 中国人民银行与其他政府部门的关系

中央银行独立性的核心是中央银行与政府之间的关系,正确处理中国人民银行与其他政府部门之间的关系是加强中国人民银行独立性的有效途径。

1. 中国人民银行与财政部的关系

正确处理中国人民银行与财政部之间的关系是衡量中国人民银行独立性的一个具体标志。两者之间的关系主要体现在以下方面:(1) 行政隶属关系。中国人民银行与财政部之间不存在隶属关系,两者都同属于国务院的直接领导,以平等的身份协调工作,这在组织上保证了人民银行对财政部的独立地位。(2) 在资金与业务关系上。虽然国务院财政部门代表国家行使国有资产的所有权,可以代理国务院财政部门向各金融机构组织发行、兑付国债和其他政府债券,但是,中国人民银行不得对政府财政透支,不得直接认购、包销国债和其他政府债券。这就从根本上割断了人民银行与财政部之间的直接融资。(3) 政策关系。货币政策和财政政策是国家经济政策的两大支柱,中国人民银行负责货币政策的制定与执行,财政政策的制定与推行则由财政部负责。虽然两者的制定部门不同,但是两者的总体目标是一致的,即实现物价稳定、经济增长、充分就业和国际收支平衡。因此,只有货币政策和财政政策的相互协调作用才能对整个国民经济起积极的推动作用。

2. 中国人民银行与地方政府之间的关系

这里主要是指人民银行分支机构与地方政府之间的关系问题。我国1998年成立的人民银行大区分行,在一定程度上对减少地方政府对货币政策的干预、维护中央银行货币政策独立性具有非常重要的意义。根据《中国人民银行法》第 7 条规定,中国人民银行在国务院领导下依法独立执行货币政策,履行职责,开展业务,不受地方政府、各级政府部门、社会团体和个人的干涉;第 30 条规定,中国人民银行不得向地方政府、各级政府部门提供贷款。另外,中国人民银行分支机构在行政、人事、业务方面受总行的垂直领导,地方政府可以监督人民银行分支机构贯彻执行国家的金融方针,但是不得干预人民银行分支机构正常的业务活动,从而很大程度上维护了人民银行分支机构的独立性。

（三）银监会的成立有利于提高中国人民银行独立性

从我国中央银行发展状况来看,虽然 1997 年成立了中国人民银行货币政策委员会,但货币政策独立性仍有待提高。就我国货币政策决策过程而言,大到货币政策取向,小到利率、汇率水平以及货币供应量目标,并非由中央银行独立决定,而是受到方方面面的影响和制约,大大削弱了货币政策的独立性。2003 年,中国人民银行的货币政策职能和银行监管职能分离,成立专门履行对银行业监管职能的银行业监督管理委员会,其目的就是为了使中国人民银行专门履行制定与执行货币政策职能,更好地发挥中国人民银行在宏观调控和金融风险防范方面的作用,进一步改善金融服务。

银行业监督管理委员会的成立,使银行监管与货币政策职能相对分离,一方面可以保证货币政策的独立性和灵活性,使货币政策供给更好地适应各个产业的需求和国民经济运行的需要;另一方面,有利于加强银行监管,保持银行监管的一贯性和法规的严肃性。此次中央银行职能分拆、银监会成立等一系列金融改革措施,必将大大提高中国人民银行独立性。

本章小结

中央银行兼有国家机关和金融机构的双重特性,是一种特殊的国家机关。基于中央银行在一个国家经济生活中的重要地位,对其性质一般通过国家立法予以确定。

中央银行的职能,是指中央银行作为特殊的国家金融监管机构应有的作用,是中央银行性质的具体反应。根据中央银行在国民经济中的地位,可以将其分为发行银行职能、政府银行职能、银行的银行职能和金融监管职能;根据其业务范围可以将其分为货币发行、存款准备金、充当最后贷款人、为政府提供金融服务、集中保管黄金和外汇、主持全国各银行之间的清算和监督各金融机构活动等职能。本书根据中央银行职能的性质,将其划分为宏观调控职能、公共服务职能和金融监督管理职能。

中央银行独立性,是指法律赋予中央银行在国民经济宏观调控体系中制定和执行货币政策、进行金融监管与调控的自主权,以及为确保自主权的有效行使而采取的相关法律措施。中央银行的独立性是一种相对独立性,即就政府体制而言,中央银行是国家机构的一个重要组成部分,就履行职能而言,中央银行又独立于政府部门。中央银行的独立性,其内容主要由两部分构成:一是中央银行在国民经济宏观调整体系中的职责范围;二是中央银行在行使自主权时受制于其他部门的程度,亦即要处理中央银行和其他部门(尤其是政府)之间的关系。不同国家中央银行的独立性有很大差异:有中央银行直接对国会或者议会负责,独立性较强型的;也有中央银行名义上隶属财政部,独立性居中型的;还有中央银行隶属财政部,独立性较小型的。

关键词

中央银行法律地位　中央银行性质　中央银行职能　中央银行独立性

思考题

1. 如何看待中央银行在现代经济中的地位和作用?
2. 试述中央银行的任务。
3. 中央银行的职能有哪些?它们之间的相互关系如何?
4. 试述中央银行独立性的含义及其内容。
5. 试述中央银行与政府之间的关系。
6. 如何看待中国人民银行的独立性?

第二篇 中央银行业务

第四章 中央银行资产负债业务

> **内容提要**

中央银行的各项职责主要通过各种业务活动来履行。中央银行的负债是指金融机构、政府、个人和其他部门持有的中央银行的债权,其负债业务主要包括货币发行业务、存款业务和其他负债业务。中央银行的资产是指中央银行所持有各种债权,其资产业务主要包括再贴现、再贷款、证券买卖和黄金外汇储备等业务。本章首先介绍中央银行的资产负债表,并对中国中央银行和美国中央银行资产负债表进行了分析,之后讨论了中央银行这些业务活动的内容、特点及其与中央银行发挥职能作用的关系等问题。

第一节 中央银行的资产负债表

中央银行的资产负债表是指中央银行在业务活动中所形成的债权债务存量报表。了解中央银行的资产负债表及其构成,是理解中央银行运行以及中央银行货币政策操作的基础。

一、中央银行资产负债表的一般构成

在国际一体化的背景下,为了使各国之间相互了解彼此的货币金融运行状况及分析它们之间的相互关系,对金融统计数据按相对统一的标准进行适当规范是很有必要的。为此,国际货币基金组织定期编制了《国际金融统计》刊物,以相对统一的口径向人们提供各成员国有关货币金融和经济发展的主要统计数据,中央银行的资产负债表就是其中之一,称为货币当局资产负债表。这样,各国中央银行一般在编制资产负债表(如表4-1)时主要参照国际货币基金组织的格式和口径。

表 4-1　简化的货币当局资产负债表

资产	负债和资本项目
1. 国外资产 2. 对中央政府的债权 3. 对各级地方政府的债权 4. 对存款货币银行的债权 5. 对非货币金融机构的债权 6. 对非金融政府企业的债权 7. 对特定机构的债权 8. 对私人部门的债权	1. 储备货币 2. 定期储备和外币存款 3. 发行债券 4. 进口抵押和限制存款 5. 对外负债 6. 中央政府存款 7. 对等基金 8. 政府贷款基金 9. 资本项目 10. 其他项目

根据《国际金融统计》提供的详细目录，表中各项目的主要内容如下：

（一）资产

中央银行的资产是指中央银行在一定时点所拥有的各种债权。主要包括以下种类：

1. 国外资产。主要包括黄金储备、中央银行持有的可自由兑换外汇、地区货币合作基金、不可自由兑换的外汇、国库中的国外资产、其他官方的国外资产、对外国政府和国外金融机构贷款、未在别处列出的其他官方国外资产、在国际货币基金组织中的储备头寸、特别提款权持有额等。

2. 国内资产。主要有中央银行对政府、金融机构和其他部门的债权构成。包括中央银行持有的国库券、政府债券、财政短期贷款、对国库的贷款和垫款或法律允许的透支额，中央银行持有的地方政府债券和其他证券、贷款和垫款等，中央银行的再贴现、贷款、回购协议、中央银行对存款货币银行的其他债权，对非货币金融机构的债权，对非金融政府企业的债权，对特定机构和私人的债权等。

（二）负债和资本项目

中央银行的负债是指社会各集团和个人在一定时点所拥有的对中央银行的债权。中央银行的资本项目指中央银行的自有资本金、准备金和未分配利润等。负债和资本项目主要包括以下种类：

1. 储备货币。主要包括公众持有的现金、存款货币银行的现金、存款货币银行在中央银行的存款、政府部门以及非货币金融机构在中央银行的存款、特定机构和私人部门在中央银行的存款等。

2. 定期存款和外币存款。包括各级地方政府、非金融政府企业、非货币金融机构等一个月以上的定期存款和外币存款等。

3. 发行债券。包括自有债务、向存款货币银行和非货币金融机构发行的债券以及向公众销售的货币市场证券等。

4. 进口抵押和限制存款。包括本国货币、外币、双边信用证的进口抵押金以及反周期波动的特别存款等。

5. 对外负债。包括对非居民的所有本国货币和外币的负债。

6. 中央政府存款。包括国库持有的货币、活期存款、定期以及外币存款等。

7. 对等基金。是在外国援助者要求受援国政府存放一笔与外国援助资金相等的本国货币的情况下建立的基金。

8. 政府贷款基金。指中央政府通过中央银行渠道从事贷款活动的基金。

9. 资本项目。包括中央银行的资本金、准备金、未分配利润等。

10. 其他项目。这是一个净额,等于负债方减去资产方的净额。

二、中央银行资产负债表主要项目间的关系

对资产负债表主要项目关系的分析可以从以下两个方面进行:

（一）资产和负债的基本关系

在中央银行的资产负债表中,由于自有资本也是其资金运用的来源之一,因此将其列为负债方,但实际上,自有资本不是真正的负债,其作用也不同于一般负债,因此,如果把自有资本从负债中分列出来,资产与负债的基本关系可以用以下三个公式表示:

$$资产 = 负债 + 自有资本 \quad (1)$$
$$负债 = 资产 - 自有资本 \quad (2)$$
$$自有资本 = 资产 - 负债 \quad (3)$$

上述三个公式表明了中央银行未清偿的负债总额、资本总额、资产总额之间基本的对应关系。

(1)式表明,中央银行的资产持有额的增减,在自有资本一定的情况下,必然会导致其负债的相应增减,换言之,如果资产总额增加,则必然创造或增加其自身的负债或资本金;

(2)式表明,中央银行负债的多少取决于其资产与自有资本之差,在自有资本一定的情况下,如果中央银行的负债总额增加了,则其必然扩大了等额的债权;

(3)式表明,在中央银行负债不变时,自有资本增减,可以使其资产相应增减,例如负债不变而自有资本增加,则可以相应增加外汇储备或其他资产。

（二）资产负债各项目之间的对应关系

从对货币供应影响的角度分析,资产方主要项目和负债方主要项目之间存在着一定的对应关系,这种对应关系大致可以概括为以下三点:

1. 对金融机构债权和对金融机构负债的关系。对金融机构的债权包括对存款货币银行和非货币金融机构的再贴现和各种贷款、回购等;对金融机构的负

债包括存款货币银行和非货币金融机构在中央银行的法定准备金、超额准备金等存款。这两个项目反映了中央银行对金融系统的资金来源与运用的对应关系,也是一国信贷收支的一部分。当中央银行对金融机构债权与负债总额相等时,不影响资产负债表内的其他项目;当债权总额大于负债总额时,若其他对应项目不变,其差额部分通常用货币发行来弥补;反之,当债权总额小于负债总额时,则会相应减少货币发行量。由于中央银行对金融机构的债权比负债更具主动性和可控性,因此,中央银行对金融机构的资产业务对于货币供应有决定性作用。

2. 对政府债权和政府存款的关系。对政府的债权包括对政府的贷款和持有的政府债券总额;政府存款在我国还包括部队存款等财政性存款。这两种项目属于财政收支的范畴,反映了中央银行对政府的资金来源与运用的对应关系。当这两种对应项目总额相等时,对货币供应影响不大;但在其他项目不变的情况下,若因财政赤字过大而使中央银行对政府债权大于政府存款时,会出现财政性的货币发行;反之,若政府存款大于政府的债权,则将消除来自财政方面的通货膨胀压力,并为货币稳定提供支持。

3. 国外资产和其他存款及自有资本的关系。当上述两个对应关系不变时,若中央银行国外资产的增加与其他存款及自有资本的增加相对应,不会影响国内基础货币的变化;反之,则将导致国内基础货币的净增加。因此,中央银行国外资产业务是有条件限制的,对基础货币有重要影响。

需要说明的是,这三种关系的分析也是相对而言的,在现实的资产负债业务活动中,中央银行可以在各有关项目之间通过冲销操作来减轻对货币供应的影响,也可以通过强化操作来加大对货币供应的作用。

三、中美中央银行资产负债表的构成

中央银行资产负债表既是货币政策实施的结果,又是进一步实施货币政策的基础,观察中央银行资产负债表的总量、结构以及总量、结构的变动,是了解和理解各国政中央银行货币政策取向的重要途径。

(一) 中国中央银行资产负债表

中国人民银行从1994年起根据国际货币基金组织《国际金融统计》肯定的基本格式,编制中国货币当局资产负债表并定期(目前每月一次)向社会公布。表4-2是2012年6月中国货币当局的资产负债表。

表 4-2 中国人民银行资产负债表① Balance Sheet of Monetary Authority

单位:亿元

项目 Item	2012.06
国外资产 Foreign Assets	239978.29
外汇 Foreign Exchange	235189.82
货币黄金 Monetary Gold	669.84
其他国外资产 Other Foreign Assets	4118.63
对政府债权 Claims on Government	15349.06
其中:中央政府 Of Which: Central Government	15349.06
对其他存款性公司债权 Claims on Other Depository Corporations	13303.72
对其他金融性公司债权 Claims on Other Financial Corporations	10625.33
对非金融性部门债权 Claims on Non-financial Sector	24.99
其他资产 Other Assets	6789.65
总资产 Total Assets	286071.05
储备货币 Reserve Money	228050.85
货币发行 Currency Issue	54294.32
其他存款性公司存款 Deposits of Other Depository Corporations	173756.53
不计入储备货币的金融性公司存款 Deposits of Financial Corporations Excluded from Reserve Money	1182.27
发行债券 Bond Issue	18690.90
国外负债 Foreign Liabilities	1097.06
政府存款 Deposits of Government	27550.26
自有资金 Own Capital	219.75
其他负债 Other Liabilities	9279.95
总负债 Total Liabilities	286071.05

(二)美国中央银行资产负债表

美联储资产负债表是反映联邦储备委员会持有的资产和负债规模的明细表。美联储在这个明细表中列出向经济注入流动性的各种货币政策工具,表明美联储动用每一项货币政策工具而形成的货币供给增加或者减少。美联储资产负债表的正式名称是"Factors Affecting Reserve Balances"。美国联邦储备委员会每个星期四公布其资产负债表,如果星期四是假日,则顺延至星期五。

---

① 资料来源:中国人民银行网站。

表 4-3 Factors Affecting Reserve Balances[①]   Millions of dollars

Assets, liabilities, and capital	Wednesday Jul 25, 2012
Assets	
Gold certificate account	11037
Special drawing rights certificate account	5200
Coin	2110
Securities, repurchase agreements, and loans	2599516
Securities held outright[1]	2595823
U.S. Treasury securities	1651432
Bills[2]	5938
Notes and bonds, nominal[2]	1566515
Notes and bonds, inflation-indexed[2]	69086
Inflation compensation[3]	9894
Federal agency debt securities[2]	91029
Mortgage-backed securities[4]	853362
Repurchase agreements[5]	0
Loans	3693
Net portfolio holdings of Maiden Lane LLC[6]	2081
Net portfolio holdings of Maiden Lane II LLC[7]	61
Net portfolio holdings of Maiden Lane III LLC[8]	7155
Net portfolio holdings of TALF LLC[9]	848
Items in process of collection	147
Bank premises	2360
Central bank liquidity swaps[10]	27232
Other assets[11]	191052
Total assets	2848800
Liabilities	
Federal Reserve notes, net of F.R. Bank holdings	1069713
Reverse repurchase agreements[12]	87501
Deposits	1622144
Term deposits held by depository institutions	3040
Other deposits held by depository institutions	1567867
U.S. Treasury, General Account	38258
U.S. Treasury, Supplementary Financing Account	0

---

① 资料来源：http://www.federalreserve.gov/releases/h41/。

（续表）

Assets, liabilities, and capital	Wednesday Jul 25, 2012
Foreign official	2565
Other	10414
Deferred availability cash items	798
Other liabilities and accrued dividends[13]	13965
Total liabilities	2794121
Capital accounts	
Capital paid in	27339
Surplus	27339
Other capital accounts	0
Total capital	54678

四、中央银行资产负债表分析

中央银行资产负债表反映着中央银行的资金来源和资金在各种金融资产中的配置，不同国家有着不同的经济发达程度以及不同的经济结构和市场结构，反映在其中央银行的资产负债表中各项目间的结构比例有很大的差异。

美联储的资产负债表以高政府债券和高通货比例为特征，资产方的政府债券比例高达90%左右，负债方的货币发行占比也高达90%左右（本次金融危机后由于存款机构存款的上升，该比率大幅下降）。中国人民银行的资产负债表则是以高外汇储备资产和低高通货比例为特征，资产方的外汇储备比例不仅占据第一且快速上升，目前高达80%左右，负债方的货币发行比重不断下降，目前不到20%。

为应对本次金融危机，美联储采取了大量非常规的激进政策，这些货币政策的实施通过美联储的各项资产业务实现，反映在资产负债表上，不仅是资产负债规模的变动，也使资产负债结构发生了一系列的变化。长期以来美联储的货币政策主要表现在联邦基金目标利率的调整上，所以美联储资产负债表并不怎么引起市场的关注。自从2008年12月美联储把基准利率削减到接近于零的水平之后，美联储资产负债表的变化成为市场观察和预测量化宽松货币政策的进展和影响的重要途径。

专栏 4-1

中央银行资产负债表管理

2007年国际金融危机爆发后，发达经济体央行纷纷通过改变其资产负债表结构和规模实施非常规货币政策。主要工具包括：一是创新融资融券工具，向市场注入流动性。美联储陆续推出"短期拍卖便利"等十余种创新金融工具,为金融系统和私人部门提供贷款或直接购买金融资产;英格兰银行推出"特别流动性计划"和"资产购买便利",允许英格兰银行通过增发货币购买二级市场的政府债券等资产;欧央行通过"有资产担保证券的购买计划"分批购入以抵押贷款或公共部门贷款支持的证券,并在希腊主权债务危机爆发后,通过证券市场计划在二级市场购买欧元区成员国政府债券以确保市场流动性。二是向存款类机构准备金付息。美联储向存款机构在美联储的准备金账户支付相当于联邦基金目标利率的利率,以鼓励银行将储备资金留存在美联储;日本银行推出了类似的"互补性存款便利"。三是救助系统重要性金融机构。美国、英国、瑞士、德国、法国、意大利和荷兰等国央行先后对面临倒闭的系统重要性金融机构注资或将其国有化。四是实行超宽松的货币政策。美联储两次实施量化宽松的政策,购买总额达1.65万亿美元的长期国债、抵押贷款证券等金融工具。五是设立特殊实体承担专门政策性任务。美联储先后设立了三家公司收购贝尔斯登和美国国际集团的资产,购买大量"两房"发行和担保的抵押贷款证券;英格兰银行设立"资产购买便利基金"为"资产购买便利"计划提供贷款。

中央银行之所以能通过调整资产负债表结构和规模实施非常规货币政策,在于其资产负债形成机制的特殊性,即央行作为货币发行主体,可以通过信贷、贴现、购买有价证券等资产操作,派生出商业银行存款、政府存款等负债。央行资产负债形成机制与一般商业主体相反,央行因而具有调整其资产负债结构和规模的主动权。

非常规货币政策对央行资产负债表主要产生了以下影响:一是资产负债规模出现不同程度扩张。例如,美联储、英格兰银行和欧洲央行2010(财)年末的资产规模相比危机发生前(2007年6月)分别增长了169%、151%和66%。二是资产负债结构发生了变化。主要是长期证券资产比例上升,短期证券资产比例下降,对商业企业的信贷资产增加,金融机构和政府存款比例增加。如2006年末美联储持有的90%的资产为国债,美联储2010年末资产负债表项目数相比2006年增加了近一倍,创新金融工具已占总资产比重的53%。

中央银行通过扩张资产负债表,实施非常规货币政策,在应对危机和维护方面发挥积极作用,但也增加了自身资产负债管理难度。许多国家中央银行通过灵活有效的资产负债管理控制风险敞口。例如,欧央行等采用增资、计提一般风险准备金的方式应对风险;英格兰银行通过设立特殊实体将一部分信用风险与央行资产负债表隔离开;荷兰、南非等央行通过对冲外汇储备资产,或将汇率风险转移给政府以减少央行承担的外汇风险。为此,各国应在强化中央银行维护金融稳定职能的同时,探讨防范央行财务风险和增强央行财务实力的途径,研究建立政府补偿机制。

资料来源:中国人民银行金融稳定分析小组:《中国金融稳定报告(2012)》。

第二节 中央银行的负债业务

一、中央银行货币发行业务

统一货币发行是中央银行制度形成的最基本的推动力。各国法律都规定中央银行垄断货币发行权。发行货币是中央银行最重要的特权,也是最重要的负债业务。中央银行货币发行的类型、发行的原则以及发行的准备制度等,直接关系到中央银行能否有效地控制流通中的货币量,实现稳定物价、稳定币值的政策目标。

（一）货币发行的含义、性质和程序

1. 货币发行的含义

货币发行有两层含义:第一层是指货币从中央银行的发行库通过各家商业银行的业务库流向社会;第二层是指货币从中央银行流出的数量大于从流通中回笼的数量。中央银行通过货币发行业务,一方面满足社会商品流通扩大和商品经济发展的需要;另一方面筹集资金,满足履行中央银行各项职能的需要。随着网络银行业务的发展,以商业银行为发行主体的电子货币快速增长。电子货币的发行与流通对中央银行货币发行的收入及发行的独立性产生了重大影响。电子货币的竞争发行机制,使流通中的货币量减少,弱化了中央银行货币的支付交易职能,使中央银行货币发行收入减少,并导致中央银行在资金需求上不得不依赖其他途径,使其独立性受到影响。

2. 货币发行的两种性质:经济发行和财政发行

货币发行按其发行的性质可以分为经济发行和财政发行两种。经济发行是指中央银行根据国民经济发展的客观需要增加现金流通量。货币经济发行的最大特点是,货币发行有充足的商品物资作保证,与商品流通的需要量相一致,符合货币流通规律的要求,能够保证市场货币流通的稳定与正常。在货币的经济发行条件下,货币的投放适应流通中货币需要量增长的需要,既满足经济增长对货币的需要,又避免货币投放过多。所谓财政发行是指为弥补国家财政赤字而进行的货币发行。如果是国库可以直接发行货币的制度,政府可以通过发行货币直接弥补财政赤字。但是在现代信用货币制度下,国家发生财政赤字不再是以直接发行货币来弥补,而是主要通过向银行举债或发行公债,迫使中央银行额外增加货币发行。由于财政性货币发行的目的只是为了弥补财政赤字,没有经济增长作基础,流通中新增加的货币量也缺乏真实商品劳务与之相对应,货币的超经济发行直接导致流通中大量货币追逐有限商品的现象,货币供求市场的失衡最终必然使币值不稳和物价上涨。为了控制货币的财政发行,大部分国家均通过立法控制中央银行向政府贷款的金额、期限与利率等。

3. 货币发行的渠道和程序

中央银行的货币发行主要是通过贷款、购买证券、购买金银和外汇等中央银行的业务活动进行的,并通过同样的渠道反向组织货币的回笼。一般来说,货币发行与回笼的程序应该根据本国货币流通的收支规律和满足宏观调控货币流通量的需要,以本国货币发行机制为基础制定,并遵循安全、准确、严密的原则,配合宏观货币政策的执行。

(二) 中央银行货币发行的原则

1. 垄断发行原则。垄断发行原则是指货币发行权高度集中于中央银行。只有中央银行垄断货币发行才能统一国内货币的形式,避免多头发行造成的混乱,便于中央银行制定和执行货币政策,灵活有效地调节流通中的货币。坚持垄断发行原则,既要避免中央银行分支机构变相发行货币,也要防止地方政府以发展地方经济的名义对中央银行分支机构施加压力。目前,世界各国都是通过立法的形式保证中央银行垄断货币发行权。

2. 信用保证原则。信用保证原则是指货币发行要有一定的黄金或有价证券作保证,即通过建立一定的发行准备制度,使货币的发行与贵金属或某些资产保持一定的联系,既对货币发行产生一定的制约作用,又有利于提高货币的信誉,维护币值的稳定。在现代信用货币制度下,纸币不再与金属货币挂钩,纸币的发行量也不再受自然币材的约束。为保证纸币的发行且能够适应经济发展的需要,不受政治周期、财政收支等因素的影响,货币发行中可靠的信用保证原则实际上就是为中央银行设定一个货币发行量的约束机制。在具体操作中,有的国家的货币发行与有价证券挂钩,有的国家的货币发行与外汇储备挂钩。

3. 弹性原则。弹性原则是指货币发行要具有一定的伸缩性和灵活性,以适应经济状况变化的需要。既要满足经济发展的要求,避免因通货不足而导致通货紧缩和经济萎缩,又要严格控制货币发行数量,避免因货币过量发行造成通货膨胀和经济混乱。坚持弹性供应原则的重点是把握好弹性的适应度,无论是增加或减少货币量,都应有序和可控。

(三) 中央银行货币发行的准备制度

货币发行准备制度是指中央银行的货币发行量与某种贵金属或某些资产之间建立一种数量比例关系,以此约束货币发行量、保证币值稳定的一种制度。

在不同的货币制度下,货币发行的准备资产有所不同。在金属货币制度下,货币发行以法律规定的金属作准备资产。在后期金属货币制度下,部分金属准备取代了 100% 的金属准备,货币发行的准备比例主要是通过规定货币的含金量加以确定。在商品货币向信用货币演化的过程中,金属准备的比例不断下降,20 世纪 70 年代布雷顿森林体系解体,各国货币均不再与金属挂钩,货币成为纯粹的信用货币。信用货币的发行准备资产主要是有价证券、外汇、短期商业票据等。

货币发行准备制度的基本内容一般有：

1. 货币发行准备资产的构成

在不同的货币制度下，货币发行的准备资产是不同的。在金属货币制度下，货币的发行准备资产是贵金属，如白银、黄金等。在现代信用货币制度下，中央银行货币发行的准备资产一般有两大类：一类是现金准备，另一类是证券准备。现金准备包括黄金、外汇等具有极强流动性的资产，使货币具有现实的价值基础，有利于币值稳定。但若全部以现金作准备，则不利于中央银行根据经济水平和发展的需要作弹性发行。因此，还往往使用有价证券作发行准备资产。证券准备资产包括短期商业票据、短期国库券、政府公债等，这些证券必须是在金融市场上进行交易和流通的证券。使用证券作发行准备资产，有利于货币发行具有适应经济需要的弹性，也能保障货币的经济发行。与现金准备相比较，证券准备在控制上难度大一些，因为：第一，各国经济货币化、金融证券化和金融市场发展的程度各不相同，证券准备发行的控制和管理比较困难；第二，如果金融市场比较落后，通过公开市场发行货币就会受到限制；第三，一般来说，证券数量与经济景气是顺周期的，货币发行可能对通货膨胀或通货紧缩起推波助澜的作用，而且，也不利于作为反周期的货币政策发挥对宏观经济的调控作用。

2. 货币发行准备资产比率

货币发行准备资产比率是指在货币发行中，不同的准备资产各自所占的比重，即现金准备与有价证券准备各占多大的比例。

由于现金准备发行缺乏弹性，证券准备又不易控制，因此，要保证货币发行真正体现可靠的信用保证与弹性发行原则的统一，必须合理确定货币发行准备资产的比率。两者的比率既可以是固定的，也可以是弹性的。在固定的情况下，又有现金准备比率多高为宜的问题。过高使货币发行量的扩大受限；过低又容易引起金融波动。因此，很多国家在规定现金准备比率的同时，又留有变通的余地。当货币发行中现金准备比率低于规定时，对低于规定部分征收超额发行税。随着经济的发展和中央银行业务操作水平的提高，有些国家如美国，取消了法定现金准备率的制度，采用100%的证券准备，称为发行抵押制度。目前世界上大多数国家货币发行的现金准备率都比较低，主要是采取证券准备作为发行基础。

3. 几种主要的货币发行准备制度

（1）现金准备发行制。是指货币的发行百分之百以黄金和外汇等现金作准备，这种制度的优点是能够防止货币发行过量，但缺点是缺乏弹性。

以黄金作为发行准备。黄金准备不得少于货币发行量的30%—40%的准备制度盛行于第二次世界大战前，随着金本位货币制度的解体，这种准备制度已不复存在。

以外汇作为发行准备。该制度规定货币发行的全部或部分准备资产可以用存放在某家外国银行的汇票或现金。20世纪初期,一些中小国家采用过此种发行制度,如奥地利、智利、埃及、希腊、匈牙利、意大利、秘鲁、爱沙尼亚等。而在比利时、德国、丹麦、波兰、西班牙等国则用外汇储备代替黄金作为货币发行的准备资产。中国香港特别行政区的"联系汇率制度"实际上也属于该种发行制度。

(2) 证券保证准备限额发行制。该制度也称为部分准备制度,是指在规定的发行限额内,可全部用规定证券作发行准备,超过限额的发行必须以十足的黄金作保证作为发行准备。这种制度有利于限制货币的财政发行,但弹性较低。英格兰银行在货币发行中较早地采用了这种制度。

(3) 现金准备弹性比例发行制。是指货币发行数量超过规定的现金准备比率时,国家对超过部分的发行征收超额发行税,如果钞票回笼或准备现金增加,而且达到规定的比例,则免征发行税。1980年以前对美国实施的就是该种制度。美国规定联邦储备银行的货币发行必须要有黄金或金边证券作为准备资产,发行准备率一般不得低于流通中货币量的40%;每个联邦储备银行必须根据自己发行的货币量保存发行准备,如果发行准备低于40%时,联邦储备委员会将对储备银行发行的货币征收累进税,以此稳定货币流通。这种发行制度兼顾了信用保证原则和弹性原则。但是,货币过度发行的效果如何,取决于超额发行税的制约作用和中央银行的独立性。一般来说,超额发行税对货币发行有制约作用。因为当超额发行时,中央银行往往会通过提高再贴现率将部分税负转移到商业银行,降低商业银行对中央银行的借款需求,从而减少货币发行。

(4) 证券准备发行制。是指货币发行以短期商业票据、短期国库券、政府公债作准备。这种制度的优点是给中央银行较大的利用货币发行调节宏观经济的余地;缺点是货币发行的调控需要发达的金融市场和较高的控制技术。这种发行制度最初由美国提出,20世纪80年代以后,更多的国家选择该种发行制度,如英国、加拿大等。

4. 主要国家和地区的货币发行制度

(1) 美国的货币发行制度

1980年以前,美国联邦储备券的发行必须以黄金或黄金证券作准备,其准备率为40%,低于40%时,要缴纳"超额发行累进税"。具体规定是:低于40%,但高于32.5%时,征收1%的超额发行税;低于32.5%时,税率提高到1.5%—2.5%,超额发行税由联邦储备银行负担。但实际上,当联邦储备银行被征超额发行税时,其对商业银行实行的再贴现率水平往往有所提高,因而所负担的税收的一部分将从贴现率中得到补偿。同时,商业银行从联邦储备银行取得贷款的需求就相应减少,因此,联邦储备银行的货币发行量也会下降。这样,征收超额发行税的制度就成为保障货币流通稳定正常的基本制度。

随着黄金重要性的下降,1980年的美国《联邦储备法修正案》取消了发行准备率和发行税的规定,开始实行发行抵押制度,规定联邦储备券必须有100%质量合格的证券作为发行抵押,联邦储备委员会有权随时要求联邦储备银行为货币发行提供附加担保品。合格证券包括黄金证券、美国联邦政府债券、经联邦储备银行审查合格的商业票据、抵押票据、银行承兑票据、地方政府发行的债券。

(2) 英国的货币发行制度

1844年的《银行条例》规定英格兰银行的信用货币发行额度为1400万英镑,并且用英国政府债券作准备。超过此限必须用黄金和白银作准备,白银的比率不得超过25%(即"证券保证准备限额发行制")。1939年颁布的《货币法》改革了英国的货币发行制度,将英格兰银行发行部保有的黄金大部分转入"外汇平衡账户"。规定货币发行总额的最高限,限额内百分之百地以政府债券或其他证券作为发行准备,但英格兰银行可以根据自身持有的黄金数量超额发行。

(3) 日本的货币发行制度

日本的货币发行实行现金准备弹性比例发行制。规定最高限额,超过限额征收发行税。发行准备是金银、外汇、三个月到期的商业票据、银行承兑票据以及其他票据,以票据、国家债券、其他有价证券、金银、商品为担保的贷款,对政府的贷款,但金银和外汇以外的发行准备品的比率由大藏大臣决定,不同的时期有不同的比例要求。

(4) 香港地区的货币发行制度

我国的香港特别行政区实行的是准中央银行制度,货币的发行分别由三家商业银行(分别是香港汇丰银行、标准渣打银行、中国银行)执行,从1983年开始实行与美元挂钩的联系汇率制,百分之百以美元作为货币发行的保证。

所谓联系汇率制度是指将货币与某种特定的外汇挂钩,按照固定的汇率进行纸币发行与回笼的一种货币发行制度。香港特别行政区联系汇率制度的主要内容是:法律规定具有货币发行权的三家商业银行在发行港币时,需按7.80港元兑1美元的汇率向金融管理局提交等值美元以购买负债证明书,作为所发行纸币的担保。回笼港币时,金融管理局会赎回负债证明书,发行银行则从外汇基金收回等值美元。若发行银行向金融管理局出售美元,换取港币,则基础货币的投放就会扩张;若发行银行向金融管理局购入美元,则基础货币的投放就会收缩。基础货币扩张或收缩,会令本地利率下降或上升,自动抵消美元流入或流出的影响,但汇率一直保持不变。这种货币发行制度的优点在于,减少了因投机而引起的汇率波动;缺点则在于,使香港金融管理局在相当大的程度上丧失了运用货币政策自主调整经济的能力与灵活性。从实践看,这种特殊的货币发行制度比较适合近几十年来香港经济的发展情况,有利于香港地区货币的稳定。

(四)我国人民币的发行和管理

我国的《中国人民银行法》第一章第 4 条规定,中国人民银行发行人民币,管理人民币流通。①

1. 人民币发行的原则

中国人民银行发行货币的基本原则是:按照货币流通规律的要求,适应商品流通的需要;发行权高度集中统一,对货币发行实行计划管理;坚持经济发行,保持币值稳定;独立自主发行,不依附外币。

在我国,经办和管理货币发行业务的部门,原则上为一级中国人民银行机构设立的一级货币发行部门和一级发行库。自上而下依次为中国人民银行货币发行司和总库、一级分行货币发行处和分库、二级分行货币发行科和中心支库、县支行货币发行库和支库。由于发行库是中国人民银行根据经济发展和业务需要设置的,因而在行政机构重叠的城市或安全条件不完备的地方,货币发行部门和发行库的设置并不严格对称,有的分行就不设发行分库。

货币发行部门的基本职责包括:根据国民经济发展的需要提出货币发行计划,报经国务院批准后组织实施;研究货币发行与社会经济发展的关系,为调节货币流通和制定货币发行政策提供科学依据;根据国务院批准的货币发行计划,编制货币需要量计划;根据国务院的决定,组织办理新版人民币的发行和旧版人民币的回收工作;根据市场上货币流通状况,编制、执行、调整发行基金的调拨和损伤货币销毁计划,调节市场流通货币的免额结构,组织各家银行办理新旧版货币兑换和破损货币兑换业务;制定与货币发行业务有关的规章制度;宣传国家货币发行政策,组织反假人民币工作;办理人民币发行基金的保管、调定、销毁及核算业务;办理各家银行存取现金业务;监督、检查、协调各家银行的现金出纳业务。

2. 发行基金

所谓发行基金就是中国人民银行设置的发行库为国家保管的待发行的货币,根据《中国人民银行法》,中国人民银行设立人民币发行库,在其分支机构设立分支库。分支库调拨人民币发行基金,应当按照上级库的调拨命令办理,由总行统一掌握。任何单位和个人不得违反规定,动用发行基金。各分库、中心支库、支库所保管的发行基金只是总库的一部分。

其来源有两个:中国人民银行总行所属印钞企业按计划印制解缴发行库的新人民币;开户的金融机构和中国人民银行业务库缴存发行库的回笼款。发行基金和现金虽然在形体上完全一样,但本质是完全不同的。现金是处于流通状

---

① 中国人民银行是 1984 年开始专门行使中央银行职能的,1995 年颁布的《中国人民银行法》确认了中国人民银行货币发行的职能。

态的货币,而发行基金则是尚未发行的货币。发行基金从发行库进入业务库成为现金,而现金从业务库缴存到发行库成为发行基金。

3. 发行基金计划

发行基金计划是在一定时期内,中央银行发行或回笼货币的计划。货币发行和货币回笼形成的差额是当期货币净投放(货币发行 - 货币回笼 = 货币净投放),反映该时期货币数量的变化。因此,只有充分考虑货币的发行和回笼的发行基金计划才符合社会经济对流通中货币的客观需求。

4. 货币发行业务管理

货币发行业务就是人民币从发行库进入业务库的过程。

(1) 发行库与业务库的职能及区别

发行库与业务库的职责划分。中国人民银行发行库是为国家保管待发行货币(发行基金)的金库,它的主要职责是:保管人民币基金;办理人民币发行基金出入库以及商业银行等其他金融机构的现金存取业务;办理中国人民银行发行库现金收付业务;负责回笼现金的整理清点。业务库是商业银行基层行为了办理日常现金收付业务而建立的现金库,它保留的现金是基层行现金收付的周转金、营运资金的组成部分,经常处于有收有付的状态。

业务库与发行库的区别是:① 机构设置的不同。发行库是各级中国人民银行的重要组成部分,实行垂直领导;业务库则是各家商业银行根据基层行对外营业的需要而设立的。② 保管货币的性质不同。发行库保管的是发行基金,即待发行的货币;业务库保管的是现金,是已发行的货币。③ 业务对象不同。发行库的业务对象是各商业银行和其他金融机构;而业务库的对象是全社会,是与银行有业务关系的普通客户。④ 收付款项的起点不同。发行库出入库的金额起点是以千元为单位,必须整捆出入库;而业务库收付现金则没有金额起点的限制。

(2) 发行基金运送的管理

发行基金运送的管理是指按照发行基金调拨命令,把发行基金运送到异地的全过程管理。发行基金运送管理以制度管理为主,目标管理为辅。① 制度管理。发行基金运送管理制度包含三个重点:一是保密制度,如运送发行基金的时间、行车路线、运送地点、运送数额等都需严格保密;二是坚持双人押运;三是坚持交接制度,押运人根据"发行基金调拨凭证"填明的数量、金额等一一核对,以便明确责任。② 目标管理。总的来讲,发行基金运送过程管理的目标就是实现整个运送过程的安全无事故。

(3) 票样管理和反假

票样是货币的标准样本,也是鉴别真假人民币的实物工具。票样管理主要是制度管理,包括票样的分发、保管、检查、流失的处理等;对假币及破坏人民币行为的处理则应该按照我国政府新近颁布的《人民币管理条例》执行。

二、中央银行的存款业务

存款业务也是中央银行主要负债业务之一。中央银行存款的对象有金融机构、政府、外国和特定机构等,一般可分为金融机构的准备金存款业务、政府存款业务、非银行金融机构存款业务、外国存款业务、特种存款业务和私人存款业务等。不同的存款种类在业务操作上是不同的。中央银行职能的发挥与其负债业务有密切关系。

(一) 中央银行存款业务的特点

中央银行作为特殊的金融机构,其性质和职能决定其存款业务不同于一般商业银行的存款业务。中央银行的存款业务具有以下四个方面的特点:

1. 存款原则具有特殊性。从存款的原则上来看,中央银行的存款业务具有一定的强制性。商业银行办理存款业务应遵循"存款自愿、取款自由、存款有息、为存款人保密"的原则,而中央银行吸收存款,往往遵循一国的金融法规制度,具有一定的强制性。存款准备金制度便是典型的例证。世界上大多数国家的中央银行都要通过法律手段,对商业银行、非银行金融机构的存款规定存款准备金比率,强制要求商业银行按规定比率上缴存款准备金。另外,对于财政部门、邮政机构的存款,一些国家也不同程度地以法律形式规定其必须转存中央银行。

2. 存款动机具有特殊性。从存款的动机来说,中央银行吸收存款是出自金融宏观调控和监督管理的需要,是执行中央银行职能的需要。商业银行大力吸收存款,是为了扩大资金来源,利用规模效应降低存款成本,从而扩大资金运用,争取盈利。因此,商业银行吸收存款,组织资金来源的最终目标是利润最大化。而中央银行吸收存款,更多地是为了便于调控社会信贷规模,监督管理机构的运作,从而达到稳定币值等目的。

3. 存款对象具有特殊性。从存款的对象来说,商业银行直接吸收社会个人、工商企业的存款。中央银行却不直接面对个人、工商企业,而是收存商业银行、非银行金融机构、政府部门及特定部门的存款。这是由中央银行的性质和职能决定的。

4. 存款当事人关系具有特殊性。从存款当事人的关系来说,商业银行与存款当事人之间是一种纯粹的经济关系。个人、工商企业到银行存款,是为了保值和获取利息,商业银行吸收存款是为扩大资金的来源而争取盈利,存款人和银行之间是一种平等互利的经济关系。而中央银行与存款当事人之间除经济关系之外,还有管理者与被管理者的关系,二者之间并非是完全平等的经济利益关系。

(二) 中央银行存款业务种类

1. 准备金存款

准备金存款是中央银行存款业务中最重要和最主要的内容。对于大多数国家来说,存款机构都需依照法定的程序和规定的比率向中央银行缴纳准备金。

中央银行集中商业银行存款准备金的做法起始于18世纪的英国,初始目的是方便英格兰银行为其他商业银行提供资金清算和必要时的资金支持。现在,存款准备金制度已成为中央银行调控金融的三大法宝之一。存款准备金制度在货币政策操作中的作用表现在:准备金制度的基本功能是有助于中央银行通过调节法定准备金率控制社会信用创造;准备金制度可有效实现中央银行的铸币税收入,从而增强中央银行调节信用的资金实力(存款机构将所吸收的部分存款再存入中央银行时,其利率通常低于货币市场利率,有的甚至不支付利息,由此,准备金制度实质上是存款机构作为信誉保证对作为最后贷款人的中央银行承担的监管成本和信用保证成本);存款准备金制度有利于满足非预期提款要求,是维持金融体系流动性和安全性的重要保证。总之,建立存款准备金制度不仅有利于从微观上保证金融机构的支付清偿力,而且有利于从宏观上控制、调节社会信用创造;不仅具有货币控制以及获取铸币税收入的作用,而且具有利率缓冲、流动性管理等作用,是中央银行货币政策工具操作的重要基础。关于存款准备金制度及其运行将在第十章中详细介绍。

2. 政府存款

中央银行在代理国库业务中吸收政府存款,政府存款规模仅次于准备金存款,是中央银行重要的资金来源。政府存款的构成各国有些差异。有些国家政府存款就是指中央政府的存款,而有的国家则将各级地方政府的存款、政府部门的存款也列入其中,即使如此,政府存款中最主要的仍是中央政府存款。中央政府存款一般包括国库持有的货币、活期存款、定期存款及外币存款等。中国人民银行资产负债表中"中央政府存款"是指各级财政在中国人民银行账户上预算收入与支付的余额。

随着政府干预经济能力的增强,政府存款规模也不断扩大,一方面增强了中央银行的资金实力和调节社会信用、货币供应量的能力;另一方面,由于政府存款通常是无息的,也降低了中央银行的筹资成本。对于政府而言,由中央银行代理国库,既可减少甚至完全减免收付税款的成本,获得绝对安全的资金保管和及时的金融服务,也可以在资金短缺时及时得到中央银行的资金支持。

3. 非银行金融机构存款

由于非银行金融机构在中央银行的存款不具有法律强制性,也没有法定存款准备金比率的规定,其存款的主要目的是便于清算,存多存少可视各非银行金融机构往来业务规模的大小自主决定。目前我国各种非银行金融机构在中国人民银行都有存款,主要也是用于清算。中央银行吸收此类存款的被动性较大,对此项存款业务的控制能力较弱,通常是通过存款利率的变动加以调节。这部分存款在中央银行存款业务中所占比例较低,有的国家中央银行将其纳入准备金存款业务中,按法定要求办理,有的国家将其单独设为一项存款业务。

4. 外国存款

这项存款或是属于外国银行或是属于外国政府,存款目的主要是用于国际贸易的结算和国际债权债务关系的清算,存款数量的多少取决于外国中央银行或外国政府的需要。这类存款对于本国中央银行而言,一方面被动性较大,中央银行对此的控制能力较弱;另一方面又构成中央银行外汇储备的一个来源,其变动客观上会影响中央银行基础货币的投放。但由于此类存款规模较小,对本国货币操作的冲击力有限。

5. 特定机构和私人部门存款

特定机构是指非金融机构,中央银行收存这些机构的存款,或是为了特定的目的,如对这些机构发放特别贷款而形成的存款,或是为了扩大中央银行资金来源。中国人民银行收存的特定机构存款主要是机关团体部队的财政性存款。1998年前这部分存款由开户国有商业银行吸收后全部缴存中央银行。1998年存款准备金制度改革后,部队存款由吸收存款的商业银行作为资金来源使用,按规定的存款准备比率上缴存款准备金;机关团体存款仍然作为财政性存款,100%上缴中国人民银行。私人部门的存款多数国家法律规定不允许中央银行收存,但也仅限于特定对象,并且数量很小。

6. 特种存款

特种存款是指中央银行根据商业银行和其他金融机构信贷资金的营运情况,以及银行银根松紧和宏观调控的需要,以存款的方式向这些金融机构集中一定数量的资金而形成的存款。特种存款业务作为调整信贷资金和信贷规模的重要措施,成为中央银行直接信用调控方式之一。特种存款业务有以下特点:一是非常规性,中央银行一般只在特殊情况下为了达到特殊目的而吸存;二是特种存款业务对象具有特殊性,一般很少面向所有的金融机构;三是特定存款期限较短,一般为一年;四是特种存款的数量和利率完全由中央银行确定,具有一定的强制性,特定金融机构只能按规定的数量或比率及时足额地完成存款任务。

三、中央银行的其他负债业务

中央银行的负债业务除了货币发行和存款业务以外,还有一些业务也可以成为中央银行的资金来源,引起中央银行资产负债表负债方的变化,如发行中央银行债券、对外负债和资本业务等。

（一）发行中央银行债券

中央银行债券是中央银行发行的具有固定面额和期限,到期由中央银行还本付息的记名式有价证券。中央银行债券包括中央银行融资券和中央银行票据。从某种意义上说,中央银行票据是中央银行融资券的延续和发展,它是中央银行面向全国银行间债券市场成员发行的,期限一般在一年以内的短期债券。二者虽然都是中央银行主动负债的凭证,但它们在发行数量、利息支付方式、发行频率以及回购方式等方面有较大的区别。中央银行债券的发行数量较少,利息是到期支付,而中央银行票据发行数量多,可多次回购,利率随行就市,是中央银行公开市场操作中的辅助性工具。

与一般金融机构发行债券的目的是为了获得资金来源不同,中央银行发行债券更多考虑的是调节流通中的货币。中央银行一般在以下两种情况下发行中央银行债券。一种情况是当金融机构的超额准备金过多,而中央银行又不便采用其他货币政策工具进行调节时,可以通过向金融机构发行中央银行债券回笼资金的方法,减少流通中的货币。第二种情况是在公开市场规模有限,难以大量吞吐货币的国家,作为公开市场操作的工具。比如,我国中央银行票据正是在这种情况下推出的:2002年9月24日中国人民银行为增加公开市场业务操作工具,将6月25日至9月24日在公开市场正回购的未到期91天、182天和364天国债,共1937.5亿元置换为中央银行票据。因为2002年下半年,经常项目和资本项目的顺差引起外汇占款急剧增加,大量资金涌入国债市场,导致国债价格上涨和利率下跌。中国人民银行为了调节利率,通过正回购回笼货币又引起国债价格下跌和利率上涨。利率的跌宕起伏,引发投资者的利率风险。中国人民银行发行中央银行票据能达到既回笼资金,又避免过分影响国债价格的目的。

（二）对外负债

中央银行的对外负债业务是指中央银行以债务人身份向外国金融机构、政府、居民借款或发行债券的业务。具体形式有:向国外银行的借款、向国外中央银行的借款、向国际金融机构的借款、在国外发行中央银行债券等。中央银行对外负债的主要目的有三个:平衡国际收支、维持汇率稳定和应付危机。随着经济金融的国际化和一体化,各国中央银行之间的货币合作成为越来越必要的政策手段,例如东盟各国与中国、韩国和日本三国之间签订的货币互换协议就是货币合作的一个典型例子。

（三）资本业务

所谓中央银行资本业务就是筹集、维持和补充自有资本的业务。中央银行自有资本的形式主要有三种途径:政府出资、地方政府或国有机构出资、私人银行或部门出资。由于各国法律对中央银行的资本来源和构成都有规定,因此,中央银行在资本业务方面并没有多大作为,仅仅在需要补充自有资本时按照有关规定进行。例如,如果是全部股份由国家所有的,中央银行通常通过中央财政支出补充自有资本;由各种股份构成自有资本的,中央银行则按原有股份比例追加资本,增资以后,股权结构和比例保持不变。

中央银行作为拥有货币发行权的特殊金融机构,其资产业务的规模和资本金的多少之间没有必然的联系,有的国家的中央银行甚至是无资本运行。但世界上大多数国家的中央银行或多或少都持有一定规模的资本金,其特殊意义在于,通过其保证中央银行财务的稳健性,提升中央银行应对运作风险的能力,最终实现中央银行货币政策操作的独立性。

第三节 中央银行的资产业务

中央银行的资产是指中央银行在一定时点上所持有的各种债权。中央银行的资产业务主要包括再贴现业务、贷款业务、有价证券买卖业务、黄金外汇保管与经营业务、其他资产业务。中央银行资产业务是基础货币投放的重要渠道,也是中央银行实施职能的具体体现。

一、中央银行的再贴现和贷款业务

(一) 再贴现业务

中央银行的再贴现业务,指中央银行对商业银行已经办理贴现、尚未到期的合格票据办理再次融通资金的业务。中央银行办理再贴现业务的主要目的,其一是提供最后贷款人的机制。再贴现业务是中央银行为解决商业银行体系因流动性不足导致债权债务关系不能及时清偿的常规性业务,其主要目的并不是为了确定或调整货币存量。其二是调整资金流向、资金结构。中央银行通过确定再贴现票据的种类、优惠再贴现率的制定等措施,可有效引导商业银行信贷资金的流向,配合国家产业发展、产业结构调整政策,解决特定行业发展中的资金需求问题。再贴现业务作为货币政策三大法宝之一,其内容将在第十章中详细介绍。

(二) 贷款业务

贷款业务是中央银行的主要资产业务之一,在相当长的时间内,它是我国中央银行投放基础货币的主渠道。随着金融市场的发展,公开市场操作在货币供给中的作用不断加强,并日益成为基础货币投放的主渠道,贷款业务的规模有所萎缩。但在重大金融危机中,当市场的流动性严重不足,无法启动公开市场操作时,贷款就成了中央银行执行最终贷款人职能最直接有效的途径。中央银行贷款业务的对象主要有存款货币银行、非银行金融机构、政府、外国政府、外国金融机构等。

1. 对商业银行等金融机构的贷款

向商业银行等金融机构融通资金,保证商业银行的支付能力是中央银行作为"银行的银行"的最重要职责之一。这是中央银行放款中最主要的种类,中央银行通常定期公布贷款利率,商业银行提出借款申请,中央银行审查批准具体数量、期限、利率和用途。一般来说,中央银行贷款都是短期的,采取的形式大多是以政府债券或商业票据为担保的抵押贷款。

2. 对非存款货币银行金融机构的贷款

非存款货币银行金融机构是指不吸收一般存款的特定金融机构,如政策性金融机构、投资银行、证券公司、财务公司、金融信托投资公司、金融租赁公司等。贷款的目的是解决这些金融机构出现的流动性困难,保证其正常运营。贷款的方式通常是采取有价证券的抵押担保贷款。对非存款货币银行金融机构提供贷款是维持金融体系安全的重要保证。

3. 对政府的贷款

政府在其提供公共服务的过程中,也会发生暂时性的收支失衡。因此,作为政府的银行的中央银行都有提供信贷支持的义务。对政府的贷款可通过直接提供贷款和买入政府债券两条渠道进行。为了避免财政赤字货币化现象的产生,各国通常会用立法的形式规定年度最高贷款额,在大多数国家直接贷款都被限定在短期贷款。

4. 其他贷款

其他贷款主要有两种:一是对非金融部门贷款,这种贷款一般有特定的目的和用途,贷款对象比较窄,带有政策倾向,如我国的老少边穷地区贷款。二是对外国政府和外国金融机构贷款,例如中韩日三国和东盟十国签订的货币互换协议,根据协议如果协议签订国发生国际支付困难,其他签订国使用本国货币提供贷款。一旦实行,就构成对外国政府的贷款。

5. 我国中央银行的再贷款业务

中国人民银行自1984年开始专门行使中央银行职能后,对银行等金融机构的贷款是最主要的资产业务,也是中国人民银行提供基础货币的最主要渠道。

(1)贷款对象。我国规定中央银行中国人民银行贷款业务的对象必须是经中国人民银行批准、持有经营金融业务许可证、在中国人民银行开立独立的往来账户、向中国人民银行按规定缴存存款准备金的商业银行和其他金融机构。根据1994年发布的《中国人民银行信贷资金管理办法》规定,共有三类金融机构可以获得中国人民银行的贷款。首先是商业银行。规定商业银行在组织存款、内部资金调度和市场融资以后,仍资金不足方可申请贷款。其次是城市信用合作社、农村信用合作社、信托投资公司、金融租赁公司和企业集团财务公司等非银行金融机构。规定非银行金融机构坚持以资本总额制约资产,资金来源与资金运用应该自求平衡,当资金周转发生困难时,应首先通过货币市场解决。确实不能通过货币市场解决时,才由中国人民银行通过短期贷款给予解决。第三类金融机构是政策性银行。因为政策性银行的资金来源本来就是通过政策性供给的(财政拨款资本金、专项资金、发行国家担保债券和金融债券),所以从理论上讲,并没有必要另外再由中央银行向其提供贷款。而且,由于政策性贷款具有"倒逼机制"的性质,更应该割断中央银行与政策性贷款的直接联系,政策性银行不应是中央银行的贷款对象。但是,中国农业发展银行从中国农业银行分设时,农副产品收购贷款所占用的中国人民银行贷款也划转到中国农业发展银行,成为中国人民银行贷款。同时中国农业发展银行还承担粮棉油收购、国家重要农副产品储备和农业开发信贷资金的筹措和供应,这些资金往往由于季节性因素发生先支后收的资金临时需要。因此,与其他两家政策性银行不同,中国人民银行不得不向中国农业发展银行发放短期贷款给予支持。如中国人民银行资产负债表所示,中国农业发展银行在与中国人民银行业务联系方面被归入存款货币银行。从这个意义上来说,撇开中国农业发展银行的特殊性,政策性银行在我国也并不是中国人民银行的贷款对象。

(2) 申请中国人民银行贷款的条件。我国规定申请中国人民银行贷款必须具备三个基本条件:① 必须是中国人民银行的贷款对象;② 信贷资金营运基本正常;③ 还款资金来源有保证。

(3) 贷款期限。中国人民银行贷款期限共分四个档次:20 天、3 个月、6 个月和 1 年。

(4) 中国人民银行贷款的特点。除了在贷款对象、资金来源、贷款职能等方面与一般商业银行不同,具有一般中央银行的基本特点以外,中国人民银行贷款还具有最大的特点,即是我国现阶段最重要最有效的货币政策工具之一,在宏观调控中发挥重要作用。首先,存款准备金比率和再贴现率的调整,涉及面广,对经济的震动大,难以频繁进行;其次,资金需求对利率的弹性较小,再贴现率的调整并不能及时有效地改变资金的需求;第三,存款准备金比率和再贴现率具有无差别性的特点,难以满足对个别对象进行特殊调整的需要,而我国由于幅员辽阔,各地区经济差别较大,还非常需要有针对性的政策手段;第四,金融市场发展滞后,公开市场业务操作比较困难。中国人民银行贷款根据宏观经济调控的需要,可以灵活自如地调整,既可以调节需求,又可以调节供给。不仅能控制贷款总量,制约社会总需求的增长,还能在贷款总量既定的条件下,改变贷款的结构,增加有效供给。同时,又可以将货币政策的意图传递给金融机构,促使金融机构按照货币政策目标开展经营活动。

(三) 再贴现业务和贷款业务的特点和区别

1. 再贴现业务与贷款业务的特点

由于中央银行的特殊性质,因此,与商业银行相比,中央银行再贴现和贷款

业务不仅在贷款目的、对象和用途等方面不同,而且还形成了以下特点:

(1)向商业银行等金融机构提供资金融通是履行最后贷款人职能的具体手段。当商业银行等金融机构出现资金周转不灵、兑现困难时,虽可通过拆借市场解决一些问题,但拆借数量不可能很大。尤其是当遇到普遍性的金融危机时,拆借市场就无济于事。此时,中央银行通过向商业银行融通资金的作用就是非常重要的。

(2)为商业银行办理再贴现和贷款是提供基础货币的重要渠道。在中央银行垄断货币发行的制度下,社会所需要的货币从源头上看都是由中央银行提供的。在信用货币创造机制下,中央银行提供的基础货币通过商业银行的信用活动,形成货币总供给。因此,中央银行向商业银行等的再贴现和贷款是提供基础货币的重要渠道。当商业银行资金周转不灵时,中央银行的贷款可以使其起死回生,当社会上货币供应量过多,出现通货膨胀时,中央银行又可以收回贷款,稳定经济的发展。

(3)再贴现利率是中央银行调控货币供应量的重要工具。再贴现利率是中央银行进行再贴现时所采用的利率。当中央银行提高或降低再贴现利率,就是提高或降低商业银行获得资金的价格,就会引起商业银行在通过贴现向社会提供资金时,提高或降低贴现利率,或者引起商业银行减少或增加再贴现的数量,两种情况都将引起金融市场上资金供给的减少或增加以及利率上升或下降,达到中央银行调控信贷规模,影响社会货币量的目的。

2. 再贴现业务与贷款业务的区别

(1)贷款的收回方式不同。如果是再贴现贷款,那么再贴现票据到期,中央银行向票据承兑人出示票据并要求票据承兑人兑付,收回贷款。如果是抵押贷款,贷款到期,借款人向中央银行归还贷款并收回抵押品。

(2)贷款的安全程度不同。如果是抵押贷款,则与再贴现没有区别,如果是信用贷款,则因为没有物资保证,贷款到期,中央银行不一定能收回贷款。一旦此种结果发生,就可能导致金融不稳定。因此,中央银行贷款中信用贷款被限制在很小的范围内。

二、中央银行的证券买卖业务

(一)中央银行证券买卖业务的概念

中央银行的证券买卖业务是指中央银行以市场交易主体的身份,在公开市场上通过买卖证券来调节准备金或基础货币,进而影响货币供应量和利率,以实现货币政策目标。中央银行买入证券就直接投放了基础货币,卖出证券则直接回笼基础货币。与再贴现业务和贷款业务一样,证券买卖业务也是中央银行的主要资产业务,并且随着证券市场的发展,其在中央银行资产业务中的重要性不断提高。

(二) 中央银行证券买卖的意义

1. 调节和控制货币供应量或市场利率。中央银行在公开市场上买进或卖出证券实际上是直接投放或回笼基础货币,同时中央银行可通过买卖不同期限的有价证券来影响利率水平和结构,从而影响相应的贷款和投资,以达到调控货币供应量或市场利率的目的。

2. 与再贴现和准备金政策配合使用,提高货币政策的效果。一般来说,准备金政策和再贴现政策的效果比较猛烈,容易对经济和金融体系造成震荡性的影响,这时往往需要通过公开市场证券买卖与之配合,以减少或抵消震荡性。此外,如果商业银行持有较多的超额储备,中央银行想通过提高再贴现率的方式,减少货币供应量的目标可能就难以达到,这时如果通过在公开市场上卖出证券与之配合,就可以达到紧缩的目的。

(三) 中央银行证券买卖业务与贷款业务的异同

1. 相同之处:(1) 买入证券实际上是以自己创造的负债去扩大资产,相当于中央银行贷款;卖出证券相当于收回贷款,融资效果相同。(2) 对货币供应量的影响相同,都会通过货币乘数作用引起货币供应量的多倍扩张。(3) 都是中央银行调节和控制货币供应量的工具。

2. 不同之处:(1) 证券买卖以证券的质量为依据,中央银行的贷款如果是信用贷款则是以商业银行的信用为依据。如果是抵押贷款,则既以商业银行的信用为依据,又以抵押物的质量为依据。(2) 主动性不同。中央银行贷款遵循流动性原则,提供的大多是短期贷款,即使如此,也必须到期才能收回。而证券买卖业务不仅可以随时兑现,中央银行还可以通过证券的买和卖,进行逆向操作,随时修正政策方向。(3) 贷款有利息收入,而证券则不仅有利息收入还有买卖价差收益(损失)。(4) 证券买卖业务对经济金融环境的要求较高,以存在发达的金融市场为前提。

关于公开市场操作货币政策工具及其运行将在第十章中详细介绍。

三、中央银行的外汇储备资产业务

(一) 中央银行外汇储备资产业务的概念和意义

1. 中央银行外汇储备资产业务的概念

世界各国之间商品和劳务的进出口、资本借贷以及各种赠与和援助都会产生相互之间的债权债务关系。在一定时期内,这种债权债务需要使用国际通用货币进行清算。用什么充当国际通用货币或者称国际清算手段,在不同的货币制度下是不同的。在金币和金块本位制下,使用黄金。在战后布雷顿森林体系下,使用黄金和美元并创设了国际货币基金组织份额和特别提款权。在牙买加体系下,实现了国际清算手段的多元化,不仅美元,一些主要发达国家的货币都成为国际清算手段。尽管黄金非货币化,但是黄金的天然属性使其仍然在很多国家的国际储备中占有重要地位。一个国家持有可用作国际清算手段的储备资产,在国际收支发生逆差时,进行债务清偿是非常必要的。因此,绝大多数国家都将外汇和黄金以及其他国际清算手段作为储备资产委托中央银行保管和经营,形成中央银行的储备资产业务。

2. 中央银行外汇储备资产业务的意义

(1)稳定币值。币值稳定是经济稳定的必要前提,因此,由中央银行持有一定数量的黄金外汇储备,可以在国内商品供应不足、物价上涨时,从国外进口商品或直接向社会出售黄金外汇,回笼货币,平抑物价,保持币值稳定。(2)稳定汇率。在浮动汇率制下,一国货币的对外价值,也就是汇率经常在变化之中,汇率的变化会影响该国的国际收支状况甚至对整体经济产生重大影响。中央银行就可以通过买卖黄金外汇,使汇率保持在比较合理的水平,稳定本国货币的对外价值。(3)调节国际收支。当国际收支出现逆差时,中央银行可以动用黄金外汇直接弥补差额,保持国际收支平衡。

(二)我国中央银行的外汇储备资产业务

1. 我国国际储备的构成及管理概况。国际储备有四种形式,即黄金、外汇、特别提款权和在国际货币基金组织的份额。一般来说,特别提款权和在国际货币基金组织的份额都是分配的,在一定时期内比较稳定。持有黄金,既不如外汇资产可获得经营收入,又要支出保管费用。在金本位制崩溃以后,虽然由于黄金的天然属性,一直在国际储备中占有一席之地,但是其重要性已经大大降低。我国国际储备中的黄金在 1980 年以后一直保持在 1267 万盎司,约合 256 亿元。在 1992 年以前,我国对外汇储备资产的统计口径比较宽,将中国银行的外汇资产也列入国家储备资产。在 1993 年以后,我国储备资产已不包括中国银行的外汇资产。

2. 我国外汇储备资产的规模管理。确定一个国家合理的外汇储备规模,主要考虑国际收支的影响。国际上通常认为外汇储备达到 3—4 个月的进口额或者外债余额的 30% 是比较合理的。如果低于这个水准,可能难以完成弥补国际收支差额的职能。如果高于这个水准,则表示该国没有充分利用现有的资源。由于我国还对资本项目的资本流动实行限制,所以,我国在确定外汇储备资产规模时,不仅要考虑进口数量和外债余额,还要充分考虑实现人民币可兑换以后,国际资本的流出入对国际收支影响的因素。

3. 我国外汇储备资产的经营管理。与其他金融资产的经营管理一样,外汇储备资产的经营也必须遵循安全性、流动性和收益性的原则。同时,也必须考虑到外汇储备资产的特殊性,灵活运用"三性"原则。第一,建立严密的风险管理制度。与国内金融资产的风险管理不同,外汇储备资产的经营还要考虑所持外汇资产所在国的官方和民间由于政治原因不能兑付的"主权风险"。并且根据国民经济发展的实际需要和对外经济关系的密切程度、进出口和债务的币种结构,综合考虑国际金融市场的变化,选择相应国家的外汇资产。第二,由于持有外汇储备资产的主要目的是平衡国际收支和维持汇率的稳定,因此,在经营中应首先考虑安全性,根据所持币种情况,投资于高信用等级的金融工具。第三,在保证安全的前提下,也要注意防范市场风险,合理安排资产的期限结构和币种结构,以分散风险。第四,根据我国的国情,建立外汇储备资产经营模式。可以参考商业银行一线准备和二线准备的做法,将外汇储备资产分成两部分:一部分作为战略储备,不轻易动用,投资于较长期的高信用等级的金融工具,满足国家较长期的需求;另一部分作为日常储备,用于干预外汇市场、稳定汇率、保持必要的国际支付能力。

本章小结

中央银行资产负债表是其银行性业务资产负债业务的综合会计记录,中央银行资产负债业务的种类、规模和结构都会反映在某一时点的资产负债表中。表内资产方的主要项目是国外资产、对金融机构债权、对政府债权等三项;而负债方的主要有流通中货币、对金融机构负债、政府存款及其他存款和自有资本等四项。

中央银行的负债业务主要包括货币发行业务、存款业务和其他负债业务。货币发行业务是中央银行最基本的业务,也是中央银行履行其职能的基础。在信用货币制度下,垄断发行、信用保证和弹性原则保证中央银行发行货币,既要满足经济发展的需要,又要维持货币的稳定,因此,建立科学合理的货币发行准备制度是正确贯彻发行原则的重要保证。存款业务是中央银行的主要负债业务,其意义在于,调控信贷规模和货币供应量、维护金融业的稳定以及提供资金清算服务。因此,在存款的原则、目的、对象和存款当事人等方面都与商业银行不同。准备金存款是中央银行存款业务的主要内容。中央银行负债业务还包括发行中央银行债券、对外负债和资本金业务。

中央银行的资产是指中央银行所持有的各种债权,主要包括再贴现贷款、贷款、证券和黄金外汇等。中央银行的资产业务主要包括再贴现业务、贷款业务、证券买卖业务、外汇储备资产业务等。再贴现和贷款是中央银行最传统的资产业务。其作用是履行最后贷款人职能的具体手段;提供基础货币的重要渠道;调控货币供应量的重要工具。证券买卖业务也是中央银行的基本资产业务。流动性和安全性是中央银行资产业务的前提。因此,证券买卖业务对证券的选择有严格的规定,其根本目的是调节货币供应量和维持金融市场的稳定。储备资产业务是中央银行代表国家管理国际储备的具体形式，目的是要调节国际收支、稳定币值和稳定汇率。贷款业务是中央银行资产业务的最主要形式，证券买卖业务的重要性正在迅速提高，储备资产业务由于和外汇管制相联系也是资产业务的重要组成部分。

关键词

货币发行　经济发行　货币投放　货币回笼　发行准备　发行基金　现金准备发行制　准备金存款　中央银行债券　再贴现和贷款业务　证券买卖业务　储备资产业务

思考题

1. 试分析次贷危机以来美联储的资产负债表的主要变化。
2. 简要比较中美中央银行资产负债表的主要项目。
3. 简述货币发行的原则及其理由。
4. 分析以证券作为货币发行准备的优缺点。
5. 香港特别行政区的货币发行制度与一般意义上的中央银行制度下的货币发行制度有何不同？
6. 简述中央银行吸收存款的目的和意义。
7. 简述中央银行再贴现和贷款业务的区别。

第五章 中央银行的统计分析业务

> **内容提要**
>
> 中央银行的统计分析业务是中央银行获取金融信息的基本渠道,也是分析和研究一国经济金融状况的重要途径。核算不同层次的货币供应量,反映货币的创造过程的货币与银行统计分析,以及对国民经济各部门的资金来源与用途分类记录,从而对全社会货币资金运动进行统计、分析和预测的资金流量统计,是中央银行统计分析业务的重点。本章着重讨论对不同层次的货币供应量进行核算货币与银行统计分析,以及系统描述和反映社会各部门的资金来源与运用,以及部门间资金的流量、流向和余缺调整的资金流量核算与分析。

第一节 金融统计分析概述

金融统计分析是按照规定的统计制度,根据统计的一般原理,运用科学的统计方法,对金融活动及相关现象的系统记录与科学处理,从而揭示微观与宏观金融运行的规律、特征和存在的问题,以及整个社会资金流动问题及结构变动,而为经济金融决策、金融监管和金融机构的经营管理提供科学依据,为中央银行实现货币政策目标,保证金融业的稳健运行和经济的稳定发展提供充分有效的信息保障。

一、金融统计的对象

金融统计的对象是以货币和资金运动为核心的金融活动,因此,金融统计的对象包括金融活动的主体——金融机构、金融活动的内容——金融业务,以及金融活动的场所——金融市场。

（一）金融机构

金融机构是专门从事各种金融活动的金融组织,是金融活动的主体。在不同的金融体制下,金融机构的组成也不相同。我国现阶段,金融机构主要由下列机构组成：(1)中央银行,即中国人民银行。(2)商业银行。根据《商业银行法》的规定,商业银行是指吸收存款、发放贷款、办理结算等业务,以营利为目的的企业法人。包括国有独资商业银行、其他商业银行和城市商业银行等。(3)政策性银行。政策性银行是不以营利为目的的、专门为贯彻配合政府的社会经济政策和意图,在特定业务领域内直接或间接地从事政策性融资活动的金融机构。共有三家:国家开发银行、中国进出口银行和中国农业发展银行。(4)合作制金融机构。是指采取合作制形式的金融机构,包括城市信用合作社和农村信用合作社。(5)其他金融机构。是指非银行金融机构,包括财务公司、金融租赁公司、证券公司、保险公司、金融信托投资公司和邮政储汇局。

(二)金融业务

金融业务是指金融机构从事金融活动的内容。在不同的金融体制下,金融机构的组成体系不同,金融业务的范围和内容也有差异。我国现阶段,金融业务主要有:(1)中央银行业务。主要包括:货币发行业务、存款业务、再贴现业务、贷款业务、证券买卖业务、储备资产业务和代理国库业务等。(2)商业银行业务。主要包括:存款业务、贷款业务、结算业务和外汇业务等。(3)其他金融业务。主要包括:保险业务、证券业务、信托业务和金融租赁业务等。

(三)金融市场

金融市场是进行金融活动的场所。依据不同的标准,可进行不同的划分,通常按照金融市场的职能划分为货币市场和资本市场;按照金融业务的内容,划分为存贷款市场、债券市场、股票市场、外汇市场等;也可以按照地域范围,划分为国内金融市场和国际金融市场。

二、金融统计的基本原则

1. 客观性。统计的目的是把握统计对象的真实状态,因此,统计数据资料必须真实、正确,金融统计调查人员必须尊重客观事实,不受外力影响,如实准确地反映实际情况。

2. 科学性。金融统计是对金融活动的反映,目的是为制定政策、考核业绩、揭露矛盾提供依据,因此,金融统计活动必须坚持科学性原则,根据统计对象的活动特点,科学合理地设计统计报表、统计指标和统计方法。严格遵守统计业务操作程序,确保统计资料准确、及时、全面、系统地反映经济和金融现象。

3. 统一性。建立科学、统一、有效的统计制度,各级金融统计部门必须按照统一的统计指标、统计方法、统计口径和统计时间进行统计,保证金融统计数据资料的完整性和统一性。

4. 及时性。大部分金融统计的目的是向金融部门和政策制定部门提供金融活动实际状况的数据以便采取对策,因此具有时效性,过期和滞后的统计资料就失去信息价值。

5. 保密性。有些金融统计涉及宏观经济的重要信息和商业性金融机构的商业机密,因此需要遵循保密原则,不得对外公布的不能公布,在公布前不得私自泄漏。

三、我国金融统计分析的主要内容

为适应国家金融管理对金融统计的要求,全面反映国家经济金融运行状况与发展态势,更准确地调控货币供应量,更有效地实施金融监管,中国人民银行逐步建立了科学、有效并符合国际通行标准的以中央银行为核心的金融统计体系。目前,我国金融统计体系的主要内容如下:

(一) 货币供应量统计

制定和实施货币政策是中央银行的主要职能,因此,金融统计的首要任务就是提供关于货币供应量的基本数据。中国货币供应量统计严格按照国际货币基金组织的货币供应量统计方法,采用三级汇总形式进行。第一级是将金融资料合并成货币当局、存款货币银行和非货币金融机构三个职能部门,并分别形成三个部门的资产负债表。第二级是将货币当局和存款货币银行的资产负债表合并成"货币概览",它提供了关于货币和信贷的统计方法及数据资料。第三级是将非货币金融机构资产负债表与"货币概览"合并成"金融概览"。"金融概览"记录整个金融体系与其他经济部门之间经济联系的信息资料,旨在全面衡量经济部门的所有清偿手段,有利于中央银行分析整体金融活动。

(二) 信贷收支统计

信贷收支统计是金融机构的主要业务统计,包括金融机构的全部资产和负债业务,是中央银行和商业性金融机构了解金融信息的主要渠道,对分析货币政策、反映货币流通状况、进行金融宏观调控与监测具有重要价值。信贷收支统计报表一般分为旬报、月报、季报和年报,以信贷资金收支余额表的表式编制,由资金来源和资金运用两部分组成。目前我国的信贷收支统计报表包括全部金融机构信贷收支表、中央银行信贷收支表、国家银行信贷收支表、其他银行信贷收支表、农村信用社信贷收支表、金融信托投资机构信贷收支表、城市信用社信贷收支表、财务公司信贷收支表等。

(三) 现金收支统计

现金收支是商业银行一项经常性的业务活动,商业银行现金收支相抵后的净额,为市场现金流通量的增加或减少额。银行体系外现金即为市场现金流通量。在中国目前条件下,现金是居民日常生活支付的主要工具,控制现金投放是中央银行的一项重要任务。银行是国民经济各部门的现金活动中心,是国家调节货币流通的枢纽。现金收支统计是商业银行金融统计的一项重要内容,更是中央银行金融统计的重要组成部分。银行现金收支统计是通过编制现金收支报表进行的。根据中国人民银行金融统计制度要求,银行现金收支统计是全面统计,它要求所有发生现金收支的银行基层单位,对每笔现金收支业务按其性质进行分项汇总并逐级上报加总。基层银行每日统计的现金收付合计数及内部现金往来、业务库存,应与当日会计科目的日结单核对一致,收付总数必须平衡;现金项目报表的现金收入、支出总额,应与会计报表中的"现金"科目的发生额核对一致。

(四) 对外金融统计

对外金融统计是对涉外的所有金融活动进行的统计工作,主要包括外汇信贷业务统计、国家外汇收支统计、国家对外借款统计、国际收支统计四部分。(1) 外汇信贷业务统计是对银行吸收外汇存款、发放外汇贷款业务的专项统计。(2) 国家外汇收支统计是反映中国外汇收支活动的统计。外汇收支统计以外汇指定银行为主体,由各省级外汇管理局将辖内各支局的统计数据汇总上报至国家外汇管理总局,后者汇总为国家外汇收支统计报表。(3) 国家对外借款统计(即国家外债统计)是对中国境内机构对中国境外的国际金融组织、外国政府、金融机构、企业或其他机构承担的,以外国货币表示的具有契约性偿还义务的所有债务的数据统计。(4) 国际收支统计是对国家在一定时期内全部对外交往所产生的外汇资金来源与运用全貌的统计。其统计报表为国际收支平衡表。

(五) 金融市场统计

金融市场统计包括短期资金市场统计、长期资金市场统计和外汇市场统计。短期资金市场统计的主要任务是:搜集和整理参加短期金融交易的机构、金融工具的品种结构、交易量、资金流向、利率水平等数据资料,以及对短期资金的活动情况进行分析。长期资金市场包括股票市场和债券市场,其统计的主要任务是:统计证券的发行额,用来分析长期投资的规模;统计证券的交易额,用来分析投资的结构变动;统计证券的利息和收益率,用来分析资金的供求情况。外汇市场统计是对一定时期外汇市场主体、交易额及交易价格(汇率)总和的统计反映,目的是为国家对外汇市场的宏观调控提供依据。

(六) 保险统计

保险统计是系统反映保险业务活动的数量特征,为保险发展规划、保险经营和分析提供客观依据的活动。保险统计的主要指标是:保险业务收入、保险业务支出、承保数量、承保金额等。

(七) 资金流量统计

资金流量统计是从收入和分配社会资金运动的角度描绘国民经济各类交易活动的一种统计核算方法,资金流量统计具体体现为资金流量表。资金流量核算的内容包括:(1) 国民收入初次分配流量的核算;(2) 国民收入再分配流量的核算;(3) 国民可支配收入和使用的核算;(4) 资本形成的核算;(5) 金融交易的核算。通常将(1)—(4)部分核算统称为实物部分的资金流量核算,将(5)部分的核算称为金融交易部分的资金流量核算。资金流量表反映了全社会资金的总量、结构及在各个经济部门之间的分配及流动,为宏观经济分析提供了较全面的资金流动信息。我国于1994年正式开始编制资金流量表。根据部门分工,国家统计局负责资金流量表的实物交易部分的编制,统计范围是以国内生产总值作为核算的初始流量;中国人民银行负责资金流量表的金融交易部分的编制。

第二节 货币与银行统计分析

货币与银行统计分析,是一种以金融机构为核心,通过统计金融机构之间,以及金融机构与其他国民经济机构部门之间的金融交易,核算出不同层次的货币供应量,反映货币的创造过程,揭示影响货币供应量变动原因的统计分析方法。

一、货币与银行统计结构

所谓货币供应量,就是在一定时点上社会货币的存量,一般表现为流通中的现金和除政府之外全部居民和机构在金融机构的存款,反映的是社会的支付和购买力。

一国的货币供应量统计应遵循以下原则:一是流动性原则,即按照居民和机构的金融资产流动性标准确定货币与准货币,把货币供应量划分成不同的层次。二是统计对象的完整性原则。货币供应量统计对象应是在本国经营一年以上的、与货币供应量有关的所有金融机构(常住金融机构)的负债,既包括中资金融机构,又包括外资和中外合资的金融机构。其负债是在国内居住、经营一年以上的居民和机构(常住单位)的资产。三是与国际接轨及结合本国国情原则。要在IMF货币统计手册的标准框架下,结合本国金融体系和金融工具的特点,确定货币供应量的统计口径,并且根据情况变化适时修订。

(一) 国际货币基金组织关于金融性公司的划分

1. 金融性公司与非金融性公司

按从事的经济活动及功能差异,公司划分为金融性公司和非金融性公司两种。金融性公司是指从事金融中介以及从事与金融中介密切相关的辅助金融活动的公司,其主要功能是在资金需求方与供给方之间充当中介。非金融性公司是指主要面向市场生产货物与非金融服务的公司,是在国民经济中进行生产活动、提供除金融服务之外的货物和服务的主要部门。

2. 金融性公司的分类(划分图见图5-1)

(1) 按金融性公司本身是否进行金融中介活动,分为"金融中介机构"和"金融辅助机构"两类。金融中介活动是指一个机构单位通过在自己的账户上发生负债,将筹集到的资金融通给其他机构单位的经济活动。金融辅助活动是指促进金融中介活动的顺利进行,但其本身不是金融中介的活动,例如,票据贴

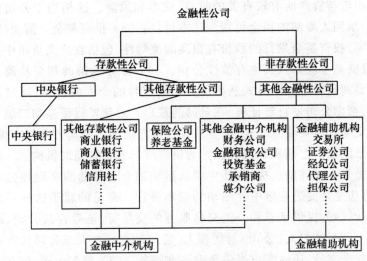

图 5-1 金融性公司部门结构图

现、担保、汇兑、证券经纪、金融咨询、买卖外汇、围绕金融衍生产品的交易等。随着金融市场的创新,金融中介活动与辅助金融活动的区别已经越来越模糊。

(2)按金融性公司本身在货币创造过程中的地位和作用,分为"存款性公司"和"非存款性公司"两类。两者的区别在于其负债是否构成广义货币,存款性公司的负债构成广义货币,非存款性公司则不然。

A. 存款性公司又分为"中央银行"和"其他存款性公司"。

其他存款性公司包括除中央银行以外的所有常住存款性公司和准公司,这些公司主要从事金融中介活动,其负债包括在广义货币中。最主要的"其他存款性公司"是商业银行,此外还有商人银行、储蓄银行、抵押银行、信用社、农村和农业银行、主要从事金融性公司活动的旅行支票公司等。

B. 非存款性公司(其他金融性公司)主要包括三种类型:

第一类是保险公司、养老基金。

第二类是其他金融中介机构,包括除存款性公司、保险公司和养老基金之外的金融性公司和准公司。这些中介机构通常向特定类型的借款人融通资金,并专门采用诸如金融租赁、证券化贷款和衍生金融工具等金融安排。这些单位通过吸收长期存款或特定类型的存款筹集资金,通过发行证券和股票把资金运用出去,因此也发挥着金融中介的作用。"其他金融中介机构"子部门包括:(1)财务公司。财务公司通过发行商业票据、股票和债券,或从银行借款等方式筹集资金,并用它向购买大型耐用消费品的消费者和小型工商业发放贷款。很多财务公司是子公司,主要为其母公司筹集资金。(2)金融租赁公司。虽然金融租赁公司是资产的法定所有者,但资产的所有权事实上已经转移给承租人,承租人承担着与资产所有权有关的收益、成本和风险。这相当于公司为承租人提供贷款,承租人缴纳的租金可视为还本付息。(3)投资基金。需要注意的是,在有些国家,投资基金发行的股份有很高的流动性,包括在广义货币中。在这种情况下,投资基金应归入其他存款性公司。(4)证券承销商和交易商。证券承销商和交易商是通过如下方式从事证券市场交易的个人或公司:通过承销和设计新证券,帮助公司发行新证券;在自己的账户上对新发行证券和二级市场上的证券进行交易。需要注意的是,那些仅仅在证券的买方和卖方之间安排交易,而没有在自己的账户上购买和持有证券的机构应归入金融辅助机构。

第三类是金融辅助机构,包括主要从事辅助金融活动的金融性公司和准公司,其主要功能是促进金融中介活动的顺利进行。常见的属于这一子部门的金融机构包括:(1)提供证券和外汇交易服务的交易所、证券存放公司、结算与清算公司等。(2)经纪人(公司)与代理人(公司),这些个人或公司代客户安排或执行金融资产交易,还向客户提供金融咨询服务。(3)外汇公司,这些金融机构在零售或批发外汇市场上购买外汇。(4)金融担保公司,这些机构为特定金融性公司给客户带来的损失提供保险。担保人必须有能力履行担保责任,同意在投资者发生损失时,向投资者支付一定的金额。这种担保功能类似于保险公司所提供的保障功能,但是金融担保公司没有明确的资产组合用以支持保险责任准备金,而且担保活动不会影响担保公司的资产负债表,因此,金融担保公司不同于保险公司,它不行使金融中介的职能。(5)保险公司和养老基金的附属机构,即那些相对独立、专门为保险人和投保人达成保险契约提供居间服务并收取相应费用的单位,如代理人、经纪人和公估人等。(6)其他金融附属机构,附属于政府的金融监管机构属于此类。

(二)国际货币基金组织关于货币供应量层次统计口径

国际货币基金组织为了提高成员国货币金融统计对风险的敏感性,增强不同国家之间主要金融指标的可比性,于1996年制定并颁布了《货币与金融统计手册》,之后分别于1997年和2000年作了两次修订。[①]《货币与金融统计手册》为货币供应量的统计提供了概念、框架体系和基本方法,是指导各国货币供应量的统计计算的重要准则。

1. 1997年版《货币与金融统计手册》对货币供应量统计的规定

1997年版《货币与金融统计手册》中,对货币以及各层次货币供应量统计口

[①] 始于2008年的金融危机之后,各国中央银行对金融统计数据缺失问题展开了广泛深入的讨论。面对日益发展的非银行金融中介,各种创新型金融工具以及跨市场、跨产品、跨境资金流动风险,2000年版《货币与金融统计手册》的货币与银行统计框架面临较大的挑战。为更好地适应宏观审慎分析和货币政策制定需要,IMF决定对2000年版《货币与金融统计手册》进行修订。2012年2月IMF在华盛顿召开了专家小组会议,正式启动2000年版《货币与金融统计手册》全面修订工作。

径给出了具体表述。

(1) 货币的定义

货币是金融中介机构的负债,包括流通中的现金、可转让存款和近似的公众金融资产。

(2) 各层次货币供应量统计口径

M_0 = 本币流通中现金

$M_1 = M_0$ + 可转让本币存款 + 在国内可直接支付的外币存款

$M_2 = M_1$ + 一定期限内(3个月—1年)的定期存款和储蓄存款 + 外汇存款 + 大额定期存单

$M_3 = M_2$ + 外汇定期存款 + 商业票据 + 旅行支票 + 互助金存款

2. 2000年版《货币与金融统计手册》对货币供应量统计的规定

随着金融在世界各国的迅猛发展,货币概念有了很大程度的拓展,仅仅采用金融中介负债已不能完全反映货币的内容,也不能涵盖所有成员国的货币构成。因此,国际货币基金组织在《货币与金融统计手册》2000年修订版中取消了对货币和货币分层的定义,采用了更为原则和笼统的方法来规范广义货币供应量统计。

2000年版《货币与金融统计手册》从货币的发行部门、货币的持有部门以及属于广义货币的金融资产的性质等三个方面定义广义货币:广义货币是特定部门发行的、由特定部门持有的具有充分货币性的金融资产。对于某项金融资产是否具有充分的货币性,从而能否纳入广义货币的范畴,2000年版《货币与金融统计手册》提出如下标准:(1) 广为接受性;(2) 可转让性(指该金融资产能够直接用于第三方支付);(3) 可分性(指该金融资产可以细分为各种面值,用于支付极为细小的交易);(4) 期限性(指该金融资产规定的到期支付转让的时间,期限越短,货币性越强);(5) 交易成本(指该金融资产转换为现钞不以费用或其他收费方式产生显性成本);(6) 盈利性(持有它可以弥补因持有其他资产可能产生的利息损失)。

按照上述标准,可纳入广义货币范畴的金融资产主要包括:

(1) 现金。现金包括纸币和铸币。

(2) 可转让存款。可转让存款包括:① 能够在无任何惩罚或限制的情况下以面值进行支付的存款;② 能够以支票、汇票、转账指令等进行第三方支付的存款。通常归入可转让存款的账户:存款性公司发行的现钞支票(如果这些交换工具在市场上被广泛接受,则也可归入现钞);具有自动转账服务功能的储蓄存款账户,这种功能使存款金额自动转到持有人的可转让存款账户;可以直接用做交换工具的外币存款;金融性公司或非金融性公司发行的旅行支票(若旅行支票在国外使用,则主要媒介国外的交易,不应纳入国内广义货币范围);可用支票或其他用于第三方支付的工具进行转移的货币市场基金。

(3) 其他存款。其他存款包括所有不可转让存款,主要有定期、储蓄、外币存款、不能直接用于第三方支付的活期存款等。其他存款的货币性次于现钞和可转让存款,通常被纳入广义货币范围。

(4) 非股票证券。非股票证券包括：债券、企业票据、大额存单。根据它们的期限、流动性,有的被纳入广义货币范围之内,有的未划入广义货币范围之内。由存款性公司发行的期限较短的非股票证券,如果在期满之前进行交易,能够以合理价格和时滞转换为现金或可转让存款,则通常归入广义货币总量。如可转让存单、企业票据：通常能在二级市场上交易,这使得它们在一些国家被纳入广义货币总量。银行承兑票据：有的可在二级市场上进行交易,它们被归入广义货币(但如果限制在特定市场进行交易或对其流动性有其他限制,则被排除在广义货币之外)。一些中期证券(如期限为两年或更短的证券)被归入广义货币。长期证券即使能够在二级市场进行交易,但由于其价值随利率变化而发生波动,其流动性要低得多,所以通常不包括在广义货币总量之内。

(三) 世界主要国家和地区货币供应量层次统计指标

各个国家的信用化程度不同,金融资产的种类也不尽相同,因而,各个国家的货币划分层次、每个层次的货币内容也不完全一样。即使在同一国家,货币层次划分也并非一成不变,一般都根据各时期经济金融发展状况及新的信用工具的应用等情况适时调整,以确保各层次货币量定义的完整性。各个层次的统计指标就构成了货币供应量统计指标体系。

1. 中国货币供应量层次统计指标

(1) 1994 年货币供应量统计指标正式推出

中国人民银行于 1994 年第三季度起,正式推出货币供应量统计指标,以货币流动性差别为标准,将货币供应量划分为四个层次,按季定期向社会公布各层次的货币供应量的统计监控指标。各层次货币供应量的统计数据取自经中央银行、存款货币银行、特定存款机构的资产负债表合并整理后的"银行概览"。

1994 年货币供应量统计中各层次货币量的定义是：

M_0 = 流通中现金

$M_1 = M_0$ + 企业活期存款 + 农村存款 + 机关团体部队存款 + 信用卡类存款(个人持有)

$M_2 = M_1$ + 企业单位定期存款 + 城乡居民储蓄存款 + 外币存款 + 信托类存款

$M_3 = M_2$ + 金融债券 + 商业票据 + 大额可转让存单

M_3 是最广义的货币层次,目前暂时不测算,中国人民银行只按季定期公布 M_0、M_1 和 M_2 的统计指标,并按年度公布 M_0、M_1 和 M_2 的预期调控目标。

（2）中国货币供应量统计口径的调整

随着中国资本市场的快速发展,各类公开证券市场的金融工具越来越多,为提高货币反映经济变化的敏感性,增强与经济产出、物价等经济变量的相关程度,中国人民银行对货币层次划分作了多次调整:

2001年6月,第一次修订货币供应量统计口径,将证券公司客户保证金计入 M_2。本次调整实质上反映了21世纪初我国股票市场迅速发展,居民参与股票市场投资日趋活跃,新股申购资金急剧增长的状况,以及在新的金融市场环境下,监管机构进一步加强对资本市场管理的意愿。据统计,1999年末,证券公司存放银行同业款项(其中绝大部分是证券公司客户保证金)为1643亿元,到2000年末上升为4162亿元,2001年4月末达到4669亿元。由于证券公司客户保证金主要来自于居民储蓄和企业存款,加上认购新股时,大量的居民活期储蓄和企业活期存款转为客户保证金,新股发行结束后,未中签资金又大量流回上述存款账户,造成货币供应量的统计数据被低估,影响对货币供应量的监测,从而致使人民银行首次调整货币供应量统计口径。将证券市场保证金纳入货币供应量统计指标,有利于货币当局综合、全面地反映货币供应情况及其在不同货币层次、市场、结构领域的分布,从而根据总量、分类指标等来更科学地制定、调整我国的货币政策。

2002年3月第二次修订货币供应量统计口径,将在我国的外资银行、合资银行、外国银行分行、外资财务公司及外资企业集团财务公司有关的人民币存款业务,分别计入到不同层次的货币供应量。本次调整的背景是,2001年底我国正式加入世界贸易组织,对外资金融机构的管理和业务许可进一步扩大。对外资银行准入的进一步放开,导致外资银行人民币存款规模的显著上升,在此背景下将其纳入货币供应量统计,有利于提高该统计指标的准确性。

2003年中国人民银行向社会公开《关于修订中国货币供应量统计方案的研究报告(征求意见稿)》,就货币供应量统计向社会征求意见。征求意见稿提出调整货币供应量统计口径的四种备选方案:一是维持原结构不变,货币供应量统计层次扩大到 M_3,M_3 包括外币存款、保险公司存款和各种基金存款;二是对原结构进行微调,包括将银行卡项下的个人人民币活期储蓄存款、应解汇款和临时存款、汇出汇款、汇入汇款和银行本票计入 M_1,并单独监测外币存款;三是对原结构进行微调,货币供应量统计层次扩大到包括 M_3 和外币存款,M_3 包括银行承兑汇票、同业存款和住房公积金存款;四是按当时金融市场变化的实际情况,进行较全面的修订,包括将银行卡项下的个人人民币活期储蓄存款计入 M_1,外币存款、委托存款等计入 M_2,增加 M_3 等。不过,本次征求意见稿没有下文。

2011年10月中国人民银行对货币供应量统计口径进行了第三次正式调整,将住房公积金中心存款和非存款类金融机构在存款类金融机构的存款计

入广义货币供应量 M_2。本次调整的原因是:非存款类金融机构在存款类金融机构的存款和住房公积金存款规模已较大,导致这两方面要素对货币供应量的影响较大。近年来我国金融创新不断增多,公众资产结构日益多元化,特别是 2011 年以来商业银行表外理财等产品迅速发展,加快了储蓄存款分流,这些替代性的金融资产没有计入货币供应量,使得目前 M_2 的统计比实际状况有所低估。本次调整使得货币供应量统计指标能够更加准确地反映金融市场真实的流动性状况,但商业银行理财产品等焦点指标目前仍未纳入货币供应量统计。

专栏 5-1

社会融资规模的内涵及实践意义

一、社会融资规模的概念和内涵

近年来,随着中国金融市场的快速发展,金融与经济关系发生较大变化,新增人民币贷款已不能完整地反映实体经济融资总量。宏观调控迫切需要一个更为全面的分析和监测指标。2010 年中央经济工作会议首次提出要保持合理的社会融资规模。社会融资规模是指在一定时期内(每月、每季或每年)实体经济从金融体系获得的资金总额。这里的金融体系是整体金融的概念。社会融资规模主要由三个部分构成:一是金融机构通过资金运用对实体经济提供的全部资金支持;二是实体经济利用规范的金融工具,在正规金融市场,通过金融机构信用或服务所获得的直接融资;三是其他融资,如小额贷款公司贷款、贷款公司贷款等。具体到统计指标上,社会融资规模包括人民币贷款、外币贷款、委托贷款、信托贷款、未贴现银行承兑汇票、企业债券、非金融企业境内股票融资、保险公司赔偿、投资性房地产和其他融资。

二、中国社会融资规模的主要特点

数据显示,近年来中国社会融资规模快速扩张,金融对经济的支持力度不断加大。2002—2011 年间,中国社会融资规模由 2 万亿元迅速扩大到 12.83 万亿元,年均增长 22.9%,比同期人民币贷款增速高 6.1 个百分点。2011 年社会融资规模与 GDP 之比为 27.2%,比 2002 年高 10.5 个百分点。金融结构多元发展。一是人民币贷款占比明显下降,人民币贷款之外的其他方式融资数量和占比明显上升。2011 年新增人民币贷款 7.47 万亿元,占同期社会融资规模的 58.3%,比 2002 年低 33.6 个百分点;人民币贷款外的其他方式融资合计 5.35 万亿元,是 2002 年的 32.7 倍。二是直接融资快速发展,市场配置资金的作用不断提高。2011 年企业债和非金融企业境内股票融资合计达 1.80 万亿元,为 2002 年 18.1 倍,占比(14.0%)比 2002 年提高 9.1 个百分点。三是非银行金融机构对实体经济的支持力度迅速加大。2011 年保险公司赔偿是 2002 年的 5.7

倍。四是金融机构表外业务融资功能显著增强。2011年实体经济以未贴现银行承兑汇票、委托贷款、信托贷款从金融体系合计融资2.52万亿元,而2002年这些工具融资量非常小。

三、社会融资规模监测分析的重要意义

一是有利于较全面反映金融对实体经济的支持力度,提高金融宏观调控效果。例如,2010年新增人民币贷款比2009年少1.65万亿元,但实体经济以人民币贷款以外方式融资比2009年多1.76万亿元,用社会融资规模考量金融对经济的支持力度显然要优于贷款,有利于提高金融宏观调控的有效性,避免"按下葫芦浮起瓢"现象。

二是有利于促进直接融资发展,改善融资结构。当前股票和债券是企业重要的融资工具,保险资金也更多地投向实体经济。社会融资规模的提出,有利于进一步发挥资本市场和保险业的作用,更好地满足实体经济多样化投融资需求。

三是有利于综合运用价格和数量型工具,促进金融宏观调控进一步向市场化方向发展。目前人民币贷款实施基准利率和浮动管理,市场化定价程度相对较低,一般使用公开市场操作等数量型工具和利率价格型工具进行调控;对于票据、债券、股票等按市场化方式定价的融资,可主要使用利率价格型工具进行调控。

四是有利于实施逆周期宏观审慎管理。社会融资规模指标的建立,有利于加强对整个金融体系风险的监测,有利于强化对系统性重要机构、金融市场和金融工具的监测和管理。

资料来源:2011年《中国人民银行年报》。

2. 美国货币供应量层次统计指标

1971年,美联储开始正式采用三个层次货币供应量的概念,即M_1、M_2、M_3,并决定每年公布M_1的目标增长幅度。当时各层次货币量的定义是:

M_1 = 流通中现金 + 支票存款

M_2 = M_1 + 商业银行的储蓄存款 + 定期存款

M_3 = M_2 + 非银行金融机构存款

随着金融工具的不断创新,美联储于1975年、1978年、1982年以及1990年,对货币层次划分作了多次调整,目前的统计层次主要包括:

M_1 = 流通中现金 + 非银行机构签发的旅行支票 + 在商业银行的活期存款(存款机构和政府除外) + 其他可兑现的存款(如NOW账户) + 存款机构中自动转账服务账户(即ATS账户)

M_2 = M_1 + 居民的储蓄存款 + 小额定期存款(金额小于10万美元) + 零售货币市场的共同基金(不包括个人养老金)

M_3 = M_2 + 大额定期存款(金额大于10万美元) + 机构货币基金余额 + 存款

机构签发的回购协议 + 美国居民在美国银行的国外分支机构中以及在英国和加拿大银行机构中持有的欧洲美元

值得注意的是,自 2006 年 3 月 23 日起美国政府只公布 M_2 货币供应量指标,停止了关于 M_3 指标报告的发布,这一举动也引起了全球经济学界对 2008 年美国金融危机缘于美国货币当局试图掩盖货币扩张的猜度。在格林斯潘任美联储主席时期,格林斯潘更多地关注 M_3 指标的统计和调控中的使用。美国的 M_3 按照格林斯潘的解释,从一般意义上讲,它代表的是可用于购买商品、服务和证券的货币数量。所以,货币供应量 M_3 的增加加剧了这种在股票市场和消费者支出领域已经存在的"非理性繁荣",因为它在经济体内注入了更多未曾预见而实际上并不需要的多余货币。M_2 显然不如 M_3 涵盖广泛,仅从美联储公布的数据就可以看出,其货币扩张一直持续到了 2008 年。次贷危机后,美国政府开始以实施量化宽松的货币政策向社会公布其政策取向。

3. 欧洲中央银行货币供应量层次统计指标

狭义货币 M_1 = 流通中通货 + 隔夜存款

中间货币 M_2 = M_1 + 期限两年以下的存款 + 最多提前三个月通知即可兑现的存款

广义货币 M_3 = 期限在两年以内的货币金融机构负债,包括 M_2 和货币金融机构发行的易出售的票据。某些货币市场工具,特别是货币市场基金股份和货币市场票据,以及回购协议都包括在其中。高流动性和价格确定性使这些工具成为存款的紧密替代品。

(四)货币与银行统计结构

国际货币基金组织为完善和规范成员国的货币统计,制定了《货币和银行统计指南》,提出了货币与银行统计的三级汇总统计方法。货币与银行统计由三个基本账户和两个合并账户组成:三个基本账户是货币当局资产负债表、存款货币银行资产负债表以及特定存款结构资产负债表;两个合并账户是货币概览和金融概览。

国际货币基金组织推荐的货币供应量统计框架如下:

1. 将金融机构部门划分为货币当局、存款货币银行(亦称其他存款性公司)及非货币金融机构(亦称非存款性公司或其他金融性机构)三个子部门。

2. 三级汇总的第一级是将金融资料合并成货币当局、存款货币银行和非货币金融机构三个职能部门的资产负债表。货币当局的资产负债表反映中央银行基础货币的创造;存款货币银行的资产负债表反映存款货币的创造;非货币金融机构的资产负债表反映该类机构对货币创造的影响并为统计广义流动性提供更全面的基础。通过对这三类金融机构资产负债的统计,反映货币的规模以及它们对货币创造的影响。

3. 三级汇总的第二级是将货币当局和存款货币银行的资产负债表合并成货

币概览(亦称存款性公司概览)，其提供了关于货币和信贷的统计方法及数据资料。所谓概览，即概要展示，是对资产负债表的一些项目进行合并、轧抵而成。货币统计表是为中央银行执行管理货币职能而建立的货币运行监测报表，描绘了货币供应总量与构成、货币与信贷以及货币与宏观经济的内在联系。编制货币概览的主要目的在于，分析受货币当局影响最大、对其他国民经济总量最有影响的金融总量状况，故其所列项目较为简单，主要为货币政策制定者提供重要数据信息。

4. 三级汇总的第三级是将非货币金融机构资产负债表与货币概览合并成金融概览，旨在全面衡量经济部门的所有清偿手段，提供了描述整个金融体系与其他经济部门之间经济联系的信息资料，其范围大于货币概览，包括了货币概览中所没有的关于其他金融交易的统计资料，记录了一国金融活动的整体状况，有利于中央银行分析整体金融活动。

三级汇总的特点在于：一方面，统计信息和机构的覆盖面呈递增趋势，且愈益完整；但另一方面，统计信息的取得则由易而难，实效性逐步下降，中央银行的调控力度亦呈递减趋势。在三级汇总框架结构中，货币当局是金融机构中最重要的货币部门，其职责是发行货币、控制信贷、管理本国国际储备、代理国库、维护支付清算系统的正常运行，维护国家货币、金融稳定。在多数国家，货币当局即本国中央银行。由于货币当局的资料包括了货币政策制定所依据的核心资料，因而受到特别重视。存款货币银行是以吸收活期存款为主要负债来源的金融机构，通常为商业银行。存款货币银行通过向非金融部门发放信贷创造存款货币，是金融机构的主体，亦是中央银行监控的主要对象。非货币金融机构是除货币机构以外从事金融业务的组织，包括其他接受存款机构、保险公司、金融信托投资公司、金融租赁公司等。

国际货币基金组织推荐的货币供应量统计体系结构图见图5-2。

二、货币与银行统计分析

(一) 货币部门分析框架

1. 货币当局资产负债表

货币当局资产负债表分为资产、负债与资本账户两栏。由于中央银行是以运用信贷资金的需要来创造信贷资金来源的，中央银行对商业银行、政府的债权以及持有的国际储备量增加，其负债也就相应增加：首先是商业银行或政府在中央银行的存款量增长，又因其中有一部分要转化为现金而使其货币发行随后增加，而中央银行放出的信用即为中央银行投放的基础货币，因此，货币当局资产负债表的资产方反映了中央银行投放基础货币的渠道，负债方则体现着中央银行投放的基础货币存量。货币当局资产负债表及时提供了中央银行基础货币供给的变动情况，因而显得特别重要。

货币当局资产负债表

资产	负债
国外资产 对政府的债权 对存款货币银行的债权	储备货币 　流通中货币 　储备 国外负债 政府存款 其他(净)

存款货币银行资产负债表

资产	负债
储备 国外资产 对政府债权 对其他部门债权 对非货币金融机构债权	活期存款 定期、储蓄及外币存款 国外负债 政府存款 对中央银行的负债 其他(净)

货币概览

资产	负债
国外资产(净) 国内信贷 　对政府债权(净) 　对其他部门债权 　对非货币金融机构债权	货币 准货币 其他(净)

非存款货币金融机构资产负债表

资产	负债
储备 对政府债权 对其他部门债权	定期、储蓄及外币存款 债券及货币市场工具 对货币当局及存款货币银行的负债 其他(净)

金融概览

资产	负债
国外资产(净) 国内信贷 　对政府债权(净) 　对其他部门债权	广义流动性 债券和货币市场工具 其他(净)

图 5-2　金融统计资料三级汇总框架结构图

货币当局储备货币的变化反映了货币当局资产负债表中的资产变化。国际收支总盈余会增加货币当局的净国际储备,这时,如果在国内信贷或其他净资产方面没有相冲抵的变化,储备货币就会相应地增加。同样,如果货币当局买入政府债券或向存款货币银行提供贷款,则其国内资产会净增加,如果其国外资产或其他项目方面没有相应的变化来冲抵国内资产变化的话,那么,储备货币就会相应增加。由于货币当局并不能完全控制所有的资产项目,因此,货币当局对储备货币的控制并不是绝对的。

2. 货币概览

存款货币银行资产负债表由资产、负债及所有者权益三部分构成,平衡公式为:资产 = 负债 + 所有者权益。将货币当局资产负债表与存款货币银行资产负债表的相应项目下的数据合并,即为货币概览。货币概览包括了银行系统的整体流动性,即货币存量。从狭义来讲,货币存量包括在流通中的货币以及银行系统中的活期存款,这一狭义的货币存量即为 M_1。广义货币(M_2)除狭义货币以外,还包括准货币,即银行系统中的定期存款和储蓄存款,在有些国家还包括居民的外汇存款,可见广义货币包括了银行系统的所有负债。

并表的原理是:(1)对应项目相互冲抵,如,货币当局对存款货币银行的债权与存款货币银行对中央银行负债,货币当局储备货币项下的金融机构缴存中央银行的存款准备金和超额准备金与存款货币银行储备资产项下的向中央银行缴存的存款准备金和超额准备金等;(2)相同项目数据相加,如,对中央政府、非货币金融机构和非金融部门的债权、国外资产与负债等;(3)其他项目分列,货币当局发行的货币、吸收的政府存款,与存款货币银行吸收的各项存款,合并为货币概览的主要负债项目——货币与准货币。

3. 金融概览

将非货币金融机构资产负债表与货币概览合并成金融概览。就理论而言,第三层次应涵盖所有的金融机构。但大多数非银行金融机构对货币创造的作用很小,因而在分析货币账户时,除经货币当局准许经营部分存贷款业务的特定存款机构外,一般不将它们包括进去。

特定存款机构资产负债表项目类似于存款货币银行资产负债表,合并原理也类似第二层次的并表:特定存款机构对中央银行、存款货币银行的负债与货币概览对非货币金融机构债权对冲,其他项目分别叠加并入货币概览的相同项目。货币供应量数据取自银行概览,在银行概览的负债方。货币项目包括中央银行发行的现金货币和银行体系吸收的活期存款,是一国的货币供应量(M_1);准货币项目包括了定期存款、储蓄存款及银行体系吸收的其他存款,其与货币项目一起,构成一国的广义货币(M_2)。

表 5-1、表 5-2 分别是我国 2012 年 6 月其他存款性公司资产负债表和存款

性公司概览。① 货币当局资产负债表见表 4-1。

表 5-1　其他存款性公司资产负债表 Balance Sheet of Other Depository Corporations

项目 Item	2012.06
国外资产 Foreign Assets	32057.32
储备资产 Reserve Assets	178259.33
准备金存款 Deposits with Central Bank	173249.68
库存现金 Cash in Vault	5009.66
对政府债权 Claims on Government	51144.37
其中：中央政府 Of Which: Central Government	51144.37
对中央银行债权 Claims on Central Bank	19392.54
对其他存款性公司债权 Claims on Other Depository Corporations	233288.44
对其他金融机构债权 Claims on Other Financial Institutions	43374.46
对非金融机构债权 Claims on Non-financial Institutions	507098.07
对其他居民部门债权 Claims on Other Resident Sectors	146439.20
其他资产 Other Assets	57630.24
总资产 Total Assets	1268683.98
对非金融机构及住户负债 Liabilities to Non-financial Institutions & House	850305.55
纳入广义货币的存款 Deposits Included in Broad Money	821146.74
单位活期存款 Coporate Demand Deposits	238241.53
单位定期存款 Coporate Time Deposits	186605.61
个人存款 Personal Deposits	396299.60
不纳入广义货币的存款 Deposits Excluded from Broad Money	24465.36
可转让存款 Transferable Deposits	7541.83
其他存款 Other Deposits	16923.54
其他负债 Other Liabilities	4693.44
对中央银行负债 Liabilities to Central Bank	10239.47
对其他存款性公司负债 Liabilities to Other Depository Corporations	108075.99
对其他金融性公司负债 Liabilities to Other Financial Corporations	60753.50
其中：计入广义货币的存款 Of Which: Deposits Included in Broad Money	54559.82
国外负债 Foreign Liabilities	9661.35
债券发行 Bond Issue	85313.96
实收资本 Paid-in Capital	29603.75
其他负债 Other Liabilities	114730.40
总负债 Total Liabilities	1268683.98

① 资料来源：中国人民银行网站。

表 5-2　存款性公司概览 Depository Corporations Survey

项目 Item	2012.06
国外净资产 Net Foreign Assets	261277.20
国内信贷 Domestic Credits	746505.22
对政府债权(净) Claims on Government (net)	38943.16
对非金融部门债权 Claims on Non-financial Sectors	653562.26
对其他金融部门债权 Claims on Other Financial Sectors	53999.80
货币和准货币 Money & Quasi Money	924991.20
货币 Money	287526.17
流通中货币 Currency in Circulation	49284.64
单位活期存款 Coporate Demand Deposits	238241.53
准货币 Quasi Money	637465.03
单位定期存款 Coporate Time Deposits	186605.61
个人存款 Personal Deposits	396299.60
其他存款 Other Deposits	54559.82
不纳入广义货币的存款 Deposits Excluded from Broad Money	24465.36
债券 Bonds	85313.96
实收资本 Paid-in Capital	29823.50
其他(净) Other Items (net)	-56811.61

(二) 货币总量分析

作为货币当局的中央银行,其所控制的主要金融变量是货币。货币总量即广义货币。从银行概览来看,它是负债栏的货币与准货币,与其对应的资产是以本币表示的国外净资产加上国内信贷。就定义而言,它们必须相等。因此,我们可以认为,货币总量的分析和预测是对不同货币部门的资产负债表的汇总,是对中央银行和存款货币银行业务的汇总。

在制定货币政策时,货币当局必须明确其所能够使用的政策工具和所要求达到的最终目标之间的关系。然而,这种关系通常是间接的,表现为这样两重:(1) 体现中介目标的货币总量与最终目标的关系;(2) 受政策工具控制的操作目标与中介目标的关系。而只有操作目标才是直接受货币当局控制和影响的变量。因此,作为中介目标的货币总量也非为中央银行所能直接决定,仍然存在着对其分析和预测的问题。就货币政策的传导机制理论而言,一方面要通过分析货币对最终目标的弹性,来确定为实现最终目标所需达到的货币总量水平;另一方面要通过货币总量的预期水平,来确定工具变量的实施力度。而在制定和实施货币政策的实践过程中,这两个方面都要求对货币总量进行预测。并且,货币总量的分析和预测,也是评估政策调整方案的可行性和考核货币政策实施效果必不可少的关键步骤。

为了进行正确的分析和预测,必须明确真实货币总量与名义货币总量的区别。真实货币总量即货币需求量,就其实证意义而言,是以不变价格计算的货币总量;名义货币总量则是以可变价格计算的实际货币存量,即银行概览中的货币与准货币数据。固然,货币当局只能影响名义货币供应量。但就货币的需求与供给两方的关系而言,货币需求是主动方,货币供给总是处于被动地位,货币总是为了满足不断增长的需求而投放到流通界的。因此,对货币数量发生影响的绝非中央银行一家,各金融部门乃至非金融部门都可以货币需求方的身份对实际货币存量施加影响。因此,对货币总量的分析和预测,必须结合货币供求两方。既然货币总量的变化涉及货币的供求两方,而货币需求又往往取决于人们愿意持有多少货币。因此,在对货币总量预测时,应将人们的行为因素考虑进去。常用来预测货币总量的方法有两种:一种是以货币需求函数为基础,运用回归技术进行测算;另一种是依据货币流通速度的变化趋势来测算。后一种预测方法技术性较弱,并带有明显的主观意识,因而预测结果也不很可靠,一般不宜单独使用,往往将其用来与前种方法的预测结果进行比较、验证。

(三)货币结构分析

货币结构分析,主要是指对不同层次货币之间的比例结构的分析。由于当代各国货币当局在实施货币政策过程中,往往将货币供应量作为主要中介目标,而不同层次的货币供应量对不同政策目标的作用机制和不同政策工具的适应程度具有明显差异。因此,分析货币结构,对确定货币政策中介指标、考察货币政策的实施效果等,具有重要的理论意义和实证意义。对货币的结构分析,主要包括两个方面:

1. 货币对实际经济过程总体作用的分析。在这一方面,各国比较普遍的是考察 M_1 和 M_2 两个层次的货币占国内生产总值的比重指标。其中,M_2 作为货币形态的金融资产总量,其占名义 GDP 的比重指标,体现着一国的金融深化程度;M_1 占名义 GDP 的比重指标,则反映了货币供应量对实际经济过程的作用程度。这两个指标是判断货币政策调控宏观经济有效性的重要依据之一。

2. 货币的流动性分析。M_1 包括了流通中现金和银行活期存款,是主要的购买手段和支付手段,体现着现实的社会购买力;M_2 则除 M_1 以外,还包括了储蓄存款和定期存款等准货币,这部分储蓄性质的准货币表现为潜在的或未来的社会购买力。因此,M_1 占 M_2 比重的高低,体现了货币流动性的强弱。而对货币流动性强弱的分析,既能够为中央银行宏观金融调控提供决策依据,又有助于中央银行货币政策的实施效果评价。在评价货币政策实施效果方面,如我国中央银行使用利率工具对金融的调控,主要体现在对货币形态的金融资产总量 M_2 结构的调整。或者说,利率主要是通过调节 M_2 的结构来控制货币供应量 M_1。

其机制是：一旦提高利率水平，由于利益机制的驱动，M_2中的流通中现金和银行活期存款转化为储蓄存款和定期存款，意味着一部分属于流通中货币性质的M_1进入储蓄状态，从而在M_2总量未发生变动的情况下，流通中现实的社会购买力减少，潜在的或未来的社会购买力增加，从而对物价水平发生影响。

第三节　资金流量统计分析

资金流量统计是以现代宏观经济学为理论基础，把国民经济划分为若干个部门，从货币收支的盈余或赤字的角度建立数量模型，运用复式记账原理，对国民经济各部门的资金来源与用途分类记录，从而对全社会货币资金运动进行统计、分析和预测的一种方法。

一、资金流量核算体系

（一）资金流量表及其编制原理

资金流量核算是采用复式账户或矩阵账户的方法，记录核算期内国民经济各机构部门之间以及国内与国外之间发生的各种金融交易。

资金流量表是采用复式记账原理编制的，任何一笔交易的发生都必须在资金来源方和资金运用方同时得到反映。例如，在金融交易部分，一个机构部门的金融资产增加，必然是另外一个或几个机构部门的金融负债增加。资金流量表正是由交易主体和交易项目纵横交叉组成，从而全面、清晰、完整地反映出资金在各机构部门之间的流入流出情况。

资金流量核算在记录各机构部门收支、资金融通时理论上采用"权责发生制"，即是以法律上的权利或者责任是否已经确立，作为核算的标准来确定本期收入和支出的方法。凡是在本期发生应属于本期的收入和支出，不论其款项是否收到或支付，一律作为本期收入和支出核算。但在实际工作中，应收应付变化很大，资料不易搜集，所以，核算中往往采用以现金收付制测算的资料记录，这也是产生统计误差的一个原因。

资金流量表计价采用市场价格。其收入分配部分采用市场价格；金融交易部分的货币市场交易按交易工具面值计价，资本市场的交易工具（主要是股票和债券）分别按相应市场上获得或转让时的价格记录。

资金流量表的货币记录单位为本国的货币单位，但是在核算净出口、国际金融交易的一些项目时，涉及本、外币换算问题，需要采用相应的汇率换算为本币进行记录。

资金流量表主要由两个部分组成：交易项目和机构部门。资金流量表反映了每一个机构部门所发生的各种交易的情况。具体表式见表5-3。

表 5-3 资金流量表

机构部门 交易项目	住户		非金融企业		政府		金融机构		国内合计		国外		合计	
	运用	来源	运用	来源	运用	来源	运用	来源	运用	来源	运用	来源	运用	来源
实物交易部分														
1. 可支配总收入														
2. 最终消费														
3. 总储蓄														
4. 对外经常差额														
5. 资本转移														
6. 资本形成中总额														
7. 其他非金融资产的获得减处置														
8. 净金融投资														
9. 统计与误差														
金融交易部分														
10. 净金融投资														
11. 资金运用合计														
12. 资金来源合计														
13. 通货														
14. 存款														
15. 贷款														
16. 证券														
17. 保险准备金														
18. 结算资金														
19. 金融机构往来														
20. 准备金														
21. 库存现金														
22. 中央银行贷款														
23. 其他(净)														
24. 国际资本往来														
25. 国际储备资产														
26. 国际收支错误与遗漏														

(二) 交易主体和金融交易的分类

当一个机构单位向另一个机构单位缔结了有关有偿提供资金的契约时,金融债权和债务便得以产生,这也就意味着发生了一笔金融交易。所以,要进行资金流量核算,首先要判断某个交易是否是金融交易;如果是金融交易,则要区分是哪一种金融交易,是哪个部门发生的金融交易。

1. 交易主体分类

国民经济的融资活动是由各类经济主体发生的各种金融交易所组成的。从事金融融资活动的基本单位是机构单位。所谓的机构单位是指有权拥有资产并承担负债,能够独立地从事经济活动并能与其他实体进行交易的经济实体。机构单位有两类:一类是住户,一类是得到法律或社会承认的独立于其所有者的社会实体,即法人单位。根据法人单位在经济交易中的主要特征,又可将其进一步划分为非金融企业部门、金融机构部门和政府部门。由相同类型的机构单位构成机构部门。

国民经济的所有常住机构单位被相应地划入四个机构部门:住户部门、非金融企业部门、金融机构部门和政府部门。住户部门由所有常住居民住户组成,其中包括不具备法人资格的个体经济企业。非金融企业部门由不从事金融媒介活动的所有常住法人企业组成。就我国而言,包括具备法人资格的国营、集体、各种形式的合资、合作经营及外商独资的常住工商企业、农业企业、建筑企业、运输邮电企业及其他不从事金融媒介活动的服务企业。金融机构部门由中央银行以及从事金融媒介、保险以及金融辅助活动的常住法人企业组成。就我国而言,具体包括中国人民银行、存款机构、保险公司等。其中,存款机构包括存款货币银行和特定存款机构。应该指出的是,由于市场经济条件下金融活动的发展与创新比较活跃,新类型的金融机构也会相应产生,所以,金融机构部门子部门的划分也会发生一些变化。政府部门由各种类型具备法人资格的常住行政事业单位组成,其中也包括军事单位和不具备法人资格的、附属于行政事业单位的企业。

所有的常住机构单位构成国内,所有非常住机构单位构成国外。对于国外,并不是要核算国外所有的经济活动,而是反映国外与本国常住机构单位之间的交易活动关系。

2. 金融交易分类

金融交易是各机构部门以通货、信贷、股票债券等金融资产和负债形式而发生的资金活动。金融资产是指一机构部门拥有的对其他部门的债权,记录在资金流量表的资金运用方;负债是指一机构部门对其他部门的债务,记录在资金流量表的资金来源方。金融资产和负债的发生、消失或转让就是金融交易。金融资产和负债一般同时发生和消失,即每一笔金融资产一定对应着负债。例如,居民将现金存入银行,这笔存款就是居民的金融资产,同时又是银行的负债。

金融交易项目在我国的资金流量表中,包括三大类:国内金融交易项目、国际资金往来项目以及国际储备资产项目,此外,还有国际收支误差与遗漏、统计误差等平衡项目。国内金融交易项目包括通货、存款、贷款、证券、保险准备金、结算资金、金融机构往来、准备金、库存现金、中央银行贷款、其他(净)等项目。国际资金往来项目包括长期资本往来和短期资本往来两大项目。国际储备资产项目包括黄金、外汇储备、特别提款权、在基金组织的储备头寸、对基金信贷的使用等。

下面对各项金融交易的统计口径进行解释：

(1) 通货。分为国内通货和国外通货。国内通货是指以现金形式存在于市场流通领域中的人民币货币，包括居民的手持现金、非金融企业和机关团体及金融机构的库存现金。流通中的货币是人民银行的负债，记入金融机构部门的来源方；同时流通中的货币又是国内其他机构部门和金融机构中商业银行的金融资产，记入这些机构部门的资金运用方。国外通货是指以现金形式在国内市场上流通，由国内居民或各机构部门持有的流通中外币。它是国外部门的负债，记入资金来源方；同时又是国内各持有部门的资产，记入资金运用方。

(2) 存款。存款包括活期存款、定期存款、住户储蓄存款、财政存款、外汇存款和其他存款。各项存款分别作为非金融企业、政府、住户等部门的资产，记入资金运用方；同时又为金融部门的负债，记入资金来源方。

(3) 贷款。金融机构单位向非金融部门提供的各种形式的贷款，具体包括：短期贷款、中长期贷款、对政府的贷款、外汇贷款和其他贷款，是金融机构的资金运用，接受贷款部门的资金来源。① 短期贷款：金融机构对住户提供的期限在一年以内的贷款；② 中长期贷款：金融机构为住户和企业提供的期限在一年以上的贷款；③ 对政府的贷款：中央银行对中央政府预算以透支、借款等形式提供的信贷；④ 外汇贷款：国内金融机构以某些外币形式对国内单位提供的贷款；⑤ 其他贷款：包括委托贷款、信托贷款、融资租赁和其他贷款。

(4) 证券。包括各种债券和股票，是证券发行人的资金来源，证券持有人的资金运用。① 债券：以票据形式发行的、用于筹集资金的、承诺按一定利率付息和一定期限偿还本金的书面债务证书。具体包括国债、金融债券、中央银行债券、企业债券。② 股权：股份有限公司依照《公司法》的规定，为筹集公司资本所发行的、用以证明股东身份和权益、并据以获得股息和红利的凭证。应该指出的是，在我国的资金流量核算中，由于非上市公司的股权数据极难取得，因此，目前在具体核算时，只包括上市公司通过股票市场发行股票所筹集到的资金。

(5) 保险准备金。保户向保险公司缴纳的保险费预付款、对人寿保险公司和养老基金的净权益以及保险公司的未结索赔准备金。它是保险公司、养老基金的资金来源，投保部门的资金运用。

(6) 结算资金。银行的汇兑在途资金，是金融机构的资金来源，其他部门的资金运用。

(7) 金融机构往来。各金融机构之间的相互往来，具体包括同业存放款和同业拆放款。它既是金融机构部门的资金运用，又是金融部门的资金来源。为了分析的需要，在这里没有作轧差处理。

(8) 准备金。金融机构在中央银行缴存的准备金。它是金融机构的资金运用，中央银行的资金来源。为了分析的需要，在这里没有作轧抵处理。

(9) 库存现金。银行机构准备的现金业务库存。它是金融机构的资金运用，中央银行的资金来源。为了分析的需要，在这里没有作轧抵处理。

(10) 中央银行贷款。中央银行向金融机构发放的贷款以及再贴现。它是中央银行的资金运用，金融机构的资金来源。为了分析的需要，在这里没有作轧抵处理。

(11) 其他（净）。除上述金融交易以外的其他各类国内金融资产与负债变化轧抵后的差额。

(12) 国际资本往来。我国内地和外国以及港澳台地区的金融交易，具体包括长期资本往来和短期资本往来。长期资本往来是指借贷期限超过一年或未规定借贷期限的资本往来项目，包括我国内地境外投资者在我国以独资、合资或其他合作方式经营企业的直接投资，我国政府和企业、金融部门对外的直接投资以及对外发行有价证券以筹集资金的证券投资，国际组织和外国政府贷款，银行、地方和部门对外借款，对外的延期收付款，加工装配、租赁项目的租金以及对外贷款等。投资者和借出方为资产，接受投资者和借款方为负债。短期资本往来是指借贷期限在一年或一年以下的资本往来项目。我国国内金融部门、非金融企业、政府部门向国外借款、延期付款及其他，记为金融部门、非金融企业部门和政府部门的负债，国外部门的资产；境外向我国金融机构等部门的借款、延期付款等，记为金融机构等部门资产，国外部门的负债。国际资本往来收入，反映我国利用外资的增加；国际资本往来支出，反映我国对外金融债务的减少。

(13) 国际储备资产。国际储备资产指国家和政府掌握的可以用来满足国际收支需要，弥补或调节国际收支不平衡的储备资金。储备资产包括货币黄金、外汇储备和其他债权、特别提款权、在国外货币基金组织的储备头寸和对基金组织借贷的使用等。储备资产的增减额是国际收支综合差额。储备资产的增加，记入金融机构部门的运用方，国外部门的来源方；储备资产的减少，记入金融部门的来源方，国外部门的使用方。

表 5-4 是 2010 年我国金融交易资金流量表。[①]

---

① 资料来源：2011 年《中国人民银行年报》。

表 5-4 2010 年我国金融交易资金流量表
（金融交易账户）

单位：亿元

顺序号	项目	住户 运用	住户 来源	非金融企业 运用	非金融企业 来源	政府 运用	政府 来源	金融机构 运用	金融机构 来源	国内 运用	国内 来源	国外 运用	国外 来源	总计 运用	总计 来源
1	净金融投资	37715		-15123		5619		-2439		25773		-25773		0	
2	资金运用合计	68263		102863		19539		225547		416213		14203		430416	
3	资金来源合计		30548		117986		13920		227986		390440		39977		430416
4	通货	5441		586		130		-40		6117	6507	390		6507	6507
5	本币	5441		586		130		-40		6117	6507	390		6507	6507
6	外币														
7	存款	44492		62584		19487		3462	130662	130025	130662	637		130662	130662
8	活期存款	24610		28771		10690			64071	64071	64071			64071	64071
9	定期存款	19128		24276		5460			48864	48864	48864			48864	48864
10	财政存款					3045			3045	3045	3045			3045	3045
11	外汇存款	45		2024				-992	1356	1077	1356	279		1356	1356
12	其他存款	709		7513		292		4454	13327	12968	13327	358		13327	13327
13	证券公司客户保证金	-737		-1398		-11		-207	-2373	-2354	-2373	-19		-2373	-2373
14	贷款		30548	64264			194	97227	251	97227	95413		1814	97227	97227
15	短期贷款		9342	15278				24621		24621	24621			24621	24621
16	票据贷款			-9052				-9052		-9052	-9052			-9052	-9052
17	中长期贷款		19643	42157				61800		61800	61800			61800	61800
18	外汇贷款		13	3184				5009		5009	3197		1813	5009	5009
19	委托贷款		781	7440			276	8748	251	8748	8748			8748	8748
20	其他贷款		769	5256			74	6100		6100	6099		2	6100	6100

（续表）

顺序号	项目	住户 运用	住户 来源	非金融企业 运用	非金融企业 来源	政府 运用	政府 来源	金融机构 运用	金融机构 来源	国内 运用	国内 来源	国外 运用	国外 来源	总计 运用	总计 来源
21	未贴现的银行承兑汇票			23346	23346			23346	23346	46692	46692			46692	46692
22	保险准备金	5638		667			3835	2324	2470	6305	6305			6305	6305
23	金融机构往来							2324	3543	2324	3543	998	-221	3322	3322
24	准备金							33261	33261	33261	33261			33261	33261
25	证券	6498		169	18533	195	9736	32340	11279	39203	39547	345		39548	39548
26	债券	112		169	11063	144	9736	27794	7420	28219	28218			28219	28219
27	国债	112		2		144	9736	9478		9736	9736			9736	9736
28	金融债券			47	7470	51		8791	8837	8837	8837			8837	8837
29	中央银行债券			-8		-271		-1410	-1417	-1417	-1417			-1417	-1417
30	企业债券			128	11063			10935	3859	11063	11063			11063	11063
31	股票	6387		-563	7470			4546	3859	10984	11329	345		11329	11329
32	证券投资基金份额	-457						-256	-1566	-1547	-1566	-19		-1566	-1566
33	库存现金							714	714	714	714			714	714
34	中央银行贷款							469	469	469	469			469	469
35	其他(净)	7387		9227		9		2771	19395	19395	19395	0		19395	19395
36	直接投资			4072	12529					4072		12529	4072	16601	16601
37	其他对外债权债务			4174	3354			-1796	28	2378	2378	3383	2378	5760	5760
38	国际储备资产							31934		31934			31934	31934	31934
39	国际收支误差与遗漏				-4040					-4040	-4040	-4040		-4040	-4040

二、资金流量统计分析

资金流量的统计和分析对于实现经济的宏观控制很有意义。资金流量分析的主要目的在于,将全社会资金的来源与用途,以资产负债表在一个特定时期的变动形式来表示。通过对过去年份的统计与分析,可从中找出信用运动的规律,并进而对整个经济进程中存在的问题加以剖析,总结经验教训;对未来年份的规划和预测可以看出经济发展规划能否有足够的财力保证,并进而重新考虑整体规划的合理性,以便作适当的调整。资金流量核算是对全社会金融交易的核算,作为一个完整的账户体系,其主要的分析功能体现在两个方面:社会融资活动分析和金融结构分析。

(一) 国内非金融机构部门融资分析

国内非金融机构部门包括住户、非金融机构和政府部门。对国内非金融机构部门融资活动的分析是资金流量分析的一个重要方面。住户、非金融机构部门和政府部门从事经济活动所发生的资金盈余或赤字,都需要在金融市场上进行融通。资金融通的大小取决于投资活动的活跃程度和金融市场融资功能的高低。衡量非金融机构部门的融资规模,经常使用的指标为核算期国内非金融部门融资总量与名义 GDP 的比率,而国内非金融机构部门的融资总量即为以上三部门资金来源的总和。

(二) 各部门净融资分析

净金融投资既是总储蓄与总投资的差额,又是各部门当年新增金融资产与负债的差额,反映一个部门的资金盈余或短缺状况。净金融投资指标为正,表明资金盈余;反之,则为资金短缺。衡量各部门资金盈余和短缺程度的指标是净金融投资与 GDP 的比率。

(三) 非金融部门融资结构分析

非金融机构部门在金融市场的融资工具主要有:贷款、债券、股票、社会保险基金以及来自国外的直接投资和与国外发生的其他负债。如果将贷款定义为间接融资,股票、债券、社会保险基金定义为直接融资,那么国内非金融机构部门的融资主要有三种方式:间接融资、直接融资和引进外资。非金融部门融资结构分析就是对金融市场的融资结构进行分析,得出间接融资、直接融资和引进外资的比率。

本章小结

中央银行的统计分析业务是中央银行获取金融信息的基本渠道,也是分析和研究一国经济金融状况的重要途径。金融统计是对金融活动现象的数量信息进行收集、整理、分析,为经济和金融决策提供依据及政策建议的过程,金融统计的对象即以货币和资金运动为核心的金融活动,通常包括货币供应量统计、信贷收支统计、现金收支统计、对外金融统计、金融市场统计、保险统计和资金流量统计等。

货币与银行统计分析,是一种以金融机构为核心,通过统计金融机构之间,以及金融机构与其他国民经济机构部门之间的金融交易,核算出不同层次的货币供应量,反映货币的创造过程,揭示影响货币供应量变动原因的统计分析方法。国际货币基金组织提出了货币与银行统计的三级汇总统计方法。我国货币与银行统计由三个基本账户货币当局资产负债表、存款货币银行资产负债表、特定存款结构资产负债表,以及两个合并账户货币概览和金融概览组成。货币与银行统计分析可从总量和结构两方面进行。

资金流量核算与分析是国民经济核算体系的重要组成部分,是从社会资金运动这一侧面,系统地描述和反映社会各部门的资金来源与运用,以及部门间资金的流量、流向和余缺调整的一种社会资金核算分析方法。在实际统计分析工作中,实物部门和货币部门在项目具体化的前提下,分别编制资金流量表的实物交易账户和金融交易账户,体现实物资金流和金融资金流的动态结构,以利于分析资金在不同渠道中的数量和流向。中央银行作为货币部门的核心,编制资金流量表的金融交易账户,是其统计分析部门的重要任务之一。资金流量的统计和分析对于实现经济的宏观控制很有意义,通过对过去年份的统计与分析,可从中找出信用运动的规律,并进而对整个经济进程中存在的问题加以剖析,总结经验教训;对未来年份的规划和预测可以看出经济发展规划能否有足够的财力保证,并进而重新考虑整体规划的合理性,以便作适当的调整。目前,各国货币当局普遍采用资金流量分析方法以研究国民经济运行状况。

关键词

金融统计　货币与银行统计　金融账户　金融交易　信贷收支统计　金融市场统计　对外金融统计　资金流量分析

思考题

1. 了解我国现行金融统计包括的主要内容。
2. 掌握货币与银行统计分析的结构。
3. 简述金融概览与银行概览分析的主要内容。
4. 掌握资金流量表的结构。
5. 各国货币当局为何普遍采用资金流量分析方法来研究国民经济运行状况?

第六章 中央银行的支付清算业务

> **内容提要**

中央银行为商业银行等金融机构提供支付清算服务，是履行其"银行的银行"职能的重要表现，也是中央银行的重要职责之一。中央银行与金融机构、企业存在广泛的债权关系和清算活动，又由于中央银行的非营利性质、垄断货币发行的特殊地位，不存在信用风险和流动风险，由中央银行运营支付清算系统有利于系统的稳定。

本章着重介绍中央银行支付清算服务的运作模式、特点，并对中央银行支付清算服务与中央银行执行货币政策、维护金融稳定之间的相互关系进行了分析。

第一节 中央银行支付清算业务概述

支付清算系统是一个国家或地区对交易者之间的债权债务关系进行清偿的系统。具体地讲，它是由提供支付服务的中介机构、管理货币转移的规则、实现支付指令传送及资金清算的专业技术手段共同组成的，用以实现债权债务清偿及资金转移的一系列组织和安排。

一、支付清算业务产生及其发展

商品交易、劳动供应、消费行为和金融活动都会引起债权债务关系，而债权债务的清偿通常通过货币所有权的转移进行。由于当事人往往并不在同一个银行开设账户，所以需要通过银行间的账户设置和一定的结算方式实现各种经济行为引发的债权债务清偿和资金划转。此外，银行本身也会与其他金融机构产生大量的业务往来。为此需要通过一定的清算机构和支付系统，进行支付指令的发送与接受、对账与确认、收付数额的统计轧差、全额或净额清偿等一系列业务操作，即所谓的清算。

最初的清算安排是商业银行之间自发形成的双边清算制度。在参与者众多、功能日益复杂的现代金融体系下，双边清算制度难以适应规模庞大的资金清算需求。在这种情况下，就需要中央银行出面提供必要的支付清算服务。中央银行作为金融机构，在其资产负债业务进行中，与其业务对象之间也必然会发生债权债务关系的清算。同时，由于中央银行的非营利性质和垄断货币发行的特殊地位,中央银行不存在信用风险和流动性风险。中央银行还接受商业银行的法定存款准备金,金融机构都愿意在中央银行开设账户,这就为金融机构间的清算创造了便利。尽管各国的支付清算制度不完全相同,但银行同业间的资金转移一般都是通过中央银行的最终清算来实现的。

在20世纪70年代以前,包括发达国家在内的支付清算均以手工操作为主,效率低下,造成物质财富和人力资源的巨大浪费。随着票据交换业务量的急剧增长和电子技术的进步,美国纽约清算所于1970年和1975年相继开通了两个电子清算网络:纽约清算所同业银行支付系统(CHIPS)和纽约自动清算所系统(ACH)。电子计算机和自动化技术的应用,极大地提高了支付清算效率,加速了社会资金流转,便利了经济、金融活动的参与者。

随着现代信息技术的飞速发展,以电子支付工具、数据通讯和数据处理技术组成的电子支付方式已成为现代金融运行体系的主流趋势。目前较大的国际支付系统有北美和欧洲大银行共同组建的环球同业银行金融电讯协会(SWIFT)、纽约清算所同业银行支付系统(CHIPS)、伦敦票据交换支付系统(CHAPS)、环球外汇交易清算所(ECHO)等。在零售支付领域,以银行信用卡为代表的各种卡类、ATM(自动柜员机)和POS(销售终端机)网络、企业银行服务、家庭(电话)银行服务、电子数据交换等现代支付媒介和支付系统为社会提供着快捷、高效、安全的服务。在行间支付清算领域,信息技术的应用更为广泛,支付系统用户的计算机设备与支付系统操作者的计算机系统相连接,通过地面线路和卫星通讯网在系统用户之间传送信息,从而完成交付指令的传输和资金清算。近些年来,迅速兴起的电子商务已成为互联网应用的最大热点,深刻地改变了传统的商业观念及交易模式,促进地区间经济交流,进一步推动经济一体化进程。

支付系统现代化建设的快速发展,也带来了一些新的问题和矛盾。如,以信息和电子计算机技术为支持的支付系统的运行加速了金融市场一体化进程,市场参与者之间的相互信赖进一步增强,风险传播更为快速;相关法规和惯例建设滞后于支付系统发展,影响对支付系统运行的有效约束和当事人合法权益的保障;信息资料的安全保密和防止高科技犯罪等技术和法律问题有待解决等。更为重要的是,支付系统建设的快速发展使得中央银行对支付系统的监管及有关的国际合作变得更为迫切和必要。

二、支付清算系统构成

支付清算系统是一个国家或地区对交易者之间的债权债务关系进行清偿的系统。包括清算机构、支付系统、支付清算制度等。

(一)清算机构

清算机构是为金融机构提供资金清算服务的中介组织,在支付清算体系中占有重要地位。清算机构在不同的国家有不同的组织形式,如票据交换所、清算中心、清算协会等。从经营形态来看,既有私营的,又有政府主办的;从业务范围来看,既有全国性的,又有地区性的,甚至还有国际性的。清算机构一般实行会员制,会员必须遵守组织章程和操作规则,并需缴纳会员费用。在很多国家,中央银行通常作为清算机构的主要成员,直接参与清算支付活动。而在另一些国家,中央银行不直接加入清算机构,但是对其实行监督、审计,并为金融机构提供清算服务。各国的主要清算机构通常拥有并经营支付系统,通过支付系统的运行实现清算。

(二) 支付系统

支付系统是由提供支付清算服务的中介机构和实现支付指令传送及资金清算的专业技术手段共同组成,其任务是快速、有序、安全地实现货币所有权在经济活动参与者间的转移。支付系统是一国金融基础设施的核心部分,其运行关系货币政策的实施,对稳定货币、金融和市场具有重要的影响。中央银行在支付系统中负有如下责任:(1) 监督责任。在市场经济条件下,为适应经济、金融及消费活动的需要,存在着若干服务于不同领域的支付系统,受各种因素和突发事件的影响,支付系统在运行过程中会面临各种风险。中央银行通过实施监督职能,确保国家整体支付体系稳健有序地运行。(2) 运行责任。鉴于大额支付系统是一国支付清算体系的主动脉,很多国家的中央银行拥有并经营大额支付系统,通过其运行对货币政策执行施以重要影响。(3) 政策责任。由于支付系统运行效率事关重大,中央银行对国家支付系统建设负有义不容辞的政策责任。中央银行通过对支付系统的政策制定与引导,改造和完善国家整体支付系统,使之有利于货币政策的实施和维护金融的稳定。

(三) 支付清算制度

支付清算制度是关于清算活动的规章政策、操作程序、实施范围等的规定和安排。中央银行作为货币当局,有义务根据国家经济发展状况、金融体系构成、金融基础设施及银行业务能力等,会同有关部门共同规定支付清算制度。中央银行负有清算监督职权,并根据经济与社会的发展需要,对支付清算制度实施变革。由于当前金融机构之间的同业清算业务已经占有很大比例,一旦同业间出现清算障碍,势必将危及金融稳定。因此,很多国家的中央银行还制定同业间清算制度,用以实现金融机构间为客户委办业务和自身需要所进行的债权债务清偿和资金划转,并且还对同业间清算实施监督。

三、支付清算的主要形式

(一) 按照经营者身份不同划分

1. 私营清算机构拥有并经营的支付清算系统。如,纽约清算所的同业银行支付系统、英国的伦敦自动化清算支付系统、日本东京银行家协会的全银数据通讯系统等。尽管中央银行不直接参与私营清算系统运行,但各系统的资金最终清算往往还是通过中央银行账户进行,且中央银行会对私营清算系统运行实行监督和审计。

2. 各商业银行拥有并经营的支付清算系统。商业银行为处理各分支机构之间的汇兑往来和资金清算,往往建有行内支付系统,以便利行内支付清算。如,我国四大商业银行均开通了各自的电子资金汇兑系统。

3. 中央银行拥有并经营的支付清算系统。鉴于支付清算系统对国家经济、金融及社会生活的重要影响,很多国家的中央银行根据国家法律赋予的职权,直接拥有并经营国家主要的大额支付系统,同时直接参与跨行支付清算的组织系统。如,美联储的电子资金转账系统、欧洲中央银行的实时金额自动清算系统、日本中央银行的日银网络系统、中国人民银行的现代化支付系统等。

(二) 按照转账资金的不同处理方式划分

1. 净额批量清算(差额清算)系统

净额批量清算是指,参与清算的金融机构累计多笔支付业务的发生额之后,在一个清算周期结束前,从系统中其他所有参与者那里将应收的全部转账金额与对其他参与者的应付的转账金额轧出差额,形成据以结算的净借记余额或净贷记余额(这些净余额的计算可以是双边的,也可以是多边的),中央银行或者清算机构据此对金融机构的净清算头寸进行划转,完成相互间的债权债务清算。

根据净额批量清算系统的设计原理,清算系统将在一定时点(通常为营业日结束时)上收到的各金融机构的转账金额总数减去发出的转账金额总数,得出净余额(贷方或借方),即净结算头寸。为了实现清算参与者间的差额头寸清算,很多清算机构利用中央银行提供的净额批量清算服务,后者通过对相关清算活动参与者的账户进行差额头寸的转移划拨,即可完成最终清算。由于净额批量清算采取的轧差机制可以在双边或多边的基础上将应收应付款项进行对冲,因此,可以极大地减少商业银行的流动性需求,从而减少流动性成本。

净额批量清算采用的是定时结算机制,所以在资金最终结算之前,商业银行将面临来自交易对手的信用风险和流动性风险。基于净额批量清算原理,在整个营业日内,参加清算的所有净债权银行向所有净债务银行实际上提供了日间信贷,从而产生了信用风险和流动性风险隐患。在清算时刻,若净债务银行没有足够的资金头寸清偿债务,清算系统将无法完成清算。此时可供采取的措施有:(1) 中央银行向净债务银行提供透支便利;(2) 根据清算紧急安排由参加清算的各银行共同分担净债务银行的债务头寸;(3) 取消所有与净债务银行有关的支付指令,其余银行重新计算转账金额及净头寸。尽管上述措施可暂时化解支付系统的债务清偿危机,但并未从根本上解决问题,且引发了新的风险隐患,将危及支付系统的安全运行及有关当事人的利益。由此可见,净额批量清算系统具有设计和应用上的缺陷。

为了降低参加净额批量清算银行面临的信用风险,许多仍在实行净额批量清算的国家均采取了相应的风险控制措施。如在参加清算的银行之间建立一个信用上限,各银行相互根据对方的信用评估订立一个可接受的信用限额,在该信用限额内,一方对另一方所造成的损失承担全部责任;清算机构为所有参加清算的银行,在一个清算周期中总的信用额度设定上限,旨在将其可能发生的信用风险控制在一定范围以内;更为关键的是,很多中央银行积极参与对净额批量清算安排的风险管理,并将其作为维系支付系统稳定运行的职责事项,收效甚好。

2. 全额实时清算系统

全额实时清算是指,支付系统对各金融机构的每笔转账业务进行一一对应清算。换言之,支付系统对各金融机构的每笔转账支付指令,无须参与轧差,而是逐笔直接进行清算。在全额实时清算方式下,支付系统对各金融机构的每一笔转账业务进行一一对应清算,而不是在指定时点进行借、贷差额的清算。全额实时清算系统处理的所有支付清算均是不可变更和无条件的终局性清算,因此,一旦商业银行接到收款信息,就不再承担来自交易对手的信用风险和流动性风险。

在20世纪80年代之前,净额批量清算系统是各国跨行支付系统的主要形式。随着各国中央银行风险意识的增强,全额实时清算系统在20世纪90年代得到迅速发展,目前已经成为绝大多数国家大额(重要)支付的主要形式。如:澳大利亚中央银行的"储备银行信息与转账系统"(RITS),欧洲中央银行的"欧洲间实时全额自动清算系统"(TARGET),英国的自动化清算所支付系统(CHAPS),中国香港地区大额支付系统"清算所自动转账系统"(CHATS)。1991年,中国人民银行启动的"中国国家现代化支付系统"(CNAPS),其核心系统即是采用实时全额清算模式的大额支付系统。而净额批量清算系统则更多地运用于小额、非紧急的支付。

全额实时清算系统的设计更侧重于考虑安全和效率问题,但在解决结算风险的同时,往往要求商业银行在发出(付款)支付指令时其准备金账户必须留有足够的资金,这使得参加系统的商业银行承担了较高的流动性成本。

(三)按照支付系统的服务对象及单笔业务支付金额划分

根据支付系统的服务对象及单笔业务支付金额规模,支付系统分为大额支付系统和小额支付系统(零售支付系统)。

1. 大额支付系统

大额资金转账系统是指单笔交易金额巨大,但交易笔数较少,对安全性要求高,付款时间要求紧迫的支付方式。大额支付系统是一国支付清算体系中的主干线,是直接支持一国货币、资本市场运作的支付系统,因此,处于一国金融市场核心地位的货币及资本市场的运行效率在很大程度上取决于大额支付系统提供的支付服务。同时,大额支付系统又是支持跨国界、多币种交易的支付服务系统,中央银行公开市场操作也要依赖大额支付系统来实现,因此,大额支付系统是一国支付系统设计的关键,它体现着一国支付系统的发达程度。大额支付系统支持的每笔交易金额一般都在几百万元以上,参加系统的用户对支付的时间性、准确性、安全性上都有极高的要求。同时,由于大额支付系统潜在的信用风险对整个系统的安全以至整个金融体系的安全至关重要,因此,系统对用户的资格要有严格的规定,用户参加系统也要付出较高的代价。这样,参加大额支付系统的用户非常有限。

目前世界各国在大额支付系统的设计中,根据系统的提供者是中央银行还是私营清算所、结算的方式是全额还是差额、时间上是连续还是间隔以及是否及如何作出透支安排等,分为四种不同的模式。

(1) 中央银行全额、连续、无透支系统

这种系统的典型范例是,瑞士国民银行经营的瑞士同业清算系统(SIC)。这种模式的特点是,不为商业银行提供透支便利。如果付款银行发出付款指令时清算账户上没有足够的余额,则支付命令无法执行,命令成为等待执行状态,只有当资金从别的银行转入使清算账户具备足够余额时,命令才被激活。等待执行的命令按时间顺序排列,命令的执行按先后顺序进行(先入先出),但银行可以对命令的优先程度作出安排,优先命令优先执行。没有优先的命令则按时间顺序执行。对没有优先的等待命令,银行也可以通过取消一些命令来使后面的命令提前执行。如果在一个营业周期结束时命令仍处于等待状态,则该命令自动取消,银行需第二天再次提交命令。

(2) 中央银行全额、连续、有限透支系统

这种系统的典型例子是,美国联邦储备体系经营的联邦电子资金划拨系统(FEDWIRE)。这种模式的特点是,全额、连续的贷记支付系统,资金的转移也是无条件、不可撤回的。FEDWIRE 的资金转账能为用户提供有限的透支便利(Capped Intraday Credit),它根据银行的一级资本来匡算某商业银行的最大透支额。支付命令发生时,如果商业银行的账户余额不足,只要支付金额在透支额内,则自动提供信贷,使支付命令得以执行;如果支付金额超过透支额,支付命令或者被拒绝,或者进入等待状态。银行的账户余额在一个营业周期结束时一定要轧平,如果在营业周期结束时银行的账户余额仍为负数,就意味着该银行当天无法在市场上找到资金来弥补结算头寸的不足,银行就必须求助于中央银行的贴现窗口,通过中央银行信贷来轧平头寸。中央银行的贴现利率一般都是一种惩罚性利率,高于当天同业拆放利率。如果一个银行当天找不到其他的银行愿

意提供资金,往往表明其他银行对该银行的财务状况有怀疑,中央银行对这种情况要严密监视并作出分析,决定这是流动性问题还是清偿性问题。

(3) 中央银行定时、差额结算系统

这种系统的典型范例是日本银行经营的日本银行金融网络系统(BOJ-NET)。这种模式的特点是,在一个营业周期指定的命令处理时间(如,BOJ-NET 系统分别为上午 9 时、下午 1 时、下午 3 时及下午 5 时)内,在两个指定时间内对收到的支付命令进行差额计算,在指定时间对差额资金进行划拨,划拨则是以全额方式进行。对在指定时间如果银行账户没有足够余额应如何处理没有作出明确规定的,由中央银行自主决定是提供贷款还是取消该行的支付命令。

(4) 私营多方净额批量清算系统

该系统的例子是纽约清算所协会经营的清算所同业支付系统(CHIPS)。CHIPS 在 2001 年前,是一个净额批量清算系统。参加 CHIPS 系统的用户可划分为清算用户及非清算用户,只有清算用户才能直接使用系统进行资金转移,非清算用户要使用系统,必须要通过委托某清算用户作为代理。在一个营业周期开始时各清算用户的清算余额必须为零,在营业周期内,清算系统处理及记录各清算银行对其他清算银行的资金发送及接收情况,计算出各清算银行的头寸差额。在营业终了时,将差额头寸情况通知中央银行,通过在中央银行账户进行清算。同时可为各个用户彼此之间限定一个双边透支额度,在额度内即使某用户头寸不足,命令仍可执行。在营业周期中,系统负责监测各用户的双边透支额度及总透支额度,如果用户的头寸差额超出额度,则命令无法执行。清算银行负责其所代理的所有用户的头寸差额。

2. 小额支付系统

小额支付系统又称为零售支付系统。该系统主要处理大量的每笔金额相对较小的支付指令,如私人支票、ATM 机业务以及商场收款台上的电子资金转账销售点业务,它们属于对时间要求不紧迫的支付,常采用批量、定时的方式处理。小额支付系统是与社会经济和消费活动紧密相关、分布广而种类多的支付系统。其服务对象主要是,工商企业、个人消费者、其他小型经济交易的参与者。其特点是,服务对象数目众多,支付处理业务量大,但每笔交易金额较小,支付比较分散,拥有广阔的服务市场。所以小额支付系统必须具有极强的支付处理能力,从而满足社会经济及消费活动对支付结算服务的需求。一般来讲,小额支付系统采取的支付媒介较多,有现金、银行卡、票据及其他的卡类等。

小额支付系统一般由一国的银行系统、私营清算机构经营,如日本的全银系统、美国的自动清算所(ACH),以及在很多国家拥有的信用卡网络、ATM 网络、POS 网络、小额终端、家庭银行等。小额支付系统的运行效率反映了一国的金融基础设施,其服务质量影响公众对金融业的评价和信心,同时小额支付系统的支付服务与银行结算业务及营业收入有密切关系,是银行同业竞争的重点业务之一。所以,各国政府、中央银行和商业性金融机构对小额支付系统的建设十分重视,其现代化程度日益提高。

(四)按支付系统服务的地区范围划分

1. 境内支付系统

主要处理一国境内各种经济和消费活动所产生的本币支付和清算,既有中央银行运行的,又有私营清算机构或商业银行运行的;既包括大额支付系统,又包括小额支付系统。境内支付系统对一国经济和金融活动效率具有重大影响。

2. 国际性支付系统

主要处理国际各种往来所产生的债权债务清偿和资金转移,大致有两种类型:一类是由某国清算机构建立并运行,随着该国货币及金融国际影响力的提升,逐步被沿用至国际支付清算领域,如 CHIPS、CHAPS、日本的外汇日元清算系统(FXYCS)等,主要处理目前国际绝大部分美元、英镑、日元交易的支付清算;另一类是由不同国家共同组建的跨国支付系统,如,欧洲中央银行建立的 TARGET,其负责欧元区国家间大额欧元交易的支付清算。

四、中央银行支付清算服务的主要内容与重要性

(一)中央银行支付清算服务的主要内容

中央银行支付清算服务的主要内容包括:组织同城的票据交换和清算,提供异地跨行清算、证券和金融衍生工具交易清算、跨国支付清算服务等。各国中央银行为便于提供清算服务和监督支付系统运行,通常设立国家清算总中心和地区分中心,以服务供给者和管理者的双重身份参与其中。金融机构在中央银行开立账户(存款账户或清算账户),并在账户中保持一定的备付金,以保证清偿的顺利进行。金融机构之间的债权债务和应收应付款项,通过其在中央银行账户的借、贷记载进行划转清算。

1. 组织票据交换和清算

票据交换是各银行彼此之间进行债权债务和资金清算最基本的清算手段。付款人将表示欠款的票据交给收款人,收款人将票据交给开户银行,银行收到客户提交的票据之后,拿到票据交换所进行提示,付款银行对票据进行确认之后,委托票据交换所进行清算,票据交换所委托中央银行将开设在中央银行的付款银行账户的资金转移到收款银行的账户,然后,通过各自在中央银行开设的账户进行彼此间的债权债务抵消和资金清算。

票据交换所工作程序所依据的原理是:任一银行的应收款项,一定是其他银行的应付款项;任一银行的应付款项,又一定是其他银行的应收款项;各银行应收差额的总和,一定等于各银行应付差额的总和。因此,所有参加交换的银行分

别汇总轧出本行是应收还是应付的差额,就可据以结清全部债权债务。表 6-1 可以说明这样的工作原理。

表中 A 银行对 B 银行应收 20,应付 30;对 C 银行应收 10,应付 20;对 D 银行应收 40,应付 10;应收应付轧差,该行应收的净额为 10。其余类推:B 银行应付的净额为 20,C 银行应收的净额为 10,D 银行应收应付平衡。所以,只要把 A 和 C 应收 20 与 B 应付 20 结清后,应收应付各 350 的金额即可全部结清。所以票据交换所既是人力物力的节约,又是资金上的节约。

表 6-1 票据交换工作的基本原理

应付行 应收行	A	B	C	D	应收总额	应付净额
A	—	20	10	40	70	—
B	30	—	50	20	100	20
C	20	80	—	10	110	—
D	10	20	40	—	70	—
应付总额	60	120	100	70	350	
应收净额	10	—	10	—		20

参加票据交换所交换票据的银行均为清算银行或交换银行,按票据交换所的有关章程,清算银行均应承担一定的义务后,方可享受入场交换票据的权利。这些义务有:缴纳一定的交换保证金,在中央银行开立往来账户,分摊交换所的有关费用。

一般情况下,票据交换的步骤:

第一步:入场前的准备。各交换银行的清算员应将票据按付款行分别整理,在票据上加盖交换印记后结出总额,填写"提交票据汇总表"(一式两份),并按交换号码逐一填入"交换票据计算表"的贷方,计算出当场交换的应收票据总金额。

第二步:场内工作。清算员一方面将提出票据分别送交有关付款行,另一方面接收他行提交的应由本行付款的票据,清点张数,计算金额,并按号码逐一填入"交换票据计算表"的借方,结出总金额,然后与贷方总计进行比较,计算出应收或应付差额,填写"交换金额报告单",递交票据交换所总清算员。

第三步,票据交换所工作。交换所的总清算员收到各行提交的交换差额报告单后,填制交换差额总结算表,按各行应收款记入贷方,应付款记入借方,结出总数(借贷应平衡),当场交易即告结束,各行差额交由中央银行转账结算。

票据交换是最基本的行间清算手段之一,通常在营业日一天交换一次,有些业务繁多的城市,也可以一天交换两次。票据交换所既有采取中央银行负责管理的形式,又有由私营清算机构和金融机构联合主办的形式,但不管如何,票据交换的资金清算都是通过各银行或清算机构在中央银行开设的账户完成的。

20世纪70年代,美国率先利用电子化和自动化技术实现了票据的自动交换,即通过电子支票传输系统将支票的主要信息传送至收款银行,而将实物支票截留,以备核查,极大地提高了清算效率。这样各国的票据交换一般都实现了电子化。

2. 办理异地跨行清算

各种不同银行之间的异地债权债务形成了各行之间的异地汇兑,会引起资金头寸的跨行、跨地区划转,划转的速度和准确关系到资金的使用效率和金融的安全,因此,各国中央银行通过各种方式和途径,对清算账户进行集中处理,提高清算效率,减少资金消耗。不同地区、不同银行之间的资金清算就成为中央银行支付清算业务的重要内容。

异地跨行清算的原理是:付款人向自己的往来银行发出支付通知,往来银行作为汇出银行向当地中央银行的分支机构发出支付指令,中央银行分支机构将往来银行账户上的资金扣除,然后通过清算中心向汇入银行所在地区的中央银行分支机构发出向汇入银行支付的信息,汇入银行所在地区的中央银行分支机构收到信息以后,向汇入银行发出支付通知的同时,将资金划入汇入银行的账户,汇入银行向受付人发出到账通知。

其中的清算中心实际上就是大额支付系统,大多数国家的中央银行都拥有并经营清算中心,直接参与跨行、跨地区支付清算。例如,我国的全国电子联行系统,就承担了商业银行之间以及商业银行内部一定金额以上的大笔结算。又如美联储的FEDWIRE系统等。当然也有国家仍然由私人机构经营清算中心,但是清算中心清算以后,最终资金的划拨还是要通过各自在中央银行的账户进行的。因此,为私营清算机构提供差额清算服务也是中央银行的任务之一。

3. 为私营清算机构提供差额清算服务

在许多发达国家,私营性质的清算组织已经成为清算制度的主要组成部分。这些清算组织为经济交易提供各种形式的结算服务,为了实现清算机构参与者间的差额头寸清算,很多私营清算机构乐于利用中央银行提供的差额清算服务。

例如,美国的私营清算组织众多,在其支付体系中发挥着重要作用。目前,美联储约为一百五十家私营清算组织提供差额清算服务。为利用在美联储设立的账户进行差额头寸的清算,私营清算组织首先在一个营业日中将各清算参与者的净债务或净债权头寸计算出来,然后将各参与者的头寸情况提交美联储,由美联储借记或贷记各参与者在美联储的账户来完成资金的清算。或者,清算组织也可以在美联储建立一个专门账户,在一个营业日结束后,该清算组织通知各产生净债务头寸的参与者通过联邦电子资金划拨体系将资金转入该专门账户,在所有净债务头寸收清后,由清算组织将账户资金转移到产生净债权头寸的参与者的账户上。

中央银行对私营清算机构提供的服务还体现在：为私营清算机构尤其是经营大额实时支付体系的私营机构制定清算原则并对这些私营机构进行监管；对私营清算组织的组织结构、清算安排、操作规则等加以审查与批准；对私营清算组织达成诸如双边信贷额度、多方信贷额度、担保、损失分担原则等有关安排加以监管，以保证当日清算活动能及时、最终地完成。

4. 提供证券和金融衍生工具交易清算服务

因为证券和金融衍生工具交易所产生的债权债务清算不同于一般经济活动所产生的债权债务清算，故在不少发达国家都设立了专门为证券和金融衍生工具交易提供结算服务的支付系统。比如，英格兰银行提供中央金边证券系统（CGO）和中央货币市场系统（CMO）的结算与支付服务。由于证券交易金额大，不确定因素多，易引发支付系统风险，尤其是政府证券交易直接关系到中央银行公开市场操作的效果，所以中央银行对其格外关注。

5. 提供跨国清算服务

中央银行不仅为国内经济和金融活动提供支付清算服务，在对外支付结算和跨国支付系统中也发挥重要作用。跨国清算的基本原理是：当国外的付款人需要向国内的收款人支付一笔款项，首先付款人向往来银行发出向收款人的支付请求，往来银行接手后向收款人所在国的国内代理行发出委托请求；代理行接受委托后，将国外往来银行账户内的资金扣除，并向跨国清算系统发出向收款人的往来银行的支付通知；跨国清算系统核对后要求中央银行将代理行账户内的资金划到收款人往来银行账户，到账以后，收款人往来银行将资金划入收款人的账户，同时向收款人发出到账通知。跨国支付清算最终也还是要通过银行包括代理行之间的资金划转进行的，同时中央银行还负有对资金在国内外流动进行监督等责任，因此，中央银行在跨国支付清算中担任重要角色。

（二）中央银行支付清算系统的重要性

由一国中央银行主持下的支付系统是现代经济活动运行的基础设施。它可以形容为资金的高速公路，当道路宽阔、畅通、覆盖面大时，资金在债权债务人之间的流动就顺畅，经济体运行就健康。如果不通畅，就会付出过高的清算成本，资金运用的效率就会降低。一旦发生局部的堵塞和服务中断，安全、高效的支付系统有利于规避金融风险。支付系统在运转过程中可以发现金融机构经营过程中的一部分潜在的信用风险和流动性风险，并能主动预警。比如，支付系统可以监测各家商业银行清算账户的日间透支额和日终透支额，一旦这些指标出现异常，支付系统就会要求商业银行采取必要的措施，以保证支付效率。具体来说，中央银行支付清算系统具有以下重要性：

1. 经济和社会生活正常运转的重要保障

存款货币银行都在中央银行开设账户,为各银行之间应收应付款项通过中央银行进行资金划转提供了便利。同城、异地和跨国交易产生的债权债务均可通过中央银行得以最终清偿,实现全社会范围内各种错综复杂的经济社会联系和资金交流,促进资源优化配置,提高劳动生产率,保证经济健康发展和社会生活正常进行。

2. 有助于货币政策实施

第一,中央银行通过提供支付清算服务,掌握全社会的金融状况和资金运动趋势,有助于正确制定货币政策、增强货币政策实施效果。

第二,公开市场操作手段有效发挥作用的前提是灵活高效的清算体系。因为中央银行在公开市场买卖证券的目的并不是为了赚取价差,而是为了调节货币供应量。一旦买卖行为实施要求马上完成有关资金的收付,否则就妨碍政策的效果,也使中央银行难以对是否继续进行操作作出正确判断。

第三,灵活高效的清算体系有助于增强货币市场的流动性,从而使中央银行更直接准确地进行货币操作,操作信息更快速地传递至市场参与者,并快速反馈至中央银行,提高中央银行货币操作的效果。

第四,当清算过程中,支付指令的传送和支付资金的清算转移不同步,产生在途资金,将增加银行流动性管理的难度。中央银行可通过提供高效率的清算服务,减少在途资金。

第五,中央银行在提供清算服务的同时,还往往提供透支便利,以维持清算系统的正常运作。当发生如金融机构倒闭、计算机故障或其他不可预测的突发事件导致的金融机构流动性风险时,由中央银行提供临时性信贷,以防止"多米诺骨牌"效应引发的清算系统瘫痪的发生。

3. 有助于金融稳定

清算系统是金融信息和金融危机的主要传播渠道,清算出现问题将影响公众信心甚至引发社会恐慌。一家银行不能履行支付义务很可能引发连锁违约,将使整个清算系统发生阻滞或瘫痪,危及金融体系和经济社会稳定。中央银行通过清算服务,监督支付系统的运行,防范控制风险。

4. 有助于在跨国支付清算中发挥作用

中央银行作为政府的银行,负有代表国家发展对外金融关系、参与国际金融活动、管理官方储备、监督外汇收支和资本流动等重要职责,而国际结算又面临对方毁约、银行资信等信用风险和汇率利率波动等市场风险,因此,中央银行利用其特殊身份对国际结算活动施加影响,并直接或间接进行干预。

第二节　主要国家和地区支付清算体系及其运作

一、美国支付清算体系及其运作

美国的支付系统布局合理，是美国金融市场运行和美联储行使中央银行职责密切依赖的基础设施。基于强大经济及金融地位，美国的一些支付系统还肩负着世界范围内美元结算的重任，对国际资本流动具有直接的效率及安全性影响。

（一）联邦电子资金转账系统

联邦电子资金转账系统（FEDWIRE）是美国联邦储备体系履行中央银行支付清算职责的重要工具。FEDWIRE 始运行于 1918 年，根据 1913 年美国《联邦储备法》的授权，美联储通过 FEDWIRE 为全国提供支付服务，主要用于银行间清算、公司间大额支付、美国政府及国际组织的记账证券转移，个人和非金融机构可通过金融机构间接使用 FEDWIRE。FEDWIRE 将全美划分为 11 个专门的支付处理中心，将美联储总部、所有的联储银行、美国财政部及其他联邦政府机构连接在一起，提供实时全额结算服务。美联储货币政策操作、政府债券买卖以及证券系统簿记主要就是通过该系统完成的。FEDWIRE 不仅在美国的支付体系中发挥着核心作用，而且对美联储货币政策的实施具有至关重要的影响。

FEDWIRE 由资金转移系统和簿记证券系统两部分组成。

FEDWIRE 资金转移系统提供实时全额结算服务，主要用于金融机构之间的隔夜拆借、行间清算、公司之间的大额交易结算等，可实时进行每笔资金转账的发起、处理和完成，运行全部自动化。使用 FEDWIRE 资金转移系统的金融机构（包括外国银行在美分支机构和代理机构）必须在联储开立储备账户，即可直接利用 FEDWIRE 发送和接收支付指令。当一个 FEDWIRE 用户需向另一个用户转移支付资金时，可通过双方在联储开立的储备账户进行划转，极为便利。在强大的电子通讯网络的支持下，FEDWIRE 发送的支付信息通过 12 个联邦储备银行区际及各联储银行所辖区内的通信网络，以及 FEDWIRE 用户所在地通讯网络的连接传递发送，几秒钟之内即可处理完毕一笔支付指令的发送与接收；FEDWIRE 用户以电子计算机终端方式与联储主机连接，信息的发送与接收通过电子通讯系统完成。当资金转移指令的发出者（付款者）通过 FEDWIRE 发出指令后，联储立即借记其在联储开立的账户，同时贷记指令接收者（收款者）的账户；如果资金的受益者是第三方，资金转账指令的接收者将立即贷记该第三方账户。联储的日间账户系统（ABMS）对所有账户进行实时追踪监测，以掌握通过 FEDWIRE 实施的资金转账所引发的账户情况的变化。根据联储 J 条例的附属条款 B 的规定，FEDWIRE 对每笔业务的处理均是最终和不可撤销的；一般而言，接收机构或其客户在接到 FEDWIRE 资金转入指令的当日即可动用该项头寸。由于向 FEDWIRE 发送的支付指令是最终和不可撤销的，因此，对于资金支付指令的发送方而言，一旦出现指令错误而致使资金头寸划转，即成为既定事实而无法更改；而资金接收方却可受到 FEDWIRE 资金支付的终结保证，资金一经划入，即不可撤回。基于上述原则，确保发送支付指令的正确性极为关键，故 FEDWIRE 用户均设计了严格的操作规程，并在支付指令加密后发送。为了提高 FEDWIRE 的运行效率，使信息处理更加集中与快捷，并利于综合监控各联储辖区内金融机构的运营状况，从 1990 年起，美联储开始实施合并数据处理系统的计划，并相应修改、变更了 FEDWIRE 和 ACH 等全国性支付系统软件，旨在通过更为先进的计算机和通讯技术提供具有高度抗干扰能力的支付服务。

FEDWIRE 簿记证券系统始运行于 1960 年。在美国，曾有少量证券交易通过实物凭证进行，其结算多以支票或电子资金转账方式完成，目前绝大多数证券以记账形式进行交易，其结算可通过簿记证券系统和证券托管系统进行。美国联邦储备体系是所有上市的美国国库券、多种联邦政府机构证券、政府主办企业发行的抵押证券的托管机构（美联储亦是世界银行等国际组织的证券代理商和托管机构），政府证券清算公司和抵押担保证券清算公司通过 FEDWIRE 簿记证券系统，负责上述证券交易的撮合与轧差。通过该系统，可降低证券交易成本、提高交割与结算效率及安全系数。其运行原理类似于 FEDWIRE 资金转账系统，原则上在储备银行拥有储备资金账户的金融机构即可在联储开立簿记证券账户，通过两个账户记载和反映其自身及其客户的证券交易和资金清算状况。由于 FEDWIRE 属 RTGS 模式，又分为资金转移和簿记证券两个系统，所以其证券转账服务采取 DVP 安排，即证券交割与资金结算同步、实时完成，具有极高的处理能力和运行效率。

（二）清算所同业支付系统

清算所同业支付系统（Clearing House Inter-bank Payment System，CHIPS）是一个著名的私营跨国大额美元支付系统，目前 95% 的国际美元交易通过其进行结算。CHIPS 由美国最大、历史最悠久的私营清算组织纽约清算所所有并经营。

20 世纪 60 年代以后，随着美国经济和金融业的发展，交易和消费活动导致的支付量剧增，传统的纸票据交换已远不能满足社会对支付清算服务的巨大需求。随着金融科技在美国的兴起，1970 年纽约清算所建立了中央计算机转换系统 CHIPS，并于同年 4 月投入运行，为同业银行提供自动化资金转移服务。经过几十年的运行，CHIPS 已成为跨国美元交易的主要清算渠道，目前 95% 的国际美元交易通过其进行支付清算。纽约清算所的参加成员可以是纽约清算所协会会员、纽约市的商业银行、外国银行在纽约的分支机构、符合纽约州银行法规定的投资公司等。中国银行于1986年作为我国首家银行加入了CHIPS。CHIPS提供的服务包括：由国际贸易、外汇买卖、国际信贷、欧洲美元交易、欧洲证券交易、短期金融工具交易等引起的美元资金支付与清算；此外，CHIPS成员还可通过该系统进行美国国内贸易及证券交易资金清算、代理行间的资金划转、与美国其他支付系统间的头寸调拨等等。CHIPS系统通过纽约清算所租用的高速数据传输线路运行，包括一个主处理中心和一个备份处理中心，成员直接与CHIPS的通讯网络连通。

2001年前，CHIPS是一个净额批量清算系统，其运行模式为：运行时间为普通营业日为上午7时至下午4时30分，假日后第一个营业日为上午5时至下午5时；每日营业终止后的一个半小时内进行当天的收付净额批量清算，资金转移的最终完成时间为下午6时。CHIPS的运行功能是，作为成员之间的支付指令交换和记账中心。在营业日开始时，成员的清算余额均为零，资金发送方将支付命令传送至CHIPS，CHIPS对支付命令进行真伪辨别后，即分别对资金发送方与资金接收方进行相应的借记和贷记记录，并连续不断地计算每一个成员的净头寸。下午4时30分以后，清算所分别向每一成员告知其当天的净头寸，向清算成员告知其所代理的非清算成员的总净头寸。清算成员间的净差额通过FED-WIRE及纽约清算所在纽约联储银行开设的清算账户进行最终清算，非清算成员与清算成员之间的清算则通过前者在后者开立的代理行账户实现。清算所在下午6时之前通知所有成员当日清算已经完成。

从2001年1月起CHIPS采用了新系统，逐步成为实时清算系统。目前，CHIPS已成为一个实时的、终结性清算系统，对支付指令连续进行撮合和结算。CHIPS对支付指令的处理通常只需几秒，并且新系统为从CHIPS队列中释放的支付指令提供实时的终结性清算。CHIPS的营业时间是从上午7时至下午4时30分，资金转移的最终完成时间为下午6时，遇到节假日则营业时间适时延长。

（三）信用卡网络系统

作为现代信用卡的发源地，美国的信用卡产业高度发达，由银行和其他非银行金融机构发行的品种繁多、功能各异的信用卡广泛应用在各种交易和消费领域。维萨（VISA）、万事达（MASTER）等信用卡国际组织左右着世界信用卡产业的发展趋向，一些著名品牌信用卡风行全球，占有绝对的市场份额。据统计，目前美国国内流通的信用卡中，75%为维萨卡和万事达卡。

发达的信用卡产业造就了便捷、高效的信用卡支付网络体系。ATM和POS等信用卡网络设施密布全美，将持卡人的存款账户、商业场所、发卡机构通过电子计算机系统合理地连为一体，向发卡机构提供通信、交易授权和资金结算服务。信用卡支付系统通常采取差额结算方式，系统自动计算所有成员的净结算余额，通过电子资金转账系统实施转账。目前，美国已在相当程度上实现了不同信用卡网络的 POS、ATM 的通用联合。

（四）自动清算所

自动清算所（ACH）是覆盖全美国的一个电子清算系统,用于行间交换和清算。为了解决纸质支票的低效及安全问题,美国银行界从 20 世纪 60 年代即开始寻求能够替代支票功能的自动化支付方式。随着电子及自动化技术的发展,在美国一些地方清算所进行自动支付清算尝试的基础上,1974 年美国银行家协会建立起了以地方清算所为成员的全国自动清算所协会,并设计了跨地区电子支付的规则及标准格式,ACH 服务应运而生。目前,ACH 网络的成员主要是分属于各地方自动清算协会的一万多家金融机构;全国自动清算所协会是 ACH 的决策机构,负责制定 ACH 的运行规则,维萨集团和一些银行持股公司是该协会的成员。ACH 适用于:工资、政府福利津贴、养老金等的发放;保险费、消费者账单、抵押分期付款及利息等的支付;商业机构的现金集中处理;企业间的货款结算等,主要为政府机构、公司、企业、消费者提供服务,小额支付事项居多。

二、欧元区支付清算体系及其运作[①]

（一）欧洲跨境清算渠道

欧元的诞生特别是其跨国支付的特点给欧盟各国中央银行的清算系统带来了新的活力并提出了更高的要求,从目前欧元清算的发展趋势看,从欧洲中央银行到欧盟各国中央银行均采用实时全额实时清算方式处理欧元清算业务,而在 1993 年采用 RTGS 方式的清算总额只占市场份额的 5%,1998 年该比例上升到 50%,欧元诞生后,由于 TARGET 系统的成功运行,RTGS 方式更是占据了市场份额的 70%。RTGS 将以其系统风险低、安全性高、资金流动性高的特点 而逐步取代净额清算方式（Netting Settlement）。

根据欧洲中央银行的统计表明,欧洲中央银行的 TARGET、德国法兰克福的 EAF 和 EBA 组织的 EURO1 三大清算系统在经历了启动阶段的种种考验之后,运行逐渐平稳顺畅,其欧元清算量和清算额在全部欧元清算系统中名列前茅。

1. TARGET 清算系统

欧洲间实时全额自动清算系统（Trans European Automated Real-time Gross Settlement Express Transfer System,TARGET）是由欧洲中央银行推出,用以处理欧元跨国清算业务的实时全额实时清算系统。TARGET 系统是由欧洲货币局在 1995 年 5 月宣布建立并于 1999 年 1 月 1 日正式启用的跨国清算系统。

TARGET 系统将 15 个欧盟成员国的本国 RTGS 清算系统连接起来,使各清算行的欧元跨国清算只需通过本国中央银行即可与该系统完成互相交换数据,

---

[①] 参见刘明康:《欧元运行与欧元清算》,经济管理出版社 2001 年版。

而不需要清算行另行设立单独的清算渠道,清算效率较高。该系统采取逐笔清算的方法,即付款指示随到随处理,及时快速,但要求清算行账户中必须有足够的资金。TARGET 系统有助于减少付款系统风险,它通过连续的当日终局性划拨方式来清除清算过程中固有的银行间风险。在过去的 10 年里,许多国家已对大额资金划拨采用了实时交收总额清算系统。一国的 RTGS 系统可通过 TARGET 系统连接任何其他欧盟国家的 RTGS 系统,各国与 TARGET 系统连接的 RTGS 系统都可通过 TARGET 系统付款,并利用全额抵押担保的透支或以合格的预选存入证券的当日回购协议提供日间流动性。

TARGET 系统要求欧盟成员国的中央银行在欧洲中央银行的账户内备有充分的资金或等值的抵押品。大约有数千家各国的清算行可以通过其本国的中央银行账户进行跨国清算。TARGET 系统主要适用于大额清算,其主要市场目标着重在时效性与敏感度高的汇款上,如 TARGET 可以正确而迅速地执行与货币政策有关的汇款或巨额的商业转账交易。金融机构与货币政策实施直接有关的付款必须通过 TARGET 系统清算,这其中也包括欧洲中央银行体系的付款与收款。EBA 清算系统的最后轧差余额也将通过 TARGET 系统清算。TARGET 清算系统的营业时间为:从欧洲中部时间的 7 时至 18 时,除周六和周日外,TARGET 系统将在每年 1 月 1 日、复活节周五和周一、5 月 1 日、12 月 25 和 26 日共关闭六天,其余时间全部营业。在 TARGET 系统运行时间内,清算行可通过本国中央银行的 RTGS 全额实时清算系统随时向欧洲中央银行发送付款指令,TARGET 系统收到指令后在付款行账户未透支的情况下,逐笔执行付款并通知收款行中央银行,收款行中央银行收到后立即贷记开户行账户。根据测算,每笔付款送达收款行账户的时间为 5—40 分钟左右,时间差距主要系各国中央银行集中处理数据的时间不同所造成。在每个工作日的下午 5 时 30 分后,TARGET 清算系统将不再接受付款行大额付款。

TARGET 系统的主要特点是:(1) 该系统对资金流动性要求高;(2) 风险低,要求商业银行要放置充分的抵押品,成本较高;(3) 收款速度快;(4) 由于各国中央银行可能不对 TARGET 系统提供补贴,因此,该系统的清算费用较高。欧洲中央银行于 1998 年 6 月 10 日公布了通过 TARGET 系统办理跨国清算的收费标准,共分为三档:第一档,月业务量从 1 笔到 100 笔,每笔收取 1.75 欧元;第二档,月业务量从 101 笔到 1000 笔,每笔收取 1.00 欧元;第三档,月业务量在 1001 笔以上,每笔收取 0.8 欧元。但由于这个系统在未来欧元清算中将占有主导地位,因此,对于中国银行业来说,TARGET 清算最终将成为清算的主要渠道。

TARGET 清算系统的清算行目前遍及全球,总数达两万八千余家。非欧元区国家的银行只要在欧盟各国中央银行开有账户即可申请成为 TARGET 清算银行。

2. EAF 清算系统

欧洲法兰克福清算系统(Euro Access Frankfurt National Clearing System, EAF)是由设在法兰克福的德国黑森州中央银行推出的,在经历了 EAF-1 和 EAF-2 两代电子清算系统的基础上进一步修改和完善的德国境内欧元电子清算系统。它具有对流动资金需求较低,同时又将信贷风险和系统风险降到最低点的特点。尤其是在实行要求各清算行预报给予对方清算行的最高授信付款限额后,使各清算行 95% 以上的付款可在付款行发送付款指示后 20 分钟内即被执行,而未被执行的大额付款中央银行也实时通知收款行,并待多边清算结束后予以执行,因此,该系统兼顾了全额实时清算系统和净清算系统各自的优势,从而大大提高了德国银行在欧元清算方面的国际竞争能力。

目前 EAF 清算系统共有一级清算行 101 家,二级清算行(间接清算)627 家,EAF 清算系统每工作日的运行时间为欧洲中部时间(CET)上午 7 时至下午 4 时,共分为两个阶段,即双边清算阶段和多边清算阶段。在双边清算阶段,各清算行可连续发送付款指示,每笔付款发送后可在几秒钟内即送达中央银行,同时收到中央银行的回执,随后在中央银行每 20 分钟进行一次的数据处理中执行付款,并分别通知收款行收款到账和付款行付款已执行完毕;对因付款格式及收款行拒收而产生的退款,中央银行均及时发送退款信息。在多边清算阶段,所有在双边清算中没有被执行的付款指令均在此阶段得到处理。如果,此时某清算行在中央银行的账户出现透支,中央银行将直接通知该清算行备足头寸,并可向其提供延时清算服务。如果该行在 EAF 清算系统结束时间下午 4 时后半小时内仍无法补足头寸,中央银行将要求清算行撤销尚未执行的付款,并将该付款转入清算截止时间至下午 6 时的 ELS 清算系统——德国中央银行全国电清算系统待付。EAF 清算系统与各欧元清算系统相比较,不论在流动资金需求、信贷风险、系统风险,还是在费用方面均存在着很大优势。未来 EAF 清算系统将逐步放松其清算行准入的限制,进一步提高清算效率,以提高与其他清算系统竞争的能力。

3. EUR01 清算系统

EUR01 清算系统系成立于 1985 年,由欧洲银行协会(Euro Banking Association, EBA)设立。它在欧元实施前是欧洲货币单位 ECU 的净清算系统,欧元实施后转换为欧元跨国净清算系统。该系统属净额清算系统,其特点是低成本。1999 年 1 月 1 日欧元启动后,EBA 系统已成为欧元清算的又一主要渠道,其英文名称变为"EUR01"。

EUR01 系统属私有化系统,参加行均为国际性大银行,采用净清算方式清算,不承担任何信贷风险,所有清算行账户决不允许出现透支。其清算特点为风险低,只接受大额付款指令,在清算速度上与其他全额实时清算系统相比较仍存在清算时间较长的缺陷,其最终清算也通过欧洲中央银行进行。

EUR01 系统的主要特点是:(1) 风险较高。EUR01 系统是日终净额清算系统。如果某一家银行破产或不能履行当天传送的收付指令,系统中与此相关的清算银行都将面临清算风险,从而遭受损失。但由于它不需要每一笔款项即时到位,因此结算较为方便、快捷。为解决结算风险问题,欧洲中央银行已决定建立一个奖金库,为 EUR01 系统提供 10 亿欧元的流动资金,以满足由于某些 EUR01 系统成员不能履行日终清偿义务而造成的紧急资金需求。(2) 收款速度慢。(3) 流动性要求低。(4) 费用低。EUR01 系统是一个净额清算系统,只要求日终收付轧差时余额充足,即可完成清算,并且还有同日透支额度,因此,其清算成本相对低于 TARGET 清算系统。据估计,EUR01 清算系统的逐笔清算成本为 0.5 欧元,费用较低。

自欧元正式实施以来,EBA 协会现拥有 119 家成员行和 72 家清算行。EUR01 清算系统每个工作日的运行时间为:欧洲中部时间(CET)上午 7 时至下午 4 时。各清算行付款指示通过 SWIFT 网络送达 EUR01 系统处理中心,经系统自动轧差后经欧洲中央银行送至收款行。每日下午 2 时开始系统轧差各清算行的余额,如某付款行余额透支,只能在各清算行间借款补足头寸,如在下午 3 时 45 分系统最后一次进行余额轧差时,该付款行余额仍透支,系统将自动撤销此笔付款指示并退回付款行。由于 EUR01 清算系统采取净清算方式,付款指示处理较慢,即使付款行有足够头寸也需待下午 2 时余额轧差后才能得以执行。

除了以上三种清算系统外,欧元清算仍可以通过传统的代理行方式进行,汇款行利用代理行的服务进行收付款,通过银行在彼此之间持有的账户进行转账划拨,也可通过代理行在他国的机构或代理行利用当地的清算系统如全额实时清算系统和自动清算所可以作为欧元清算的补充方式。

表 6-2 欧元三种跨境清算方式的比较

支付系统	清算类型	安全性	流动性	覆盖面	优点	缺点
TARGET	实时	最高	最高	所有欧盟国家可能所有银行	实时执行,支付的终局性,当时计息	费用高,未达到欧洲议会对透明度的要求
EBA 欧元清算	净额	较高	低	所有欧盟国家成员银行	即时执行费用低,符合 LAMFALUSSY 标准	只在成员银行间进行直接结算
代理行清算	实时/净额	较高	不确定	所有国家所有银行	地理覆盖面大	不同银行间的质量差异可能较大

(二) 欧元债券结算和票据结算系统

1. 欧元债券结算系统

欧元的启动给全球债券市场带来了积极的影响,欧元债券的全球市场份额不断增加,国际债券市场形成了以美元和欧元竞相抗衡、平分秋色的局面。欧洲中央银行统计数字表明,全球欧元债券市值已达六万余亿欧元,占全球债券总量的1/3,此外,欧元区11国发行的欧元国债总额达到了3.3万亿欧元,其中发行总量占前三位的国家分别为:意大利国债占32%、德国23%和法国20%。

欧元债券市场的发展也对债券结算系统提出了新的要求,早在1997年1月欧洲货币局就提出欧元实施后的债券结算系统(Security Settlement Systems, SSSs)应达到满足货币政策运行的操作可行性最低要求,要支持货币政策的统一和单一货币政策的实施。而保证货币政策运行的最低条件就是要使:(1)欧洲中央银行体系能够与债券交易系统建立联系;(2)债券交易要确保最终当日结算的安全和可靠;(3)有足够的资产用于抵押以取得中央银行的信贷。

目前,欧元债券的结算大部分均通过 Euroelear 和 CEDEL 两大结算系统进行,但为了保证欧元债券在全球范围内实现实时结算,欧元区内各债券清算所也同样掀起了合并浪潮。Cedel Bank 和德国债券清算所已开始合并建立一个全新的泛欧债券清算系统,从而达到进一步降低风险,增强市场竞争力的目的。

(1) Euroelear 结算系统

Euroelear(Euroclear Clearance System Cooperative)建立于1987年,拥有全球两千七百余家成员行,该系统由美国摩根公司布鲁塞尔分公司负责运行维护,可接受办理全球超过七万余种证券、二十余种货币的 DVP(Delivery Versus Payment)方式结算业务。

证券的买卖双方通过 Euroclear 处理中心(EOC)实现交易的结算,即交易双方通过 SWIFT 网络分别向 EOC 处理中心发送标准格式的交易确认书,EOC 收到后即根据双方发来的交易内容进行实时自动匹配,在账号、结算日、债券数量、债券交易代码和货币五项要素均匹配一致后自动向交易双方发送交割证实,如交易未能匹配,系统将视为待办业务不予处理并通知交易方。在债券交割日,EOC 将根据买卖双方债券、资金的到位情况,自动办理交割或拒付,可确保交易双方避免发生收付风险,该系统日处理量为42亿欧元。

(2) CEDEL 结算系统

CEDEL 系统始创于1970年9月28日,并于1995年1月更名为 CEDEL-BANK,由拥有98家控股人的 CEDEL International Group 负责管理运作,其总部设于卢森堡。目前,CEDEL 系统的成员包括70个国家的两千余家金融机构,可叙做近八万种证券业务、24种货币的不同证券的结算业务。

CEDEL 系统分别由 CEDEL Global Network、Communication Links、Cedcom2000 和 SWIFT 网络构成,可为成员行提供不间断的证券 DVP 结算业务,交易双方的结算手续同 Euroclear 系统。

为了便于处理不同系统成员间的证券交割业务,CEDEL 和 Euroclear 两个系统于1992年3月签订了双方结算业务的联合协议,使双方不同成员间的证券交易可通过两个系统间的桥梁联合交割,增进了系统间的互联性,实现证券的实时清算。

2. 票据清算

由于欧元区电子汇划系统的广泛使用,票据清算并没有得到长足的发展。以德国、法国、意大利等为首国家的票据清算仍采用传统的票据格式和票据交换清算方式。目前,德国对欧元和马克支票不区别对待,欧元和马克现金托收在德国可在一个工作日后收妥。欧元和外币支票托收行可通过中央银行票据交换中心在八个工作日内收妥,但不是所有的外币现金托收都可收妥,如法郎支票在德国境内兑现。票据收妥后代收行以SWIFT实时向托收行发送托收收妥的证实,客户的摘要号被列入每日SWIFT对账单。如发生退票,则以SWIFT通知代理行并收取一定费用,退票退回时间为24小时,如正本丢失可凭影印本办理托收。

三、中国支付清算体系及其运作

1953年中国开始建立中国银行业的支付清算体系,在全国推行支票、托收无承付等八种清算方式,建立了三级联行清算体系,即县辖联行、省辖联行、全国联行。各级联行负责辖区内各金融机构之间的资金清算,全国联行通过中国人民银行总行清算。这种全国大联行的清算体系较好地适应了当时高度集中的计划经济体制的需要。

1984年中国人民银行专门行使中央银行职能后,中国人民银行的支付清算体系经历了手下联行、电子联行与现代化支付系统的支付清算系统发展过程。1991年我国开始规划建设中国现代化支付系统(China National Advanced Payment System,CNAPS),1996年开始动工建设。该系统涉及中国人民银行清算总公司和各家商业银行、政策银行、股份制银行、外资银行及其他金融机构。它将覆盖全国324个城市处理中心,达到8964个商业银行网点;采用大额实时、小额批量的处理模式,主要用于解决各家商业银行间的跨行资金支付清算及结算问题。它包括中国人民银行统一运行管理的大额支付系统(HVPS)、中国人民银行和商业银行及其他金融机构共建共有共用的小额批量支付系统(BEPS)、中央银行账户管理系统(SAPS)、支付银行卡授信系统(BCAS)、同城票据交换所(LCH)和金融管理信息传输服务(FITS)。

(一)同城票据交换所

同城清算是指同一城市(区域)内的交易者间的经济往来,通过开户金融机构的同城票据交换实现债权债务清偿及资金转移。目前,我国的同城支付清算通过全国两千多家城市和县城清算所进行。全部同城跨行支付交易和大部分同城行内支付业务经由同城清算所在商业银行之间进行跨行清算后,再交行内系统进行异地处理。同城清算由中国人民银行负责安排,并对参与清算成员提供票据交换和资金结算服务与监管。参与成员每日将票据按照接受行进行清分后,提交至清算所,在成员之间进行交换;各成员按照发出和收到的票据金额进行贷记项目和借记项目汇总,并计算出净结算余额,通过在人民银行开立的存款账户进行清算;只有当所有参加者的净额轧差等于零时,中国人民银行才接受清算,不允许透支,即在贷记收款行账户之前,先行借记付款行账户(或同时贷记和借记双方银行账户);一旦收款行账户被贷记,支付即告实现。

20 世纪 80 年代,中国同城票据交换所主要采取手工处理方式,其缺陷是效率低、劳动强度大、错误率高。自 80 年代中期以来,我国启动了同城清算的电子化和自动化改革。部分同城交换开始采用磁介质交换信息,一些大城市同城交换开始采用票据清分机或用网络交换支付信息。目前,这些同城票据交换所自动化和网络化程度在迅速提高。

(二) 全国电子联行系统

电子联行系统是中国人民银行在支付系统现代化建设中的第一次尝试,其主要设计思想是要克服纸票据传递迟缓和清算流程过分烦琐造成大量在途资金的问题,从而加速资金周转,减少支付风险。电子联行系统采用 VSAT 卫星通讯技术,在位于北京的中国人民银行清算总中心主站和中国人民银行各地分/支行的小站之间传递支付指令。中国人民银行于 1989 年开始建立处理跨行异地支付的全国电子联行系统,1991 年正式运行,专门处理银行业异地资金的汇划业务。2002 年该系统平均每天处理电子联行业务十五万笔左右,金额一千五百多亿元,是我国异地资金汇划调拨的主渠道。该系统对加快我国的资金周转、提高社会资金的运用效率、促进国民经济的发展,发挥了重要的作用。

电子联行系统的业务流程可以概括如下:汇出行(商业银行分/支行)把支付指令提交(以手工或电子方式)到当地发报行(中国人民银行分/支行);发报行将支付指令经账务处理(借记汇出行账户)后送入系统,经卫星通讯网络传输到全国清算总中心;全国清算总中心(实际作为信息交换中心)将支付指令按收报行分类后,经卫星通讯发送到收报行;收报行接收到支付指令后,按汇入行分类;收报行为每一家汇入行生成支付凭证和清单,送汇入行。

电子联行系统的设计使异地支付(包括商业银行内各分行之间的支付和异地跨行支付)的处理流程更加合理,从而大大加快了异地支付的清算和结算过程。但是,由于中国人民银行清算账户的开设和管理方式仍然没有改变,所有的账务处理仍然分散在中国人民银行各分行完成,所以电子联行系统只不过是把支付工具交换路程最远的一段电子化了。近几年来,无论是中央银行还是商业银行,都对银行电子化进行了大量投资,取得了显著的效果。中央银行和各大商业银行基本上都建立起了全国范围的通讯网络和各级支付清算中心。

(三) 中国现代化支付系统

中国现代化支付系统(China National Advanced Payment System,CNAPS)是在国家级金融通信网(CNFN)上运行的我国国家级的现代化支付系统。它集全国电子联行系统、商业银行电子汇总系统等于一身,是中国人民银行建设运行的核心支付系统,是连接各银行资金运行的枢纽和桥梁,是社会经济活动的重要金融基础设施。该支付系统为各银行机构和广大企事业单位以及金融市场提供快速、安全、可靠的支付清算服务,支撑多种支付工具的运用,满足社会经济活动的需要。

CNAPS 系统涉及中国人民银行清算总公司和各家商业银行、政策银行、股份制银行、外资银行及其他金融机构。其主要应用系统由大额实时支付系统(HVPS)、小额批量支付系统(BEPS)两个应用系统组成。大额实时支付系统处理同城和异地商业银行跨行之间、人民银行行内的大额贷记支付业务、紧急的小额贷记支付业务,以及人民银行系统的贷记支付业务。业务种类包括:汇兑、委托收款和托收承付划回、定期贷记支付业务,中央银行会计和国库部门的资金汇划,公开市场操作和债券交易的即时转账等。该系统实行逐笔实时处理,全额清算资金。小额批量支付系统处理同城和异地纸凭证截留的商业银行跨行之间的定期借记支付业务,中央银行会计和国库部门的借记支付业务,以及每笔金额在规定起点以下的小额贷记支付业务。小额批量支付系统采取批量发送支付指令,轧差净额清算资金。

1991 年我国开始规划建设中国现代化支付系统。2002—2006 年期间,大额实时支付系统、小额批量支付系统陆续建成,标志着以现代化支付系统为核心、商业银行行内系统为基础、各地同城票据交换系统和卡基支付系统并存的支付清算体系初步形成,我国金融基础设施进一步完善,银行业整体服务水平显著提高。2006 年 12 月 18 日,支票影像交换系统(CIS)在中国人民银行清算总中心和北京、上海、天津、广州、石家庄、深圳分中心成功试点运行。支票影像交换系统成功试点上线,是中国人民银行继大额实时支付系统、小额批量支付系统后支付清算系统建设的又一重要里程碑。2007 年 6 月 25 日,支票影像交换系统在其他 26 个支票影像交换系统分中心同时上线运行,至此,支票影像交换系统的全国推广完成。

CNAPS 支付系统建有两级处理中心,即国家处理中心(NPC)、地市级及以上城市的城市处理中心(CCPC)。该系统的国家处理中心与各城市处理中心的通信连接,采用专用或虚拟网络,以地面通信为主,卫星通信备份。国家处理中心设在北京,为防范风险的需要,同时在无锡设立备份中心。除主要满足银行之间的汇兑服务需要外,为保障支付业务的处理和中央银行的最终清算,国家处理中心将与中央债券簿记系统、中央银行债券发行系统、中央银行公开市场业务交易系统对口连接。城市处理中心将与中央银行会计集中核算系统、中央银行国库核算系统、商业银行行内汇兑系统、农村信用合作社联行系统、全国银行间外汇交易系统、中国黄金交易系统、城市商业银行汇票处理系统等业务系统对口连接。这样既可以明确划清支付系统与相关系统的层面,又能扩展支付系统服务功能。

CNAPS系统除保证实现安全高效的支付清算外,还可以利用系统多方面的功能,为货币政策、金融市场和金融监管服务。第一,支付系统支持债券发行与兑付。支付系统支持债券发行业务处理的基本做法是,根据发行人的中标缴款通知,通过中央债券簿记系统与支付系统国家处理中心的一个物理接口,在缴款日,由人民银行债券发行系统向支付系统发起第三方支付指令,完成债券发行人与承销商资金清算的即时转账,根据支付系统发回的转讫通知,中央债券簿记系统办理债券托管并通知发行人和承销商。这种操作均在缴款当日完成,有利于提高资金清算和债券过户的效率。支付系统支持债券兑付业务处理的做法是,允许中央国债登记结算在支付系统国家处理中心开立特许清算账户,发行人通过支付系统,将款项划至中央国债登记结算公司的特许清算账产后,由其于兑付日或付息日向支付系统发出第三方支付指令,通过支付系统全国处理中心办理即时转账和资金汇划。第二,支付系统支持同业拆借市场资金清算。支付系统支持同业拆借市场资金清算的做法是,由于拆借存在不确定性,由第三方向支付系统发起支付指令强制清算可能产生交易纠纷。同业拆借市场资金清算仍由拆借双方全额直接清算,自担风险。即由拆出方或归还方在规定时间内,主动发起支付指令通过大额支付系统办理资金汇划和清算。为加强拆借交易监管,支付系统给同业拆借业务特定标志,每天营业终止时向同业拆借中心下载拆借和归还资金支付信息,由同业拆借中心自建资金清算业务数据库进行配对管理。第三,支付系统支持和促进金融监管。现代化支付系统蕴藏着大量的支付清算数据信息。通过信息采集、加工和分析,可为中央银行金融监管提供多方面支持。一是支持法定存款准备金管理。根据存款准备金管理要求和商业银行(信用社)清算账户设置情况,人民银行对准备金账户设定缴存金额,由支付系统国家处理中心进行管理。人民银行总行及其分支行可向支付系统查询、下载所在地商业银行存款准备金统计信息,以及商业银行全行所有准备金存款账户旬内日平均余额信息。二是支持金融监管信息统计分析。支付系统在国家处理中心设置支付管理信息系统,可按行别和地区进行支付业务量、资金流向与流量、现金投放回笼、清算账户余额、大额排队日终退回、日终罚息贷款等统计。三是加强对异常支付的预警监视。人民银行可根据监管需要,运用支付系统对银行或收款付款人资金往来,特别是大额资金流动和提取现金,进行实时监视,及时发现和跟踪异常支付,这对于加大反洗钱力度,提高反洗钱水平,具有重要作用。有了现代化支付系统,如果金融监管部门发现某一银行有违规嫌疑,就可及时对该银行支付清算进行实时监视,并自动进行所需记录和分析。除以上功能外,支付系统还为中央银行公开市场操作、债券交易市场资金清算、外汇交易市场资金清算、商业银行流动性调节等,在提高资金效率、改进管理和防范风险等方面提供有力支持。

目前,中国现代化支付系统连接一千六百多家直接参与者、九万多个银行业分支机构,并连接中国外汇交易系统、中央债券综合业务系统、中国银联信息处理系统、城市商业银行汇票处理系统、港澳人民币清算行,每笔支付业务不到一分钟即可到账,实现了全国跨行资金清算的零在途,功能和效率达到了国际先进水平。2009 年,大额支付系统共处理支付业务 2.5 亿笔、金额 804 万亿元,平均每日处理支付业务 100 万笔、金额 3.2 万亿元;小额支付系统共处理支付业务 2.3 亿笔、金额 11.5 万亿元,平均每日处理业务 64.8 万笔、金额 328.4 亿元。中国现代化支付系统的安全、高效运行,大大提高了资金交易效率和流动性,加强了各类金融市场的有机联系,为疏通货币政策传导、增强货币政策效果、维护金融稳定发挥了重要作用。中国人民银行下一步将继续稳步推进支付系统建设。目前,正抓紧建设以大额支付系统、小额支付系统和网上支付跨行清算系统为主要应用系统的第二代支付系统,充分发挥金融基础设施的作用,更好地履行中央银行的支付清算职能。其中,第二代支付系统的网银互联应用系统先行建设,已于 2010 年 8 月上线运行,按照系统建设实施计划,第二代支付系统的其他应用系统拟于 2012 年 10 月底前上线运行。[1]

资料

中国支付清算协会成立[2]

2011 年 5 月 23 日,中国支付清算协会(以下简称"协会")在北京成立。协会经国务院同意、民政部批准成立,并在民政部登记注册的全国性非营利性社会团体法人,是支付清算行业的自律性组织。协会的业务主管单位是中国人民银行。近年来,中国支付体系发展非常迅速,已形成以中央银行为核心,银行业金融机构、证券结算机构、非金融支付机构等各有侧重、功能互补的支付清算体系。随着支付服务市场化、专业化程度的不断提高以及利益主体的多元化发展,建立政府管理与行业自律相结合的支付服务市场管理体系日益迫切。

从国际经验看,对支付服务市场采取政府监管和行业自律相结合的管理模

---

[1] 资料来源:中国人民银行网站。
[2] 资料来源:2011 年《中国人民银行年报》。

式,有助于降低监管和市场运行的成本,提高监管效率和促进市场创新,保障支付清算体系运行的安全性和有效性。协会以促进会员单位实现共同利益为宗旨,对支付清算服务行业进行自律管理,维护支付清算市场的竞争秩序和会员的合法权益,防范支付清算风险。协会的成立对于引入市场主体自我管理、自我约束机制和创新机制,进一步推动支付服务市场管理——创新——发展的良性发展具有重要意义。

第三节 支付清算体系的风险及其管理

支付体系承担着一国的经济行为者资金在国内及国际间进行转移的功能,整个支付过程的完成需要支付系统构造的各个要素,包括运载支付命令的各种支付工具、命令的处理与通讯系统、资金清算的各种安排等等共同发挥作用,这些因素在支付系统的运行中都蕴藏着风险。因此,在支付系统的构造中,如何有效地控制风险,直接关系到一国支付系统的安全程度及效率的发挥。

一、支付系统风险

支付系统风险包括信用风险、流动性风险、系统风险、非法风险、法律风险、操作风险等等。

(一) 信用风险

信用风险是指清算的参与者(包括清算者本身、清算中介等)无法支付应偿还的款项,包括清算者一方无法清偿的全部债务与未交割合约持有者利益损失的风险。十国集团中央银行支付与清算委员会于1997年指出支付系统的信用风险是指"交易中的订约方既不能在法定的时间内,也不能在法定时间以后的任何时间里全额清算其债务时所形成的风险"。一般的,信用风险的发生源于支付过程的一方陷入清偿力危机,即资不抵债。

支付过程中的各个步骤都可能产生信用风险,对合同双方的经济行为者而言,一方向另一方提供商品与劳务,在非现金交易下,双方都面临着信用风险,商品与劳务的供应方面临着对方无法履行合同规定的付款责任风险,而付款方则面临着对方不能履约提供规定的商品与劳务风险;从用户及向用户提供支付服务的商业银行而言,在贷记支付下,商业银行向用户提供支付服务,意味着银行在用户账户资金不足时为用户提供信贷便利,银行面临着用户无法归还银行信贷的风险,同样,用户也面临着银行倒闭风险;从资金的发送银行与资金的接收银行而言,资金的接收行向资金发送行提供信贷面临着风险;从资金的接收行与资金的接收者之间而言,在银行贷记用户账户后,用户可以将账户资金进行转移,如果银行在同业清算中无法从资金发送行收到相应的资金,那么该行也面临着无法将资金从其用户索回的风险。

信用风险的产生,主要原因是,交易双方经济合同的达成与资金的转移不是同时进行,在支付命令发送后与资金转移实际发生的时间中,一方可能因种种原因陷入清偿力危机,导致在资金实际交割时无法履约。命令的传送与资金实际交割的间隔越长,潜在的信用风险便越大,因此,加速命令的处理是各种支付系统的重要课题。电子资金转移系统的存在,使支付命令的发送与资金的交割在当天便可完成,大大减少了支付过程中存在的信用风险。在交换时,一方如期交换,而另一方却不能作出相应的交换,这种风险又称为本金风险。在外汇交易中,交易双方往往属于两个不同的时区,因此,外汇交易潜在的信用风险便特别显著。

（二）流动性风险

流动性风险是在支付过程中,一方无法如期履行合同的风险。流动性风险与信用风险的区别在于,违约方不一定清偿力发生危机,而仅仅是在合同规定的时间无法如期如数履行债务,但如果给予其足够的时间,该方可以通过变卖资产筹措相应资金满足清算的要求。流动性风险与信用风险之间又具有内在的联系。如果某银行流动性发生危机,势必造成该行快速以廉价销售资产,而造成的损失往往就是倒闭的原因。因此,流动性危机往往是信用危机的先兆,一个银行如果因管理问题频繁出现流动性不足,必然会引起同业的猜疑,从而对该行的信贷进行严格限制。同时,为了防止信用风险的出现,其他银行往往尽快将资金从该行转出,从而进一步加剧该行的流动性问题。

（三）系统风险

系统风险指在支付过程中,一方无法履行债务合同造成其他各方陷入无法履约的困境。系统风险是在支付系统构造中,各国货币当局最为关注的问题。由于支付系统的运转直接支撑着一国金融市场的运作以及经济活动的进行,支付系统的中断必然造成整个金融市场秩序的紊乱,经济活动停顿,使整个国家经济陷入危机。大额支付系统的风险控制对防止系统风险至关重要,大额支付系统是一国支付系统的核心组成部分,无论大额支付系统的运行方式是全额现时制,还是多边净额批量清算制,由于交易金额巨大,参加系统各方的相互依赖性,一方违约的后果很容易在各方扩散,造成整个系统的崩溃。

（四）法律风险

法律风险指由于缺乏支付法或法律的不完善,造成支付各方的权利与责任的不确定性,从而妨碍支付系统功能的正常发挥。无论是支付服务的提供者还是使用者,都希望将支付过程中产生的风险或损失转移到另一方。因此,支付系统的运行依赖于一定的法律根据。法律规定了交易各方的权利与义务,各种支付工具要满足的基本条件,通讯系统、清算安排的各种责任,风险的控制及损失的分担等等,支付系统只有在法律保障之下,其作用才能得以发挥。在目前各国支付系统的各种清算安排中,一些是基于一致的法律基础下,一些则是由参加清算的各方自发达成的安排,如清算所的清算安排、代理行的代理安排等等。

(五)非法风险

非法风险指人为的非法活动,如假冒、伪造、盗窃活动对支付系统带来的风险。人类对支付工具的非法使用自古就存在,这些非法活动严重损害了人们对支付系统的信心,阻碍了经济活动的正常开展。在现代大额支付体系借助电子通讯的时代,在支付数据处理、传输过程中进行非法发送命令、窃取数据等一系列非法活动,对一国的支付系统形成了严重的威胁。如何有效地防止金融犯罪是各国在支付系统设计中要考虑的重要问题。

(六)操作风险

操作风险指在现代支付系统运用的电子数据处理设备及通讯系统出现技术性故障,使整个支付系统运行陷入瘫痪的潜在风险。

二、中央银行对支付体系风险的管理

中央银行的职能之一是对支付清算体系进行监督管理。在支付清算系统的各种风险表现中,最主要的风险是信用风险与流动性风险,它们是导致系统风险的直接原因,因而是风险管理的重点。由于支付清算的方式不一样,净额清算与全额清算中的风险暴露也不尽相同,风险管理的具体措施也会因此有所区别,下面分别加以分析。

1. 净额清算系统的风险管理措施

净额清算中的风险源来自付款行头寸不足时,导致收款行因流动性风险而衍生的系统风险,所以风险管理的重点应该是有效控制风险源与风险的蔓延。

(1)严格限制支付体系会员银行的资格。这是从根本上保证支付体系安全的重要措施,中央银行应从资本金、流动资产、业务规模、盈利能力、资信状况等方面制定相关的准入条件,以确保能够履行支付义务的、有支付能力的银行才有资格加入支付体系。为了保证准入标准的客观公开,中央银行应将制定的标准公布于众,加强社会的监督作用。

(2)设置当日限额。这种措施具体由支付系统为每家银行设置其对系统中其他银行总的净借记头寸,以及对其他每家银行的净借记头寸。当一家银行的一笔支付突破系统为它设定的限额时,支付将被拒绝或参加排队,支付指令只有在限额允许的范围内才能生效。当然,设置当日限额的措施虽然可控制当日头寸暴露的风险,但并不能完全消除不履行支付的行为,支付系统还应有相应的补充措施,如要求全部头寸暴露风险必须有抵押,这样当清算不能履行时,可动用不履行清算义务的银行抵押资产迅速获取必需的、失去的流动资金。

（3）建立资金与损失共担的风险管理协议。这一措施是对当日最高限额措施的补充与完善，必须在限额体系内使用，目的是在一定程度上保证限额结构内不能完成清算的情况下，有必要的资金完成清算。根据协议规定，由未出现支付问题的银行共同弥补资金不足，强调支付系统中每一个会员银行为维护支付系统安全应承担的责任。

2. 全额清算系统的风险管理措施

全额清算系统中存在的最主要风险，是流动资金的来源问题。实时全额清算系统可采取以下措施筹集当日所需的清算资金：

（1）提供有限透支。很多国家的中央银行通过提供透支便利保证实时全额清算系统的稳定运行，但如果透支者未能在规定期限内补足透支头寸，中央银行将可能蒙受信用风险损失。因此，为了加强风险控制，一些国家的中央银行对透支采取了相应的限制性措施，其具体内容包括：每笔透支的最大额度；透支是否需要全部或部分抵押担保；对透支额是否计息。美联储1985年颁布了"减少支付系统风险计划"，对FEDWIRE系统用户的当日透支实行限制性管理，包括：规定开立储备账户金融机构的最大透支额度；对经营不善或没有遵守美联储风险管理政策的金融机构不予提供透支便利等。从1994年4月1日起，美联储开始实行透支收费政策，对金融机构平均每日透支进行收费，包括FEDWIRE资金转移及记账证券转移两部分产生的合并透支额，其计算方法是，对FEDWIRE营业时间内，每分钟的最后时间金融机构储备账户的负值加以总计（正值不予计算），再将总透支额除以当日FEDWIRE运行的总分钟数得到金融机构每日平均透支额。美联储对每日平均透支额减去相当于银行资本10%后的部分征收费用。

（2）提供诸如当日卖出与回购便利等流动资金管理机制。在RTGS系统中，关键是每家商业银行都必须确定自身需要多少清算资金，然后提供一定数量的证券或在中央银行清算账户中保持适量的现金。当日卖出与回购便利流动资金管理机制的核心内容是，中央银行同意从商业银行某种高流动性的可变现资产，贷记它们的清算账户，并在营业日结束时自动做相反的交易（借记清算账户）。英国的RTGS系统已开发了这种管理机制。

3. 完善支付清算系统的法律与技术环境

（1）发展实时全额清算系统。通过实行实时全额清算系统，实时清算、连续进行，可使清算参与银行有足够的时间解决头寸不足问题。收款行是在清算完成后才能得到信息，使在途资金被降至最低甚至为零，从而规避信用风险和流动性风险，进而降低支付系统的系统风险。

（2）加强支付清算领域的法规建设。为防范与控制支付系统风险，许多国家加强了相关立法工作，旨在通过法律手段强化对支付系统建设及运营的监管，解决信息技术广泛应用所产生的支付系统法律问题。中央银行也负有支付清算领域的规则建设及监督执行的责任。

（3）加强支付系统的现代化建设与改造。支付清算体系最大的运作风险来自于某种原因引发的整个支付系统停止运作或系统中的某一家银行无法发出或接收支付指令,这种事故可能引发系统风险。如果在大额支付体系中,一家重要的银行在发出和接收指令时发生技术问题,将导致系统瘫痪。除此之外,还有来自外部不确定的干扰,如故意破坏、火灾、自然灾害或断电等。中央银行通常直接负责国家主要支付系统的建设和运行,以提高支付系统的整体能力。

本章小结

中央银行的支付清算服务是指中央银行作为一国支付清算体系的参与者和管理者,通过一定的方式和途径,使金融机构之间的债权债务清偿和资金转移顺利完成,以保证经济活动和社会生活的正常进行。中央银行的支付清算服务是中央银行的基本职责之一,其运行状况及其效率对一国经济安全及金融稳定具有重要意义。

支付清算体系是中央银行向金融机构及社会经济活动提供资金清算服务的综合安排,中央银行支付清算体系包括:清算机构、支付系统和清算制度。其中支付系统的平稳运行关系到货币政策实施效果,对稳定货币、金融具有至关重要的影响。

商业银行等金融机构需要在中央银行开立清算账户,并通过支付清算系统实现资金清算,中央银行的支付清算业务主要包括:组织票据交换与清算、办理异地跨行清算和提供跨国清算等。全额实时清算系统与净额批量清算系统是银行间支付清算的两种不同方式。净额批量清算系统将在一定时点(通常为营业结束时)上收到的各金融机构的转账金额总数减去发出的转账金额总数,得出净余额(贷方或借方),即净结算头寸,支付系统对金融机构的净结算头寸通过中央银行或清算银行进行划转,从而实现清算；全额实时清算系统对各金融机构的每一笔转账业务进行一一对应结算,而不是在指定时点进行借、贷差额的结算。大额支付系统作为一国支付清算体系的主干线更受到各国中央银行的高度重视；而小额支付系统是与社会经济和消费活动紧密相关、分布广而种类多的支付系统,其服务对象主要是工商企业、个人消费者、其他小型经济交易的参与者。

在支付系统的构造中,如何有效地控制风险,则直接关系到一国支付系统的安全程度及效率的发挥。支付系统风险包括:信用风险、流动性风险、系统风险、非法风险、法律风险、操作风险等等。各国中央银行都会采取相应的措施来防范和控制风险。

随着经济体制的变革、金融产业的发展和中央银行制度的完善,我国的支付清算系统逐渐发展,目前,支付清算系统主要有同城清算、全国电子联行系统、电子资金汇兑系统和银行卡支付系统等。

> **关键词**

票据交换　支付系统　清算机构　清算制度　异地跨行清算　净额批量清算系统　全额实时清算系统　大额清算系统　小额清算系统　FEDWIRE　CHIPS　ACH

> **思考题**

1. 简述中央银行支付清算业务的重要性。
2. 中央银行主办清算机构的好处是什么?
3. 中央银行支付清算业务对货币政策实施有何重要影响?
4. 为什么说全额实时清算系统有利于规避支付系统风险?
5. 支付系统风险有哪些?如何控制和防范支付系统风险?

第七章 中央银行的其他业务

内容提要

中央银行的主要业务活动除了负债业务、资产业务、支付清算业务以外,还有一些重要的业务活动。如中央银行代理国库业务,它主要是为政府保管资金、代理政府债券的发行和兑付、代理政府进行黄金和外汇买卖业务;中央银行会计业务,中央银行通过组织会计核算,为金融机构和政府提供服务,了解资金动向,监督和管理自身以及金融机构的资金活动。这些活动在中央银行业务活动中同样占有主要位置,是中央银行行使职能的具体体现。本章主要对中央银行代理国库业务进行介绍,并就国库单一账户制度的内容及其运行展开分析。

第一节 中央银行的代理国库业务

作为政府的银行,中央银行负有办理和管理国库业务的重要责任。通过代理国库,确保国家预算资金的及时收付、准确核算及库款安全,对于国家财政灵活调度资金、实现财政收支平衡、沟通财政与金融之间的联系、促进财政政策和货币政策的协调配合具有重要意义。

一、国库和国库制度

(一) 国库

国库是国家金库的简称,国家金库表示国家财富的仓库。国库是负责办理国家财政预算收支的机关,担负着国家预算资金的收纳和库款的支拨、代理政府债券的发行和兑付、反映国家预算执行情况的重任。在现代经济中,政府代表国家向社会提供公共服务和举办公益事业,维持社会的正常运转。提供公共服务和举办公益事业都需要费用,该费用由社会承担,其主要形式有:税收、公共养老保险金、政府企业收入、金融资产发行和投资的收入等,构成国家预算收入;公共养老保险费的支付、公共投资、债券利息的支付、转移支付等构成国家预算支出。因此,国库表示为国家办理预算资金的收入和支付、政府债券的发行和兑付以及保管政府持有的黄金和外汇资产。国家预算是国家的基本财政计划,是国家筹集和分配财政资金的重要工具和调节控制管理社会经济的重要杠杆。国家全部预算收入必须由国库收纳入库,预算支出必须由国库拨付。因此,国库业务关系到国家预算的执行顺利与否,是国家预算执行工作的重要组成部分和基础。

(二) 国库制度

国库制度是指国家预算资金的保管、出纳及相关事项的组织管理与业务程序安排。一般而言,国家根据其财政预算管理体制和金融体制,确立和实施相应的国库制度。对国库的经营和管理可以采取两种形式,即独立国库制和代理国库制。

1. 独立国库制。独立国库制就是国家设立专门机构,办理国家财政预算收支的保管和出纳工作。目前,世界上仅有少数国家采用独立国库制。独立国库制的优点为,严格执行财务管理上的分权制衡原则,国家财力高度集中,不但融通方便,且可以严格控制和监督各项预算收支,使得各有关部门无法营私舞弊。但由于自设国库费用大,且使财政资金在国库闲置,故采用该制度的国家很少,如法国自办国库,芬兰设国库董事会。

2. 委托国库制。委托国库制又称代理国库制,是指国家不单独设立经管国家财政预算的专门机构,而是委托银行(主要是中央银行)代理国库业务,银行根据国家的法规条例,负责国库的组织建制、业务操作及管理监督。委托国库制的最大优点是,可以利用银行的设备及人力,节省费用开支。其最大的缺点是,国库管理难度较大,国库业务常常得不到重视,效率较低下。目前,多数国家尤其是实行中央银行制度的国家实行委托国库制。例如,美国、英国和中国都采取代理国库制。

(三) 中央银行代理国库的重要意义

从实行代理国库制国家的管理体制来看,政府多是将国库委托给本国中央银行。原因在于,由中央银行代理国库,不仅有助于利用其政府银行的特殊身份及便利条件,亦对提高国库管理效率及宏观经济政策的制定和实施具有重要意义。

1. 国库资金是国家行使各项权利及管理职能的物质保障,国库工作效率事关国家预算执行、财政收支平衡、国民经济发展及社会稳定的大局,政府需要可以代表国家贯彻执行财政金融政策、代为管理国家财政收支并为国家提供各种金融服务的职能机构,代理经营国库。中央银行代理国库可充分利用银行与社会各部门、企业、个人之间密切的账户往来及金融服务关系,实现国家预算收入的及时入库和预算支出的按时拨付。财政部门可直接通过银行的联行往来系统,加速税款收缴和库款调拨,方便、灵活地调动、运用国家预算资金,提高财政预算资金的集中和分配效率,保障经济和社会发展的资金需求。

2. 财政和金融是处于国民经济核心地位的宏观调控部门,财政政策和货币政策的协调配合对促进经济增长和社会发展具有重要意义。财政与银行之间的货币资金联系错综复杂,任何变化都可能引起国民经济各项活动和各个微观主体的变化,进一步引起财政收支和信贷收支的变化。因此,宏观经济政策的制定必须符合国民经济的整体运行状况,注重财政和金融的综合平衡。由中央银行代理国库有利于财政部门和金融部门的相互衔接、相互制约和相互监督,在政府资金和银行资金之间形成协调机制,有利于财政政策和货币政策的协调。通过代理国库,中央银行可以及时了解掌握国家财政的现状和发展动态,更好地把握社会资金的流动趋向,为制定和实施货币政策提供依据。并可及时全面地向政府提供库款缴拨和预算执行情况,便于财政部门掌握金融信息,有利于财政政策的制定和与货币政策的协调。

3. 增加中央银行的资金来源。拨付之前,国库收缴的预算收入款和财政盈余款构成在中央银行的财政存款,成为中央银行的长期资金来源。因此,中央银行经理国库有助于扩大其信贷资金来源,对其控制货币供应量和信贷规模、加强金融宏观调控力度具有直接影响。

4. 中央银行代理国库可有效发挥其专业组织体系的长处和信息传输网络的优点,降低成本,节约人力物力。

5. 中央银行代理国库也有利于其对国库日常收付和预算资金转移的监督,保证国库资金的安全。

二、国库的职能和职责

(一)国库的职能

1. 为政府保管资金,负责办理国家预算资金的收纳和库款的支拨。国家的全部预算收入须由国库收纳入库,一切预算支出须由国库拨付。

预算资金收入之后,就成为政府在中央银行的存款,预算资金的支付则是存款提取。根据季节和预算项目的不同,政府资金的收付往往在时间上是不一致的。一般来说,中央银行是不对存款支付利息的。因此,维持政府存款的一定水平是节约资金成本和国库业务的重要内容。在资金收入集中时期,偿还欠款;在支拨集中时期,则可以通过发行短期债券筹措支拨资金。

2. 代理政府债券的发行和兑付以及相关工作。债券发售之前,协助确定债券收益率、预测市场需求;发售时,负责公布发行条件、接受投标和认购,在报价人之间分配和发送证券,收取款项;到期时,负责支付利息和兑付。

3. 代理政府进行黄金和外汇买卖。

(二)国库的职责

1. 准确及时地收纳国家各项预算收入。国库须依照国家财政管理体制、税务部门及国库制度规定的缴纳办法,准确、及时地办理税款的缴款及各级库款的划分和留解,以保证各级财政预算资金的运用。

2. 按照国家财政制度规定和银行开户管理办法,为各级财政机关开设账户,审查并办理同级财政库款的支拨。

3. 对各级财政库款和预算收入进行会计账务核算,正确反映财政收支执行情况。各级国库按期向上级国库和同级财政、征收机构报送日报、旬报、月报及年报,并定期与上述部门对账,确保数字准确一致。

4. 协助财政收支征收机构组织预算收入及时缴库,对拖欠预算收入不缴的单位,除根据征收机构填发的凭证核收滞纳金外,还有义务协助财税机构扣收其应缴预算收入。预算收入属于国家所有,由国家统一支配,任何单位个人都不得任意冲退,对有正当理由需要退还的预算收入,必须按照国家财政制度规定办理库款退付。

5. 组织、管理和指导下级国库和国库经收处的工作。各级国库应经常开展对下级国库和经收处的定期、不定期检查及工作指导,督促其履行规定职责,及时解决工作中的问题。

6. 办理国家交办的与国库有关的其他工作。如,代理国家进行国库券发行和兑付等。

三、各国国库制度的比较

(一) 美国国库制度

美国国库制度经历了委托国库制(1791—1840年)、独立国库制(1840—1914年)、委托国库制(1914年至今)等阶段。从美国的实践来看,国库制度具体实现形式的变迁受多种客观因素制约:政府职能的拓展、财政支出规模的扩大、国库业务的增加、科学技术的进步、金融市场的完善等,都是很重要的原因。就最终目的而言,具体实现形式的演变旨在使得财政、中央银行、商业银行更加紧密地联系在一起,逐渐形成分工明确、高效合作的良性关系。

从1791年始,美国第一银行、第二银行、州立银行和国民银行都曾代理政府履行发行债券、收缴税款、存储财政收入和拨付财政支出等职能。当时的政府资金都存放在银行,需要时通过银行将资金按财政部的要求迅速转移,委托国库制特征明显。

1837年纽约发生了金融恐慌并迅速蔓延至全国,导致大批银行倒闭,国库为此蒙受重大损失,这促使联邦政府于1840年实行独立国库制度,自行设库管理财政收支。1846年的《独立国库法》明确规定,联邦政府彻底与银行体系隔离,不得将财政收入存储于任何银行,必须使用黄金等硬通货处理一切财政收支,所有银行券不得用于财政收支。

财政部直接履行中央银行职能不是一个理想的模式,由此导致了19世纪末20世纪初的美国银行改革运动。1914年联邦储备体系的建立是这场运动的最终结果,也是中央银行代理国库的开端。1913年的《联邦储备法》授权联邦储备体系代理财政筹集、保存、转移、支付国库资金,为政府保管资金并代理财政收支,代理发行政府债券,代理黄金、外汇交易。此后,联邦储备体系为联邦政府开立存款账户,财政支出则通过联储理事会、12家联储银行及其25家分行组成的电信拨款系统进行。20世纪70年代后,电信拨款系统被电子计算机系统所取代,形成了全国范围的电子支付系统。联储可以通过该系统快速地转移政府资金与完成政府债券的交割。为避免把全部政府收入和支出都由联邦储备体系存入和提取所带来的对金融市场的扰动,财政部通常将其存款余额的一部分存放在联储,其余资金则存入130009家商业银行的"税收和公债账户"中。直到今天,美国联邦政府资金的存放依然维持着这一格局。

美国国库的制度变迁表明:财政与金融既不能彻底隔离,又不可亲密无间。在财政与金融之间建立完善、协调的关系,国库作为重要桥梁具有不可替代的作用。

（二）英国国库制度

英国也是实行委托国库制的国家。作为世界上最早从事中央银行业务的银行,代理国库是英格兰银行的重要职责之一。包括:(1)代理政府财政收支。英格兰银行为政府开设并管理专门的国库账户,所有经政府授权的收入和支出均通过国库账户,国库存款表现为英格兰银行负债。(2)代理发行政府债券。英格兰银行不仅对国债的发行与兑付负有全责,并且将其与公开市场业务操作联系起来,作为货币政策实施的重要途径之一。(3)管理外汇平准账户。英国的"外汇平准账户"包括官方黄金、外汇储备及在国际货币基金组织的特别提款权,该账户受财政部控制,由英格兰银行代为管理,用以维持英镑汇率的稳定。

（三）中国国库制度

1. 新中国成立前的国库制度

中国从周朝时期开始,几千年来的国库实施均是实物库制。从秦汉至清末,历代封建王朝管理国家财政专职机构的名称、权限范围、库藏物品等均有所变迁,但始终实行实物库制。1904年清政府设立了户部银行,1908年改称为"大清银行"并被确定为国家银行,被授权经理国库事务及国家一切款项、代理政府公债及各种有价证券发行,从而使中国的国库制度由实物库制转变为国家银行经理国库。1912年,大清银行改组为"中国银行",1913年北京临时参议院通过《中国银行则例》,明确代理国库为中国银行的主要职责。其后至新中国成立的几十年间,除北洋政府时期曾由中国银行和交通银行共同经理国库之外,其余时间均由中国银行代理国库。

2. 新中国成立后的国库制度

(1) 1949—2001年的国库制度

中华人民共和国成立以后,1950年3月政务院决定设立中央金库,并颁布了《中央金库条例及施行细则》，确定了我国的国库制度为委托国库制。《中央金库条例及施行细则》规定：各级金库均由中国人民银行代理，总金库设在中国人民银行总行，各省（市）设立中央分金库，各县（市）设立中央支金库。1977年12月国务院《第八次修订中央金库条例施行细则（草案）》规定，金库设置由原来的总库、分库、支库三级金库改为总库、分库、中心支库、支库四级金库体系，中央金库款的支配权属财政部，地方金库款支配权属同级财政机关。1984年，中国人民银行开始专司中央银行职能，国库仍由中央银行代理，四级金库管理体制不变。1995年3月颁布的《中国人民银行法》，首次以立法的形式明确了经理国库是中国人民银行的职责之一。2004年修订后的《中国人民银行法》第24条规定：中国人民银行依照法律、行政法规的规定经理国库。

（2）2001年至今的国库制度：国库单一账户制度（Treasury Single Account System）

在借鉴国际经验的基础上，我国于2001年开始国库单一账户制度改革的试点。国库单一账户制度是市场经济国家普遍采用的一种财政资金收付管理制度，也是我国国库管理制度改革的重要成果，标志着我国国库集中收付制度的建立。国库集中收付制度改革是对财政资金账户设置和收支缴拨方式的根本变革，是加强财政资金管理，提高资金使用效率，从源头上防止腐败的一项重大举措。

世界主要市场经济国家普遍实行国库单一账户制度，集中管理所有政府资金收支。

1. 国库单一账户概念。将所有的政府财政性资金集中在一家银行的账户上，全部财政收入由纳税人直接缴入该账户，全部财政支出由该账户直接支付给商品或劳务供应商，这一账户被称做国库单一账户。由于中央银行能确保政府资金安全，又利于货币政策与财政政策协调配合，这一账户通常选择开立在中央银行。

2. 国库单一账户的收支方法。收入操作程序：收入不论是税或者非税都按现行办法缴入国库指定的经收处，该处于当天划入国库，国库在查清科目，分清级次后，通过银行清算系统，直划各级国库单一账户。支出操作程序：一是政府采购支出，取消各支出部门、支出单位在商业银行开设预算内、预算外资金账户。预算资金由原来层层下拨给预算单位，改变为由财政部门把国库资金统一保存在人民银行国库单一账户上进行管理。由政府采购中心根据采购预算分批采购完成后，再由政府国库部门根据采购品种、数量、金额、供应商和劳务提供者等用款情况和实现的购买力开具付款申请凭证，通过人民银行国库单一账户拨付给商品和劳务供应者。二是工资支出，财政国库机构在商业银行开设工资账户，并根据工资预算按月将资金从国库单一账户划拨给商业银行的工资账户，商业银行再根据各预算单位开具职工工资表,将资金拨付到职工个人工资账户。三是拨付下级财政部门但尚未用于购买商品和劳务的支出。由财政部门国库机构将核定的资金从国库单一账户直接拨入下级财政部门。四是零用经费支出。如差旅费、提取零用现金等。根据各支出单位公务、业务活动的需要,按部门、按行业核定活动经费,按月从国库单一账户拨入各预算单位在商业银行开设的零用资金账户。

3. 建立国库单一账户的重要意义。长期以来,我国的财政性资金缴库和拨付方式,是通过征收机关和预算单位设立多重账户分散进行的,这使得财政资金活动不透明、资金使用缺乏监督、收支运行效率低下,经常出现跑冒滴漏和腐败现象。以资金支出业务为例,在财政预算内,资金采取实拨资金方式通过国库逐笔拨付给一级预算单位在商业银行的账户,再由一级预算单位层层拨付给基层预算单位的账户上,然后由各级预算单位在实际支付时逐笔支付给商品、劳务供应商。这种做法使得大量财政预算资金层层沉淀在各级预算单位账户上,不利于政府预算资金集中安全高效管理,不利于制度反腐。实行国库单一账户集中支付,虽然不改变各部、各单位的支出权限,但其作用在于建立起了预算执行的监督管理机制。一方面通过单一账户集中化管理,灵活地调度和使用资金,提高政府资金使用效率,降低成本;另一方面从根本上杜绝在预算执行中的克扣、截留、挪用资金的现象,促进政策资金使用信息公开化、透明化,强化了约束力和社会监督力,从源头上堵住了政府资金使用的行政干预和腐败现象。

第二节 中央银行的会计业务

中央银行会计是针对中央银行的职能和业务范围,按照会计的基本原理,制定核算形式和核算方法。中央银行的会计业务就是体现和反映中央银行履行职能,监督管理和核算财务。

一、中央银行会计业务概述

(一)中央银行会计的对象

中央银行会计的对象是中央银行行使职能、办理各项业务、进行金融宏观调控等活动引起资金变化与运动的过程和结果。

(二)中央银行会计的特点

中央银行虽然也是银行,但是与一般的商业银行不同,其银行职能更多体现在是银行的银行,此外还是政府的银行,承担代理国库的职能等。因此,中央银行会计与一般银行会计和其他行业会计不同,呈现自身的特点。

1. 中央银行作为国家的货币当局,不仅负有制定和执行货币政策的职责,还需要向政府和金融机构提供各种服务,由此产生的资金变化和财务活动必然不同于一般商业银行,需要有适应中央银行职能和业务特征的会计形式和核算方法。

2. 中央银行职能引起的货币发行与回笼、存贷款的增减变化以及其他资金变动,都必须通过会计核算加以完成。会计核算有:货币政策实施业务的核算、联行往来及联行资金清算核算、货币发行与现金出纳业务核算、金银业务核算、外汇业务核算、经理国库及代理发行和兑付国债业务核算、内部资金和损益核算。因此,中央银行会计从核算内容、核算方法到会计科目、会计报表以及会计凭证的设置,均不同于商业银行会计。

3. 中央银行除承担自身会计核算职责以外,还担负指导、管理、监督商业银行及其他金融机构会计核算的职责。因此,中央银行会计必须体现这个职责。

(三) 中央银行会计的任务

中央银行的会计工作是其行使中央银行职能的重要手段和工具,既具有核算作用,又有管理职能。

1. 根据国家的经济方针、政策、法规以及银行的规章制度和办法,正确组织会计核算,高质量、高效率地处理各项银行业务,准确、及时、真实、完整地记载和核算银行业务以及财务收支活动的情况。

2. 通过办理资金收付、货币结算,掌握金融机构的经营状况和资金变化,督促其认真执行财经纪律,严格遵守会计制度和会计原则,改善经营管理。

3. 正确核算成本,管理银行内部资金和财务收支,努力增收节支,提高效益。

4. 开展会计检查和分析,运用会计资料和数据,分析金融业务变化情况,为金融决策提供信息。

5. 强化会计的内部控制和制度建设,防范中央银行自身会计风险,并指导和督促金融机构健全会计风险防范机制。

(四) 中央银行会计的职能

所谓中央银行会计的职能,简要概括来说,就是在中央银行行使职能活动过程中,会计如何发挥作用。

1. 反映职能。根据中央银行履行职能的特点,通过设计和制定会计科目、内控机制、建立会计电算化系统等,建立中央银行会计核算体系,管理中央银行系统内的会计工作。同时,根据国家有关法律,制定金融企业会计准则和规范金融企业会计工作。

2. 管理职能。中央银行行使职能的活动最终都要表现为货币资金的收付,而货币收付又必须通过会计核算过程才能实现。因此,中央银行会计部门通过对会计科目的设置和运用、对会计报表的制作与分析、为商业银行和政府财政部门开设账户、办理资金的划拨与清算等活动,综合反映经济和金融动态、金融机构存贷款规模、货币流通状况、国家财政收支及预算执行情况,为中央银行履行职能提供依据。

3. 监督职能。通过会计核算、会计分析和会计检查,监督中央银行系统内部的财务收支和预算执行情况,以及内控机制的运作;监督金融机构的经营和资金活动。

4. 分析职能。通过对自身和金融机构的财务收支进行综合分析,掌握全社会的资金运动状况和变化趋势,为履行中央银行职能服务。

二、中央银行会计核算的方法

会计核算方法是对会计对象及时、连续、系统地进行反映、核算和监督所应用的方法,是完成会计任务的重要手段。中央银行会计核算方法主要包括:会计科目、记账方法、会计凭证、账务组织和会计报表等。

(一)会计科目

1. 按资金性质分类,银行会计科目分为四类:资产类科目,反映银行资产(包括财产和债权)及银行资金运用等,其余额在借方;负债类科目,反映银行的负债(包括债务和权益)及银行资金的来源等,其余额在贷方;资产负债共同类科目,反映银行债权或债务及往来科目,其余额在借方表示债权,在贷方表示债务;损益类科目,反映银行的财务收入、支出、费用、利润与亏损等,其余额在借方表示损失,在贷方表示收益。

2. 按内容分类,中央银行的会计科目有:各项存款、各项贷款、金融机构往来、联行往来、商业银行缴存款、内部资金往来、基金及货币资金、其他资金、损益类科目。

(二)记账方法

中央银行会计使用借贷记账法。

(三)会计凭证

中央银行会计凭证按其格式可分为基本凭证和特定凭证。基本凭证是根据有关原始凭证或业务事实自行编制的银行内部凭以记账的凭证,具有通用性的特点;特定凭证是根据某项业务的特殊需要而制定的具有专门格式的专用凭证。会计凭证从受理或编制会计凭证开始,经过审查、传递、记账、整理、装订、保管的整个处理过程。

(四)账务组织

中央银行债务组织分为明细核算和综合核算两大系统。明细核算是在会计科目下,按具体的对象和单位设立分户账,进行具体核算;而综合核算是对各科目的总括记录,根据会计凭证编制科目日结单,扎平账务,根据科目日结单登记总账,结出总账余额,最后根据总账余额编制日计表。

（五）会计报表

中央银行会计报表是根据日常会计核算资料进行系统归类、整理和汇总,用以综合反映银行在一定时期的业务活动情况和财务收支情况的书面报告,是会计核算工作的数字总结。

本章小结

代理国库业务和会计业务在中央银行的业务活动中占有重要位置,是中央银行行使职能的具体体现。通过代理国库,确保国家预算资金的及时收付、准确核算及库款安全,对于国家财政灵活调度资金、实现财政收支平衡、沟通财政与金融之间的联系、促进财政政策和货币政策的协调配合具有重要意义。国库制度主要有独立国库制和代理国库制,目前,多数国家都实行代理国库制,就是国家不设立独立的机构,专门经管国家财政预算收支,而是委托银行（一般是中央银行）代理国库业务。中央银行代理国库业务不仅有利于利用其政府银行的特殊身份及便利条件,亦对提高国库管理的效率及宏观经济政策的制定和实施具有重要意义。

中央银行会计的对象是中央银行办理各项业务、进行金融宏观调控等活动所引起的资金变化的过程和结果,是中央银行反映经济情况、监督经济活动、预测经济前景、参与经济决策的重要工具。中央银行会计业务主要有制定核算形式和核算方法,会计核算方法是对会计对象及时、连续、系统地进行反映、核算和监督所应用的方法,是完成会计任务的重要手段。中央银行会计核算方法主要包括会计科目、记账方法、会计凭证、账务组织和会计报表等。

关键词

国库制度　独立国库制度　代理国库制度　国库单一账户制　中央银行会计　中央银行会计对象　中央银行会计报表

思考题

1. 由中央银行代理国库的重要意义何在？
2. 简述国库职责的内容。
3. 国库单一账户制是如何运行的？采用国库单一账户制有何意义？
4. 简述中央银行会计的特点。
5. 简述中央银行会计报表的重要作用。

第三篇　中央银行与宏观调控

第八章 货币政策概述

内容提要

货币政策指中央银行为实现一定的经济目标,运用各种工具调节和控制货币供给量,进而影响宏观经济的方针和措施的总和。货币政策的实质,是中央银行通过改变实体经济中货币供应量,达到影响商品市场价格和经济主体行为的目的。本章主要介绍货币政策体系的构成及运行,货币政策的决策机构及程序,并重点介绍货币政策操作规范。

第一节 货币政策体系运行

一、货币政策体系概念

为实现货币政策目标,中央银行首先要制定货币政策最终目标,然后利用货币政策工具来实现货币政策的操作目标,进而实现货币政策效果目标(操作目标和效果目标共同称为中介目标),最终促成货币政策最终目标的实现。这一货币政策的作用过程、传导机制等,就构成了货币政策体系。其中,货币政策最终目标、操作目标以及中间目标相互联系并相互影响,构成货币政策目标体系。

二、货币政策体系运行

货币政策体系运行的一般原理:中央银行在确定了货币政策目标之后,它必须根据政策目标的要求,制定出一些能在短期内观测、调整并能实现的金融指标,即操作目标和效果目标,再运用政策工具来实现这些指标,并通过不断地调整和实现这些指标来实现货币政策预期目标。货币政策体系及其运行模式如图8-1 所示。

```
                              货币政策最终目标                      货币政策工具
              制定货币政策最终目标    币值稳定      动用货币政策工具   法定准备金率
中央银行  ─────────────→          经济增长   ──────────────→    再贴现率
                              充分就业                          公开市场操作
                              国际收支平衡                       其他政策工具

最终目标                       效果目标                         操作目标
币值稳定    实现最终目标        货币供应量    实现效果目标         准备金      实现操作目标
经济增长  ←──────────          利率       ←──────────         基础货币   ←──────────
充分就业                       其他目标                         其他目标
国际收支平衡
```

图 8-1　货币政策体系及其运行模式

下面我们举例说明货币政策体系运行的一般原理:

假定中央银行关于经济增长的政策最终目标为名义 GNP 增长率 5%。经测算得知,M_2 的增长率达到 6%(货币政策效果目标)就可以实现 5% 的名义 GNP 增长率(货币政策最终目标),而 6% 的 M_2 的增长率又可以通过 3.5% 的基础货币增长率(货币政策操作目标)来实现。

于是,中央银行可实施公开市场业务(货币政策工具)来实现 3.5% 的基础货币增长率。在执行这一政策工具以后的一段时间里,中央银行可能发现基础货币增长率太慢,比如,增长率仅为 2%。于是,中央银行可通过增加公开市场业务购买的数额等政策工具实现其既定目标。然后,中央银行将查看它的政策工具是如何影响货币供应量增长率的。如果 M_2 增长过快,比如说,增长率为 7%,中央银行可决定减少它的公开市场购买或进行公开市场出售,以降低 M_2 的增长率……如此,通过不断观察和调整,最终实现货币政策的最终目标。

第二节　货币政策体系中诸变量之间的关系

一、货币政策传导过程

从图 8-1 不难看出,货币政策传导机制实际上包含着三组变量之间的关系,即货币政策工具与操作指标之间的关系、操作指标与效果指标之间的关系,以及效果指标与货币政策最终目标之间的关系。研究货币政策的传导机制,实际上就是研究货币政策的传导过程,也就是研究中央银行通过各种货币政策工具的运用,怎样引起效果目标的变动,从而实现其货币政策目标,或者说,就是运用各种货币政策工具,能否实现和怎样实现自己既定目标的过程。

图 8-1 说明,变动货币政策工具,首先冲击的经济变量是操作目标:商业银行的准备金、基础货币以及短期贷款利率;其次是效果目标:货币供应量 M_2、长期贷款利率和国内信贷规模的变化;通过效果目标的变化,达到影响生产、物价、

就业和国际收支的最终目标。例如,中央银行调高法定存款准备金率,第一轮冲击是使商业银行法定存款准备金扩大、超额准备金减少;第二轮冲击是使商业银行对企业贷款减少,国内信贷规模减少,货币供应量 M_2 收缩,接着引起市场利率上升,在国际收支方面则表现为资本流入增加。由于市场通货紧缩,贷款成本提高,投资利润下降,最终造成生产收缩和就业率的下降。如果采用相反措施,则会出现相反的结果,即生产增长,就业率上升。

二、货币政策工具与操作指标之间的关系

货币政策的具体操作过程具体体现在中央银行资产负债表的一系列业务活动中。下面我们以实际存款准备金以及短期利率作为具有代表性的操作变量,通过中央银行资产负债表中的资产方业务和负债方业务的对比分析,分析各主要政策工具与不同的操作变量的关系。

1. 法定准备金比率与操作变量之间的关系

(1) 法定准备金比率与准备金的关系。作为操作变量,需要考察实际存款准备金。存款货币银行的实际存款准备金由法定准备金和超额准备金组成,中央银行能够控制并调整的是法定准备金比率。从货币当局资产负债表看,法定存款准备金比率变动属于中央银行的负债业务范畴,它是影响法定存款准备金和实际存款准备金的一个变量。中央银行改变法定存款准备金比率将影响超额准备金,进而影响全部准备金。在特殊情况下,如果存款货币银行持有充足的超额准备金,并在中央银行提高法定存款准备金比率、超额准备金减少以后,并不补充超额准备金,那么中央银行改变法定存款准备金比率并不能够改变准备金数量,即该政策无效。

(2) 法定存款准备金比率与短期利率的关系。假定存款货币银行持有的超额准备金的数量非常有限,那么,当中央银行提高法定存款准备金比率以后,就不得不从同业市场拆入短期资金作暂时应付,由此引起同业市场的利率上升。

2. 再贴现率与操作变量之间的关系

再贴现率与操作指标的关系依靠的是资金价格和中央银行告示效应。从中央银行的资产负债表看,与再贴现率有关的是资产方项目,如货币当局资产负债表中的"对存款货币银行债权"、"对非货币金融机构债权"等项目。中央银行调整再贴现率,会影响商业银行融入资金的成本,从而起到改变商业银行在中央银行获得融资支持的规模。就中央银行资产与负债的平衡关系及资产决定负债的特殊功能分析,中央银行的资产变动,决定了其负债的规模,而从货币供给角度看,中央银行的负债方主要反映了一国的基础货币存量。因此,再贴现率工具是,调控商业银行在中央银行贴现的票据量和获得的贷款量,进而影响中央银行基础货币投放量的一个比率变量。

(1) 再贴现率与准备金的关系。中央银行改变再贴现率,一般情况下,将引起存款货币银行持有超额准备金的机会成本变化,改变超额准备金的数量,并影响全部准备金的数量。特殊情况下,存款货币银行可能预期再贴现率还将进一步变化,并不急于改变超额准备金数量,也就对准备金没有影响。

(2) 再贴现率与短期利率的关系。再贴现率的改变通过成本效应和告示效应共同影响短期利率。但是,再贴现政策的主动权却并非完全在中央银行手中。因为向中央银行请求贴现票据,获得中央银行信用仅是存款货币银行获得融通资金的渠道之一。存款货币银行还可以通过诸如出售证券、发行存单等获得资金来源。中央银行再贴现政策的预期效果如何,视存款货币银行的行为而变。

3. 公开市场业务与操作变量之间的关系

从中央银行的资产负债表看,与公开市场业务有关的是资产方项目,如,货币当局资产负债表中的"对中央政府债权"、"国外资产"项下的"外汇"等项目。中央银行通过其在公开市场的业务操作,会影响整个社会的货币量和信用量;并且,中央银行还能够通过买卖证券的价格,直接影响市场利率,通过利率变动来实现收缩或扩张信用的目的。因此,公开市场业务是直接影响基础货币变量并对市场利率发生作用的政策工具。

(1) 公开市场操作与准备金的关系。中央银行在公开市场买卖证券或外汇,将改变市场参与者(在绝大部分情况下是金融机构,特别可能的是存款货币银行)的资产构成。如果中央银行是买入证券,将增加社会的现金或超额准备金,引起准备金增加;反之,则是回收资金,引起准备金减少。

(2) 公开市场与短期利率的关系。撇开其他因素,中央银行在公开市场买卖证券,在改变金融机构资产构成的同时,一般也将增加或减少同业市场的资金供给,引起短期利率的下降或上升。

三、操作指标与效果指标之间的关系

分析了货币政策工具与操作指标之间的关系之后,需要进一步弄清操作指标与效果指标之间的关系。效果指标通常有两个:货币供应量和利率。因此,操作指标与效果指标之间的关系,可以分解为准备金、基础货币、短期利率与货币供应量和利率之间的关系。通过中央银行资产负债表、货币概览表和银行概览的对比分析,可以推断操作变量与效果指标的关系。

1. 基础货币与货币供应量的关系

基础货币基本上包括了中央银行的全部负债业务,相当于货币当局资产负债表中负债方的"储备货币"、"债券"和"政府存款"项下的全部数据。与之相对应的资产业务,即中央银行的国外净资产和对中央政府、存款货币银行、非货币金融机构以及非金融部门的债权,均为中央银行放出的信用。事实上,将基础

货币定义在中央银行账户的负债方,是利用资产与负债的平衡关系来体现基础货币的"货币"性质。就其实质意义而言,基础货币应该是指中央银行放出的信用,是中央银行的资产业务。在中央银行的资产业务中,无论是购买外汇、黄金、国债,还是向商业银行、非银行金融机构提供信贷支持,其放出的信用,首先形成金融机构在中央银行的存款,金融机构对在中央银行存款的使用,又会通过各种资产业务形成社会上的货币供给量,其中一部分将转化为定期存款、储蓄存款及其他存款。很明显,活期存款加上中央银行发行的现金通货为一国的狭义货币供应量 M_1,再加上定期存款、储蓄存款和其他存款,则构成一国的广义货币 M_2。因此,基础货币这一操作变量直接作用于效果变量 M_1,进而对 M_2 产生影响。

如果撇开货币乘数变化对货币供应量的影响,中央银行基础货币变动对货币供应量的影响可以简单归纳如表 8-1。

表 8-1 基础货币与货币供应量的关系

基础货币变动的内容	货币供应量的变化
中央银行增加对金融机构的贷款	增加
中央银行买入证券资产	增加
财政存款增加	减少
中央银行买入黄金、外汇资产	增加
国外存款或对国际金融机构负债增加	减少

基础货币由流通中的货币和准备金组成,撇开现金在基础货币中比率变化的因素,基础货币与利率之间的关系首先表现在短期金融市场,特别是同业拆借市场。一般来说,基础货币较多将引起同业拆借市场利率下降,进而引起长期金融市场利率的下降;反之则反是。

2. 存款准备金与货币供应量的关系

存款准备金的增减,除了来源于中央银行资产负债的增减以外,还可以来源于准备金比率的变化。如果准备金的增加原因来自于中央银行资产负债的增减,将引起信用扩张,货币供应量增加。反之,如果是因为准备金比率的提高或超额准备金的增加,则将引起存款的收缩,货币供应量的减少。作为货币政策的操作变量是实际存款准备金。由于实际存款准备金的变动,会引起货币概览表中"货币与准货币"项下的数额发生相反方向的变动,因此,存款准备金这一操作变量直接作用于 M_2,并通过 M_2 的收缩或扩张对 M_1 发生拉动或限制作用。

四、效果指标与最终目标之间的关系

1. 货币供应量与最终目标之间的关系

货币供应量的增长率提高是扩张性货币政策,反映在最终目标上,与物价上涨、增长率提高和充分就业同方向变化;反之则是紧缩性货币政策,结果将引起最终目标的反方向变化。

2. 利率与最终目标之间的关系

利率与最终目标之间的关系可简单归纳为,利率降低通常是扩张性货币政策的结果,反映在最终目标上,与物价上涨、增长率提高和充分就业同方向变化;反之,利率上升则是紧缩性货币政策的结果,将引起最终目标的反方向变化。

第三节 货币政策决策机构与程序

一、货币政策决策机构

一般来说,货币政策的决策机构就是各国中央银行。在中央银行具有高度独立性的国家,如美国、德国、瑞典等,这些国家的中央银行直接向国会负责,货币政策的决策权集中在中央银行的最高管理层手中,由中央银行根据宏观经济发展状况,独立承担货币政策的制定和执行,中央银行拥有可独立支配的财源,在执行货币政策的过程中不受政府干预。而在中央银行独立性较弱的国家,货币政策的决策权由中央政府和中央银行最高管理层分担,往往会因为政治需要而牺牲货币政策。

就中央银行的组织结构而言,对中央银行的货币政策、人事任免、规章制度具有决策权、执行权、监督权的机构为中央银行最高权力机构。各国中央银行最高权力机构分为三种类型:将最高权力机构分为决策机构、执行机构和监督机构,如法兰西银行、瑞士国家银行、荷兰银行等;将最高权力机构分为决策机构和执行机构,属于这一类的如德意志联邦银行;将最高决策机构和执行机构集中于理事会,这一类有英格兰银行、美国联邦储备体系、菲律宾、马来西亚等国的中央银行,这种最高权力机构类型决策层次少,权力比较集中。

目前,具有拓展趋势的做法是,将中央银行最高权力机构的职能集中于决策机构,货币政策的制定和实施由中央银行下属的货币政策委员会来执行。英格兰银行的中央银行研究中心曾作过一项调查,发现在调查的88个国家和地区的中央银行中,有79个中央银行是由货币政策委员会或类似的机构来制定货币政策。比较有代表性的是,美国联邦储备公开市场委员会、欧洲中央银行管理委员会、英格兰银行货币政策委员会和日本银行政策委员会等。

美国联邦储备体系的最高权力部门为联邦储备委员会。委员会负责制定并协调货币政策,核定联邦储备银行的贴现率,确定会员银行的法定准备金率,以及对12家联邦储备银行和会员银行等金融机构进行监督管理。

欧洲中央银行委员会和执行董事会是欧洲中央银行的两个主要权力机构。中央银行委员会负责制定欧元区的货币政策和实施货币政策的指导纲要,其主要职责是,确定欧元区的货币政策目标、主要利率水平和中央银行体系准备金率等。执行董事会主要负责货币政策的实施。

中国货币政策的决策机构是中国人民银行货币政策委员会。其职责是:在综合分析宏观经济形势的基础上,依据国家的宏观调控目标,讨论货币政策的制定和调整、一定时期内的货币政策控制目标、货币政策工具的运用、有关货币政策的重要措施、货币政策与其他宏观经济政策的协调等涉及货币政策的重大事项,并提出建议。《中国人民银行法》第12条规定:"中国人民银行设立货币政策委员会。货币政策委员会的职责、组成和工作程序,由国务院规定,报全国人民代表大会常务委员会备案。中国人民银行货币政策委员会应当在国家宏观调控、货币政策制定和调整中,发挥重要作用。"《货币政策委员会条例》第3条规定:"货币政策委员会的职责是,在综合分析宏观经济形势的基础上,依据国家的宏观经济调控目标,讨论下列货币政策事项,并提出建议:(一)货币政策的制定、调整;(二)一定时期内的货币政策控制目标;(三)货币政策工具的运用;(四)有关货币政策的重要措施;(五)货币政策与其他宏观经济政策的协调。"

二、货币政策决策程序

各国货币政策决策程序基本相同,只是在某些具体细节上有些许出入。下面是部分发达国家货币政策委员会的会议制度和决策程序。

(一)美国联邦公开市场委员会

每年召开八次例会,一般在二月份和七月份的会议上重点分析货币信贷总量的增长情况,预测实际国民生产总值、通货膨胀、就业率等指标的变化区间。在其他六次会议中,要对长期的货币信贷目标进行回顾。每次会议的具体议程如下:

(1)批准上一次例会的会议记录;

(2)外币操作评价,包括上次会议后的操作情况报告、批准上次会议结束后的交易情况;

(3)国内公开市场操作评价,包括上次会议后操作情况的报告、批准上次会议结束后的交易情况;

(4)经济形势评价,包括工作人员对经济形势的报告、委员会讨论;

(5)货币政策长期目标(二月份和七月份会议)评价,包括工作人员评价、委员会对长期目标及行动方案的讨论;

(6)当前货币政策和国内政策指令,包括工作人员评述、委员会讨论和制定指令;

(7)确定下次会议的日期。

（二）欧洲中央银行管理委员会

每两周召开一次会议，但隔一次才讨论利率。会后管理委员会的主席立即召开新闻发布会解释管理委员会决策的缘由。

管理委员会对经济状况和价格发展态势的看法发布在《欧洲中央银行月报》上，这个月报以欧洲共同体11种官方语言发表。

（三）英格兰银行货币政策委员会

一月举行一次会议。一般在每个月第一个整周的周三、周四举行。会议日期安排提前一年公布，但也可以根据需要召开临时会议。具体程序为：

1. 准备会议。一般在例会前一个周五召开。由英格兰银行的高层官员向委员汇报上一个月的主要经济金融情况，使委员能有机会了解上个月的经济运行情况，并提出问题。在此之前，委员们已经得到了许多相关书面资料，包括图表。汇报的内容主要包括：国际环境、货币和金融情况、需求和产出、劳动力市场、英格兰银行分支机构专题汇报、分支机构情况、市场信息、通货膨胀预测。

2. 委员会例会。

周三下午：总经济师阐述准备会议后得到的新数据和研究结果。委员们回顾上个月的消息，并讨论这些消息对未来可能产生的影响。主管货币政策的副行长发给委员们一张重点讨论问题表，使讨论比较集中，但所有委员都可以自由地提出他们认为与当月决策相关的问题进行讨论。财政部的代表提供政府的有关信息。由英格兰银行的五位高层官员组成的货币政策委员会秘书处在力所能及的情况下可以回答问题，并对有关数据进行说明和分析，但不参与全体讨论。

周四上午：英格兰银行行长总结前一天的讨论，并指出在分析和重点问题上的所有不同意见。委员们对总结进行评论和补充。行长就货币政策措施依次征求委员意见。主管货币政策的副行长最先发言，行长最后发言，但其他委员的发言次序不确定。委员们可以对特定的政策措施表示明确的赞成态度，也可以另外提出参考意见供其他委员讨论，其他委员可能会对发言者提出问题。所有委员发言完毕、所有提议经讨论定下来后，行长向委员陈述他认为多数委员均赞同的提议，然后进行正式投票。所有投少数票的委员都会被要求陈述他倾向的利率水平是多少。决策完成后，委员会讨论是否希望在公布委员会决策的同时发布新闻稿。中午12时，向金融市场和媒体公布决策和新闻稿。

（四）日本银行政策委员会

政策委员会每月召开一次会议，并且只有在三分之二成员出席的情况下才能开会和投票。政策委员会决策采取投票表决的形式，一项决定只有在获得参加会议的成员一半以上的票数时才算通过；当支持票数和反对票数相同时，主席有最后决定权。财务大臣、财政经济担当大臣可以参加日本银行政策委员会会议，并就货币调控的有关问题提交意见，他们没有投票权，但是可以要求政策委员会推迟表决有关货币调控问题的决议。一旦财务大臣、财政经济担当大臣提出推迟表决的意见,政策委员会就可以就此意见进行投票决定是否采纳,投票程序和票数要求如上。政策委员会会议程序具体为:

(1)日本银行货币政策部门作"经济与金融发展工作报告",报告内容包括:货币市场操作、金融市场最近的发展、海外经济和金融发展、日本的经济和金融发展等;

(2)政策委员会讨论经济和金融发展;

(3)政策委员会讨论近期货币政策;

(4)政府代表对报告和讨论进行评价和提出建议;

(5)政策委员会委员进行投票;

(6)对上次会议的会议记录进行批准并规定其发布时间。

资料来源:中国人民银行网站。

第四节 货币政策操作规范

一、货币政策操作规范概述

货币政策操作规范,指央行制定和实施货币政策时所遵循的行为准则或模式。中央银行是根据既定的政策目标约束,还是赋予中央银行根据经济形势的变化相机抉择的权力,这个问题不仅关系到能否有效实现既定的政策目标,也是货币政策理论研究面临的一个新问题。

货币政策操作规范主要分为相机抉择说和规则说两种。相机抉择说作为占主导地位的政策操作规范理论,认为经济活动中充满了不确定性,货币政策在应对经济周期波动中应该逆经济风向行事,中央银行应根据经济形势变化,积极主动地采取灵活的、有针对性的货币政策,以期熨平周期波动的冲击,保证经济持续稳定增长。规则说则认为,货币政策操作应按既定规则行事,不能随意变更。

相机抉择说与规则说之争最早可追溯到19世纪中叶的通货学派与银行学派的学术争论中:通货学派主张规则说,断言货币供给波动是引起经济波动的原因,认为货币管理政策应该具有自己特定的原则,而不是为了应付金融恐慌,这种原则能够通过固定的规则加以衡量或调节。银行学派则持反对意见,认为与真实贸易需求有关的信用扩张是无害的,因此,货币供给可以不受固定发行规则的约束。20世纪初,相机抉择的货币政策运行相当成功,因此争论呈一边倒的趋势。1948年,西蒙斯重启了规则说与相机抉择说之争。西蒙斯认为,对于一个以自由企业为基础的体系来说,货币方面一定的、稳定的、具有法律效力的游戏规则具有至高无上的重要性。弗里德曼等许多经济学家都作出了积极的响应。在1977年之前的争论之中,相机抉择说似乎一直占据着主导地位,因为在相机抉择的情形下,任何一种好的规则都可以被采纳。

新一轮规则说与相机抉择说之争,是20世纪70年代后期,由普雷斯科特(Prescott)将"动态非一致性"概念引入宏观经济学而发展起来的。1977年基德兰德(Kydland)和普雷斯科特提出"时间不一致性"(也称"动态不一致性")[①]概念,他们通过建立社会目标函数和引进理性预期证明政策当局的相机抉择行事会导致时间不一致性的结果,为规则行事优于相机抉择提供了有利的理论支持。1983年巴罗(Barrow)和戈登(Gordon)进一步指出,在相机抉择下会产生通货膨胀偏差,因为有相机抉择权力的中央银行更可能出现短视行为,也更容易导致政策的动态非一致性,因此,规则说优于相机抉择说。1977年之后,规则行事在争论中占据着上风,但争论依然在继续。近期关于相机抉择说与规则说争论的形势出现了变化:双方的观点具有更多的包容性,规则说与相机抉择说的区别,转变为是否遵守政策承诺的区别,即影响货币政策效果的关键,并非在于它变或不变,而在于货币当局是否执行它所承诺的货币政策。

二、"相机抉择"货币政策操作规范

相机抉择是中央银行依据对经济形势状况和变化趋势的判断,为达成既定的货币政策目标而采取的权衡性措施,这是西方经济学中凯恩斯主义的一种宏观经济政策规则。

凯恩斯相机抉择政策框架建立在有效需求理论和利率理论的基础上。凯恩斯认为,刺激厂商增加投资达到充分就业的关键因素,是利率水平的高低。由于货币供应量是由中央银行决定的外生变量,利率由货币供求关系决定,其中货币供给取决于中央银行,货币需求取决于人们心理上的流动性偏好,在流动性偏好一定的条件下,中央银行增加货币供给,使利率下降,有利于刺激投资需求和消费需求的增加。凯恩斯在其货币理论指导下提出了相应的政策建议,即中央银行增加货币供给、降低利率,使利率低于资本边际收益率,以刺激投资的增加提高有效需求。

关于相机抉择政策操作的有效性,凯恩斯本人并不确定。凯恩斯认为,各种资本品之边际效率变动甚大,而利率变动范围太狭小,恐怕不能完全抵消前者之变动,所以,难以肯定以利率为核心机制的货币政策作用到底有多大。凯恩斯对

---

① 在某种政策下,一项在t时刻为未来t+1时刻作出的最优的行动计划,如果在t+1时刻真正到来时依然是最优选择,那么该政策就是时间一致性的。相反,如果在t+1时刻真正到来时,原定计划已经不再是最优选择,那么该政策就是时间不一致性的。时间不一致出现的主要原因是,在动态经济系统中,经济主体的决策部分依赖于其对未来的预期,而相机抉择下的最优化是根据目前状况和以往信息得出的。

利率作用机制有限性的担心,被后人定义为流动性陷阱约束。由于流动性陷阱的存在,单靠降低利率很难刺激和增加私人投资,医治的办法是扩张性的财政政策。凯恩斯主张应将货币政策与财政政策配合使用。凯恩斯为解决失业问题提出的货币政策主张,在20世纪40—50年代,经过美国经济学家汉森、萨缪尔森等新古典综合派的发展,逐渐形成相机抉择货币政策理论。新古典综合派主张以充分就业和稳定物价作为货币政策的最终目标,汉森等人提出了稳定中求发展的"反经济周期"的政策主张,力主实现"补偿性"的财政政策和货币政策。具体做法是,逆经济周期风向,交替采用扩张与紧缩的财政政策与货币政策。

进入20世纪70年代以后,英国、美国通货膨胀加速,加上实体经济出现问题,经济增长率下滑,出现了滞胀。相机抉择受到理性预期学说和货币政策时间不一致理论的质疑,理性预期学派认为,相机抉择存在以下主要问题:时间不一致导致政策目标偏离初衷;政策操作的时滞产生稳定倾向问题。承诺的相机抉择虽然可以优化相机抉择操作,但如果考虑公众预期的异质性,承诺的相机抉择并不是最优的。他们认为,长期相机抉择货币政策操作是导致滞胀问题的根源,相机抉择货币政策具有内在的通货膨胀倾向,本身就是一种陷阱,在经济主体都具有理性预期的条件下,相机抉择政策操作是无效的。

三、单一规则货币政策操作规范

单一规则货币政策操作规范,是指给货币政策制定者一个规则,让政策制定者可以调整货币政策目标或工具以达到某种社会目标,如稳定的通货膨胀率等。

在货币政策规则的设定中,最重要的两个因素是货币政策目标和操作工具的选择。不同的政策目标和操作工具会导致不同的政策规则。在已有的货币政策规则中影响较为广泛的大致有:货币数量规则(弗里德曼规则)、麦克勒姆规则、泰勒规则和通货膨胀目标规则。

货币数量规则是由弗里德曼在20世纪50年代提出的,其基本含义就是货币当局应该建立稳定的货币存量增长率,不管经济出现什么情况,都要保持这一增长率。麦克勒姆规则又称基础货币—名义国内生产总值(GDP)规则,该规则主张货币政策以名义收入为预定目标,同时以基础货币作为操作工具进行操作规划。泰勒规则是由斯坦福大学的约翰·泰勒于1993年根据美国货币政策的实际经验而确定的一种短期利率调整规则。泰勒认为,货币当局应保持实际短期利率稳定和中性政策立场,当产出缺口为正(负)和通胀缺口超过(低于)目标值时,应提高(降低)实际利率。泰勒规则对各国中央银行的货币操作具有重要的理论和实践的指导意义:以泰勒规则为理论指导的美联储使美国宏观经济在通胀率和失业率"双低"的情况下持续稳定增长;德国、日本等发达国家,和一些新兴国家与发展中国家的货币操作与利率调控,也基本上都是遵循泰勒规则或其演化形式进行的。通货膨胀目标规则最大的特点就是,由官方宣布一定时期内的通胀率目标变动范围,并明确保持稳定的低水平通货膨胀是货币政策的首要目标。20世纪90年代后,通货膨胀目标规则为澳大利亚、加拿大、芬兰、以色列、新西兰、西班牙、瑞典、英国等国家相继采用,其在货币政策实践中的地位可见一斑。有关通货膨胀目标规则及其运行将在第九章中介绍。下面主要介绍弗里德曼规则和泰勒规则。

1. 弗里德曼的固定货币增长率规则

弗里德曼在对货币政策时滞、相机抉择货币政策操作中的经济波动现象、货币需求函数稳定性等问题进行长达数十年的研究后,认为相机抉择货币政策操作存在三个问题。一是相机抉择反周期的政策操作时常在不适当的时机发生作用,结果不仅不能起到稳定的作用,本身就是导致经济不稳定的因素。二是相机抉择赋予政策制定者的灵活性使政策实施过程更容易受政治因素和特殊利益集团影响,这样也容易使货币政策不稳定,导致经济波动。三是由于政策制定者的认识能力和判断能力有限,加上经济中存在大量不确定因素,使相机抉择货币政策难以达到预期效果。为纠正相机抉择政策操作中的问题,弗里德曼主张用固定货币增长率的单一规则代替相机抉择,并认为固定货币增长率规则一方面可以避免公众舆论和政治压力的左右,消除货币政策的不稳定性,另一方面,也可以为判断中央银行政策操作绩效提供一个较为准确的尺度,并认为该规则是货币当局的最优政策规则。

固定货币增长率规则强调公开宣布并长期采用一个固定不变的货币供应量增长率,作为中央银行执行货币政策的准则。实施单一规则的目的,是通过将稳定的货币政策公之于众来稳定公众的预期,减轻人们心理上的不安全感,同时也将货币当局的行为置于公众的监督之下。其内容主要是:第一,确定货币量的定义,不论是广义货币量定义还是狭义货币量定义,两者皆可界定货币数量的范围。第二,确定货币量增长的百分比。第三,季节变动的操作问题。关于如何确定固定的货币供应增长率,弗里德曼在《货币稳定方案》一书中提出应以价格稳定为前提,根据产出增长率与货币流通速度的长期变化情况确定。弗里德曼在考察美国经济史时发现,在过去100年间,美国国民生产总值(GNP)年均增长率大约为3%,劳动力年均增长率大约为1%—2%。因此,应该保持货币供应量按照每年4%—5%的固定比率增长。在《自由选择》一书中,弗里德曼更明确提出,货币总量保持"不低于3%,同时又不超过5%的年增长率"。

固定货币增长率规则在理论上论述了货币政策不应成为干扰实体经济发展的扰动因素,给出简单易懂的政策操作规则,指出控制货币供应量对控制通货膨胀的重要意义,为后来经济学家研究货币政策操作与通货膨胀间的关系奠定了基础。多数市场经济国家都先后实行过单一规则的货币政策,瑞士、德国、日本被认为是由于实行稳定的货币增长政策而控制了通胀;当年以撒切尔夫人为首的英国保守党政府,更是唯单一规则马首是瞻;美国里根总统上台后所提出的经济复兴计划,也把控制货币供给量作为主要项目。但是单一规则也有许多的不足,弗里德曼提出固定货币增长率规则后,并没有说明如何保证固定规则的顺利执行,以及在按规则行事的过程中如何处理经济中的各种扰动问题等。单一规则在实施过程中,无法应对经济中的不确定性和复杂性,过分僵硬的政策操作使政府无法兼顾必须面对的社会多重福利目标间的关系,特别是随着金融创新与资本市场的快速发展,货币脱媒现象日益严重,货币供应量与产出间的关系越来越不稳定,单一规则在经过短期的辉煌之后被各国政府所放弃。

2. 泰勒的利率规则

1993年,美国经济学家泰勒发表他的著名论文《相机抉择和政策规则实践》。该文在对美国货币供应和需求、利率、物价等历史数据进行深入分析的基础上,总结出一个简单的货币政策规则——泰勒规则。该规则表明了中央银行的短期利率工具依经济状态而进行调整的方法。泰勒规则提出的第二年(1994年),美联储主席格林斯潘就宣布,今后美联储将联邦基金利率作为美国货币政策的唯一中介目标。

(1) 泰勒规则表达式

泰勒认为,在各种影响物价水平和经济增长率的因素中,真实利率是唯一能够与物价和经济增长保持长期稳定关系的变量。调整真实利率,应当成为货币当局的主要操作方式。泰勒通过反复比较不同工具变量和目标变量,认为影响名义利率的主要因素有四个:当期通货膨胀率、均衡实际利率、当期通货膨胀缺口、当期产出缺口,美联储在确定联邦基金名义利率时,应主要考虑到以上四个因素。泰勒规则表达式为:

$$i_t = r + \pi_t + \alpha(\pi_t - \pi^*) + \beta y_t \tag{1}$$

式中:i_t 为 t 期的名义联邦基金利率;

r 为实际均衡联邦基金利率(指调整通胀后的真实均衡的联邦基金利率。泰勒假定处于潜在增长率和自然失业率水平下的通货膨胀率都对应着一个实际均衡联邦基金利率 r);

π_t 为 t 期的通货膨胀(这里的通胀率是指由泰勒定义的购买力的增长率,它不仅与市场上的物价上涨率有关,也与社会持有的金融资产的财富效应有关);

π^* 为中央银行目标通货膨胀率;

y_t 为 t 期的产出缺口,即实际产出增长率偏离目标水平的百分比;

α 是通货膨胀缺口调整系数,β 是产出缺口的调整系数。

泰勒通过对美国联邦储备体系从1987年到1992年货币政策的研究发现，美国实际均衡利率和目标通胀率均为2%，泰勒也认为这一数值比较合适。另根据泰勒的研究，在美国，联邦基金名义利率对当前通货膨胀率π_t偏离目标通胀率π^*程度的调整项$(\pi_t - \pi^*)$的调整系数α为0.5，对当前实际产出增长率偏离目标水平的百分比y_t的调整系数β也为0.5。于是，(1)式变为：

$$i_t = 2 + \pi_t + 0.5(\pi_t - 2) + 0.5y_t \tag{2}$$

求导后得到$\frac{\partial r}{\partial y} = 0.5, \frac{\partial r}{\partial \pi} = 1.5$，这表明如果产出缺口每增加1个百分点，短期利率将上升0.5个百分点；通货膨胀率每增加1个百分点，短期利率将上升1.5个百分点。如果恰好满足产出缺口为零，通货膨胀率等于2%的目标水平，则联邦基金利率等于4%，或等于2%的真实值。

(2) 泰勒规则的政策含义

泰勒规则是一种简单的利率反馈规则，其基本含义是，货币当局应保持实际短期利率稳定和中性政策立场，根据通货膨胀缺口和产出缺口的变化调整利率走势，保持实际均衡利率的稳定性：如果产出增长率超过潜在水平，或失业率低于自然失业率，或通货膨胀率超过目标通货膨胀率，导致实际利率偏离实际均衡利率，货币当局应运用政策工具调节名义利率。当产出缺口为正(负)和通胀缺口超过(低于)目标值时，应提高(降低)实际利率，使实际利率恢复到实际均衡利率。

泰勒规则具体有以下三方面的政策含义：第一，联邦基金名义利率要顺应通货膨胀率的变化以保持实际均衡利率的稳定性。第二，如果产出的增长率超过了潜在水平，或失业率低于自然失业率，或预期通胀率超过目标通胀率，从而致使实际利率偏离实际均衡利率，货币当局就应运用各种政策工具(如公开市场操作、变动贴现率等)调节名义利率，从而使实际利率恢复到实际均衡利率。第三，从(1)式看，当经济中的就业率和物价均处于由其自然法则所决定的合理水平上时，此时应有$i_t - \pi_t = r, \pi_t = \pi^*, y_t = 0$，该经济体将会保持在一个稳定且持续增长的理想状态。

(3) 对泰勒规则的简要评价

泰勒规则描述了短期利率如何针对通胀率和产出变化调整的准则，为衡量货币政策松紧程度提供了可操作的参考指标。大量的实证研究结果表明，在经济运行良好时，实际利率与泰勒规则模拟利率值比较接近；相反，在高通货膨胀(经济萧条)时，实际利率一般低(高)于规则模拟利率。目前，一些发达国家将泰勒规则及其扩展形式作为指导货币政策的参考依据。泰勒规则一个突出的优势是它的简单性。中央银行只需根据产出缺口和通货膨胀缺口调节利率。泰勒规则为稳定公众通货膨胀预期提供了一个简单明确的名义锚，中央银行只要把长期通货膨胀目标和潜在产出水平公布于众，公众就很容易通过观察实际通货膨胀目标和产出的变动预测未来货币政策变动趋势。

泰勒规则从形式上看非常简单，但对后来的货币政策规则研究具有深远的影响。泰勒规则启发了货币政策的前瞻性。如果中央银行采用泰勒规则，货币政策的抉择实际上就具有一种预承诺机制，从而可以解决货币政策决策的时间不一致问题。泰勒规则所确立的"中性"原则既秉承了单一货币增长规则的主旨精神，又比单一规则更具灵活性，其优点是显而易见的。该规则以规则性和相机抉择为基础将两种政策模式配合起来，相互协调，以规则性来保证政策的连续性，以相机抉择来为货币政策增加一定的灵活性和应变性。货币当局一方面通过规则性的货币政策作用于人们的预期，另一方面可通过微调操作进行渐进调整，在达到政策目的的同时，又能在很大程度上减缓经济系统的震荡，因此，该规则受到了众多学者的重视，并为越来越多的中央银行所接受。

专栏

泰勒规则与美联储货币政策调控

一、美国货币政策调控体系简单概括

1. 美国货币政策的终极目标是维持其国内核心 CPI 的基本稳定（将核心 CPI 涨幅控制在 2% 左右的水平）；

2. 为实现国内物价稳定，美联储调控的中介目标是美国联邦基金利率，目标值根据泰勒公式的计算结果并参考其他宏观经济变量确定；

3. 美联储的主要调控工具是公开市场业务操作（国债正回购或逆回购）。

二、美国货币政策的实施效果：国内流动性平衡和国际流动性过剩并存

美联储自从 1994 年正式确定联邦基金利率为美国货币政策的中介调控目标后，就一直未曾改变（尽管美联储会定期调整泰勒公式中的各项参数）。从近十多年美国货币政策的实施效果看，呈现国内流动性平衡和国际流动性过剩并存的情况。

如果从美国国内看，泰勒规则的实施效果非常理想。自 1994 年之后，美国核心 CPI 基本上被控制在 2% 左右的水平（下图）。这说明，自从美联储按泰勒规则进行货币政策操作后，美国国内的货币供应量一直维持在一个相对中性的水平上，即美国国内自 1994 年后从未出现过流动性严重过剩的情况。

但如果站在全球角度看，美联储最近十年确实有滥发货币之嫌。首先看最近十年美元汇率的变动：美元汇率指数自 2001 年 6 月达到 120 的阶段性高点之后,就一直运行在大幅贬值的下行通道。至 2008 年 6 月,美元指数一度回落至 72 左右的历史最低水平,相比 2001 年 6 月的高点,七年内贬值幅度高达 40.8%。尽管 2008 年 6 月后的三年时间内,美元指数因金融危机的缘故经历了两轮过山车式的波动过程,但目前基本稳定在 75 点左右的历史低点作窄幅震荡。这说明,最近十年(2001—2011 年)国际市场的美元供应总体上是过剩的,美国最近十年一直在向全球市场超量输出美元货币。

其次看最近十年国际市场大宗商品价格的变动:国际市场大宗商品期货价格指数(CRB 指数)从 2001 年底 180 左右的低点,大幅攀升至 2008 年中期最高 474 点的高位,七年间涨幅高达 157.6%。金融危机爆发后,虽然大宗商品价格一度因实体经济需求大幅萎缩而出现快速下滑走势,但 2009 年一季度之后,CRB 指数强劲回升,目前仍维持在 330 点左右的高位上下震荡。这说明,由于美国最近十年向全球超量输出美元,导致国际市场大宗商品价格总体处于不断上升的状态。

再次看联邦基金利率的变动:尽管 2004 年 6 月至 2006 年 6 月美国经济经历了一段短暂的升息过程,但联邦基金利率近十年的总体走势是逐年下降的——由 2000 年的最高 6.5% 下降到目前接近零(0—0.25%)的水平。这说明,美联储最近十年总体执行的是相对宽松的货币政策。

最后看近十年美国国内的通胀情况:最近十年,美国消费者价格指数 CPI 年度最高涨幅是 3.8%(2008 年),最低涨幅是 -0.4%(2009 年);核心 CPI 年度最高涨幅是 2.7%(2001 年),最低涨幅是 0.8%(2010 年)。由此可见,美联储最近十年对国内通胀的管理是非常成功的。

上述情况说明,尽管近十年美联储一直在超发美元,但美国国内的货币供应却一直保持在一个相对中性的水平上,其超发的美元大多流入了国际市场。

美国核心 CPI、美元指数、联邦基金利率走势比较

> 本章小结

货币政策是指中央银行为实现特定的经济目标,而采用的各种控制和调节货币、信用及利率等变量的方针和措施的总称。其主要内容包括:政策目标、实现目标的政策工具、各种中介目标和操作目标、政策传递机制和政策效果。

中央银行在确定了货币政策目标之后,必须根据政策目标的要求,制定出一些能在短期内观测、调整并能实现的金融指标,即操作目标和效果目标,再运用政策工具来实现这些指标,并通过不断地调整和实现这些指标来实现货币政策预期目标。这就是货币政策体系运行的一般原理。

货币政策传导机制包含着三组变量之间的关系,即货币政策工具与操作指标之间的关系、操作指标与效果指标之间的关系,以及效果指标与货币政策最终目标之间的关系。研究货币政策的传导机制,实际上就是研究中央银行通过各种货币政策工具的运用,怎样引起效果目标的变动,从而实现其货币政策目标的过程。

货币政策的决策机构一般就是各国中央银行。在中央银行具有高度独立性的国家,如美国、德国、瑞典等,货币政策的决策权集中在中央银行的最高管理层手中,中央银行根据宏观经济发展状况,独立承担货币政策的制定和执行,在执行货币政策的过程中不受政府干预。

货币政策操作规范,指央行制定和实施货币政策时所遵循的行为准则或模式。中央银行是根据既定的政策目标约束,还是赋予中央银行根据经济形势的变化相机抉择的权力,这个问题不仅关系到能否有效实现既定的政策目标,也是货币政策理论研究面临的一个新问题。货币政策操作规范主要分为相机抉择说和规则说两种。相机抉择说作为占主导地位的政策操作规范理论,是凯恩斯主义的一种宏观经济政策规则,认为经济活动中充满了不确定性,中央银行应根据经济形势变化,积极主动地采取灵活的、有针对性的货币政策,以期熨平周期波动的冲击,保证经济持续稳定增长。规则说则认为,货币政策操作应按既定规则行事,不能随意变更。在已有的货币政策规则中影响较为广泛的大致有:货币数量规则(弗里德曼规则)、麦克勒姆规则、泰勒规则和通货膨胀目标规则。泰勒规则问世后即成为美联储实施货币政策的理论指导;德国、日本等发达国家,及一些新兴国家与发展中国家的货币操作与利率调控,也基本上都是遵循泰勒规则或其演化形式进行的。通货膨胀目标规则在20世纪90年代后为澳大利亚、加拿大、芬兰、以色列、新西兰、西班牙、瑞典、英国等国家相继采用。

> 关键词

货币政策　货币政策体系　货币政策操作规范　相机抉择说　规则说

思考题

1. 简述货币政策体系。
2. 简述货币政策传导过程。
3. 简述美联储货币政策决策程序。
4. 简述相机抉择货币政策操作规范。
5. 评述弗里德曼规则货币政策操作规范。
6. 评述泰勒利率规则货币政策操作规范。

第九章 货币政策目标

内容提要

货币政策的目标是指中央银行采取调节货币和信用的措施所要达到的目的。一般来讲,按照中央银行对货币政策目标的影响程度、影响速度以及施加影响的方式,货币政策目标可划分为三个层次:最终目标、效果目标和操作目标。操作目标、效果目标和最终目标与宏观经济的相关性从弱到强,受中央银行的控制程度从强到弱,三者有机构成了货币政策的目标体系。20世纪90年代以来,许多西方发达国家货币政策目标有了重大调整,1990年新西兰率先采用通货膨胀目标制的货币政策,加拿大、英国、瑞典、芬兰、澳大利亚、西班牙等发达国家相继公开宣布以通货膨胀目标制作为货币政策的新框架。本章主要介绍货币政策三个层次目标的内涵和相关关系,以及不同国家不同时期的不同选择;并通货膨胀目标制货币政策新框架进行介绍。

第一节 货币政策最终目标

货币政策最终目标指货币政策在一段较长的时期内所要达到的目标,目标相对固定,基本上与一个国家的宏观经济目标相一致,因此,最终目标也称作货币政策的战略目标或长期目标。货币政策最终目标就是宏观经济目标。现今世界各国中央银行的货币政策目标,虽在表述上小有差异,但却不外乎稳定物价、充分就业、经济增长、平衡国际收支等几方面。

一、货币政策目标形成的历史过程

货币政策的最终目标是中央银行实施货币政策所要达到的经济目的,它是经济发展对中央银行所提出的客观要求。西方国家货币政策目标有一个历史发展过程。

1929—1933年经济危机之前,亚当·斯密"看不见的手"的思想和"萨伊定律"为多数西方学者和行政当局所信奉,认为市场有自发调节经济均衡发展的功能。但为了使市场真正具有这个功能,必须具备一个条件,即货币稳定,排除币值波动对经济的干扰。而历史上金本位制是一种稳定的货币制度,经济发达的国家相继实行了金本位制,因而这时的货币政策目标是单一目标,即稳定货币。

1929—1933年经济危机不仅冲击了传统经济理论,也冲击了金本位制,各国金本位制相继退出历史舞台。由于经济危机中失业严重,一些国家曾一度以充分就业为货币政策的首要目标。第二次世界大战结束以后,一些国家面临大量复员军人就业和制止战争带来的通货膨胀两大难题,因而稳定货币、充分就业成了货币政策目标。英国国会和美国国会分别于1944年和1946年通过了《就业法》,对充分就业这一目标作出了明确规定。

自20世纪50年代起,整个世界经济都得到了迅速恢复和发展。由于各国经济发展的不平衡性,美国经济增长率大大低于日本和西欧一些国家,为了保持自身的经济实力和经济、政治地位,当时各国提出了发展速度问题,把发展经济、促进经济增长作为主要目标。因此,这时各国中央银行的货币政策目标演变成稳定物价、实现充分就业和促进经济增长三大目标。

随着各国经济的发展,特别是国际交往的日益频繁,西方国家政府逐步认识到国际收支平衡的重要性,纷纷将国际收支平衡提到议事日程上来,并相继将此作为货币政策的目标。英国先于美国,早在20世纪40年代后期,即以国际收支平衡作为货币政策的目标。20世纪50年代末60年代初,美国商品在国际市场的竞争力削弱,国际收支连年逆差,黄金大量外流,使以美元为中心的国际货币制度受到严重威胁,从而迫使美联储对国际收支平衡日趋重视,并列为货币政策的目标。其他许多国家长期推行凯恩斯主义的宏观经济政策,也都出现了不同程度的通货膨胀,国际收支状况日益恶化,不得不提出了平衡国际收支的货币政策目标。因此,作为中央银行的货币政策目标也相应地发展到四个,即稳定货币、充分就业、促进经济增长、平衡国际收支。

20世纪90年代以来,金融危机频繁爆发,金融稳定的重要性日益凸现。因此,在世界经济一体化、金融一体化的浪潮下,各国中央银行纷纷将金融稳定作为货币政策新的目标。

二、货币政策最终目标的内涵

1. 稳定物价

稳定物价通常是指设法促使一般物价水平在短期内不发生显著的波动,以维持国内币值的稳定。物价水平不稳定有两种表现形式:一是物价总水平趋于上涨(通货膨胀);二是物价总水平趋于下降(通货紧缩)。这两者都会给经济带来巨大的危害。通货紧缩将严重地影响企业与公众的投资和消费预期,制约其有效的投资需求和消费需求的增长,使企业销售下降,存货增加,利润下降,企业倒闭和失业率上升,经济增长停滞甚至严重衰退,国家陷入经济危机。严重的通货膨胀将导致社会分配不公,激化社会矛盾;破坏相对价格体系;影响经济的稳定增长。严重的通货膨胀导致货币的严重贬值,可能导致货币体系的彻底崩溃。引起通货膨胀的因素很多,包括制度性因素、成本上升、结构性因素,以及由于货币供应量增加引起的社会总需求的膨胀等。在这些引起物价上升的因素中,真正与中央银行货币政策紧密相关的是社会总需求的膨胀这一因素。因此,中央银行稳定价格目标是指防止出现由于货币供应量过多导致的社会总需求膨胀而造成的价格上涨。

抑制通货膨胀和避免通货紧缩是保持稳定物价的货币政策目标不可分割的两个方面。作为货币政策目标需要对目标进行量化才有可操作性。这包括两方面的问题:首先是衡量稳定物价指标的选取。一般有三类,即国民生产总值平均指数、消费物价指数和批发物价指数。国民生产总值平均指数包括全部商品和劳务价格,比较全面地反映物价变化,但是数据的采集和获得比较花时间,一般一年一次,可能延误政策的制定和实施的时机。消费物价指数及时反映消费品和一部分服务业的价格变化,数据的采集比较容易,可以多次进行。但是,由于包括的范围较窄,不能全面反映情况,而且由于不包括生产资料等的价格,如果生产资料价格已经上涨还没有反映到消费品价格,那么可能耽误预防措施的尽早采取。批发物价指数对商业周期敏感,但缺点是没有包括服务价格。其次,物价变动幅度以多大为宜。事实上,在不同的经济发展阶段和不同的经济社会背景下,物价的变化幅度以及其被容忍的程度是不同的,在经济快速发展、经济社会结构发生比较大的变化的阶段,物价的变化幅度相对可以大一些。

2. 充分就业

充分就业本来是指所有能够被利用的资源全部得到利用。但由于要测量各种资源的就业程度困难较大,因此,通常以劳动力的就业程度为基准,指任何愿意接受现有工作条件(包括工资水平和福利待遇等),并有工作能力的人都可以找到工作。非充分就业表明存在社会资源特别是劳动力资源的浪费,失业者生活质量下降,并导致社会不稳定。实际上,在动态经济中,社会始终存在某种最低限度的失业,这种最低程度失业有两种情况:一是摩擦性失业,二是自愿失业。这两种失业在任何社会经济制度下都难以避免。除摩擦性失业和自愿失业之外,任何社会都还存在着一个可承受的非自愿失业幅度。因此,充分就业政策目标并不是追求零失业率,而是要把失业率降低到自然失业率水平。

就业水平受经济发展的规模、速度、结构以及经济周期的不同阶段等众多因素的影响。货币政策对国民经济发展的规模、速度、结构以及经济周期变动等方面具有重要影响,特别是在经济衰退、失业严重时,实行扩张性货币政策,对扩大社会总需求、促进经济发展、降低失业率具有重要意义。充分就业作为货币政策目标,首先是对充分就业的测定。为了方便起见,一般使用失业率指标测定充分就业。所谓失业率是指愿意接受现有工作条件而找不到工作的人数和全部劳动力人数之间的比率。劳动力的计算涉及劳动力年龄规定、判断丧失劳动能力的标准以及学生和家庭主妇如何划分等问题。而对失业人数的计算则涉及失去工作的时间长短规定。其次,如何计算摩擦失业和自愿失业,也就是失业率多少可以认为已经实现了充分就业。

3. 经济增长

经济增长是指一国人力和物质资源的增长。经济增长是提高社会生活水平的物质保障,也是维护国家安全的必要条件。经济的合理增长需要多种因素的配合,其中最重要的是要增加各种经济资源,并提高各种经济资源的生产率。中央银行作为经济运行中的货币供给部门,能够影响到其中的财力部分,即对资本的供给和配置产生一定效果。中央银行可以通过增加货币供给量,降低实际利率水平的办法来促进投资增加;或通过控制通货膨胀率,以降低或消除通货膨胀率产生的不确定性对投资所造成的影响。

4. 平衡国际收支

国际收支平衡是指一国对其他国家的全部货币收入和货币支出保持基本平衡。国际收支平衡又可分为静态平衡和动态平衡。其中静态平衡是指以一年周期内的国际收支数额持平为目标的平衡,只要年末的国际收支数额相等,就称之为平衡;动态平衡则是指以一定时期(如三年、五年)的国际收支数额持平为目标的平衡。目前,在国际收支管理中,动态平衡正受到越来越多的重视。一国国际收支出现失衡,无论是顺差与逆差,都会影响国内的货币供应量,进而影响国内经济。巨额的国际收支逆差可能导致外汇市场对本币信心的急剧下降,资本的大量外流,外汇储备的急剧下降,本币的大幅贬值,并导致严重的货币和金融危机。由于国际收支状况与国内市场的货币供应量有着密切的关系,所以,对于开放条件下的宏观经济而言,一国货币政策的独立有效性正面临越来越严峻的挑战。

货币政策在调节国际收支方面具有重要作用。在资本项目项下可自由兑换的情况下,提高利率将吸引国际资本的流入,降低资本项目逆差或增加资本项目盈余;反之则相反。汇率的变动对国际收支平衡也有重要影响,本币贬值有利于增加出口,抑制进口,降低贸易逆差或增加贸易盈余,但却不利于资本项目的平衡;反之,本币升值将吸引国际资本流入,有利于资本项目平衡,但却抑制出口,鼓励进口,不利于经常项目平衡。因此,货币政策的目标之一,就是要通过本外币政策的协调,实现国际收支的平衡。

三、货币政策最终目标之间的关系

货币政策的四个目标,都是国家经济政策的战略目标的组成部分,几乎具有同等重要的社会福利含义,但在实际的政策操作中,由于它们并非都协调一致,相互间往往存在矛盾,从而使中央银行的货币政策操作难以同时兼顾四个目标。这种目标间的冲突主要表现为:稳定物价与充分就业的冲突;稳定物价与国际收支平衡的冲突;经济增长与国际收支平衡的冲突;稳定物价同经济增长之间的冲突等。

1. 稳定物价与充分就业的关系

最先在理论上总结、分析稳定物价目标与充分就业目标之间矛盾的经济学家是菲利普斯。1958 年,菲利普斯根据 1861—1957 年美国的失业率和货币工资变动率的经验统计资料,提出了一条用以表示失业率和货币工资变动率之间交替关系的曲线,即著名的"菲利普斯曲线"。按照这一理论,通货膨胀率与失业率存在负相关关系:通货膨胀率降低,失业率就会相应增高;反之,失业率降低,通货膨胀率则会相应增高。原因是,当失业人数过多时,需要采用扩大信用规模的方法刺激经济增长,增加就业。但信用规模扩大引起货币供给增加,进而社会总需求增加,就会导致物价上涨。若要降低通货膨胀率,则必须紧缩银根,压缩生产规模,这又会使失业率上升。中央银行若采用膨胀性货币政策,虽可在短期内提高就业,但这种信用的过度利用和货币的过多投放,会威胁物价的稳定。而且,一旦通货膨胀持续发展,要降低它就要以更高的失业率为代价。

2. 稳定物价与经济增长的关系

稳定物价与经济增长作为两大货币政策目标,存在着一定的矛盾性,在短期内尤其如此。政府在促进经济增长时,往往会采用扩张信用和增加投资的办法,其结果必然造成货币供应量的增加和价格上涨。而为抑制通货膨胀采取的提高利率、减少货币供应量等紧缩性货币政策又可能会因抑制投资而影响经济增长。

在稳定物价与经济增长两大政策的冲突问题上,也存在着不同的看法。一般认为,两者之间的矛盾基本上可以消除。其一,适度的价格上涨刺激经济增长。凯恩斯学派认为,适度的价格上涨能刺激投资和产出的增加,从而促进经济增长,适当的通货膨胀是经济的刺激剂。而在劳动生产率提高的情况下,产出的增加伴随着单位生产成本的下降,使价格随着经济增长而趋于下降或稳定。其二,价格稳定也完全能够保持经济增长。由于生产率是随时间的推移而不断提高的,生产率的提高将带来经济的增长。如,美国 1997 年到 2000 年物价年平均上涨率为 1.4%,经济依然保持平均 4% 的增长速度,这主要是由于知识经济带来了劳动生产率大幅度提高的结果,而且也正是价格稳定促使整个经济正常运转,保证了经济的长期稳定增长。

3. 稳定物价与国际收支平衡的关系

稳定物价与平衡国际收支之间存在着相互影响、相互制约的关系。(1) 从稳定物价对国际收支平衡的影响看,当本国出现通货膨胀时,由于本国价格水平上涨而使外国商品价格相对低廉,导致国内商品出口减少而外国商品进口增加,结果是国际收支严重失衡,出现巨额逆差。但是,本国的价格稳定也并不能保证国际收支平衡,因为在本国价格稳定而他国发生通货膨胀的情况下,他国商品价格相对高于本国商品价格使得出口增加而进口减少,难免发生国际收支失衡的现象。(2)从国际收支不平衡对国内稳定物价的影响看,由于外汇收支不平衡,不论是顺差还是逆差,都会给国内货币流通的稳定带来不利的影响,集中表现为商品运动与外汇(货币)运动的脱节。在存在巨额顺差的情况下,可能会造成部分外汇收入的闲置浪费,没有商品与原来投放收购出口商品货币所形成的购买力相对应,从而影响稳定物价。而且大量收购外汇会引起新的货币投放,加剧国内商品市场的供需失衡引起通货膨胀。当国际收支出现巨额逆差时,由于商品进口增多而增加了国内市场商品的供应量,有利于稳定物价,但为了解决逆差问题所采取的措施可能造成价格的不稳定。

国际收支平衡有利于金融的稳定,而国际收支失衡,如贸易赤字和资本大量外流,将导致货币危机;金融的稳定也有利于国际收支的平衡,金融动荡将加剧资本外流,致使国际收支失衡进一步恶化。

4. 经济增长与国际收支平衡的关系

在一般情况下,经济增长必然会带来国际收支状况的改善,但是从动态的角度看,两者也存在不一致的地方。(1)在经济发展过程中,由于 GDP 的增加提高了支付能力,除了要求增加国内商品的供应量,也会增加对进口商品的需求,使进口的增长快于出口的增长,这就可能导致国际收支出现逆差。(2)为促进国内经济增长,必然要求增加投资。在国内资本来源不足的情况下,必须借助于外资的流入。虽然外资的流入会使资本项目出现顺差,从而在一定程度上弥补由于贸易逆差导致的国际收支失衡,但若本国不具备大量利用外资的条件及外汇还款能力,则又会导致国际收支失衡。(3)治理经济衰退所采取的手段与平衡国际收支所采用的手段往往会发生冲突。在经济衰退时,政府通常采取扩张的货币政策,其结果可能因进口增加或通货膨胀而导致国际收支出现逆差。而当国际收支出现逆差时,通常必须采取国内紧缩政策,其结果又可能带来经济衰退。

5. 充分就业与经济增长的关系

充分就业与经济增长之间通常存在正相关关系。但是,由于经济增长可以采取劳动密集型、资本密集型或资源密集型、知识密集型等不同的发展模式,除劳动密集型外,其他几种增长模式都与充分就业有一定的矛盾。

四、货币政策最终目标的选择

由于最终目标之间存在着矛盾,货币政策在作目标选择时不能不有所侧重,有所取舍,难以统筹兼顾。具体的目标选择不但有赖于各国特定的发展阶段和特殊国情,从更一般的意义上说,也反映了人们对货币经济和货币政策认识的深化程度。目前,国际上经常采用的货币政策最终目标的选择方式主要有两种。一是侧重于统筹兼顾,力求取得各目标间的协调一致;二是相机抉择,突出重点,根据宏观经济的具体运行状况和当前面临的突出问题决定和选择相应的政策目标。

1. 货币政策目标选择的理论

关于货币政策最终目标的选择,理论界一直存在着不同的看法和争论。概括起来,大体上有以下三种观点:

(1) 多重目标论。货币政策作为宏观经济调控手段应该在总体上兼顾各个目标,在不同时期以不同的目标作为相对重点。20 世纪 90 年代以前,西方经济学界大多主张中央银行应同时选择几个不同的目标,以其中的一个目标作为货币政策的主要目标,而以其他目标作为辅助目标。如后凯恩斯经济学派提出了经济增长、物价稳定、国际收支平衡等作为凯恩斯的充分就业战略目标的补充。

(2) 双重目标论。既然经济增长是稳定物价的基础,稳定物价又有利于经济的长期稳定增长,两者相互制约相互影响,不能偏颇,必须兼顾,因此货币政策应以稳定物价和经济增长同时作为目标。

(3) 单一目标论。因为各目标之间存在矛盾,因此,只能采用单一目标,由此又产生选择哪个目标的争论。单一目标论认为,应把稳定货币作为货币政策的唯一最终目标。其理由是,中央银行独占了货币发行权,控制货币、信贷增长,防止通货膨胀是央行的首要职责。综观世界各国中央银行的货币政策与金融战略,虽然在政策执行过程中都曾在不同时期出现过不同形式、不同程度的通货膨胀,但无一不把稳定货币作为它们争取达到的目标。稳定货币也是经济增长与发展的前提条件,过去的历史与实践也证明必须坚持稳定货币的目标。单一目标论反对把经济增长和物价稳定同时作为货币政策目标,认为促进经济增长是财政政策、货币政策、产业政策和收入分配政策等各项宏观经济政策协调配合、综合发挥作用的结果。

2. 货币政策目标的选择方法

尽管货币政策的数项目标是很难同时实现的,但各国中央银行仍力图从中选择一至两个作为某一时期的重点目标来制定自己的货币政策。对货币政策目标的选择,主要采用以下方法进行:

(1) 相机抉择法。一些学者认为,在调节经济时,究竟采取哪种货币政策,牺牲哪个目标来换取哪个目标,以及不同政策之间怎样搭配,不应有一成不变的模式,而应当相机抉择。由于各国的经济情况不同,在一个时期内,通常可选择一或两个目标作为优先目标。各国政府和政党在政治上和策略上考虑的角度不同,选择也就不同。例如,英国的保守党根据国内经济情况,把稳定物价作为首要目标,而工党则把充分就业作为首选目标;法国将减少失业作为重点政策目标;德国则把反通货膨胀作为货币政策目标。

(2)"临界点原理"抉择法。"临界点原理"抉择法的理论依据,是"菲利普斯曲线"所揭示的通货膨胀率与失业率的负相关关系。当信用扩张,货币供应量增加时,生产增长,工人失业下降,但会导致通货膨胀率上升;反之,当信用紧缩时,通货膨胀率会下降,但失业率将上升,两者呈此消彼长的关系。要保持高就业,就必须以高物价为代价;反之,要降低物价水平,就要以高失业率为代价。如果社会可承受的通货膨胀率为4%,失业率也为4%,则此区间是安全范围。在这个范围内,政府不必采取任何措施。其中4%的通货膨胀和4%的失业率即为"临界点",若超过临界点,政府则必须采取措施加以干预。假设某时期失业率上升为6%,通货膨胀率为2%,政府就应当采取扩张的货币政策来降低失业率,因为失业率已超过了社会可接受的临界点,而物价却低于临界点,此时比较高的物价换取较低的失业率是明智的选择。因此,在制定货币政策时以何种目标为主要目标,中央银行可以根据该曲线所表示的关系来决定。

(3)单一规则抉择法。单一规则抉择不以主观判断为准,而是按照一套简单规则来行事。货币主义学派代表人物弗里德曼认为,货币政策的最终目标是稳定物价。为实现该目标,弗里德曼提出了单一规则的货币政策,即中央银行不管经济形势如何,应始终如一地保持一个稳定的货币增长率,除此之外,政府不用对经济进行任何干预。弗里德曼之所以提出该抉择法,主要考虑到以下三方面的原因:人们对经济状况不可能作出完全准确的估计;政策效应存在时滞;对政策效果的预测不可能很精确。弗里德曼根据美国过去100年间,年产值平均增长3%,劳动力增长1%—2%,计算出货币增长率应以每年4%—5%的固定增长率有计划地增长。

3. 主要发达国家货币政策最终目标比较

由于不同国家的历史背景、现实矛盾以及所奉行货币政策的理论依据不同,各国中央银行在不同的历史时期对货币政策目标的选择不尽相同,但各国在20世纪50—60年代、70—80年代以及90年代以后等时期,在货币政策目标的选择上呈现较强的趋同性变化(见表9-1)。20世纪70年代初,布雷顿固定汇率体制解体,由此造成国际货币金融局势的动荡。西方各国出现了持续的、严重的通货膨胀,为此西方各国采取了将稳定货币作为货币政策主要目标的共同政策。20世纪90年代以来,由于过严的货币控制使得经济停滞不前,一些发达国家和发展中国家在货币政策上实行了重大改革,开始实施通货膨胀目标制,力求实现低通货膨胀下的经济增长。具体见表9-1。

表 9-1　西方各国货币政策最终目标比较①

国别	20 世纪 50—60 年代	20 世纪 70—80 年代	20 世纪 90 年代以来
美国	以充分就业为主	以货币稳定为主	以反通胀为唯一目标
英国	以充分就业兼顾国际收支为主	以货币稳定为主	以反通胀为唯一目标
加拿大	充分就业、经济增长	以物价稳定为主	以反通胀为唯一目标
日本	对外收支平衡,物价稳定	物价稳定,对外收支平衡	物价稳定,对外收支平衡
意大利	经济增长,充分就业	货币稳定兼顾国际收支平衡	货币稳定兼顾国际收支平衡
德国	以稳定通货兼顾对外收支平衡为主	以稳定通货兼顾对外收支平衡为主	以稳定通货兼顾对外收支平衡为主

第二节　货币政策操作目标和效果目标

货币政策的操作目标和效果目标是指为实现货币政策的最终目标而选定的便于调控,具有传导性的金融变量。由于货币政策的最终目标并不在中央银行的直接控制之下,从货币政策工具的实施,到货币政策最终目标的实现,中间需要一些短期、数量化、能够运用于日常操作,并能被中央银行直接控制的金融变量,通过它们的变化传导政策工具的作用,以实现对最终目标的调节和控制。

一、效果目标和操作目标的选择标准

操作目标是接近中央银行政策工具的金融变量,中央银行能够对它进行控制,但它与最终目标的因果关系不大稳定。效果目标是距离政策工具较远,但接近于最终目标的金融变量,其特点是中央银行不容易对它进行控制,但它与最终目标间的因果关系比较稳定。一般认为,可充当效果目标和操作指标的金融变量应具备以下三个条件:

1. 可测性

对作为操作指标和效果目标的金融变量进行迅速而精确的测量,是对其进行有效监控的前提。可测性有两方面的含义:一是效果目标和操作目标应有比较明确的内涵和外延;二是所选指标能够迅速给央行提供准确的资料数据,可据以进行分析判断。具体说来,作为效果目标要比最终目标更快地反映货币政策的效果;作为操作指标,在货币政策发生偏差时,要比效果目标更快地发出较为准确的信号,这样的效果目标和操作指标才是有效的。比如,GDP 数据是按季

---

① 资料来源:谢杭生等:《战后西方国家货币政策目标比较》,载《金融研究》1997 年第 6 期。

统计并在下一个月公布,而货币供给量数据是按月公布的,市场利率的数据更是随时可以得到。

2. 可控性

可控性是指所选指标在足够短的时间内接受货币政策工具的影响,并按照货币政策设定的方向和力度发生变化。操作指标和效果目标变量必须是中央银行运用货币政策工具可以对其进行有效控制的金融指标。否则,中央银行就不知道其货币政策的运用是否适当,而且,即使发现货币政策运用有误也不能把它拉回到正确的轨道上来。例如,物价水平不能作为货币政策的效果目标,因为货币政策无法直接控制物价水平,并且物价水平的变动是由多种因素造成的,譬如,供给过剩、总需求萎缩或者便宜的进口商品的冲击,货币政策产生的影响只是其中一个因素,因此,中央银行不能只根据物价水平的变动就作出货币政策工具的运用是对或是错的判断。

3. 相关性

相关性是指作为效果目标的变量与最终目标之间要有密切联系,作为操作指标的变量与效果目标之间也要联系紧密,它们的变动一定要对最终目标或效果目标产生可预测的影响。例如,作为操作指标的准备金和基础货币的变动与货币供给量之间有较为明确的关系;而货币供给量和经济增长、稳定物价之间也有可预测的关系。这样,中央银行通过调整操作指标可以影响效果目标,通过调节效果目标可以影响最终目标,从而达到中央银行宏观调控的目的。

二、效果目标及其选择

1. 可供选择的效果目标分析

根据以上三个标准,被选作效果目标的变量通常有两类:价格指标和数量指标。前者包括利率、汇率、通货膨胀率以及股票价格等,后者主要包括货币供应量、银行信贷规模等。下面对各国常用的利率和货币供应量两种效果目标进行介绍。

(1) 利率

利率,主要指中长期债券利率。中长期利率作为货币政策的效果目标有以下优点:第一,从相关性看,中长期利率对投资有着显著的影响,对不动产及机器设备的投资来说尤其如此,因此与整个社会的收入水平直接相关。第二,可测性。很明显,中央银行在任何一个时间点上都可以观察到市场利率的水平与结构。第三,可控性。中央银行或者直接控制市场利率,或者间接给予控制。在间接调控体系下,中央银行借助于公开市场操作就可以影响银行的准备金供求从而改变短期利率,进而引导长期利率的变化,以实现对中长期利率的控制。因此,中长期利率作为货币政策的效果目标是适宜的。

凯恩斯主义极力主张以利率作为效果目标。凯恩斯主义认为,利率是影响总需求的关键变量,而且中央银行能够采取有效措施调控利率,货币政策在引起社会总支出变动以前,首先引起利率的变动。因为中长期利率对投资,尤其是对房屋、建筑与机器设备的投资影响很大,进而与整个社会的收入水平有着密切的联系。根据流动性偏好理论,货币供应量的增加将使利率下降,刺激投资,并通过流动性效应和财富效应影响实际经济活动和收入水平。中央银行可以通过再贴现和公开市场操作调控利率,利率的高低就反映中央银行的政策意图,利率上升表示中央银行抽紧银根,反之则放松银根。中央银行通过利率的调控可以引导消费与投资。因此,利率基本上符合作为货币政策效果目标的条件。由于"凯恩斯革命"的深刻影响和战后资本主义国家迫于发展经济、解决就业问题的政治压力,从20世纪40年代初到目前为止,除1979—1982年的美国外,西方主要资本主义国家都以利率为货币政策的效果目标。

凯恩斯主义者关于货币政策效果目标的理论遭到了一些经济学家,特别是以弗里德曼为代表的货币主义者的批评和反对。弗里德曼认为,利率作为效果目标存在着诸多局限。他在《影响利率水平的因素》一文中,从动态的角度对货币供给量影响利率和物价水平的过程作了全面的阐述,列举了利率不宜作为货币政策效果目标的种种理由。弗里德曼指出,首先,凯恩斯主义者混淆了"货币数量"和"信用"这两个截然不同的概念。他认为,利率并非货币的价格,而是信用的价格,物价水平或其倒数才是货币的价格。只有信用增加才使利率下降,而货币供给量增加只能使物价水平上涨。货币供给量与利率之间的关系也不如凯恩斯主义者所描述的那样直接。其次,凯恩斯主义者缺乏对货币供给量变动导致利率变动动态过程的全面了解。弗里德曼认为,要正确地认识货币供给量变动与利率水平之间的动态关系,必须同时分析流动性效应、收入效应和价格预期效应。在这几个效应中,只有流动性效应才使利率下降,而收入效应和价格预期效应都使利率上升。也就是说,货币供给量的增加,通过流动性效应,增加人们对金融资产的需求,导致金融资产价格上升和利率下降,利率下降到一定程度,刺激投资和产出增加。随着生产扩大和就业增多,收入相应提高,进而推动物价上涨。企业为扩大生产,必然增加可贷资金的需求。而此时,物价已经上涨,实际货币供给量已经减少,收入效应导致利率急剧回升。而且,在人们预期物价还要继续上涨时,必然持有更多的货币余额。价格预期效应推动利率水平进一步上涨。弗里德曼由此而断言,货币供给量增加最终会使利率水平上升,中央银行也无法有效地控制利率。

弗里德曼进一步认为,以利率作货币政策的效果目标,甚至会造成货币政策的误导。因为在名义利率上升之际,按照凯恩斯的理论,此时货币供给不足,应该增加货币供给;而按照弗里德曼的理论,名义利率较高表明货币供给过多,继续增加货币供给量则会加剧通货膨胀。反之,名义利率偏低,按照凯恩斯的理论,此时货币供给量过多,应该减少货币供给;而按照弗里德曼的理论,此时货币供给量偏少,应该增加货币供给量。显然按弗里德曼的理论,以利率为效果目标的货币政策必然会加剧经济的振荡和紊乱。因此,中央银行将利率作为效果目标所遇到的主要问题,就是必须区分两种不同的利率变动:一种是由于对资金需求的暂时而不规则的变动所引起的;另一种是由于对资金需求的持久变动所产生的。第一种变动可以用利率的适当变动加以对付,而第二种变动则不可机械地加以抵制。例如,在一个接近充分就业运行状态的经济中,如果中央银行抑制一个从总需求的上升浪潮所产生的利率的向上运动,则稳定利率的政策会造成货币供应量增长率变动的不稳定。从中央银行使利率下降的努力中产生的货币供应量的迅速增加,经过某种滞后,将会加速支出的上升,从而加剧通货膨胀。在这种情况下,坚持以利率为效果目标的最终结果,将是加剧经济的非稳定增长。

正因为以利率为效果目标存在这种缺陷,20世纪70年代后,面临高通货膨胀经济环境的各国中央银行,纷纷改利率为货币供应量作为货币政策效果目标。如在20世纪80年代初,美国联邦储备系统曾将效果目标从长期利率转移到货币供应量上。

(2) 货币供应量

货币供应量通常指 M_1、M_2 等。以货币供应量作为货币政策的效果目标有以下优点:

第一,从可测性看,根据货币的流动性差别及货币性的强弱,M_0、M_1、M_2、M_3 等指标均有很明确的定义,分别反映在中央银行、商业银行及其他金融机构的资产负债表内,可以很方便地进行测算和分析,因而可测性较强。第二,就可控性而言,货币供应量是基础货币与货币乘数之积,货币供应量的可控性实际上就是基础货币的可控性及货币乘数的可控性。M_0 是直接由中央银行创造并注入流通的,M_1、M_2、M_3 这些商业银行的货币性负债都是靠中央银行的货币性负债支撑的。因此,从逻辑上讲,如果中央银行能控制基础货币,同时货币乘数相对稳定,则中央银行就能够通过控制基础货币间接地控制住货币供应量;反之,如果中央银行对基础货币的控制能力较弱,货币乘数缺乏稳定性,则货币供应量控制起来就比较困难。由此可见,货币供应量的可控性很大程度上取决于特定的货币制度、金融环境及经济发展阶段。第三,再看相关性。一定时期的货币供应量代表了当期的社会有效需求总量和整个社会的购买力。一定时期的货币供应不足时,社会的总需求小于总供给,社会有效需求不足,资源闲置,从而阻碍经济的发展;相反,当货币供应过多时,社会的总需求大于总供给,社会需求过旺,必然导致物价的上涨,通货膨胀同样也会阻碍经济的发展。因此,只要中央银行将各层次的货币供应量控制在适度的水平,也就控制住了一定时期的社会总需求。就 M_0、M_1、M_2、M_3 四者而言,到底哪一个指标更能代表一定时期的社会总需求和购买力,从而表现出与最终目标有着更强的相关性?以货币供应量作为效果目标的实践表明,指标口径的选择可能是货币供应量作为效果目标存在的主要问题,当大规模的金融创新和放松管制导致金融结构发生变化时,这一问题就会更加突出。

以货币供应量作为货币政策的效果目标是货币主义学派的主张。根据货币主义者的分析,货币供给量变动并不直接影响利率,而是直接影响人们的名义收入支出水平,并由此而影响投资、就业、产出及物价水平。实证研究表明,虽然在短期内,货币供给量与实际收入、物价水平之间的关系并不十分明确,但在长期中,这种关系则是比较明确的。货币供给量的变动总是引起名义收入和物价水平的同方向变动。同时,他们认为,中央银行是能够控制货币供给量的。并且,货币供给量也能正确地反映货币政策的意向,即货币供给量增加表明货币政策是扩张性的,而货币供给量减少则表示货币政策是紧缩性的。因此,货币主义者认为,应将货币供给量作为货币政策的效果目标。

但是,货币主义的这一理论受到了许多经济学家(包括一些货币主义者)的批评。首先,它遭到了凯恩斯主义者的极力反对。他们认为,第一,货币供给量是一个内生变量,它不能为中央银行绝对控制。特别是在短时期内,货币供给量并不完全取决于中央银行,因为公众持有现金与存款的比率变动以及商业银行的超额准备金的变动都直接影响货币乘数,进而造成短期货币供给量的不稳,以致货币供给量的增减不足以反映货币政策的意向。第二,战后非银行金融中介机构发展很快,它们创造的金融工具也有很强的流动性,这就模糊了货币的边界,甚至有人惊呼"货币死了"。在什么是货币都不能完全确定的情况下,凯恩斯主义者更要强调,货币供给量不能作为货币政策的效果目标了。货币经济学家萨文也反对以货币供给量为货币政策的效果目标。他认为,货币供给量同利率一样,也随经济的周期性而波动。在通货膨胀时期,中央银行实行紧缩性货币政策,结果利率上升,商业银行持有自由准备的成本也上升,于是,它们就扩大贷款,从而使货币供给量增加;反之则反是。这就是说,以货币供给量作为货币政策效果目标会与中央银行的政策意图相悖。即在中央银行实行扩张性货币政策时,货币供给量减少;而在中央银行实行紧缩性货币政策时,货币供给量增加。这就会给经济运行以错误的信号,从而不利于实现宏观调控的目标。因而,货币供给量不宜作为货币政策的效果目标。

2. 效果目标的选择方法①

目前,大多数国家的中央银行都选用货币供给量或者利率作为中间指标,但两者孰优孰劣,尚不得而知。从可测性方面看,利率似乎比货币供给量更便于测量,但能够迅速准确地测得的利率是名义利率,而非预期实际利率;从可控性方面看,中央银行对货币供给总量确实具有一定的控制能力,也可通过公开市场操作,调整再贴现率,甚至直接规定利率等办法,对市场利率产生影响;从相关性看,货币供给总量和利率对经济活动都有重要的影响,但是,何者的影响更大目前仍难以计量。所以货币供应量和利率指标孰优孰劣很难从选择指标的标准直接比较。

(1) 利率目标和货币总量目标互不相容,在同一时刻只能是择其一而行之

在实际的选择过程中,总量指标和利率指标一般不能同时都选作效果目标,两者之间存在着冲突,具体而言,如果中央银行以稳定利率为效果目标,则必然要容许货币供应量存在波动;反之,如果要稳定货币供应量,则有可能以利率的不稳定作为代价。在实际操作中,假如中央银行要保持当前的利率水平,当市场利率超过当前水平并持续上升时,中央银行就必须被迫地增加货币供给,使利率下降。但增加的货币供给会诱发通货膨胀预期,通货膨胀上升将使名义利率进一步上升,为实现利率目标,中央银行必须再次增加货币供应量以控制利率的上升。这个以盯住利率为目标的货币政策操作过程,意味着中央银行必须放弃对货币供给的控制。相反,要实现货币供应量目标,中央银行必须允许利率随着经济的紧缩或扩张而波动。中央银行不能同时控制货币供应量与利率。这两种情况可见图9-1和图9-2。

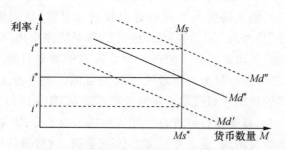

图 9-1 以货币总量目标将导致利率的波动

我们先看选取货币总量控制目标而导致利率波动的情况。如图9-1所示,中央银行的货币供应量目标为 Ms^*,最初的利率水平为 i^*,最初的货币需求曲线为 Md^*。由于产出量的意外增减或物价水平的变动以及公众的货币与债券选择

---

① 关于何种金融变量最适宜充当中间目标的详细探讨,可参见〔美〕托马斯·梅耶、詹姆斯·S.杜森贝里、罗伯特·Z.阿利伯:《货币、银行与经济》,洪文全、林志军等译,上海三联书店1988年版。

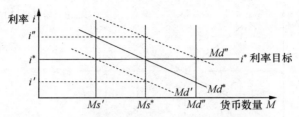

图 9-2　以利率为目标将导致货币供应量的波动

偏好的意外变动,使实际货币需求曲线在 Md' 和 Md'' 之间波动。货币需求量的波动最终导致利率在 i' 和 i'' 之间波动。

再看追求利率目标而导致货币供应量波动的情况。如图 9-2 所示,i^* 为中央银行的利率目标,Ms^* 和 Md^* 为最初的货币供应量和货币需求量。由于产出量、物价水平与公众的货币与债券的选择偏好的意外变动,使货币需求曲线在 Md' 和 Md'' 之间波动,而这又相应引起利率的波动。当需求曲线下降至 Md' 时,利率相应降到 i',同时,债券价格将相应上升,此时,中央银行为维持其利率目标,将出售债券,收回货币,减少货币供应量,从而促使债券价格下跌,利率回升到原先水平;反之,若需求曲线上升至 Md'' 且推动利率上升至 i'',则中央银行为维持利率稳定,又从公开市场买入债券,增加货币供应量,使债券价格下跌,从而使利率恢复到目标水平。

由上述分析可见,利率目标和货币总量目标是互不相容的,我们不可能在同一时刻实现这两个目标,而只能是择其一而行之。

(2) 运用 IS-LM 分析框架选择效果目标

现实的世界中充满了不确定性,IS-LM 曲线会由于无法预料的自发支出和货币需求等因素的变动而变动,并且变动往往难以预期。一国中央银行在决定是应当使用货币供应量目标还是利率目标之前,需要分析是 IS 曲线的不确定性远大于 LM 曲线的不确定性,还是 LM 曲线的不确定性远大于 IS 曲线的不确定性。

第一,IS 曲线不稳定而 LM 曲线稳定。

图 9-3 显示了 IS 曲线不稳定而 LM 曲线稳定时,两种目标策略的结果。

假定一国目标产量为 Y^*,相应的,利率目标为 i^*,货币供给量目标通过 LM^* 反映。由于 IS 曲线是不稳定的,它在 Ms' 和 Ms'' 之间波动,导致对于利率目标政策而言,总产出在 Y_1' 和 Y_1'' 之间波动。而对于货币供应量目标政策而言,总产出在 Y_M' 和 Y_M'' 之间波动。我们从图 12-12 中可以直观看出,货币供给量目标导致了产出量围绕目标水平的更小波动,而这正是我们需要的。

因此,我们可得出结论:如果 IS 曲线比 LM 曲线更不稳定,中央银行采取盯住货币供应量目标更有利于减少产出的波动。因此,中央银行应选择货币供给量为效果目标。

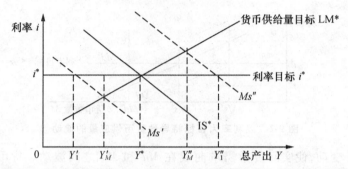

图 9-3 IS 曲线不稳定 LM 曲线稳定时货币供给量和利率目标政策

第二，LM 曲线不稳定而 IS 曲线稳定。

同样,一国经济目标产量为 Y^*,相应的,利率目标为 i^*,货币供给量目标反映在 LM^* 上。由于 LM 曲线现在是不稳定的,即使货币供给量不变,它也会在 LM' 和 LM'' 之间波动,导致总产出在 Y'_M 和 Y''_M 之间波动。另一方面,利率目标不受 LM 曲线的不确定性影响,因为一国中央银行可以通过调节货币供给来保证 i 在 i^* 水平不变(见图 9-4)。

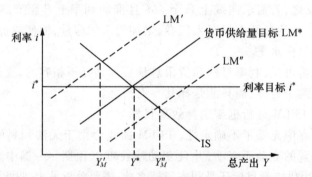

图 9-4 LM 曲线不稳定 IS 曲线稳定时货币供给量和利率目标政策

从而我们可得出结论:如果 LM 曲线比 IS 曲线更不稳定,一国中央银行偏好于利率目标政策。

在历史上,弗里德曼及其追随者们倾向于相信货币需求方程及 LM 曲线是稳定的,并得出货币供给目标总比利率目标好的结论。而凯恩斯主义者并不能确信货币需求量的稳定性,从而更倾向于支持利率目标。认识到这一点是十分重要的,即决定哪个目标更好的关键因素,是 IS 和 LM 曲线的相对不稳定性。近年来新金融工具的激增(能影响货币需求)使 LM 变得不稳定,然而这并不意味着应完全放弃货币供给量目标,采用利率目标,因为支持 IS 曲线稳定的因素同样也十分微弱。

最后,需要提及的一个因素是物价水平。因为到目前为止,我们的讨论都只建立在假定物价水平固定不变的基础之上。而更为现实的是,物价水平的变动会导致通胀水平的变动。这种变动对货币政策的影响主要表现在以下两个方面:

第一,对目标政策选择的影响。由于物价水平的变动导致通胀预期的不确定性,而真实利率=名义利率-预期通胀率,投资支出和净出口决定又与真实利率相关,因此,在现实世界中,预期通胀率的大幅度波动导致 IS 曲线的更大幅度的波动(用图 9-5 表示),从而使利率目标比货币供应量更好的观点变得模糊起来。

物价水平波动──→预期通货膨胀率波动──→真实利率波动──→投资支出、净出口波动──→IS 曲线的更大幅度的波动

图 9-5

第二,对货币政策效应的影响。如果物价水平是不变动的,货币政策的效应就可能没有像前面论述的那么明显。扩张性的货币政策可能会产生下面的结果:(1)一部分增加的货币由于利率下降而变成了 L_2;(2)另一部分则变成了交易性货币 L_1,其中一部分使总产出水平 Y 增加,则成为上涨价格的一部分(用图 9-6 表示)。

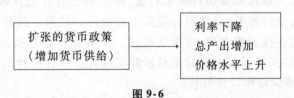

图 9-6

3. 部分发达国家对货币政策效果目标选择的演变

西方发达国家中央银行在利率与货币供应量的选择上,经过了一个以利率为主的中介目标向以货币供应量为主的中介目标,再由货币供应量向利率目标转变的过程(见表 9-2)。

表 9-2　部分发达国家对货币政策效果目标选择的演变

	20 世纪 50—60 年代	20 世纪 70—80 年代	20 世纪 90 年代
美国	以利率为主	先以 M_1 后以 M_2 为主	利率、汇率等价格型变量
英国	以利率为主	货币供应量	同上
加拿大	先以信用总量为主后改为信用调节为主	先以 M_1 后以 M_2 为主	同上
日本	民间金融体系的贷款增量	M_2 + CD	同上
德国	银行流动储备	先以央行货币量 CBM,后以 M_3 为主	货币供应量
意大利	以利率为主	国内信用总量	利率、汇率等价格型变量

美国、英国、加拿大、日本、德国、意大利等国中央银行从 20 世纪 50 年代到 90 年代以来中介目标演变的过程,是一个由价格目标向数量目标转变,然后再回归到价格目标的过程。

20 世纪 70 年效果目标由利率向货币供应量转变的主要原因是,20 世纪 70 年代通货膨胀的加剧,使名义利率变动与实际利率变动相背离。利率同时具有的经济变量和政策变量特点,使政策性效果与非政策性效果混杂在一起难以分辨,从而使中央银行无法确定政策是否奏效,并造成错误判断。20 世纪 90 年代效果目标由货币供应量向利率回归的主要原因,其一是在金融工具创新下,具有良好流动性的新型金融工具使 M 系列的货币供应量的定义与计量越来越困难,使货币供应量可测性受到挑战;加上货币需求利率弹性的降低,改变了货币需求函数的稳定性,货币流通速度不稳定,以及国际资本的自由流动,弱化了一国货币供应量与经济增长间的关系等。当然,很重要的是 20 世纪 90 年代西方各国通货膨胀得到了有效抑制,使用利率价格目标的前提条件重新得到改善。

三、操作目标及其选择

与效果目标又被称做远期目标相对应,操作目标有时也称做近期目标。从货币政策作用的全过程看,操作目标距离中央银行的政策工具最近,是中央银行货币政策工具的直接调控对象,可控性极强。中央银行正是借助于货币政策工具作用于操作目标,进而影响到效果目标并实现其最终目标的。

1. 可供选择的操作目标分析

从西方各主要工业化国家中央银行的操作实践看,经常被选做操作目标的主要有短期货币市场利率,银行准备金及基础货币等。

(1) 短期货币市场利率

经常被选做操作目标的短期利率是银行同业拆借利率。银行同业拆借市场作为货币市场的基础,其利率是整个货币市场的基准利率。中央银行通过调控银行同业拆借利率就可以改变货币供应量,以影响长期利率。有关银行同业拆借利率的水平和变动情况中央银行可以很方便地得到,当央行根据既定的 M_1 目标认为有必要维持或改变现有的利率水平和结构时,就通过相应的公开市场操作及对贴现窗口借款量和贴现率的具体规定,调控同业拆借利率,以贯彻其政策意图。举例说,假如中央银行打算提高同业拆借利率,以缩减货币供应量,它就通过公开市场卖出政府债券,以减少银行准备金,增加准备金压力。此时银行为弥补准备金的不足就会增加在同业拆借市场上的融资,从而导致同业拆借利率的上升。同业拆借利率作为货币市场的基准利率又会进一步引起金融市场利率的上升,并最终影响到货币供应量及经济活动。

短期利率作为操作目标存在的最大问题是,利率对经济产生作用存有时滞,同时，因为是顺商业周期的，容易形成货币供应的周期性膨胀和紧缩。举例说，假如经济受到一个正向冲击，收入突然增加，从而引起利率的相应上升，中央银行为使利率回落到预定的目标水平，将会增加在公开市场上的购买，以增加银行准备金。这将导致基础货币的增加，从而引起货币供给的增长。当发生相反的情况时，又会造成货币供给的下降，不符合货币政策逆风向调节的原则。此外，利率也容易受通货膨胀、市场供求、心理预期等非货币因素的影响，不利于中央银行作出正确判断并采取正确行动。从美国的情况看，1979年由于美国恶性通货膨胀上升、美元大幅度贬值、金融市场信心动摇，美国联邦储备系统即将操作目标的重点从利率转移到银行准备金上。

（2）银行准备金

银行准备金是指商业银行和其他存款机构在中央银行的存款余额及其持有的库存现金。银行准备金的主要特点是不生息，或只有很低的利息。其用途主要有：用于满足客户的提款要求；用于满足法定存款准备金要求；用于同业银行间的资金清算。准备金又可进一步划分成不同的概念：从准备金的需求看，总准备金可以划分为法定存款准备金和超额准备金两部分。法定存款准备金是银行按照法律规定所必须持有的那部分准备金，其数量取决于银行吸收的存款量和法定存款准备金率。超额准备金指银行总准备金余额中，超过法定存款准备金的那部分准备金。超额准备金减去贴现贷款量即为自由准备金；从准备金的供给看，银行准备金的供给来源主要有两个渠道：借入准备金和非借入准备金。借入准备金是指中央银行通过贴现窗口提供的临时性贷款，其在使用额度、频率和使用理由上都有明确的限制。非借入准备金是银行通过贴现窗口之外的其他渠道所获得的准备金。中央银行通过公开市场操作，买进政府债券是非借入准备金供应的一个最主要的渠道。此外，其他一些"技术因素"，如财政存款余额、在途资金、流通中现金等也会影响非借入准备金的供给。

中央银行对银行准备金的调控是通过公开市场操作和贴现窗口，即调控非借入准备金和借入准备金来完成的。在实际操作中，中央银行可以进一步选择非借入准备金或借入准备金来作为其操作目标。银行准备金作为操作目标常常与银行同业拆借市场利率相联系。其操作原理是：通过调节准备金供给以影响银行同业拆借市场利率，从而进一步影响货币总量。我们将在本章的第三节中以美国联邦储备系统的操作实践为例，对这一操作机制加以详细的说明。

就可测性而言，无论是总准备金、法定准备金、超额准备金、自由准备金、借入准备金，还是非借入准备金等都可以很方便地从有关的记录和报表中获得或者通过相应的估测得到。另外，由于中央银行可以通过公开市场业务任意地改变准备金数额，可控性也不存在问题。至于相关性，我们知道，基础货币由流通中现金和银行准备金组成，通过调控银行准备金就可以改变基础货币，从而改变货币供应量。

(3) 基础货币

基础货币又称高能货币,是流通中的现金和银行准备金的总和。一般认为,基础货币是比较理想的操作目标。就可测性而言,基础货币表现为中央银行的负债,其数额随时反映在中央银行的资产负债表上,很容易为中央银行所掌握。其次,基础货币中的通货可以由中央银行直接控制;银行准备金总量中的非借入准备金中央银行可以通过公开市场操作随意加以控制;借入准备金虽不能完全控制但可以通过贴现窗口进行目标设定,并进行预测,有较强的可控性。再次,根据货币乘数理论,货币供应量等于基础货币与货币乘数之积,只要中央银行能够控制住基础货币的投放,也就等于间接地控制住了货币供应量,从而就能够进一步影响到利率、价格及国民收入,以实现其最终目标。

2. 操作目标的选择

操作目标的选择同样要符合可测性、可控性及相关性三个标准。除此之外,很重要的一点是,操作目标的选择在很大程度上还取决于效果目标的选择。具体而言,如果以总量指标作为效果目标,则操作目标也应该选取总量指标;如果以利率作为效果目标,则操作目标的选择就应该以利率指标为宜。

例如,在美国,联储对储备总量和联邦基金利率都可以精确计量,而且两者都易于用货币政策工具来控制,因而和效果目标的相关性就成为操作目标的选择标准。如果理想的效果目标是利率,则优先的操作目标将是联邦基金利率;如果理想的效果目标是货币供应量,毫无疑问操作目标应选为基础货币这样的储备总量,所以最佳操作目标的选择取决于效果目标的选择。

目前,我国是以货币供应量作为货币政策的效果目标,因此,理想的操作目标应为准备金或基础货币。准备金是中央银行各种货币政策工具影响效果目标的主要传递指标。以准备金为操作指标,有利于监测政策工具调控效果,及时调节和有效控制其方向和力度。基础货币也是我国中央银行现行的操作目标。由于货币供给总量等于基础货币乘以货币乘数,在货币乘数一定或可预测的情况下,控制住基础货币就等于控制了货币供给量。基础货币包括准备金和流通中的现金。作为操作指标,综合考虑两者比只考虑其中之一更为有利,尤其是在金融市场发育程度较低,现金流通比例较高的情况下,控制基础货币显然比单纯控制准备金更为有效。但通过基础货币控制货币供给总量还取决于货币乘数是否稳定可测。事实证明货币乘数并不是一个常数,而是一个经常波动的变量,但在短期内变化不大。由于目前我国货币乘数相对稳定,因此,基础货币仍是一个较好的操作指标。

四、效果目标和操作目标选择的历史考察

由于各个指标各有优劣,在什么指标更适宜作为货币政策的效果目标和操作指标方面,理论上有许多争论,并无定论。以下对几个主要国家货币政策目标和工具使用历史的简要回顾,可能有益于加深我们的理解。

1. 美国

在美国联邦储备委员会创立之初,再贴现率是其主要政策工具(美联储当时还未发现公开市场操作工具)。第一次世界大战末期,美联储的再贴现合格票据和维持利率低水平以帮助财政部筹措战争费用的政策,引发了猛烈的通货膨胀。美联储决定不再奉行真实票据论所阐述的被动式政策,而实行主动的货币政策。

20年代初,联储为寻找收入来源购买盈利债券时,发现由此导致了银行体系的储备增加。公开市场业务作为一种新的货币政策工具由此而诞生。1928—1929年的股市繁荣使联储处于进退维谷的境地。1929年8月终于提高贴现率,却为时已晚。过度投机狂潮已形成,联储的行动加速了股票泡沫的崩溃,促使经济陷入萧条。1935年的《银行法》使联储获得了调整存款准备金率的权力。法定准备率成为一种货币政策工具。由于商业银行汲取大萧条的教训,大幅增加了其持有的超额储备水平,但却形成了"未来的一次不受控制的信用扩张"的极大潜在威胁。为改善货币控制,联储分三个阶段提高法定准备率。结果是1936年货币增长率的放缓和1937年货币供给的实际下降,并导致了1937—1938年的经济萧条。联储初次使用法定准备金率的灾难性教训,使其后来使用该政策工具时极为小心谨慎。

1942—1951年,美联储为帮助财政部筹集军费而把利率盯住在较低水平上,导致50年代初的通货膨胀加速。1951年美联储取消利率盯住,1952年获得实现其货币政策目标的完全行动自由。

50—60年代,美联储把货币市场状况作为货币政策目标。货币市场状况是那些被认为能描述货币市场供求状况的几个变量的模糊集合,包括短期利率、非借入储备等变量。当非借入储备增加时,表明货币市场宽松,联储在公开市场出售债券来抽走银行体系的储备;当非借入储备减少时,表明货币市场紧缩,联储在公开市场购买债券来增加银行体系的储备。该政策程序的一个重要特征是,当经济繁荣时,它导致货币供给更为迅速地增长;但经济萧条时,它导致货币供给增长率放慢。这就是所谓"顺周期"的货币政策。货币供应的增长同产业周期正相关,国民收入Y增加引起市场利率i上升,从而引起超额储备ER下降,再贴现贷款DL增加。这意味着非借入储备FR下降,联储因此而进行公开市场购买,增加了基础货币B的供给,从而也增加了货币供给总量M。这将进一步促

进国民收入和货币供给的增加,即:

$$Y\uparrow \to i\uparrow \to ER\downarrow 、DL\uparrow \to FR\downarrow \to B\uparrow \to M\uparrow \to Y\uparrow$$

这种顺周期的货币政策受到当时许多经济学家的批评。而当时联储宣布的货币政策方针却是"反周期"政策。

联储的另一个操作指标是短期利率。它的实施也导致顺周期的货币政策:

$$Y\uparrow \to i\uparrow \to B\uparrow \to M\uparrow \to Y\uparrow$$

20世纪60年代后期,对这种顺周期货币政策的批评日益增多,最终使联储放弃了该政策目标。20世纪70年代,联储宣布以货币供给总量作为货币政策的效果目标,以联邦基金利率为操作指标。由于利率目标区间较小,货币目标区间较大,在实际操作实施中优先考虑的是利率目标。因此,这时的货币政策仍然是顺周期的,并带来了1972—1973年的过度膨胀和1974—1975年的过度紧缩。

1979年10月,联储终于决定不再强调把联邦基金利率作为操作指标,并将其目标区间放宽了五倍多,而将基本的操作指标改为非借入储备。然而,货币控制并未因此而改善。货币供给增长率变动加大。1979—1982年,联储并未能够达到M_1的增长目标区间。其原因有经济多次受到冲击、金融创新和放松管制对货币计量的影响等,而认为控制货币供给从未成为联储货币政策的真正目标的解释可能更具说服力。联储改变操作程序的真正目的,是为了能够更加自由地应用利率调节来实现反通货膨胀的目标。事实也证明了这一点。1987年2月,联储宣布货币量层次指标从M_1转向M_2。其原因在于,联储认为M_2与经济的联系比M_1更为稳定。20世纪90年代以来,联储又比较重视利率这一指标。

2. 英国

为了对付日益加剧的通货膨胀,1973年,英国引入了货币供给量目标M_3,但并未严格实施,结果导致其货币供给量更加变化无常,且产生了与美国M_1目标类似的问题:它们并非可靠的货币政策指标。1983年后对金融创新是否破坏了M_3与收入间的关系产生争议。英格兰银行开始逐步以M_0取代M_3的过程。1987年完全取消M_3,只留下M_0作为唯一的货币总量指标。其实际货币增长率也较好地逼近了目标区间。

3. 德国

德国中央银行于1975年开始以货币目标对付通货膨胀。它采用了一个较窄的货币总量指标——"中央银行货币"。所谓的"中央银行货币"即银行存款总额乘以1974年法定准备率再加上流通中货币。1988年又将"中央银行货币"改为M_3。德国在运用制定货币目标的货币政策保持较低且稳定的通货膨胀率方面非常成功。

4. 日本

20世纪70年代初期,日本银行开始将注意力集中在货币增长率上。1978

年开始在每季度之初公布 M_2 + CDs 的"预报"。尽管,日本银行并未正式承诺货币目标,但其货币政策显然更加侧重于货币因素。日本银行以银行同业市场利率为每日的操作指标,在 1978—1987 年抑制通货膨胀、稳定真实产出方面取得了成功。但 20 世纪 90 年代日本泡沫经济破灭后陷入了长期的萧条之中。日本银行将利率下调到 0.5% 的极低水平仍无法刺激需求的增长。

第三节　通货膨胀目标制

20 世纪 90 年代以来,许多西方发达国家货币政策目标有了重大调整,1990 年新西兰率先采用通货膨胀目标制(Inflation Targeting)的货币政策,加拿大、英国、瑞典、芬兰、澳大利亚、西班牙等发达国家相继公开宣布以通货膨胀目标制作为货币政策的新框架。一个新的货币政策框架——通货膨胀目标制在全球得到广泛推行。

一、通货膨胀目标制概述

(一) 通货膨胀目标制的基本概念

通货膨胀目标制,是货币当局明确以物价稳定为首要目标,并将当局在未来一段时间所要达到的目标通货膨胀率向外界公布,同时,通过一定的预测方法对目标期的通货膨胀率进行预测得到目标期通货膨胀率的预测值,然后,根据预测结果和目标通货膨胀率之间的差距来决定货币政策的调整和操作,使得实际通货膨胀率接近目标通货膨胀率。如果预测结果高于目标通货膨胀率,则采取紧缩性货币政策;如果预测结果低于目标通货膨胀率,则采取扩张性货币政策;如果预测结果接近于目标通货膨胀率,则保持货币政策不变。

(二) 通货膨胀目标制实施的背景:货币政策传统"名义锚"的失效

20 世纪 70 年代以来,各国出现了不同程度的通货膨胀和滞胀,而货币政策传统"名义锚"稳定币值的作用又因各种原因被削弱,在这种背景下,各国中央银行开始寻求其他的"名义锚",以控制通货膨胀率。通货膨胀目标制的主要目的是,降低通货膨胀水平、稳定通货膨胀预期和实现经济持续稳定增长,增强中央银行货币政策操作的透明度和责任感,进而提高中央银行货币政策操作的可信度。

所谓货币政策的"名义锚"指的是国内货币价值长期稳定的约束机制(米什金,1999)。这种机制对于货币政策操作具有重要的理论意义。传统"名义锚"主要指货币供应量目标和汇率目标,同时所有可以锁定通货膨胀预期、减弱货币政策动态不一致性、降低通货膨胀偏差的机制都可以被作为"名义锚"。最为学界所推崇的"名义锚"包括:货币供应量目标、汇率目标和通货膨胀率目标等。

货币主义的兴起,使货币数量目标风行一时,但随着金融市场创新的不断发展和放松管制,货币与非货币金融资产之间的界限日益模糊,使货币供应量与经济活动之间的关系不稳定,这一系列变化,使得各国中央银行不得不放弃货币主义,即放弃以货币供应量作为效果目标的货币政策操作。"汇率锚"也曾一度被频繁使用。但在固定汇率制度下,一国不仅不能独立地行使货币政策,不能用货币政策对国内的需求冲击作出有效应对,而且"锚"国的经济波动亦会随时传入。在资本自由流动的情况下,一国为稳定汇率,一方面可能要耗费大量的外汇储备,另一方面,频繁地变动利率会造成"工具不稳"现象,增加真实产出与就业的波动。由于货币数量目标与汇率目标已广泛用于政策实践并被证明有重大缺陷,因此,以通货膨胀率为"名义锚"便成为许多国家货币当局的首选目标。

(三)通货膨胀目标制的优越性

与利率、货币供应量、汇率等货币政策中介目标相比,采用通货膨胀目标制的优越性如下:

1. 通货膨胀目标制克服了传统货币政策框架下,单纯盯住某种经济、金融变量的弊端,实现了规则性和灵活性的高度统一。通货膨胀目标制是建立在一定规则之上的,货币当局一旦公布了通货膨胀目标,中央银行就要在政策连贯性方面作出承诺,维持实际通货膨胀率和目标通货膨胀率的基本一致;与此同时,中央银行有权自主决定使用何种货币政策工具来实现通货膨胀目标,并且这个目标是一个区间值,当发生无法预见的经济危机时,通货膨胀率允许超出这个区间范围。这样,通货膨胀目标制就实现了规则性和灵活性的高度统一。

2. 通货膨胀目标制提高了货币政策的透明度。实行通货膨胀目标制国家的中央银行不但预先公布明确的通货膨胀目标或目标区间,而且还定期向政府和公众解释当前的通货膨胀状况和应对措施。这样,中央银行、政府和公众之间就形成了一个开放、透明的沟通机制与监督机制。通过与公众的交流,一方面有利于增强公众对货币政策的信心,另一方面也有利于公众评估中央银行货币政策的实绩。

二、通货膨胀目标制下货币政策调控模式的变化

(一)通货膨胀目标制的必备条件

1. 中央银行拥有较大的独立性。在通货膨胀目标制下,通货膨胀目标的实现与否成为评价货币政策绩效的首要标准。为此中央银行应享有充分的独立性。许多国家在采取通货膨胀目标后,均赋予中央银行较大的独立性,中央银行的货币政策不受其他政府部门的影响,减少施加给中央银行的关于通货膨胀政策的政治压力,使中央银行能够对国内经济的波动作出有效的政策回应,而不需要被迫使用扩张性的财政政策来促进经济的增长。

2. 通货膨胀目标确定,政策操作透明。即中央银行必须事先确定一个目标

通货膨胀率并向全社会公布。在通货膨胀目标制下,抑制通货膨胀成为中央银行唯一的政策目标。实施通货膨胀目标制的国家,通常货币政策具有较高的透明度和合理性。通货膨胀目标制要求中央银行向政府和公众解释当前的通货膨胀状况及应对措施,包括:明确中央银行的通货膨胀目标,经常与政府沟通,经常发布公开声明和报告,提供与目标和绩效有关的详细信息和讨论,从而使其容易被公众理解,有助于市场形成稳定的通货膨胀预期。

3. 中央银行对通货膨胀目标制承担责任。实行通货膨胀目标制的国家,均预先公布通货膨胀目标值或目标区,定期进行通货膨胀预测。这样确定一个明确的通货膨胀目标,有利于提高中央银行的责任性,并且加强了社会对其的监督。当实际通货膨胀率超出目标区后,这种明确承诺使得中央银行必须对通货膨胀目标承担相应的责任,有助于建立中央银行在货币政策执行过程中的可信度。

(二) 通货膨胀目标制内容

实行通货膨胀目标制国家的中央银行,首先必须选择某种适当的通货膨胀指标,并明确规定物价稳定的含义;第二,充分收集各类相关信息,运用多种类型宏观经济模型对未来的通货膨胀率进行预测;第三,通过对一揽子的经济指标实施监测,达到尽可能地减少通货膨胀预测值与目标值之间的偏差,以实现预期通货膨胀目标。在一些国家,这个一揽子的经济指标不仅包括货币供应量、利率水平、汇率水平、资产价格等金融变量,而且还包括诸如一般物价水平、产出缺口、就业缺口等最终目标变量。发达国家通货膨胀目标制的主要内容如表 9-3 所示。

表 9-3 发达国家通货膨胀目标制的主要内容

国家	实施日期	目标通胀率(年)	目标序列	目标制定者	决策依据	通胀报告
新西兰	1990	0—2%	CIR	财政部长与央行行长签订合同	通胀预测	季度
加拿大	1991	1%—3%	CIR	财政部长与央行行长商定	通胀预测、货币条件指数	半年
英国	1992	2.5%±1%	RPIX	首相	通胀预测、货币供应量、汇率	季度
瑞典	1993	2.5%±1%	CPI	瑞典银行	通胀预测	季度
芬兰	1993	2%左右	CIR	芬兰银行	通胀预测	无
澳大利亚	1993	2%—3%	CIR	储备银行与财政部	通胀预测	无
西班牙	1994	≤2%	CPI	西班牙银行	通胀预测	半年

注:CIR:核心通胀率;RPIX:扣除抵押利率后的零售物价指数;CPI:消费者物价指数

各国对通货膨胀指标序列的选择依据三个原则：第一，可测性，即该指标的精确数据可以在较短时间得到，并且事后不需要太多的修正；第二，相关性，即该指标能真实地反映货币对商品价值的变化；第三，可控性，即该指标主要反映的是价格变化的长期趋势，一次性冲击应能有效地剔除。因此，在测度通货膨胀率方面，许多国家都倾向于采取扣除食品、能源价格和公共部门税费的核心通货膨胀率作为参考指标。

（三）通货膨胀目标制下货币政策调控模式的变化

在通货膨胀目标制下，传统的货币政策体系发生了重大变化，货币政策的效果目标不再重要，中央银行的政策反应主要根据社会公众对通货膨胀的预期以及中央银行对通货膨胀的预测是否偏离公布的目标而定。如果预测值超出目标范围，货币政策就会立即采取行动。

在通货膨胀目标制下，短期利率成了货币政策操作的主要目标。由于长期利率的相对稳定性，控制通货膨胀的关键在于，控制短期名义利率波动对价格的冲击。实施通货膨胀目标制的国家，在操作目标的选择上，几乎无一例外地选择短期利率。见表9-4。

表9-4 实施通货膨胀目标制国家的货币政策操作目标和主要政策工具

国家	短期操作目标	主要政策工具
巴西	同业拆借利率	使用国库券或中央银行债权进行公开市场操作
澳大利亚	隔夜利率	通过回购协议和政府债券进行公开市场操作
捷克	两周的回购利率	每天拍卖期限为两周的回购协议
以色列	银行短期贷款和银行存款利率	使用国库券进行公开市场操作
南非	隔夜回购利率	使用政府债券进行公开市场操作
新西兰	隔夜现金利率	从商业银行借贷隔夜资金
西班牙	货币市场隔夜利率	使用政府债券和中央银行票据进行公开市场操作
瑞典	每周回购利率	使用中央银行票据进行公开市场操作
英国	短期回购利率	回购政府债券、银行票据等进行公开市场操作
加拿大	货币条件指数	调整银行间隔夜拆借利率

三、通货膨胀目标制的评价

1. 在通货膨胀预期管理中发挥着重要的作用。通货膨胀目标制在通货膨胀预期管理中具有两个基本功能：一是明确并可量化的政策目标，加强了对中央银行货币政策操作的约束和责任，可有效控制通货膨胀；二是改善了中央银行与公众间的沟通，中央银行通过向公众表明政策意图，可有效稳定公众和市场预期，降低通货膨胀的不确定性，而稳定的通货膨胀预期有助于货币政策更好地发挥作用。从实施通货膨胀目标制的国家看，货币政策的目标和意图都提前定期地传递给公众，每个国家的中央银行都在不断地努力，公开它对经济状况、通货膨胀前景和预期结果的评价。中央银行的想法和决策的开放性与透明性，大大提升了中央银行在公众中负责任的形象，及其所宣布的政策在金融市场中的可信度。

2. 促使货币政策目标中性化。通货膨胀目标制的实施意味着中央银行货币政策最终目标由多元化目标向单一的价格稳定目标的转变，中央银行货币政策最终目标的选择日益中性化。货币政策目标的中性化实现了中央银行政策目标与国家经济发展、社会发展目标的合理区分，有利于降低多重目标约束下政策操作中的摩擦，提高政策操作的有效性。

3. 有助于降低通货膨胀，但同时易引起相对较高的失业率。多年的政策实践表明，实行通货膨胀目标制的国家成功地降低了通货膨胀率并维持在较低水平。如20世纪80年代初期，新西兰和英国的通货膨胀率曾高达20%，加拿大和瑞典也曾高达12%—15%，采用通货膨胀目标制后，通货膨胀率均控制在4%—8%之间，新西兰1996年以后，维持在2%以下。当然，非通货膨胀目标制国家的通货膨胀率在同期也有了大幅下降。20世纪90年代世界范围内通货膨胀率的下降，是诸多因素共同作用的结果，特别是20世纪90年代以前，过度投资引起的生产能力高度扩张、各国产品市场的自由化及贸易和服务的自由化，使得生产企业面临更富有弹性的需求曲线，从而降低成本的现象在降低通货膨胀的过程中起了至关重要的作用。通货膨胀目标制的实施，使这些国家不得不为之付出高失业的代价。在整个90年代，加拿大的通货膨胀率最低(1.56%)，但其失业率也最高(9.57%)；在所有实施通货膨胀目标制的国家中，只有英国的失业率低于80年代的水平，但英国的平均通货膨胀率居各国之首；通货膨胀率低于美国的国家，失业率均高于美国，而在没有实行通货膨胀目标制的80年代，瑞典、新西兰的失业率都低于美国，澳大利亚的失业率与美国持平。在实行通货膨胀目标制的国家，失业的增加并非偶然，而是这一制度基本缺陷的体现。通货膨胀目标制过分注重来自需求方面的扰动，而在处理供给方面的因素时，缺乏必要的弹性，而且，完全忽视了货币政策对就业的影响以及频繁变动政策工具对实体经济的不利影响。

4. 发展中国家不宜实行通货膨胀目标制。其一，经济增长与发展是广大发展中国家的首要任务，而通货膨胀目标制却要求这些国家的货币当局放弃干预经济周期的努力，而主要去维持较低的通货膨胀率。同时，发展中国家的金融体系还很不完善，中央银行还会面临金融体系的稳定与政策目标之间的两难选择。因此，发展中国家在采取通货膨胀目标制方面，比发达国家有更高的成本。其二，发展中国家存在货币政策作用与局限。在发展中国家，通货膨胀往往是一个复杂的内生变量,常常与需求过度、供给冲击、财政赤字及政治不稳定联系在一起。因此,通货膨胀的治理不能单独依靠货币政策来进行。除此之外,中央银行的独立性、利率的市场化等等,均与实行通货膨胀目标制所需具备的条件相距甚远。

专栏

四目标多工具的货币政策

中国的货币政策应该同时考虑稳定物价、保持经济增长、促进就业和保持国际收支平衡这四个目标,不同目标之间应该权衡。我国不应该实行当前国际流行的单目标制度,即通货膨胀目标制。尽管通货膨胀目标制在过去一个阶段取得了很好的成绩,但通货膨胀目标制在面临这次金融危机中,显得力不从心,这显示出通货膨胀目标制的缺陷。并且,在危机过程中,美国等一些国家也开始提及多个目标,逐渐强调就业目标和增长目标。

我国的货币政策历来都是围绕四个目标设定的,这样设立货币政策目标的理由和困难如下:

第一,四个目标并不完全重叠。"无就业的复苏"说明了增长和就业之间不完全一致的关系。在当前危机过后的复苏阶段,以及纳斯达克泡沫破裂之后的复苏阶段都出现过无就业的复苏现象,表现为经济增长恢复表现不错,但是就业增长严重滞后。我国大规模的国际收支不平衡会影响通货膨胀,从而货币政策要关注它。因此,多个目标是相互关联的,但不是重复。

第二,多目标之间存在相互冲突。目标之间的冲突使得政策制定要对不同目标进行权衡和取舍。以"菲利普斯曲线"为例,就业和通货膨胀之间的冲突表明,通胀高一点就业就多,通胀低一点就业就低。因此,两者之间要求有一定的取舍。

第三,多目标之间存在非线性关系,政策制定中需要采用复杂的思维考虑。多目标涉及如何给不同目标设定权重的问题,然而经济实际的复杂性使得这个权重本身是难以确定的。因此,我国暂时还必须用比较复杂的思维考虑它。

第四,中国目前所处的改革转轨阶段使得必须考虑多目标。价格体系从过去的不合理状态向合理状态过渡过程中,通货膨胀是需要的。这种通货膨胀能够带来资源的优化配置,为未来经济增长和低通货膨胀打下基础。因此,考虑到这种动态的、长期的作用,必须在当前的目标和未来的目标之间作出一定的权衡。以当前的住房为例,住房改革使得房屋由原先单位提供转变为自己购买,使得房租上升,从而抬高了价格,货币政策应该考虑这种因素。货币政策必须考虑支持资源优化配置结构,要考虑能源价格、天然资源价格、住房及公共交通等可以收费的公共事业,包括水资源价格改革。货币政策的制定要为这些改革留有空间。而单纯的通货膨胀目标制可能会抵制这些改革。

资料来源:节选自2009年12月22日中国人民银行行长周小川在"2009中国金融论坛"发言

本章小结

货币政策的目标是指中央银行采取调节货币和信用的措施所要达到的目的。货币政策目标体系可划分为三个层次:最终目标、中介目标和操作目标。

货币政策最终目标指货币政策在一段较长的时期内所要达到的目标,目标相对固定,基本上与一个国家的宏观经济目标相一致,因此,最终目标也称做货币政策的战略目标或长期目标。货币政策最终目标就是宏观经济目标。现今世界各国中央银行的货币政策目标,虽在表述上小有差异,但却不外乎稳定物价、充分就业、经济增长、平衡国际收支等几方面。最终目标相互之间存在统一性和矛盾性。货币政策最终目标的选择有单目标、双目标和多目标的争论。

货币政策的操作目标和效果目标是指为实现货币政策的最终目标而选定的便于调控,具有传导性的金融变量。由于货币政策的最终目标并不在中央银行的直接控制之下,从货币政策工具的实施,到货币政策最终目标的实现,中间需要一些短期、数量化、能够运用于日常操作,并能被中央银行直接控制的金融变量,通过它们的变化传导政策工具的作用,以实现对最终目标的调节和控制。一般认为,可充当效果目标和操作指标的金融变量应具备可测性、可控性和相关性三个条件。被选做中介目标的变量通常有两类:价格指标和总量指标。前者包括利率和股票价格,后者主要包括货币供应量、银行信贷规模等。操作目标主要有短期货币市场利率、银行准备金及基础货币等。由于各个指标各有优劣,在什么指标更适宜作为货币政策的效果目标和操作指标方面,理论上有许多争论,并无定论。

20世纪70年代以来,各国出现了不同程度的通货膨胀和滞胀,而货币政策传统"名义锚"——货币供应量等在稳定币值方面的作用又因各种原因被削弱,在这种背景下,各国中央银行开始寻求其他的"名义锚"以控制通货膨胀率。通货膨胀目标制正是在这一背景下,被西方发达国家广泛采用,在全球推行。在通货膨胀目标制下,货币当局明确以物价稳定为首要目标,并将当局在未来一段时间所要达到的目标通货膨胀率向外界公布,通过货币政策的调整和操作,使得实际通货膨胀率接近目标通货膨胀率。通货膨胀目标制的主要目的是,降低通货膨胀水平、稳定通货膨胀预期和实现经济持续稳定增长,增强中央银行货币政策操作的透明度和责任感,进而提高中央银行货币政策操作的可信度。

关键词

货币政策目标　货币政策最终目标　货币政策操作目标　货币政策效果目标　通货膨胀目标制

思考题

1. 简述货币政策目标体系。
2. 分析货币政策稳定币值目标与经济增长目标的统一性和矛盾性。
3. 简述效果目标与操作目标选取时需要考虑的因素。
4. 分析以中长期利率作为货币政策的效果目标的优缺点。
5. 分析以货币供应量作为货币政策的效果目标的优缺点。
6. 如何运用 IS-LM 分析框架选择货币政策效果目标？
7. 分析发达国家对货币政策效果目标选择的演变。
8. 简述通货膨胀目标制的优越性以及实施的必备条件。
9. 评述通货膨胀目标制。

第十章 货币政策工具

内容提要

货币政策工具是中央银行为实现货币政策目标而使用的各种政策、措施手段。货币政策工具的直接调节对象为操作目标,通过调控这些操作目标进而影响货币政策效果目标,最终实现货币政策最终目标。货币政策工具通常可分为一般性货币政策工具和其他货币政策工具两种类型。一般性货币政策工具是中央银行调控宏观经济的常规手段,该工具的特点是不具体针对各种资金的特殊用途,而是针对如货币供应总量、信用总量和一般利率水平等,具体包括法定存款准备金、再贴现利率和公开市场业务三大政策工具,俗称中央银行货币调控的"三大法宝"。除"三大法宝"外,中央银行还拥有针对证券市场、消费信用、不动产等特定领域信用控制的选择性货币政策工具。中央银行还可以根据货币控制、信用调节需要,以行政命令、沟通劝说等方式,灵活实施其他调控手段。本章主要介绍以上各类货币政策工具的性质特征及其应用。

第一节 法定存款准备金政策工具

法定存款准备金政策工具是指,中央银行在法律赋予的权力范围内,通过规定或调整商业银行缴存中央银行的法定存款准备金比率,以改变货币乘数,控制商业银行的信用创造能力,间接地调控社会货币供应量的政策措施。

一、法定存款准备金政策工具概述

(一)法定存款准备金政策工具的基本内容

全球各国由于社会经济与制度环境的不同,货币政策内容及其业务操作不尽相同,但法定存款准备金制度的主要内容基本一致,通常包括以下四个方面的内容:

1. 规定存款准备金政策的实施对象。一般规定存款准备金政策的实施对象为吸收公众存款的金融机构。

2. 规定存款准备金比率,亦即法定存款准备金率。规定法定存款准备金比率是中央银行准备金存款业务中最基本、最核心的内容,它既关系到金融机构的资金清偿能力、商业银行可用资金成本以及信用扩张能力,也关系到中央银行准备金政策工具操作的有效性。规定法定存款准备金比率主要包括两个方面的内容：

(1) 依法确定法定存款准备金比率。中央银行通常根据以下两种情况的不同，实行差别准备金率：第一，按存款的类别规定不同的准备金比率。对不同类型的存款，多数国家规定了不同的法定准备金比率，一般顺序为：活期存款准备率最高，定期存款次之，储蓄存款准备率最低。如，德国1986年制定的法定存款准备率，规定活期存款准备率为12.1%，定期存款准备率为4.95%，储蓄存款准备率为4.15%。这主要是因为存款的期限越短，其货币性越强，因而规定的存款准备金率就越高；相反，存款的期限越长，其存款的货币性越弱，对其规定的存款准备金比率就越低。不过，也有比较特殊的情况，如巴拉圭，该国为了控制定期存款的增长，反而规定定期存款的准备金率高于活期存款准备金率。此外，在1953年之后建立存款准备金制度的国家，大多采用单一的存款准备率制，亦即对所有种类的存款一视同仁，按同一比率计提存款准备金。第二，按金融机构的种类、规模、经营环境规定不同比率。有些国家对不同类型的金融机构规定不同的法定准备率，一般是商业银行的存款准备金率较高一些；也有些国家不分金融机构的类型，实行统一的准备金政策。很多国家在制定存款准备金率时，还要考虑金融机构规模的大小以及经营环境的差异等因素。对规模不同和经营环境不同的银行，规定不同的存款准备金比率。一般而言，银行的规模若比较大，其创造信用的能力就比较强，一般对其规定的存款准备金率就比较高；小银行创造信用的能力相对较弱，对其规定的存款准备金比率就较低。此外，对经营环境较好，如所处地区经济发展较快、工商业比较发达地区的商业银行，由于其创造信用的能力相对较强，因而存款准备率就比较高；相反，对所处地区经营环境较差，如比较贫穷、工商业不发达地区的商业银行，由于其创造信用的能力相对较差，故对其规定的存款准备金率亦较低。但也有些国家不论银行规模大小和经营环境的好坏，一律规定同一存款准备金比率。一般认为，对不同经营规模和经营环境的银行分别制定不同比率的方法有利于中央银行更加有效地控制货币供应量。

(2) 规定法定存款准备金比率的调整幅度。由于存款准备金率的调整对商业银行的信用创造能力产生巨大的冲击，其调整效果往往过于强烈，因而多数国家中央银行都对法定准备率的调整幅度有不同程度的规定。如，美国联邦储备银行在一般情况下将每次调整准备金比率的幅度控制在0.25%—0.5%之间，有的国家规定每次调整幅度为2%，有的高达50%，有的则直接规定调整的最高限与最低限。进入20世纪90年代以后，很多国家实行平滑利率政策，为了降低调整准备金率对货币供给和市场利率的冲击，准备金率的调控多采取小幅度高频率的操作。

3. 规定存款准备金的构成,即规定可充当存款准备金的资产内容。中央银行关于存款准备金资产的规定,直接关系到存款货币银行创造信用的能力、流动性管理目标的实现等重大问题。能够充当法定存款准备金的存款不同国家的规定有所不同,一般的规定是:只有存款机构存在中央银行的存款才可充当;有的国家除存款机构存在中央银行的存款外,还将商业银行库存现金包括在内;英国除在央行存款和库存现金外,可充当存款准备金的资产还包括国库券、通知贷款和商业票据等。

4. 确定存款准备金计提的基础。在准备金存款业务的操作中,存款准备金以商业银行的存款余额为对象,以法定存款准备金率为依据进行计提。但,由于在不同时点上,存款余额总在不断地变化,是个典型的动态变量,所以,确定存款准备金计提的基础主要就是确定存款余额和确定缴存存款准备金基期。

(1) 确定存款余额。有两种方法:一种是平均余额计算法,即把商业银行存款的日平均余额减去应付未付款项,作为计提准备金的基础。这种方法的好处是,其所计提的存款准备金能够适应每天存款规模变动的情况,可较好地保证商业银行正常营运、资金清算时的现金需求,杜绝了商业银行有意少缴准备金时的违规操作,也有利于中央银行通过存款准备金账户的变动准确了解商业银行存款规模的变动,适时地运用货币政策工具调节存款准备金,调节货币供应量。这种方法的弊病是,计算方法较为麻烦,几乎是一行一种计算法,每一次统计、计算的工作量都很大,难以保证顺利执行。目前,世界上大多数国家的中央银行都采用此种计算方法。另一种方法是定期存款余额计算法,即把商业银行某个时点的存款余额,减去当期应付未付款项,作为计提准备金的基础。如,中国人民银行以月末或旬末的存款余额作为准备金的计提基础。这种方法最大的优点是计算简单,仅根据商业银行每月10日、20日、30日的存款余额便可计算出应缴的准备金存款数额。但这种方法在实际运用中存在诸多弊病:首先,以此种方法计算的准备金并不能适应每天存款余额变动的情况,从而降低了存款准备金本身的保证意义;其次,由于计算期的时间间隔较长,为商业银行有意少缴准备金提供了可能,如在定期计算日内的"来账推迟"、"往账提前"的违规操作等;最后,由此削弱了中央银行对存款准备金的直接调控能力、对商业银行信用创造的间接控制能力,最终影响货币政策操作的有效性。

(2) 确定缴存存款准备金基期。也有两种方法:一种做法是采取当期准备金账户制,即一个结算期的法定准备金以当期的存款余额作为计提的基础。这种做法的优点是,法定存款准备金的计提与存款余额计算之间的滞后期相对较短,准备金的缴存能够及时地反映存款规模的变动,从而能较好地实现存款准备金制度的保障性。另一种做法是采取前期准备金账户制,即一个结算期的法定准备金以前一个或前两个结算期的存款余额作为计提基础。如,中国人民银行

"按旬计算、逢五上缴"的做法就是采用前期准备金账户制,当旬第五日至下旬第四日营业结束时,各金融机构按一级法人存入中国人民银行总行或法人注册地人民银行分支行的准备金存款余额,与上旬该行一般存款平均余额之比,不低于要求的存款准备金率。

(二)法定存款准备金政策工具的作用和作用机制

1. 法定存款准备金政策的作用

有关学者从以下四个方面分析了准备金制度对于经济活动的作用:

(1)产生对中央银行储备的需求,并保证这种需求的稳定性;

(2)不付息准备金作为对存款机构货币创造的税收,可视为中央银行提供服务的公平价格;

(3)不付息准备系统提高银行创造货币的成本,有利于稳定货币,减少货币不稳定性对经济产生的影响;

(4)对准备金持有期间平均值的测算,有利于推动银行进行货币管理,熨平短期利率。

2. 法定存款准备金政策调节货币供应量的作用机制

(1)通过直接影响商业银行持有的超额准备金的数量,调节其信用创造能力,间接调控货币供应量。法定准备金率对货币供应量乃至社会经济活动的调节,依据自身变动与其他金融变量之间的内在联系进行。法定准备金率的变动同商业银行现有的超额准备金、市场货币供应量的变动成反比,同货币市场利率、资本市场利率的变动成正比。因此,中央银行可以根据经济的繁荣与衰退,银根松紧的情况来调整法定存款准备金率,以达到调节金融、调节经济的目的。当经济增长过快、社会需求膨胀、通货膨胀压力增大时,中央银行可以提高商业银行的法定存款准备金率,使商业银行手持的超额准备金减少,信用创造能力减弱,货币供应量收缩;反之则亦然。

(2)通过改变货币乘数,使货币供应量成倍收缩或扩张,达到调控目的,这是该政策工具的作用重点。法定准备金率的提高或降低之所以引起信用总量、货币供应量成倍收缩或扩张,因为它是影响货币乘数最重要的变量。

(三)法定存款准备金政策工具的优点和局限性

法定存款准备金政策作为一种货币政策工具,其优点在于:第一,对所有存款货币银行的影响是均等的,这不像公开市场操作或再贴现政策,只对参与市场操作或申请中央银行贷款的银行才发生作用;第二,对货币供给量的影响力度大、速度快、效果显著,是中央银行收缩和放松银根的有效工具;第三,中央银行对法定存款准备金政策具有完全的自主权,它是三大货币政策工具中最容易实施的手段。

从理论上讲,法定存款准备金率是中央银行调节货币供应量强有力的手段,但在发达经济国家实际操作中却从未被作为一个主要的政策工具加以运用。这是因为法定存款准备金政策工具的局限性也是很明显的:第一,该工具缺乏弹性。法定存款准备率的微小变化会造成货币供给的巨大波动,不适于作为日常的货币政策操作工具。其二,该工具具有较强的告示效应,能影响整个经济实体的预期,改变其经济行为,容易造成社会波动。其三,该工具对各类、各地区银行的影响不尽相同。因为超额准备金并不是等额地分布在各家银行,地区的经济发展程度不同,银行规模大小有差异,各家银行在某一时点上所持有的超额准备金参差不齐。因此,中央银行在调整准备金率时,对各家银行的影响也不一样,往往对大银行有利,而对小银行不利,甚至导致小银行破产。另外,中央银行存款准备金率的频繁调整也会扰乱存款机构正常的现金管理和财务计划。其四,该工具导致各类金融机构竞争基础的不平等。法定存款准备金制度适用于存款机构,其中主要是商业银行。由于法定存款准备金制度不适用于所有的金融机构,就必然造成各类金融机构竞争基础的不平等。许多国家商业银行存入中央银行的存款准备金一般是无息的,这种无息的准备金存款相当于对商业银行征收一种赋税,增加了商业银行的经营成本,削弱了与其他不缴存存款准备金的金融机构的竞争能力。

二、美中法定存款准备政策工具的运用

(一) 美国的存款准备金制度

美国的存款准备金制度始于1913年的《美国联邦储备法》。美国联邦储备体系实施法定存款准备金制度的目的,由最初保持商业银行的清偿能力,逐步演变为控制商业银行的信用扩张能力和全社会的货币供应量。规范的存款准备金制度是美国实施货币政策的基础。美联储货币政策的作用空间是准备金市场,在规范的存款准备金制度下,美国形成了一个规范的准备金市场,即联邦基金市场,美联储通过该市场影响准备金市场供求,来实施货币政策。

美联储准备金制度的基本点如下:

第一,划定准备金制度的实施对象。根据《货币控制法案》规定,任何存款机构,包括所有的商业银行、外国银行的分支机构和代理行以及储蓄机构等存款机构,都遵循同样的准备金要求规定。

第二,确定准备金计提的基础。根据美联储理事会1992年修订的 D 条例,美联储规定准备金要求适用于交易存款、储蓄存款、非个人定期存款和某些欧洲货币负债。(1) 交易存款包括活期存款,以及所谓可转让支付命令账户(NOW)等其他账户。可转让支付命令账户可以通过支票等方式立即存取,不受限制。这些账户主要用于支付,在狭义货币(M_1)中占相当大的比例。准备金要求是在净交易存款的基础上评估的。即在交易存款中扣除支票收账过程中的现金项目是为避免在存放支票时出现一笔存款被计算两次的情况。扣除应收资金的道理同扣除现金项目一样。(2)非个人定期存款和储蓄存款。这类存款是由非个人性质的单位开放的储蓄存款和定期存款,其中大额可转让存单(CDs)被银行当做管理负债,个人定期存款和个人持有的储蓄存款不在此列。后者在规模上比非个人定期存款大得多,在 M_2 中占一半还多。1982年MCA生效时,储蓄机构主要拥有个人定期存款和个人储蓄存款,因此,这一法案并未给其造成严重的负担。(3)欧洲货币负债。欧洲货币负债主要表现为从银行的驻外分行借款。它可作为大额CDs以外的管理负债。准备金要求适用于对驻外分行应付资金同应收资金之差。

第三,规定法定准备金比率。美国在1980年通过《货币控制法》,美联储被授权对交易性存款设定8%—14%的法定准备金比率,在特殊情况下可以提高到18%,并取消了对个人定期存款和储蓄存款的法定准备金。到了20世纪90年代,美联储开始采取措施逐步降低法定准备率。1990年年底,对非个人定期存款、储蓄存款和欧洲货币负债等非交易性账户的法定准备率,从原来的3%降到了零。到此,美联储仅对交易性存款增收法定存款准备金。2004年12月,美联储对交易性存款采取差别法定准备率,即将准备金率与存款余额挂钩,以增强准备金制度的管理功能与管理弹性。法定存款准备金率具体为:最初700万美元存款的法定准备比率为零,700万—4760万美元存款的法定准备比率为3%,4760万美元以上存款的法定准备比率为10%(由于交易性存款在所有存款中的比重并不太高,美联储调整法定准备比率之后,美国平均的法定准备比率已经非常低了)。

第四,规定准备金的计算和管理周期。准备金是按一段时间存款的平均余额,而不是某日存款余额计提的。从1988年到1998年8月12日之间,美国实行同步准备金制度,其基本做法是,按商业银行每两周平均存款余额计算应缴纳的准备金,并在此计算期的第二天就需将准备金保持在中央银行的账上或商业银行的仓库中。准备金的计算和管理各为14天,两个周期重叠12天。准备金率适用于计算周期内应缴准备金存款的平均水平。这样的计提和缴存的时间规定见图10-1。而在上述时间之前和之后美国实行时差准备金制度,这种制度的特征是商业银行按第一周的每日存款平均余额计算准备金,在第三周将应缴准备金保持在中央银行账户和商业银行的仓库中。这样的计提和缴存的时间规定见图10-2。

同步准备金制度与时差准备金制度比较,前者比后者对准备金的要求更多更严格。在同步准备金制度中,商业银行的准备金提取和保存在前,实际存款创造在后,因为,它们要在计算期的第二天就持有准备金,对剩下计算期而言,则是根据所持有的准备金,决定存款创造的规模。而在时差准备金制度中,商业银行

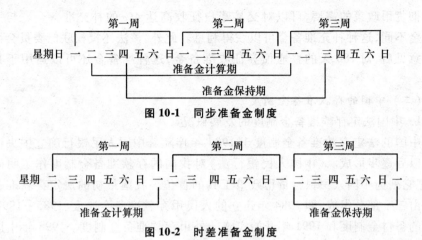

图 10-1 同步准备金制度

图 10-2 时差准备金制度

存款创造在前,准备金的筹集保存在后,这就给商业银行足够的筹集准备金的时间,从而大大地减轻了商业银行持有准备金的负担。当然,中央银行作出这样的决定,是为了有足够的时间确定商业银行所需准备金,并做好满足这种需求的准备,以避免市场货币供求的波动,保持市场利率的稳定,从而为经济运行提供稳定的金融环境。

规模大的存款机构每周应将不同类型存款负债、收账过程中的现金项目和对其他银行的应收资金等每日信息的存款报告提交给地区储备银行。这些报告必须在管理周期结束后不久提交,储备银行然后据此精确计算出法定准备金。由于拥有分支机构的银行总部要代表整个银行向其本区储备银行提交一份统一的报告,因此,规定准备金的管理周期要比计算周期晚两天。两天的时间使银行总部得以收集必要的信息。除作为计算准备金要求的基础外,存款报告还充当有关货币存量信息的主要来源,并供每周分析和发布。

对于规模小的存款机构来说,D 条例规定它们按季度而不是每周提交存款报告。这被用来计算之后 13 周的准备金要求。虽然,在美国 26% 的机构有这样的资格,但它们的准备金占所有法定准备金的比重不到 1%。特别小的存款机构因不持有准备金要求规定的负债,因此,只需将其存款水平每年报告一次,它们的存款数量也可以从其他报告中推算。

第五,准备金的结转和追加。(1) 准备金的结转。为了给银行提供缴纳准备金的适当弹性,联储要求银行保持两周准备的平均余额,而不是要求每天都有特定的数量。联储也提供在某种限制中的准备金结转,超过 4% 的准备和结算账户可以用于满足下一个时期的准备需求;这个时期 4% 的准备不足可以用下个时期的超额准备来弥补,超过这个结转率的准备不足要征收高于再贴现率 2% 的罚息。(2) 准备金的追加。《货币控制法》授权联储委员会在非常时期,为贯彻货币政策的需要,可以对交易账户征收高达4%的补充准备金。与一般准备金不同,这种补充准备金可以获得利息。此外,该法还授权联储委员会征求国会意见后,对180天的普通债券征收准备金,这种准备金还可以运用于其他负债。

(二) 中国的存款准备金制度

1. 中国法定存款准备金制度的发展概况

中国的法定存款准备金制度于1984年伴随着中国人民银行确立中央银行地位以后逐步形成。《中国人民银行法》对我国的存款准备金制度作了明确规定,把它列为中国人民银行货币政策工具的首位。我国最初的法定存款准备金制度由三个部分组成,即1984年建立的人民币存款准备金制度、1985—1998年实行的备付金制度和1991年开始实施的外币存款准备金制度。1998年中国人民银行发布了《关于改革存款准备金制度的通知》,中国人民银行对法定存款准备金制度进行了重大改革,将法定准备金账户和备付金账户合并为法定准备金账户,并对有关存款准备金制度的事宜作了具体规定。

2. 中国法定存款准备金制度的特点

中国存款准备金制度与发达国家相比,具有以下特点:

(1) 在存款准备金的计算方法上,有的国家以存款余额为计提基础,有的则以一段时间内的存款余额为计提基础。后一种方法比较科学。受条件所限,我国过去采用的是前一种方法。

(2) 在所提准备金的核算上,我国是以存款准备金计提期最后一天的余额为标准来核算的,这样只能反映某一时点的准备金余额,而不能反映准备金计提期内的平均准备金余额。

(3) 在准备金的构成上,多数国家的存款准备金是由银行的库存现金和中央银行存款构成的,而我国的存款准备金只能是在中央银行的存款。

(4) 在对准备金存款是否付息上,西方国家大都对商业银行的准备金存款不付利息,而我国中央银行对准备金存款是付息的,并且利率较高。

(5) 从存款准备金的水平看,我国中央银行制度所规定的存款准备金率也是很高的。在1984年开始实施存款准备金制度时,规定存款准备金率为三档:企业存款的准备金率为20%,农村存款的为25%,储蓄存款的为40%,1985年改为统一的10%。此后,中国人民银行根据国际国内经济状况不断调整法定存款准备金率,最新一次的调整是在2012年5月18日,调整后大型金融机构和中小金融机构的准备金率分别为20%和16.5%,处在较高水平。

三、法定存款准备率政策工具的改革趋势

（一）全球法定存款准备率货币政策工具地位的变化

中央银行集中商业银行存款准备金的做法起始于18世纪的英国，初始目的是方便英格兰银行为其他商业银行提供资金清算和必要时的资金支持。英国1928年通过的《通货与银行券法》，美国1913年通过的《联邦储备法》和1935年通过的《银行法》，均以法律形式规定商业银行必须向中央银行缴存存款准备金。建立法定存款准备制度的目的，是试图通过制定、调整法定准备金率限制商业银行信用扩张、保持银行资产的流动性、加强银行的清偿能力以及防止银行倒闭等。

20世纪50年代到80年代，随着社会经济金融环境的变化，存款准备金制度的主要功能逐渐转变为控制信贷和货币供给量，也正是这段时期存款准备金制度备受重视。这期间，人们越来越深刻地认识到货币供给量与经济发展的密切联系，货币供应量指标成为货币政策的主要或唯一中间目标；央行控制货币供给量有两条渠道——基础货币和货币乘数，而存款准备率是影响、决定货币乘数大小的主要因素，控制货币供给量成了实行存款准备金制度的新目的。

在进入20世纪90年代后，存款准备金政策开始弱化。先后有美国、加拿大、瑞士、新西兰、澳大利亚等国逐步降低存款准备金率甚至取消了法定存款准备金率。

（二）目前西方经济体的状况

1. 存款准备金政策开始弱化：各经济体逐步降低甚至取消法定存款准备金率

（1）长期执行较高准备金率的中央银行，如美国、德国、日本、加拿大、墨西哥等国的存款准备金率普遍下调到较低的水平。欧洲中央银行一开始就将欧元区内的法定存款准备比率确定在2%这一非常低的水平，自诞生以来的数年间，并没有频繁地调整法定存款准备比率。

（2）实行通货膨胀目标制，如英国、加拿大、澳大利亚、新西兰、瑞士、巴西等，法定存款准备金比率已经不再被当做一项货币政策工具使用，大多数国家的商业银行准备金降到了只与其日常清算需要相适应的水平。如，作为世界最早实行准备金制度的英格兰银行在实行通货膨胀目标制以后，放弃了已实行二百余年的法定存款准备制度。加拿大银行1992年取消了所有两年期以上存款的法定存款准备金，并分阶段地取消法定存款准备金制度，最终在1994年实现了这一目标。瑞士、新西兰和澳大利亚的中央银行则彻底取消了法定存款准备金率。

（3）有的国家则采用零准备金制度。零准备制度是指在保持期结束时，准

备金的累积余额为零。如墨西哥中央银行规定,商业银行每 28 天为一个准备金的保持期,在这个保持期的每天,准备金余额可以为正,也可以为负,但是,在保存期结束时,每日准备金正余额的加总一定要等于负余额的加总,从而使其在央行存款账户的累积余额为零。在保持期结束时,如果商业银行的累积余额为负,该银行就要按此余额支付惩罚性高利率。中央银行规定各商业银行日正余额上限与日负余额上限之和相等,这就能实现日正负余额上限相互抵消,以及央行基础货币供给为零。同时,也可避免商业银行在央行账户上累积余额过多或过少,导致市场利率的过度波动。在零准备金制度下,由于准备金率的波动幅度大,所以货币乘数的弹性也相应较大,货币乘数的波动幅度也就较大。而不像在传统的准备金制度中,准备金率的不变决定了货币乘数的上限也基本不变。同时,在零准备金制度下,商业银行可用资金比传统准备金制度下多,货币乘数相应扩大,在利率不变的情况下,商业银行的收益也可以相应增加,商业银行的盈利空间较大。由于整个货币供给是央行的基础货币乘上货币乘数,货币乘数的扩大决定了满足等量货币需求,只需较少的基础货币。因此,零准备金制度使中央银行的干预空间相应缩小了。在零准备金制度下,中央银行调控市场利率的方式将发生变化:如果市场货币需求没有特殊的变化,央行保持零基础货币供给,则市场均衡利率将为央行存贷款利率平均值,央行只要调控自己的存贷款利率,就能调节市场利率,而不必频繁地买卖炒作国债。

2. 西方经济体降低或取消法定准备金率的原因分析

西方各国中央银行正逐步降低或已经取消存款准备金率,存款准备金工具重要性逐步降低,究其原因主要有以下四个方面:

第一,央行货币政策目标的变化是放弃存款准备金工具的最主要原因。存款准备金率作为数量型货币政策工具,它对于调整货币供应量方面具有先天的优势。20 世纪 80 年代以来,由于金融管制放松及金融创新的发展,货币定义变得模糊不清,准确计量货币供应量难度增大,1987 年美联储率先宣布不再设立 M_1 目标,到 1993 年又宣布放弃以任何货币总量作为实施货币政策的目标。其他国家如英国、加拿大、瑞典、日本等国也降低了货币总量目标的重要性,甚至取消了货币总量目标。以控制货币供应,调节社会流动性为目的的存款准备金率逐步失去了存在的基础,重要性大为降低。

第二,调整存款准备率的冲击力过大。由于存款准备金工具通过影响货币乘数效果来调节货币供应量,因而,即使准备金率的较小变化,也会带来货币供应量的较大变化,故频繁调整准备金率不利于货币的稳定。准备金率变化需要银行重新调整资产组合以应对,如果金融机构在短时间内不能完成,就可能立即引起流动性问题。如不断变动法定准备金率,就会给银行带来更大不确定因素,使它们的流动性管理更为困难。同时,存款准备金率的调整对整个社会和经济的心理预期都会产生显著影响，所以，存款准备金不适于作为日常的货币政策操作工具。另外，调整存款准备金率对各类银行和不同种类存款的影响不一致，其效果因这些复杂情况的存在也不易于把握。因此，各国中央银行对法定存款准备金率的调整都持谨慎态度。

第三，金融创新弱化了存款准备金工具的效果。随着金融全球化的发展，国际银行业的竞争日趋激烈，很多创新型金融工具可避开存款准备金政策的影响。其中突出表现在商业银行通过金融创新推出回购协议、货币市场互助基金等不受存款准备金制度制约的非存款工具，通过充分利用货币市场，既能确保其应有的负债规模，又能逃避存款准备金制度的约束。在这种情况下，中央银行调整存款准备金比率对货币供给的作用越来越小。

第四，税收效应。由于西方国家中央银行对存款准备金不支付利息，商业银行向中央银行缴存法定存款准备金就如同缴纳"准备金税"。这种效应一方面使得商业银行同其他无须缴纳存款准备金的金融机构相比，被削弱了竞争力，从而推动商业银行通过业务创新想方设法规避法定存款准备金制度的约束；另一方面，在金融全球化的过程中，也使得本国商业银行在国际竞争中处于不利地位。因而，各国中央银行均倾向于降低甚至取消法定存款准备金率。

（三）中国：存款准备金政策成为常规货币政策工具

从当前我国宏观经济和金融的运行状况看，中国目前不具备取消法定存款准备金货币政策工具的条件，相反，在未来一段时期内还需要充分发挥存款准备金政策的作用。

从功能定位上看，我国存款准备金制度还是有效的货币政策工具。目前，我国的金融市场还很不完善，利率也没有实现市场化，还不具备把利率作为货币政策中间目标的条件，控制货币供给量还是我国央行货币政策的中间目标，在这种情况下，存款准备金制度是控制货币供给量的有效工具。

从我国目前的金融结构看，决定了存款准备金制度还存在广泛的作用空间。首先，由于存款准备金制度一般只适用于存款类金融机构，所以，如果在社会金融结构中存款类金融机构的比重过低，准备金制度就难以发挥其应有的作用。而在我国的金融机构中，以经营存贷款业务的商业银行为主要组成部分，加上其他少部分经营存贷款业务的非银行金融机构，涵盖了我国绝大部分的金融机构，这是与美国等西方国家的主要区别之处。也就是说，在我国目前的情况下，基本上不会发生由于准备金制度紧缩效应而导致存款"大搬家"的现象。其次，我国目前还没有建立起完善的存款保险制度、金融机构市场退出机制等一系列防范和化解金融风险的措施，一旦出现金融机构支付困难，央行缺乏必要的市场防范手段。在这种情况下，实行存款准备金制度，保持一定水平的准备金率，能起到金融风险防火墙的作用。

从我国货币政策操作实践看,自1984年至今,法定存款准备金率始终被中央银行作为重要的货币政策工具使用。自2003年开始,中央银行频繁使用存款准备金政策,加强银行体系流动性管理,抑制货币信贷过快增长,合理调控货币信贷总量。尤其在次贷危机以来,更是将其作为加强银行体系流动性管理的常规对冲流动性的手段,以应对复杂的国际国内经济形势。自2007年以来,中国人民银行更多地依赖存款准备金率工具回收国内过剩流动性,并在此外汇储备快速积累的时期将其作为公开市场操作成本较低的替代选择。至此,存款准备金率已经演变成为货币当局对冲流动性和进行货币信贷控制的常规性手段。

专栏 10-1

评述我国货币政策工具改革——存款准备金制度

一、我国存款准备金制度的实践与改革

(一)我国存款准备金制度的历史演变

第一阶段:1984年存款准备金制度的建立。1984年四大商业银行从中国人民银行剥离后,中国人民银行设定了法定存款准备金制度。为了避免商业银行之间的支付清算问题,人民银行于1989年提出了商业银行必须交存一定比例的"备付金"的制度,要求商业银行在人民银行保有不低于存款余额的5%—7%的备付金比率。商业银行缴存的备付金相当于目前商业银行的超额准备金。

第二阶段:1998年—2004年,存款准备金成为一般性货币政策工具。随着我国中央银行制度的进一步改革,我国准备金制度的改革也势在必行,以完善和丰富我国货币政策工具。1998年3月21日,人民银行对存款准备金制度进行了重大改革,改革的主要内容有七大项,其核心内容主要包括两点:其一,合并备付金账户和准备金存款账户;其二,将存款准备金率下调至8%。

第三阶段:2004年至今,从一般性工具向结构性工具过渡阶段。

该阶段法定存款准备金制度与前两个阶段有两大不同特点:

1. 推出差额存款准备金政策。

前两个阶段法定存款准备金政策的主要特点是统一性,即对所有类型的贷款和所有存款机构实行统一比率的法定存款准备金率水平。这种统一性从2004年开始被打破。2004年4月25日,人民银行推出了差额存款准备金政策的尝试。

(1)金融机构适用的存款准备金率与其资本充足率、资产质量状况等指标挂钩。2004年推出的差别存款准备金的核心内容主要是:金融机构适用的存款准备金率与其资本充足率、资产质量状况等指标挂钩。金融机构资本充足率越低、不良贷款比率越高,适用的存款准备金率就越高;反之,金融机构资本充足率越高、不良贷款比率越低,适用的存款准备金率就越低。根据这种思路,实行差别存款准备金制度可以约束资本充足率不足,降低资产质量较低的金融机构的贷款扩张能力,从而起到一种正向的激励作用。差额存款准备金制度的内容主要包括四个方面:第一,确定差别存款准备金率的主要依据,包括金融机构资本充足率、金融机构不良贷款率、金融机构内控机制状况、发生重大违规及风险情况、金融机构支付能力明显恶化及发生可能危害支付系统安全的风险情况。第二,差别存款准备金率制度实施对象,主要是存款类金融机构。第三,确定差别存款准备金率的方法,主要根据资本充足率等指标对金融机构质量状况进行分类,并根据宏观调控的需要,在一定区间内设定若干档次,确定各类金融机构所适用的差别存款准备金率。第四,调整存款准备金率的操作,主要是定期根据金融机构的状况指标调整差别存款准备金率水平。然而,当时考虑到我国各类金融机构改革进程的差异,尚未进行股份制改革的国有独资商业银行和城市信用社、农村信用社暂缓执行差别存款准备金制度,从而使得这一制度的影响面十分有限。

(2)金融机构适用的存款准备金率与其规模挂钩。中国人民银行从2008年9月25日开始实施以规模分类的差别化准备金政策,对大型商业银行和中小型商业银行实行了不同的准备金率政策。当日,人民银行下调了中小型商业银行的法定存款准备金率一个百分点,而维持大型商业银行的法定存款准备金率不变。此后,中小型商业银行和大型商业银行的法定存款准备金率开始分别调整,各自具有不同的运动轨迹。

2. 法定存款准备金政策使用的密集程度大大提高。

在第一个阶段的14年间,法定存款准备金率仅调整过三次;而第二阶段的六年中,也调整了三次。在2004年至2011年1月七年时间中,法定存款准备金率调整次数达到了三十次之多。调整最为频繁的年份是2007年、2008年和2010年,其中2007年和2008年都调整了十次,2010年调整次数也达六次(2011年调整次数高达七次,2012年1—5月又调整了两次,编者补充)。

从以上分析我们看到,我国的法定存款准备金政策逐渐由统一走向差别,从总量管理走向结构管理。这种发展趋势逐渐为当前的动态差别存款准备金制度的改革和实施提供了制度准备。

(二)当前我国存款准备金制度的改革

2010年10月11日,中国人民银行通知工商银行、农业银行、中国银行、建设银行、招商银行和民生银行六家银行实行差别存款准备金率,上述六家银行的存款准备金率被上调0.5个百分点,期限为两个月,直接冻结资金达1680亿元人民币。此次调控,人民银行对流动性管理采取了定点(只针对六家银行)、定时(只限两个月)的方式,体现出人民银行的法定存款准备金政策向着灵活、差异化转变。这为即将推出的动态差异法定存款准备金政策改革埋下了伏笔。

进入2011年初,中国人民银行开始着力推动一系列的货币政策工具改革。人民银行已经制定了一套规范的差别存款准备金率计算方法,从2011年起,将对各家商业银行按月测算和执行差别存款准备金措施。根据已有的消息显示,人民银行将推出的差别准备金动态调整的基础是整个社会融资总量,特别是银行信贷与经济增长及物价指数的偏离度。在动态调整的取向确定之后,差别准备金动态调整的重点是基于具体金融机构对整体经济的影响。差别准备金的动态缴纳要考虑金融机构的系统重要性、资本充足率、稳健经营等综合指标。人民银行制定的计算公式为,商业银行上缴的差别存款准备金率等于按照宏观稳健审慎要求测算的资本充足率与实际资本充足率之差,再乘上该行的稳健性调整参数。因此,根据这一规则,商业银行要想避免被执行差别准备金,可以采取的手段主要包括:减少贷款投放、提高资本充足率和提高稳健程度。

在具体操作方面,最初的实施范围将考虑在全国性金融机构中试行。但考虑到商业银行调整业务结构需要一定时间,前三个季度将给予商业银行依次递减的容忍度。举例说,如果某一家银行按照测算应该缴纳3.5%的差别存款准备金,一季度可以给予2%的容忍度,实际按照1.5%的差别存款准备金计提;第二季度再给予1%的容忍度,按照2.5%计提差别存款准备金;第三季度给予0.5%的容忍度,按照3%计提;到第四个季度过渡到完整的差额存款准备金制度。在利率方面,一般情况下,差别存款准备金的利率按照法定存款准备金利率付息,目前法定存款准备金利率为1.62%;但是,如果某家银行信贷增速持续过快,屡次被要求缴纳差别存款准备金,人民银行考虑按照超额存款准备金利率付息或者不计利息。

在这次货币政策工具改革中,人民银行还在酝酿下调超额存款准备金利率。随着央行票据的大规模上升,存款准备金的持续增加,人民银行的货币政策操作成本逐渐成为一个不容忽视的重要制约因素。为了降低货币政策的操作成本,降低甚至取消准备金存款利率是大势所趋。在目前对存款准备金付息的情况下,利率市场化进程受到影响。在存款准备金付息基础上形成的同业拆借利率并不是真正的市场化利率,扭曲了整个利率的定价体系。因此,降低准备金利率对于利率市场化改革也有重要意义。

二、存款准备金制度改革的原因

纵观我国存款准备金制度的发展可知,我国的法定存款准备金制度的发展经历了如下主要特征:首先,存款准备金制度的规范性越来越高。从1998年以前准备金和备付金并存的局面逐步演变成单一的存款准备金制度。其次,存款准备金的灵活性越来越高。在过去26年的历史中,法定存款准备金率的调整频率逐渐由一年不到一次发展到一年十次。法定存款准备金率已经成为我国当前重要的货币政策操作的日常工具。最后,存款准备金政策逐渐向差异化、动态化发展。法定存款准备金率对不同类型的金融机构已经实现了差异化,并逐渐根据更加细致具体的指标来动态调整各家金融机构的存款准备金率。是什么原因使得法定存款准备金制度发生这些改革和变化的呢?本文认为,法定存款准备金制度的这些变化趋势主要有以下几个原因:

(一) 对冲要求不断提高法定存款准备金率

最近十年以来,我国宏观经济的一个突出特点是,国际收支的持续大规模盈余。国际收支的盈余不仅仅表现在不断上升的经常账户盈余(主要是贸易顺差的不断上升),还表现在资本流入的不断增加,包括法律允许的外商直接投资和非法热钱的流入。另外一方面,我国一直采取的是有管理的浮动汇率制度,实际上是盯住美元的汇率制度。在国际收支盈余下,又希望维持汇率的稳定,人民银行就必须进入外汇市场直接干预。通过不断购买外汇来平衡外汇的供求,实现稳定汇率的目标。这种持续大规模国际收支盈余就造成了我国外汇储备的不断上升。人民银行购进外汇的同时需要发放人民币,这种人民币的发放直接形成基础货币。目前中国人民银行拥有2.8万亿美元的外汇储备,这意味着人民银行直接通过购买外汇发行的人民币就达到了20.1万亿元人民币。然而,2010年11月底我国的基础货币也只有17.2万亿。也就是说,目前我国的基础货币发行全部是靠购买外汇发行。

从流量看,我国外汇储备的增幅呈现出逐渐扩大的趋势。在2000年我国外汇储备增幅仅109亿美元,到2007年增幅上升到4619亿美元,随后几年都保持在超过4000亿美元的规模。这么巨大的外汇储备增幅意味着巨额的基础货币发行。然而,人民银行的另外一个重要的任务是保持国内物价水平的稳定。要保持物价稳定,首要的措施就是控制货币过快增长。这就构成了稳定人民币汇率和稳定国内物价的一对矛盾。面对这样一对棘手的矛盾,人民银行手握两把利剑:央行票据和法定存款准备金率。从2002年开始,中央银行开始发行央行票据,对冲由外汇储备增加带来的货币发行。进入2010年,国际收支继续保持盈余,继续放开购买外汇发行货币的口子势必会引来新一轮的通货膨胀。面临这种背景,2010年人民银行又对法定存款准备金率提高了六次。

以上分析表明,我国货币政策工具的选择,特别是法定存款准备金率政策的频繁使用是当前对外经济关系中不平衡问题的客观要求。稳定国内物价的目标要求人民银行采取猛烈的方式对付同样对货币具有猛烈冲击的外汇储备增加。

(二) 单一提高法定存款准备金率的影响的非对称性要求差异化

对冲问题可以回答为什么人民银行逐渐对法定存款准备金率进行越来越频繁的调整,但是对冲问题的上述分析不能回答为什么人民银行要采取差异化的准备金率政策。

其实准备金率政策的差异化与不同商业银行经营业务的差异化存在密切的关系。不同类型的商业银行经营的业务是有差异的。与差异化存款准备金政策相关的差异主要体现在商业银行对外业务的差异上。不同商业银行外汇业务规模的大小影响着商业银行的竞争地位。考虑两家商业银行，一家经营外汇业务，一家不经营外汇业务。经营外汇业务的银行存在一个首先获得基础货币的优势。从我国目前看，外汇业务主要集中在大型商业银行和一些股份制商业银行中，目前蓬勃发展的各地城市商业银行、农村商业银行等中小型商业银行的外汇业务规模较小。因此，大型银行就类似于上面例子中的经营外汇业务的银行，而中小型银行就类似于不经营外汇业务的银行。在人民银行主要采用购买外汇的方式发行货币的货币发行制度下，大型银行明显处于一种竞争的有利地位，而中小型银行处于竞争的不利地位。如果在这种环境下，仍然采取统一的法定存款准备金率调整方法，该政策势必有屈强凌弱之嫌。这不利于鼓励我国中小型商业银行的发展，从而与我国银行业改革目标相冲突。

基于以上原因，在存款准备金率不断上调的过程中区分大型银行和中小型银行，并给予差别的准备金率调整政策是提高公平性和公正性的措施。从2008年9月25日开始，人民银行开始主动地将两类银行区别对待，使得大型银行的法定存款准备金率调整幅度高于中小银行。从实践上看，到2011年1月底，中小银行比大型银行总计少调整了3.5个百分点的法定存款准备金率。

区别大型银行和中小银行只是差别化的存款准备金制度改革的第一步。进一步思考我们会发现，其实，即使都是大型银行，或者都是中小型银行，不同银行间的外汇业务也会有所差别，有的外汇业务多，有的外汇业务少。比如，同样是大型银行，中国银行经营的外汇业务明显要大于农业银行经营的外汇业务；同样是城市商业银行，东部沿海的城市商业银行经营的外汇业务要明显比中部和西部地区的城市商业银行多。因此，针对每个银行的具体特征实行差别化的存款准备金政策在理论上是必要的。

三、存款准备金制度改革的利与弊

差别存款准备金政策是人民银行面对当前货币问题的一个制度创新。它希望采取提高存款准备金率的方式控制货币供给的同时，保证银行业内部的公平性。因此，从这个意义上说，它有利于保证各种类型的商业银行合理健康发展。但是，在实践操作中，存款准备金政策的差别依据是什么？差别的大小如何设计？这些问题是保证公平性的关键因素。如果设计差别的依据不准确，或者差别设计得过大或者过小，都无法实现公平目标，反而可能进一步加剧不公平的局面。比如差别设计得太小，那么不同商业银行对这种差别可能不敏感，这种差别跟无差别没有区别；如果差别设计过大，那么可能过度保护了弱者，削弱了强者，造成另外一种不公平。

根据动态差别法定存款准备金制度的设计,对于资本充足率过低、不良贷款过高的商业银行会增加差额准备金要求。从政策设计的角度看,这是自然和合理的,因为资本充足率过低、不良贷款率过高通常是因为经营扩张冲动太大,管理粗放引起的。提高对它的存款准备金率有约束这种冒险行为的功能,起到一种正向激励的效果。但是,我们也应该看到,差额准备金率就像是一种信用评级,向社会发布着特定商业银行的经营情况。而信用评级在2007年发生的国际金融危机中发挥的负面作用大家有目共睹。突然提高一家银行的差别准备金率就像对该银行进行信用降级一般,可能会引起银行风险,特别是挤兑风险。在我国目前还没有存款保险制度的情况下,这种风险可能是重要的。因此,在推行动态差别法定存款准备金制度时,要特别注意上述两个问题,即差别的依据和幅度设计要合理,保证公平性的合理体现,要特别注意差别存款准备金率的信息传递效应,避免差别准备金率调整对个别银行产生的巨大冲击。

资料来源:国务院发展研究中心信息网"金融中国"月度分析报告。

第二节 再贴现政策

再贴现政策是指中央银行以购进商业银行和金融机构已经贴现而未到期的票据形式,向商业银行和金融机构提供贷款,解决临时性的资金短缺,并通过调整再贴现率来影响市场利率和货币供求,从而调节整个社会的信贷规模和货币供应量。再贴现政策是中央银行最早拥有的货币政策工具之一,在第一次世界大战之前,是最重要的货币政策工具之一。

一、再贴现政策工具概述

(一)再贴现政策工具的基本内容

再贴现政策的实施过程,就是中央银行对金融机构办理贴现业务的过程,因此,各国中央银行对再贴现政策工具的内容都有具体规定。其主要内容包括:

1. 确定再贴现业务的对象。各国中央银行法都会对再贴现业务对象作出明确规定,大部分国家规定能够从中央银行获得再贴现贷款的主体是商业银行等存款货币银行,其前提条件是,商业银行和其他金融机构需在中央银行开立账户。

2. 确定再贴现利率。再贴现作为中央银行调控金融的三大法宝之一,再贴现利率的确定是最核心内容。再贴现利率不同于市场利率,它是官定利率,同时又是基准利率。作为官定利率,再贴现利率有很强的管理功能,通常不是根据资金供求关系的变动而定,中央银行可随时根据管理需要加以调整,达到特定的管理目的。再贴现利率作为一种基准利率在大多数国家通常低于货币市场一般利率水平,成为货币市场各种利率定价、调整的基础。当然在有些国家再贴现利率高于货币市场利率,这种再贴现利率是作为一种惩罚性利率,发挥着控制商业银行向中央银行融资,强制商业银行加强自身流动性管理的作用。再贴现利率一般是短期利率,最长不超过一年。根据再贴现票据的信用等级,对再贴现实行差别利率。再贴现时实际支付的金额,由再贴现票据的票面金额扣除再贴现利息计算而得。再贴现金额 = 票据面额 - 再贴现利息,再贴现利息 = 票据面额 × 日再贴现率 × 未到期日数。例如,有一张银行承兑票据,面额为 100 万元,距到期日还有 25 天,年再贴现率为 7.2%,要求再贴现。再贴现金额 = 100 万元 - (100 万元 × 7.2% ÷ 365 × 25) = 99.5 万元。需要注意的是,再贴现金额仅与票据面额和再贴现率有关,与票据原来的利息无关。

3. 规定可用于再贴现业务的票据。规定可用于再贴现的票据,就是确定中央银行办理再贴现业务的凭证,主要包括规定再贴现票据的种类与票据的期限。关于再贴现票据种类的规定,很多国家都规定再贴现的票据必须是确有商品交易为基础的"真实票据"。例如,美联储规定申请再贴现的票据必须具备以下条件:商业票据不得超过 90 天,农产品交易的票据不得超过九个月;必须是根据交易行为产生的自偿性票据;必须是直接经营农工商业务的借款人出具的票据;投机或长期资本支出产生的票据不得申请再贴现。英格兰银行规定申请再贴现票据必须有两家国内信誉极佳企业签署,并且其中一家必须是承兑人;未到期国库券申请再贴现必须距到期日一个月以内。德国规定申请再贴现票据必须有三个被公认有支付能力的责任人担保并在三个月内到期。关于再贴现票据期限的规定,各国中央银行的规定大同小异,一般在三个月至一年之间。

4. 确定再贴现额度。由于大多数国家的再贴现利率低于货币市场利率,中央银行的再贴现业务对于商业银行来说,就成了主动负债业务中融资成本最低的资金来源渠道。如果没有额度规定,会导致商业银行流动性管理对中央银行资金的依赖,形成基础货币投放中的倒逼机制,同时会使中央银行失去控制基础货币的主动性与有效性。为了避免这种现象的发生,各国中央银行通常会确定一个再贴现额度作为再贴现业务的依据。中央银行确定再贴现额度包括:确定中央银行在一个计划年度内再贴现业务的总规模;确定对不同行业的再贴现额度;确定对不同金融机构的再贴现额度等。

5. 再贴现款的收回。再贴现的票据到期,中央银行通过票据交换和清算系统向承兑单位和承兑银行收回资金。

(二)再贴现政策工具的作用机制

1. 资金成本效应。中央银行通过提高或降低再贴现利率,可提高或降低商业银行融资成本,使其改变放款和投资数量,达到影响或干预商业银行等存款货币机构的准备金及市场货币供给量的效果。基本操作规则是,当中央银行实行紧缩性货币政策,提高再贴现率时,商业银行向中央银行的融资成本上升,商业银行必然要相应提高对企业的贷款利率,从而带动整个市场利率的上升,这样借款需求会减少,降低商业银行向中央银行借款的积极性,起到紧缩信用,减少货币供应量的作用;相反,当中央银行实行扩张性货币政策时,则降低再贴现率,刺激商业银行向中央银行借款的积极性,达到扩张信用,增加货币供应的目的。

2. 资金结构效应。中央银行通过再贴现政策不仅能够影响货币供给量的增减,而且还可以调整信贷结构,使之与产业政策相适应。其方法有两种:一是中央银行可以规定再贴现票据的种类,决定何种票据具有再贴现资格,从而影响商业银行等存款货币机构的资金投向;二是对再贴现的票据实行差别再贴现利率,如中央银行对再贴现的票据按国家政策进行分组,对各种票据制定不同的再贴现利率,从而影响各种再贴现票据的再贴现数量,使货币供给结构符合中央银行的政策意图。

3. 告示性效应。再贴现利率的升降可产生货币政策变动方向和力度的告示效应,从而影响商业银行等存款货币机构和社会公众的预期。再贴现率的调整通常被看做是未来货币政策立场的指示器,商业银行和其他金融机构会随再贴现率的变动而调整自己的利率水平。当中央银行提高再贴现利率时,意味着中央银行将实行较为紧缩的货币政策;反之则意味着中央银行将实行较为宽松的货币政策。作为价格机制,再贴现政策的作用特点在于,可同时调节货币供求双方的行为,这由商业银行在社会货币供给中的双重身份决定,商业银行相对于市场而言是货币的供给者,相对于中央银行而言是货币的需求者,再贴现利率的提高会抑制商业银行对中央银行货币的需求,而信贷利率随再贴现利率同方向变动,信贷利率的提高必然会抑制贷款需求,使信贷供给相应减少。

4. 最后贷款人效应。再贴现是中央银行作为最后贷款人而发挥作用的主要形式,当个别银行面临准备金不足时,可以通过货币市场向准备金盈余的银行借款融通资金。但是,当整个金融系统的准备金短缺时,经济因此会陷入流动性困境与信用危机,货币市场则无法解决。中央银行的再贴现窗口是整个金融系统,乃至整个经济正常运行的安全阀。

(三)再贴现政策工具的优点和局限性

再贴现政策最大的优点是,中央银行可利用它来履行最后贷款人的职责,并在一定程度上体现中央银行的政策意图,既可以调节货币供给总量,又可以调节信贷结构。但它也存在一定的局限性:

1. 从控制货币供给量看,再贴现政策并不是一种理想的控制工具。在实施再贴现政策过程中,中央银行处于被动等待的地位,商业银行对贴现贷款数量有相当重要的决定权。因为,没有商业银行的再贴现需求,中央银行就无法增加货币供给;有了商业银行的再贴现需求,中央银行几乎无法减少货币供给。这就使得中央银行失去调节货币供给的主动性。

2. 调整再贴现率的告示效应是相对的,有时并不能准确反映中央银行货币政策的取向。如果市场利率相对于再贴现率正在上升,则再贴现贷款将增加,这时即使中央银行并无紧缩银根的意图,但为了控制再贴现贷款规模和调节基础货币的结构,它也会提高再贴现率以使其保持与市场利率联动,但这可能会被公众误认为是中央银行正在转向紧缩性货币政策的信号。此时,告示效应传递的可能并非是中央银行的真实意图。此外,中央银行不能经常调整,更不能逆向调节再贴现率,否则会使商业银行无所适从,它们无法正确地判断经济的走势和趋势。

3. 再贴现率作为官定利率,通常与市场利率间有利差,随着市场利率变动,利差会发生剧烈的波动,客观上会导致贴现贷款规模乃至货币供给出现非预期的巨大波动,使再贴现政策控制货币供给的有效性减弱。如果将再贴现率与市场利率挂钩,频繁调整又会使政策告示效应模糊不清,导致经济主体和商业银行无所适从,不宜于中央银行灵活地调节市场货币供应量。

二、再贴现政策工具改革趋势

作为三大货币政策工具之一,再贴现曾是中央银行进行货币调控的主要工具。由于再贴现政策在货币调控中本身的缺陷,以及中央银行公开市场业务的发展,在中央银行日常货币政策操作中,再贴现作为独立的货币政策工具的地位在下降。在日常流动性管理中,再贴现一般只作为中央银行的一个常设融资便利,解决金融机构的日常流动性需求,从而为公开市场操作提供一个辅助性的融资手段。正因为如此,再贴现政策工具的主要功能在制度和操作上都已逐渐发生变化,从逆经济风向调节货币供给转化为稳定经济的手段:从 20 世纪 70 年代以来,再贴现数次成功地用于阻止股市暴跌和金融危机的发生;在许多国家,再贴现主要用于帮助困难银行,而不是逆经济风向调节货币供给;在美国,发挥告示效应作用的再贴现率变动,也被联邦基金率的变动所取代。目前,再贴现政策工具的主要功能是:充当最后贷款人,当市场出现流动性危机时,中央银行通过再贴现窗口向市场提供流动性,以保证经济安全运行。

再贴现政策在货币调控中本身的缺陷分析:

第一,再贴现货币政策工具的一项主要功能是逆经济风向操作,降低经济波动:中央银行在经济的繁荣时期,提高再贴现率;在经济的萧条时期,降低再贴现率。通过改变再贴现利率来改变商业银行融资成本,进而改变商业银行的准备金及市场的货币供给量,降低经济波动。然而,实际情况并不那么简单。首先从技术上讲,再贴现不是调节货币流通的适当手段(弗里德曼和舒尔茨等人一再强调)。因为再贴现有着顺经济走势的倾向:在繁荣期,再贴现票据的数量多,央行发行的货币量多;在萧条的时期,央行发行的货币随票据数量的下降而减少。这就使货币政策在繁荣时期"火上浇油",而在萧条时期"雪上加霜"。

第二,再贴现有着强烈的告示效应,只要再贴现率发生变化,全社会都会知道,并且随之作出调整。这就决定了中央银行不能进行经常或逆向的操作,因为它造成经济环境不确定,使经济主体无所适从。

第三,再贴现率通常与市场利率间有利差,随着市场利率变动,利差会发生剧烈的波动,导致贴现贷款规模乃至货币供给出现非预期的巨大波动。针对再贴现政策的这一局限性,一些经济学家建议把市场利率和再贴现率捆绑在一起,以消除市场利率与再贴现率之间的利差。这样既可以让中央银行继续运用再贴现工具,发挥"最后贷款人"的作用,又消除了导致贴现贷款数量变化的利差根源,使商业银行不再可能利用利率差别从贴现窗口谋利,还使得再贴现率变动不再传递什么信号,从而消除公众可能的误解。美联储2003年对再贴现机制进行的重大改革,反映了美联储对经济学家改革再贴现政策建议的回应。在新的再贴现机制下,再贴现率既同市场利率差距不大,同时美联储又能较好地控制贴现贷款的数量。

三、美中再贴现政策工具运用

(一) 美国再贴现政策工具的运行

为更好地发挥再贴现政策工具的功能,美国在再贴现具体操作方式上发生了很大变化,具体包括:融资的利率水平和期限,合格证券、合格金融机构的认定,具体的交易方式等内容。

1. 融资利率多元化

2003年美联储对其再贴现机制进行了重大改革。本次改革的核心内容之一就是改变再贴现率的形成规则,形成了多重贴现窗口的制度安排。改革后的再贴现业务的种类包括初级信贷、次级信贷、季节性信贷三类,三类信贷所使用的再贴现率均不相同。初级信用贴现贷款(Primary Credit Discount Loan)是向资信状况良好的金融机构发放,通常是隔夜贷款;次级信用贴现贷款(Secondary Credit Discount Loan)提供给不能获得主要贷款,甚至出现财务困难(资本金不充足或 CAMELS 被评为 4—5 级)的金融机构,体现央行最后贷款人的作用;季节性信用贴现贷款(Seasonal Credit Discount Loan)提供给中小金融机构,以应对因季节性、偶发性因素等造成的资金短缺,比如,满足农业地区银行的季节性贷款需求,体现政府的政策支持。

2. 扩大合格证券范围

在再贴现机制中,合格证券的认定是另一个核心问题。合格证券认定范围直接关系到中央银行的流动性供给能力。所认可的抵押品范围越宽,中央银行再贴现融资项下的流动性供应能力就越强,但相应的风险管理压力就越大;反之则反是。

在最初的美国《联邦储备法》中,"合格的"商业票据是指"生产性的"或"非投机性的",而且必须是短期的。但为了应对经济大萧条带来的通货紧缩压力,根据1933年《格拉斯—斯蒂格尔法》,美联储在发放紧急贷款时,所要求的担保资产不再限于"合格的"商业票据,而扩大到联邦储备银行认为"满意的"任何担保资产,以鼓励商业银行扩张信贷。1935年《银行法》又将这一临时性紧急措施永久和正常化。由于法律上对合格证券的认定只作了非常原则性的规定,这就为美联储通过再贴现机制管理市场流动性提供了便利。

2007年美国次贷危机爆发以来,各国中央银行通过扩大抵押品的范围、降低抵押品的信用等级要求等,向经济体提供流动性供给。美联储2008年9月14日,为应对雷曼申请破产事件对金融市场的冲击,扩大了一级交易商融资便利(Primary Dealer Credit Facility,PDCF)和定期证券借贷便利(Term Securities Lending Facility,TSLF)的抵押品范围;欧洲中央银行2008年10月15日宣布临时改变融资抵押品认定规则,同时宣布临时降低部分银行抵押品资产的门槛,除资产支持证券(Asset Backed Securities,ABS)外,欧央行可接受的所有可流通和不可流通的抵押品,其信用等级从"A-"降低到"BBB-"。

3. 延长融资期限

在美、欧、英央行日常流动性管理中,再贴现融资功能主要定位在满足日内或日间的流动性需求,所以其贷款期限以隔夜为主。美联储虽然对其初级信贷作出了"可延长几周"的灵活规定,但此项规定主要针对的是一些小的金融机构,并辅之以相应的监管措施。

但当再贴现融资便利不再仅仅是公开市场操作的一个辅助性融资工具时,其融资期限就需要相应延长。为应对次贷危机,美联储于2007年8月17日临时改变贴现窗口规则,其中的一项重要内容就是推出固定期限贴现窗口计划(Term Discount Window Program,TDWP),并将该贴现窗口项下的融资期限增加到30天。随后,在2008年3月16日,又将该项下的最长融资期限提高到90天。而在英格兰银行新设的贴现窗口融资便利中,其融资期限增加到30天,甚至更长,这也是该项融资便利与操作性融资便利在功能定位上的一个重要区别。

4. 扩大合格金融机构范围

作为危机管理的一个重要货币政策工具,中央银行在危机时可以通过扩大再贴现机制的交易对象,以增强其对整个金融市场流动性供给能力。2008年3月,美联储创设了一级交易商融资便利(Primary Dealer Credit Facility,PDCF),由于一级交易商包括在证券交易委员会登记的经纪商、交易商,从而使美联储的贴现窗口扩展到非存款类金融机构。此外,美联储在应对金融危机的过程中所创设的各种融资、融券便利中,其交易对象绝大部分已不再拘泥于存款类金融机构,在如资产支持商业票据市场基金流动性便利(ABCP Money Market Fund Liquidity Facility,AMLF)中,其交易对象不仅包括存款类金融机构,而且有银行控股公司以及外国银行在美国的分支机构。

在西方国家,人们对再贴现政策的作用有不同的估计和看法。有的主张应强化再贴现政策;有的主张根本放弃再贴现政策,由公开市场业务代替。

专栏 10-2

美联储应对金融危机的贴现工具创新

2007 年,美国由次贷引发了次债危机,整个金融体系因严重的流动性不足而面临瘫痪,美国联邦储备银行在实施全面救助的过程中多次推行量化宽松的货币政策,再贴现政策工具在创新的推动下被运用到极致。具体表现如下:

1. 针对存款机构的工具创新

(1) 定期贴现措施,其主要特点是延长贷款期限。2007 年 8 月 17 日公布向财务健康的存款类金融机构提供的贷款期限由隔夜或几周延长到最长 30 天,2008 年 3 月 16 日宣布将期限延长到最长 90 天。

(2) 定期拍卖便利,通过招标方式向财务健康的存款类金融机构提供贷款抵押物,贴现窗口接受的抵押资产均可作为定期拍卖便利的抵押资产,期限主要有 28 天和 84 天两种,每次提供 200 亿—750 亿美元资金,为存款机构提供大量的流动性。

2. 针对特定企业和法人的工具创新

在金融危机中,由于商业银行和投资银行的资产蒙受巨额损失,信贷市场萎缩;危机导致资产价值不确定性上升,提高了信贷利息,增加了企业融资成本。向特定企业与法人提供新的融资窗口,目的在于阻止信贷紧缩在实体经济中的蔓延,刺激实体经济的增长。主要措施有:

(1) 商业票据信贷便利(2008 年 10 月 7 日),目的在于通过一个特殊目的公司(SPV)给美国商业票据的发行者提供流动性支持。具体操作是,由 SPV 从符合条件的商业票据发行者那里直接购买无担保商业票据和资产支持的商业票据,向有资金需求的商业票据发行者直接融出资金。

(2) 定期资产支持证券信贷便利(2008 年 11 月 25 日),所有拥有合格抵押品的个人、法人均可参加定期资产支持证券信贷便利,即将近期发行的美元计价的 AAA 级的资产支持证券抵押给美联储,以获得相应的融资支持,期限一般为一年以上。这个工具的创新，使美联储由"最后贷款人"变成"直接贷款人"，对于缓解特定企业资金紧张具有重要意义。

资料来源：彭兴韵：《金融危机管理中的货币政策操作——美联储的若干工具创新及货币政策的国际协调》，载《金融研究》2009年第4期。

（二）中国再贴现政策工具的运行

再贴现也属于一种融资业务，其业务基本流程与票据转卖类同，只是交易对象固定为中国人民银行，交易利率为中央银行确定的当期再贴现利率，交易资料要求按照再贴现申请所在地人民银行规定执行。再贴现业务的操作从再贴现计划制订或申请再贴现，到再贴现办理，再到再贴现后处理构成了再贴现业务的完整流程。再贴现业务与票据转卖类同，操作要点如下：

1. 再贴现账户的开立。商业银行及其分支机构初次办理再贴现业务时，必须首先到当地中国人民银行办理再贴现开户手续。商业银行持营业执照、金融许可证及上级行的授权证明向当地中国人民银行货币信贷部门提出申请，并填写开户申请书，经中国人民银行信贷部门审查同意后，前往当地中国人民银行营业部办理开户手续，领取账号并预留印鉴。

2. 再贴现限额的申请。由于中国人民银行对再贴现采用限额管理办法，因此，商业银行在办理再贴现业务前，首先需要向当地中国人民银行申请再贴现额度，并在中国人民银行核定的额度内选择符合中国人民银行要求的票据，报送再贴现资料。

3. 再贴现资料的准备。凡向中国人民银行申请再贴现的金融机构须于再贴现前向当地中国人民银行货币信贷部门提交下列材料：（1）再贴现申请一览表和大额再贴现申请书（单张汇票金额500万元以上需填写）；（2）再贴现凭证（一式六联，需加盖再贴现申请银行的财务专用章和法人或其授权人名章，与预留印鉴一致）；（3）申请再贴现银行已贴现、背书的商业汇票；（4）商业汇票查询查复书（需加盖业务公章）；（5）中国人民银行要求提供的其他资料。

4. 中国人民银行对再贴现业务的一些特殊规定（以中国人民银行上海分行为例，中国人民银行其他大区行要求可能略有不同）。再贴现票据的金额：规定单笔再贴现票据的票面金额不得超过1000万元；再贴现票据的投向：根据中国人民银行实现货币政策目标、调整信贷结构、引导资金流向的要求，确定不同时期再贴现的重点投向；再贴现期限：从再贴现之日起到汇票到期日止，最长不超过六个月；再贴现管理系统：根据中国人民银行要求在再贴现电脑系统中录入再贴现票据的数据信息。

> 专栏 10-3

《商业汇票承兑、贴现与再贴现管理暂行办法》(节选)

第一章 总则

第二条 再贴现系指金融机构为了取得资金,将未到期的已贴现商业汇票再以贴现方式向中国人民银行转让的票据行为,是中央银行的一种货币政策工具。

第三条 承兑、贴现、转贴现、再贴现的商业汇票,应以真实、合法的商品交易为基础。

第四条 承兑、贴现、转贴现、再贴现等票据活动,应当遵循平等、自愿、公平和诚实信用的原则。再贴现应当有利于实现货币政策目标。

第五条 承兑、贴现、转贴现的期限,最长不超过六个月。再贴现的期限,最长不超过四个月。

第六条 再贴现利率由中国人民银行制定、发布与调整。贴现利率采取在再贴现利率基础上加百分点的方式生成,加点幅度由中国人民银行确定。

第七条 为防范商业汇票业务风险,有关金融机构要健全商业汇票承兑、贴现、转贴现、再贴现的申请、审查、审批制度,依法进行业务操作。

第八条 商业汇票承兑、贴现、转贴现、再贴现的处理手续,按照中国人民银行《支付结算会计核算手续》的有关规定办理。

第九条 办理商业汇票承兑、贴现、转贴现、再贴现业务的金融机构,须健全有关业务统计和原始凭证档案管理制度,并按规定向其上级行和中国人民银行或其分支机构报送有关业务统计数据。

第四章 再贴现

第二十五条 再贴现的对象是在中国人民银行及其分支机构开立存款账户的商业银行、政策性银行及其分支机构。对非银行金融机构再贴现,须经中国人民银行总行批准。

第二十六条 再贴现的操作体系:

一、中国人民银行总行设立再贴现窗口,受理、审查、审批各银行总行的再贴现申请,并经办有关的再贴现业务(以下简称再贴现窗口)。

二、中国人民银行各一级分行和计划单列城市分行设立授权再贴现窗口,受理、审查、并在总行下达的再贴现限额之内审批辖内银行及其分支机构的再贴现申请,经办有关的再贴现业务(以下简称授权窗口)。

三、授权窗口认为必要时可对辖内一部分二级分行实行再贴现转授权(以下简称转授权窗口),转授权窗口的权限由授权窗口规定。

四、中国人民银行县级支行和未被转授权的二级分行,可受理、审查辖内银行及其分支机构的再贴现申请,并提出审批建议,在报经授权窗口或转授权窗口审批后,经办有关的再贴现业务。

第二十七条　中国人民银行根据金融宏观调控和结构调整的需要,不定期公布再贴现优先支持的行业、企业和产品目录。各授权窗口须据此选择再贴现票据,安排再贴现资金投向,并对有商业汇票基础、业务操作规范的金融机构和跨地区、跨系统的贴现票据优先办理再贴现。

第二十八条　持票人申请再贴现时,须提交贴现申请人与出票人或其前手之间的增值税发票。

第二十九条　中国人民银行对各授权窗口的再贴现操作效果实行量化考核:

一、总量比例:按发生额计算,再贴现与贴现、商业汇票三者之比不高于1∶2∶4。

二、期限比例:累计三个月以内(含三个月)的再贴现不低于再贴现总量的70%。

三、投向比例:对国家重点产业、行业和产品的再贴现不低于再贴现总量的70%;对国有独资商业银行的再贴现不低于再贴现总量的80%。

第三十条　中国人民银行对各授权窗口的再贴现实行总量控制,并根据金融宏观调控的需要适时调增或调减各授权窗口的再贴现限额。各授权窗口对再贴现限额实行集中管理和统一调度,不得逐级分配再贴现限额。

第三节　公开市场业务

一、公开市场业务的概述

公开市场业务是指中央银行在公开市场上买进或卖出有价证券,用以调控信用和货币供应量的一种货币政策工具。

(一)公开市场业务的基本内容

公开市场业务的基本内容包括以下四个方面:确定买卖证券的品种;确定操作类型;确定操作的组织模式;确定交易方式。

1. 确定买卖证券的品种

中央银行买卖的证券主要包括政府公债、国库券及其他流动性较高的有价证券。不同国家证券的种类存在差异,如美联储规定可用于公开市场操作的债券包括政府债券及由政府部门担保或扶持的企业担保债券;英格兰银行则以金边债券作为主要的回购抵押债券,同时允许以欧元为面值的欧洲政府债券作为交易工具;日本银行买卖的债券则包括政府债券、政府担保债券、市政债券等;欧洲中央银行则选择了范围极其广泛的债券作为可交易工具,包括两个等级的债券:第一级包括欧洲中央银行的债务凭证和其他市场化的债务工具,债券发行人可以是欧元体系的,也可以是公众或私人部门的,还可以是跨国机构的,第二级债券则包括市场化的和非市场化的债务工具,发行人则须是金融稳健的机构。而发展中国家的证券种类主要包括四类:一是只以国债为交易对象,如巴基斯坦、墨西哥等;二是以国债为主,同时采用中央银行融资券,如菲律宾等;三是同时采用国债和中央银行融资券,但以中央银行融资券为主,如新西兰等;四是主要以中央银行融资券为操作工具,如印度尼西亚等。总的来说,中央银行在公开市场上买卖的证券必须是信用好、流动性高、可以随时出售的有价证券,以便和中央银行资产必须保持高度流动性的原则相适应。

2. 确定操作类型

公开市场业务的操作可以分为两种类型:一种是主动性业务,指中央银行为抵御经济周期性波动的不稳定性,保证经济持续稳定增长,主动在公开市场上进行单向净买入或净卖出债券,改变银行体系内较长时期准备金数量或准备金地位的业务操作;另一种是防御性业务,指中央银行为消除短期内一些偶然因素对准备金的影响,在公开市场上买入或卖出一定量的债券以稳定银行体系内的准备金数量或准备金地位的业务操作。

(1) 主动性业务操作的特点。第一,在操作目的上,主动性业务操作主要是为了实现货币供给与经济增长之间的长期均衡,因而具有较长期的准备金调节、单向性的准备金调节和用于重大货币政策变动的准备金调节的特点。第二,在操作方式上,主动性业务操作主要采用单向的买断或卖断,即交易是最后的交易,买方不再卖回,卖方不再买回。单向的买断或卖断的交易称为现券交易。现券交易分为现券买断和现券卖断两种,前者为中央银行直接从二级市场买入债券,一次性地投放基础货币;后者为中央银行直接卖出持有债券,一次性地回笼基础货币。

(2) 防御性业务操作的特点。第一,在操作目的上,防御性业务操作属于被动性或抵消性的活动,主要是为了应对通货、物价、利率、汇率等各种短期变量的变动对经济产生的干扰而进行的操作。第二,在操作方式上,防御性业务操作主要采用回购交易。回购交易分为正回购和逆回购两种。正回购是中央银行向市场(或一级交易商)卖出有价证券,并约定在未来特定日期买回有价证券的交易行为。正回购为中央银行从市场收回流动性的操作,正回购到期时则为中央银行向市场投放流动性的操作。逆回购为中央银行向市场(或一级交易商)购买有价证券,并约定在未来特定日期将有价证券卖给交易对方的交易行为。逆回购为中央银行向市场上投放流动性的操作,逆回购到期时则为中央银行从市场收回流动性的操作。

3. 确定操作的组织模式

公开市场业务操作的组织模式有两种类型。第一种是中央银行集中管理式的模式，又称一级交易商模式。一级交易商指是政府任命的，在证券市场上有许多特权并承担相应义务的中央银行公开市场业务的操作对象。在一级交易商组织模式下，中央银行不是面对所有的金融机构，而只面对那些有能力进行大笔交易的一级交易商进行证券买卖，中央银行负责公开市场的交易、账户、清算以及所有的交易活动，这种模式对于中央银行来讲能够减少交易风险和交易层次。第二种是分散管理的组织形式，就是央行和所有的金融机构直接进行证券买卖，不设一级交易商。

在一级交易商组织模式下，中央银行通常是根据交易商在货币市场上的表现，选择那些在本国占有一定业务比重、具有一定资金吞吐能力、信誉良好的机构成为一级交易商，让他们参与公开市场的大批量买卖、竞标，并通过他们在货币市场的其他子市场，比如银行间市场的交易，向金融体系的其他交易商传递中央银行的货币政策信号。

4. 确定交易方式

中央银行买卖证券的招标方式包括数量招标和利率招标。数量招标是指中央银行明确最高招标量和价格，公开市场交易商以数量为标的进行投标，如果投标量超过招标量，则按比例分配，如果投标量低于招标量，则按实际投标量确定。利率招标是指中央银行明确招标量，公开市场交易商以利率为标的进行投标，利率最终由竞标形成。因此，从本质上看，数量招标是中央银行用指定价格发现市场资金供求的过程，利率招标则是中央银行发现市场价格的过程。中央银行根据不同阶段的操作意图，相机选择不同的招标方式。

(二) 公开市场业务的作用与作用机制

1. 公开市场业务的作用

(1) 控制货币供应量。经济学家们一致公认，公开市场操作在控制货币供应量方面具有良好的效果，是最有效的货币供应量控制工具。其理由是：一是中央银行处于完全的主动地位，中央银行买卖什么证券，以及买卖多少证券，其主动权完全掌握在自己的手中，可以根据经济风向的变化而主动灵活地实施调节。二是中央银行可以根据经济风向的变化，既可进行防御性的操作，又可进行攻击性的担任；既可以针对黄金外汇储备变动、国际资本移动，以及财政收支行为引起的银行准备金变动进行防御性操作，又可以根据自身对经济形势的判断而主动出击，以改变商业银行持有的准备金数量及货币供应量，使之符合货币政策目标的要求。

(2) 影响证券的价格及收益。一般来说，中央银行大量购进某种债券，通常会引起该债券价格上涨,使其收益率下降。尽管通过证券市场上公众的套利行为,它可以逐渐将其影响分散到其他证券上,但花费时间较长。因此,一般来说,中央银行不应当在公开市场上大量购买某种债券,公开市场活动应该注意维护证券市场的合理结构。此外,在对证券价格及收益的未来影响上,中央银行公开市场活动会影响到私人的预期,通过这种预期,对证券价格及收益的未来动向产生影响,这一般称为宣示效果。如果中央银行大量收购债券,放松银根,扩张信用,则社会大众又会认为将来利率会继续降低,私人投资者必然会增加债券需求,信用会进一步扩大;相反,如果中央银行大量抛售债券,会造成对将来利率提高的预期,私人投资者就会降低债券需求,这就加剧了信用紧缩。

(3)影响利率水平和利率结构。中央银行买卖债券,实际上是向社会注入货币或回笼货币,使社会货币量发生变化,由此引起市场利率的波动。即中央银行购进债券,市场利率随之降低;相反,出售债券时,市场利率随之提高。此外,公开市场活动还直接影响着市场的利率结构。比如,中央银行在市场上购进100万元政府长期公债,同时出售100万元的短期国库券,这时,货币供给总量不变,但长期债券收益率趋于下降,而短期债券收益率则趋于上升,从而改变了长短期利率的走势。当然,中央银行的公开市场操作影响利率水平和结构可以是直接的,也可以是间接的。

2. 公开市场业务政策的作用机制

中央银行公开市场业务操作的主要目的是,通过直接调控银行体系的准备金数量,间接调控社会货币供应量以及长期市场利率。公开市场业务政策影响货币供应量的作用机制如下:

货币市场利率和基础货币是公开市场业务操作中两个主要变量,中央银行如果选择货币市场利率作为操作目标,一旦确定了利率目标水平后,中央银行则通过改变基础货币的供给来调节货币市场的资金供求关系,实现利率控制目标。如,美国联邦储备体系以联邦基金利率作为操作目标,则在联邦公开市场业务委员会宣布新的联邦基金利率目标后,联储交易室要测算需要在市场上注入或回收多少流动性才能使市场利率达到预期目标。在具体操作上,联储交易室通过公开市场业务操作,增加国债的卖出量(或买入量),减少(或增加)联邦基金市场上的货币存量,最终使联邦基金利率提高(降低)并稳定在目标水平上。

(三)公开市场业务的优点和局限性

1. 公开市场业务的优点。(1)中央银行能以此项政策工具影响商业银行的准备金状况,从而直接影响市场货币供应量;(2)中央银行运用这一工具是对金融市场进行"主动出击"而不是"被动等待",这一点明显优于再贴现政策。(3)中央银行可以根据每日对金融市场信息的分析,随时决定买卖证券的种类和规模,不断调整其业务,便于控制业务效果,减轻在货币政策实施中给经济带来的波动。这比一刀切式地调整法定存款准备金率要优越得多。(4)"告示效应"不明显,具有较高的操作弹性。由于中央银行每天都可以在公开市场上大量买卖有价证券,使市场不可能完全了解中央银行的操作意图,这样有利于中央银行进行试探性操作和迅速进行逆向操作。由于具备这些优点,它已经成为发达国家的主要政策工具。

2. 公开市场业务存在一定的局限性。(1)公开市场业务要产生预期的效果,前提条件是必须有一个高度发达的金融市场,并且这个市场具有相当的深度、广度和弹性。中央银行也必须持有相当的库存证券。(2)公开市场业务较为细微,技术性较强,同时中央银行是作为市场一员参与交易的,因此,政策意图的宣示效应较弱。(3)公开市场业务最大的不足在于,它的实施要受到外界因素的干扰,国际收支变化、金融机构和社会公众对经济前景的预期与社会公众的行为以及货币流通速度的变化均可能抵消公开市场业务的作用。比如,在经济萧条时期,中央银行实施扩张的货币政策,大量买进证券,但对信用的需求并不会因利率的下降而增长。因为,这时借款和投资都存在着较大的风险,借款人一般不愿意借款,投资者也不愿意投资,这样,货币的流通速度减慢,从而与货币供应量增加的效果相抵消,因此,不能产生预期的信用扩张的效果。

二、美中公开市场业务的运用

(一) 美国联邦储备体系公开市场业务运作[①]

联邦公开市场委员会由联邦储备体系理事会的七位成员、纽约联邦储备银行行长和另外四位联邦储备银行行长组成。尽管只有五家联邦储备银行的行长在该委员会中拥有表决权,但另外七位地区储备银行行长也列席会议并参加讨论,所以他们对委员会的决定也有些影响。由于公开市场操作是联邦储备体系用以控制货币供应量的最重要的政策工具,因此,联邦公开市场委员会必然成为联邦储备体系内决策的焦点。虽然法定准备金率和贴现率并非由联邦公开市场委员会直接决定,但同这些政策工具有关的政策实际上还是在这里制定的。联邦公开市场委员会不直接从事证券买卖,它只是向纽约联邦储备银行交易部发出指令,在那里,负责国内公开操作的经理则指挥人数众多的下属人员,实际操作政府或机构证券的买卖活动。该经理每天向联邦公开市场委员会成员及其参谋人员通报交易部活动的情况。

公开市场操作可以分为两类:能动性的公开市场操作和保卫性的公开市场操作。前者旨在改变准备金水平和基础货币;后者旨在抵消影响货币基数其他

---

① 参见〔美〕劳埃德·B.托马斯(Lloyd B. Thomas):《货币、银行与金融市场》,马晓萍等译,机械工业出版社1999年版。

因素的变动（如在联邦的财政部存款和在途资金的变动）。美联储公开市场操作的对象是美国财政部和政府机构证券，特别是美国国债。

国内业务操作经理监督交易员进行证券买卖。我们假定称这位经理为吉姆。他的工作从阅读一份估计昨天晚上银行系统准备金总量的报告开始，这份关于准备金的报告，有助于他确定需要多大规模的准备金变动才能达到令人满意的货币供应量水平。他也检查当时的联邦基金利率——它可以提供有关银行系统准备金数量的信息：如果银行体系拥有可贷放给其他银行的超额准备金，联邦基金利率便可能下降；如果银行准备金水平低，几乎没有银行拥有超额准备金可以贷放，那么联邦基金利率便可能上升。

上午9点，吉姆同几位政府证券交易商（他们为私人公司或商业银行工作）进行讨论，以便对当天交易过程中这些证券价格的走势有所感觉。同这些交易商见面之后，大约在上午10点，他收到研究人员提交的报告，附有关于可能影响基础货币的一些短期因素的详细预测。例如，如果预测结算在途资金将因全国范围内的天气晴好使支票交付加快而减少，那么吉姆将知道，他必须运用保卫性的公开市场操作（购买证券），来抵消在途资金减少所预期带来的基础货币减少。然而，如果预测在联邦的财政部存款或外国存款会减少，便有必要运用保卫性的公开市场出售，来抵消预期的基础货币扩大。这份报告也对公众持有的通货情况作出预测。如果预期通货持有量上升，那么，运用公开市场购买以增加货币基数，从而防止货币供应量下降，便是必须做的事情了。

上午10点15分，吉姆或其手下的一名工作人员打电话给财政部，了解财政部对财政部存款这些项目的预测。与财政部的通话，也能获得其他方面的有用信息，例如将来财政部出售债券的时间安排，可以提供有关债券市场走势的线索。

在取得了所有这些信息以后，吉姆查看他从联邦公开市场委员会收到的指令。这个指令告诉他，联邦公开市场委员会欲实现的几种货币总量指标的增长率（用幅度表示，比如说年增长率4%—6%）和联邦基金利率的幅度（比如说10%—14%）是多少。然后，他规划好为实现联邦公开市场指令所需进行的能动性公开市场操作。把必要的保卫性公开市场操作同所需进行的能动性公开市场操作合在一起，该经理便作出了当天公开市场操作的"行动计划"。整个过程到上午11点15分完成，这时，吉姆同联邦公开市场委员会的几位成员举行每天例行的电话会议，扼要报告他的战略。计划得到同意以后，通常在上午11点30分稍后一些，他让交易部的交易员打电话给政府证券一级交易商（私人债券交易商，人数在40人左右），询问出售报价（如果拟作公开市场购买）。举例说，如果吉姆为增加基础货币而打算购买2.5亿美元的国债，交易员便将交易商在不同报价水平上所愿出售的国债数额，写在一块大黑板上，报价从低价到高价依次排列。由于美联储欲得到尽可能有利的价格,因此,它便由低到高依次购买国债,直到打算购买的2.5亿美元都已买到为止。收集报价和着手交易大约在12点15分完成。交易部随即平静下来,但是交易员仍要继续监视货币市场和银行准备金的动向。在极少数情况下,吉姆还可能认定有必要继续进行交易。

有时,公开市场操作是以直截了当地买或卖证券的方式进行的。不过,交易部市场采取另外两种交易方式。在回购协议方式(常称做回购)下,美联储与出售者订立协议,规定出售者要在短时期内(一般不超过一星期)再将这些证券购回。一份回购协议实际上就是一次暂时的公开市场购买。当美联储打算实施暂时性的公开市场出售时,它可以进行一售一购配对交易(有时称做反回购)。在这种方式下,美联储出售证券,但买主同意在不久的将来再把这笔证券卖回给美联储。

(二)中国公开市场政策工具的运用

我国的公开市场业务从外汇开始起步,1994年4月中国人民银行正式启动外汇公开市场业务,1996年4月正式启动人民币公开市场业务。1999年以来,公开市场业务已成为中国人民银行货币政策日常操作的重要工具。目前,人民银行的公开市场业务分为本币公开市场业务和外汇市场业务两部分。中国人民银行公开市场业务由其下设的"公开市场业务操作室"来进行,其基本框架和做法是:

1. 将基础货币和商业银行的超额储备作为公开市场操作的目标。中国人民银行在公开市场操作中,主要是以基础货币的供应和商业银行的流动性为目标,同时也考虑货币市场利率,如拆借市场和回购市场利率的变动情况。这是由于我国的货币市场还不够发达,利率控制也较严格,从而无法确定一个合理的短期利率作为操作指标。随着货币市场的发展和公开市场操作经验的积累,中国人民银行公开市场业务的操作指标逐渐转向基础货币和货币市场利率。

2. 实行一级交易商制度。根据国际经验和公开市场业务的要求,我国公开市场业务一开始就实行了一级交易商制度。实行一级交易商制度,是因为这些大银行资金实力雄厚,有较多的分支机构,持有一定量的国债,能在二级市场上参与大额交易。中国人民银行通过与这些银行进行国债买卖,来传导自己的政策意图,实现货币政策目标,同时这也有利于国债市场的发展和完善。1997年4月,中国人民银行颁布了《公开市场业务暨一级交易商管理暂行规定》,根据这一规定,中国人民银行正式批准了25家金融机构为公开市场一级交易商。1998年中国人民银行允许商业性保险公司进入公开市场操作领域,市场交易成员增加到29家。1999年中国人民银行批准证券公司和基金管理公司进入全国银行间同业拆借市场,批准保险公司在全国银行间同业市场办理债券回购业务,当年一级交易商扩大为33家。2000年又吸收了4家在货币市场和债券市场表现良好、在市场上有一定影响力、积极传导货币政策意图的金融机构成为公开市场业务一级交易商,使一级交易商发展到37家。同时结合操作实践,中国人民银行对公开市场业务制度进行了一系列创新,2004年初首次增加6家非银行金融机构作为公开市场业务一级交易商。在中国人民银行公布的2010年公开市场业务一级交易商名单中,共有50家银行、非银行金融机构发展成为公开市场业务一级交易商。随着一级交易商的增加,中央银行公开市场操作的政策影响更易于传导到整个金融体系。

3. 操作工具是财政部发行的短期国债等。1996年中国人民银行开始进行公开市场操作时,操作的工具是财政部当年发行的短期国债,但是,由于商业银行持有短期国债的数量有限,且把其视为安全的优良资产,愿意持有国债而不愿交易,因而给中国人民银行进行公开市场操作增加了难度。因此,在1998年公开市场业务重新恢复以后,中国人民银行拓展操作工具,使得可供交易的不仅有国债,还有中央银行融资券和政策性金融债券。1999年,中国人民银行把2700亿元特别国债、423亿元专项国债、1600亿元建设国债都纳入到操作工具的范围。2002年,针对外汇占款的持续增加,中央银行开始大量发行中央银行票据,来对冲外汇占款的货币供给的增加。

4. 交易方式采取现券交易和回购交易。根据一级交易商在回购过程中所处买、卖位置的不同,回购可分为正回购和逆回购。正回购是指一级交易商为债券卖方的回购;逆回购是指一级交易商为债券买方的回购。回购交易的概念、交易双方的基本权利和义务及法则均由中央银行操作室制定并由与一级交易商签署的国债回购协议规定,这使得我国的公开市场操作从一开始就较为规范。1996年,中国人民银行主要采用的交易方式是回购交易。选择以回购交易方式进行公开市场操作是由当时的宏观金融形势和中国人民银行的资产状况决定的。在银行系统流动性较多,而中国人民银行因自身缺少债券资产而无法启动公开市场操作时,就选择卖出债券从而收回基础货币的方式来进行交易。到2000年,公开市场操作已发展为债券回购和现券买卖两种基本交易方式。目前,中央银行可选择的投放基础货币的方式有三种:现券买断、逆回购和正回购到期;反之,回笼基础货币则有现券卖断、正回购和逆回购到期三种方式。这样,中国人民银行就可以根据货币政策长、中、短期目标的需要,自主运用六种方式以及不同方式的组合,来调整公开市场操作方式;加上交易双方债券资产不同期限品种的组合,就可以形成投放和回笼基础货币的资金流,灵活调节银行体系的流动性,引导货币市场和债券市场的利率。

5. 以招标方式形成价格(利率)机制。公开市场业务回购交易采用招标方式进行,招标分为数量招标和利率招标两种方式。一是数量招标方式。由中国人民银行公开市场操作室在交易日内,以招标书的形式向操作对象发布当日操作的品种、利率、债券回购和现券买卖的限额,各投标人在规定的时间内向操作室进行投标;操作室根据公布的原则为投标人确定中标数量。二是利率招标方式。中国人民银行在交易之前,向一级交易商公布买卖债券的券种、回购期限和数量总额,由投标人根据其资金头寸需求,自主申报买卖债券的利率和数额。中国人民银行按照投标人的利率出价进行排队,确定中标结果,中标利率即为一级交易商的投标利率。中国人民银行在确定公开市场业务债券回购的招标利率时,主要基于以下三方面的考虑:一是通过回购利率水平来展示中央银行的货币政策意图;二是协调回购利率与中央银行基准利率、金融机构存贷款利率、货币市场利率之间的关系;三是防止各种利率的错位,避免一级交易商不合理的套利行为。为此,公开市场业务债券回购利率的区间被确定为在存款准备金利率和同期再贷款利率之间。每次进行招标时,中国人民银行根据货币政策操作的总体要求,参考银行间同业拆借市场利率和债券回购利率的变化情况,适时调整招标利率。

专栏 10-4

货币政策操作的新范式:公告操作

在中央银行的货币政策实践中,公开市场操作曾被作为主要的政策工具,用来调节市场流动性以实现政策既定的利率目标。但是近十几年来,在美国、加拿大、新西兰、英国等西方发达国家的政策实践中,有证据表明,公开市场操作正逐渐失去其货币政策操作的核心地位,在更多情况下只是以辅助工具的角色出现,取而代之的是中央银行货币政策操作的新范式"公告操作"。

在公告操作中,央行是通过对短期名义利率目标的公布来向市场主体传达政策信号的,若市场上的实际利率背离了央行的目标水平,则央行将威胁使用公开市场操作以调整利率到意愿的水平上。相对于公开市场操作,公告操作对短期名义利率(例如隔夜拆借利率)的调控更为直接有效。因为,在影响同业拆借利率的货币变量中,最为直接的是商业银行的结算资金需求,其次是非借入准备,最后才是货币供给量。对于公开市场操作而言,即便通过对商业银行结算资金的调控来实现拆借利率目标,也面临着结算需求预测的误差甚至是错误,对于非借入准备或货币供给量就更是如此,这样势必会导致利率以及货币供给量的外生性波动。而公告操作对利率的调控依赖于经济主体的市场化行为,较货币当局而言,在知道政策利率目标之后,市场产生全局性错误的概率将低得多,因此,这种调控方法不仅直接,而且更为可靠。

公告操作被作为政策操作手段始于1989年的新西兰储备银行。为对付通货膨胀,降低通胀率,新西兰储备银行率先采用了通货膨胀目标制的货币政策。

新西兰储备银行实行零准备金制度,并以银行间隔夜拆借利率作为操作目标,通过调控商业银行的结算资金需求来实现目标利率乃至通胀目标。在具体操作中,新西兰储备银行发现,只要保证政策的可靠性和透明度,目标利率的实现很少需要中央银行的公开市场干预。在更多情况下,只要央行一公布其目标拆借利率,市场上的实际利率就会迅速地靠近并实现这一利率目标。因此,新西兰储备银行通过出版《通货膨胀报告》和《货币政策委员会会议纪要》等方式向公众及时透露政策信息,并有意识地将公告操作纳入其货币政策框架内。

公告操作简单透明,有利于正确引导公众预期,并且在实践中有着更为出色的政策调控效果,因此,很多西方国家都趋向于引入这种操作范式来提高其货币政策的透明度,以保障货币政策的操作效果。虽然,公告操作尚没有被大多数国家明确作为独立的政策工具使用,但其影响却极具普遍性。如,美联储虽然没有明确地提出执行公告操作,但有研究表明,从1989年以来,联邦基金利率的实际变动与借入或非借入准备金量的变化并不具有明显的联系,也就是说,市场利率变动并非由美联储的公开市场操作所引致。实际情况是,每当美联储宣布联邦基金利率目标后,商业银行就会在市场上按这一目标利率进行交易,从而无须美联储的直接干预。由此可以看出,公告操作在美国的货币政策操作中无疑已经发挥了重要作用。

第四节 其他政策工具

三大货币政策工具以控制全社会的信用总量、货币供应量为目的,属于一般性的总量调节。除三大总量控制政策工具外,中央银行还拥有针对证券市场、消费信用、不动产等特定领域信用控制等选择性的货币政策工具。中央银行还可以根据货币控制、信用调节的需要,以行政命令、沟通劝说等方式,灵活实施其他货币政策。

一、选择性货币政策工具

选择性的货币政策工具是中央银行针对个别部门、企业、领域或特殊用途的信贷采用的政策工具,用于调节特定领域的信用关系。它们主要包括:证券市场信用控制工具、消费信用控制工具、不动产信用控制工具。

(一)证券市场信用控制工具

所谓有价证券信用控制工具,指中央银行通过规定证券信用交易的法定保证金比率,控制以信用方式购买股票和债券的数额。法定保证金比率,又称保证金比率,指证券购买人首次支付占证券交易价款的最低比率。保证金比率越高,现金支付的比重越大,信用方式购买有价证券的比重则越小。

有效的证券市场控制对中央银行宏观调控是十分必要的。一方面,中央银行能控制证券市场信贷资金的供求,平抑证券市场价格,防止过度投机,稳定金融市场;另一方面,中央银行通过这种限制增加其他资金市场的资金供给,调节信贷资金流向,使信贷资金得到最优化配置。除此之外,信用控制直接、灵活的特点避免了对其他领域的负面影响。最先实施证券市场信用控制的国家是美国,其曾于1934年制定了《证券交易法》,实施信用控制,收到了抑制投机,防止经济波动的效果。此后,这种方法陆续为其他一些国家采用。

(二)消费信用控制工具

消费信用控制工具,是指中央银行对不动产以外的各种耐用消费品的销售融资予以控制的政策措施。其主要内容包括:(1)规定用分期付款等消费信用购买各种耐用消费品时第一次付款的最低金额;(2)规定用消费信贷购买耐用消费品的种类,并就不同耐用消费品规定相应的信贷条件,如贷款利率、借款最长期限等。中央银行对消费信用加以控制的目的是调控社会总需求。由于大部分消费信用是直接或间接由银行贷款支持的,因此,可以直接影响银行存款,从而调节货币供应量。

一般而言,在需求不足和经济衰退时,中央银行要放宽消费信用控制,以提高消费者对耐用消费品的购买力,促使经济回升;相反,当经济过热时,中央银行则要加强对消费信用的控制。适当的消费信用控制对于熨平由耐用消费品周期性需求所带来的经济波动具有重大作用,同时也有助于引导社会消费,改进资源配置效率。

(三)不动产信用控制工具

不动产信用控制工具,是指中央银行对商业银行及其他金融机构的房地产贷款(包括购买新房、建筑业和经营房地产企业贷款)的管制。其主要内容有:对不动产贷款规定最高限额;对不动产贷款规定最长期限;对不动产贷款规定第一次付款的最低金额;对不动产贷款规定分期还款的最低金额。

不动产需求特别是住房消费具有投资额大、期限长等特点。不动产对货币政策相当敏感,它的投资对经济增长具有乘数作用,与宏观经济走势紧密相关。因此,实施不动产信用控制能控制不动产信贷规模,抑制过度投机,避免经济波动。

(四)优惠利率工具

优惠利率工具,是指中央银行对国家重点扶植的产业实行贷款利率优惠政策。

(五)进口保证金制度工具

进口保证金制度工具,是指中央银行要求进口商按进口商品总额的一定比例缴纳进口保证金。实行这一制度的目的,是为了限制进口的过快增长。

二、直接信用控制工具

直接信用控制工具，是指中央银行基于质与量的信用管制目的，以行政命令或其他方式，直接对金融机构尤其是商业银行的信用活动进行控制，手段包括信用分配、流动性比率管理、直接干预、利率最高限额及开办特种存款等。

（一）信用分配

所谓信用分配是指中央银行根据经济形势，对商业银行资金投向进行合理分配和限制的措施，以达到信贷资金的最优配置，通常以拒绝商业银行贷款申请或者限制贷款用途等方式加以实施。信用分配最早始于18世纪的英格兰银行，目前，这种手段被资金供求不平衡的发展中国家广泛采用。有的国家和地区甚至采取设立专项信贷基金的手段，支持某些领域的发展。

（二）流动性比率管理和直接干预

流动性比率管理是指中央银行规定商业银行全部资产中流动性资产所占的比重，以限制商业银行的信用能力。流动性比率与收益率成反比。商业银行为保持中央银行规定的流动性比率，一方面缩减长期放款比重，扩大短期放款比重；另一方面，必须持有一部分随时应付提现的资产。流动性比率管理，可以限制信用过度扩张，保证商业银行支付能力，降低其经营风险。直接干预是指中央银行依据有关法定的授权，以银行的银行身份，直接对商业银行的授信业务进行干预，其目的是使商业银行在业务经营中遵循国家的信用政策。中央银行进行直接干预的方法有：直接规定各商业银行的放款及投资方针；直接限制商业银行的资产项目和贷款额度；直接干预银行对活期存款的吸收；拒绝业务不当的商业银行的再贴现要求或采取高于一般利率的惩罚性利率给其融资。

（三）利率最高限额

利率最高限额是指中央银行依法直接对商业银行的存、贷利率的水平实行限制，防止商业银行利用利率作为竞争手段，扰乱金融秩序，中央银行规定商业银行吸收存款利率的上限和发放贷款利率的下限，或者对定期和储蓄利率的最高限度实施控制。如，1980年之前美国的Q条例规定，活期存款不准付息，对定期存款和储蓄存款规定利率的最高限额等。实行利率管制虽然使中央银行能直接调控利率，但计划利率不能反映资金供求变化，从而使利率的调节机制受阻。随着市场逐步完善，利率市场化是必然趋势，中央银行应通过调节货币供应量来影响利率水平，对利率进行弹性管理。目前，各国中央银行对利率的直接限制都有所放松。

（四）特别存款

特别存款是指中央银行在银行体系中出现过剩超额准备时，要求按一定比例把这种超额准备缴存中央银行冻结起来的一种存款方式。其目的在于，限制商业银行信用扩张能力,紧缩货币供应量。特别存款不支付利息且一般发生在高通胀时期。

三、间接信用控制工具

间接信用控制工具是指中央银行采取行政手段间接影响商业银行信用创造能力的措施。

(一) 道义劝告

道义劝告是指中央银行利用其声望和地位对商业银行及其他金融机构的业务活动提供指导、发表看法、劝告其遵守和贯彻中央银行政策,以影响商业银行贷款数量和投向,从而达到调控信用的目的。道义劝告不具有强制性,不依靠法令赋予的特殊权力,而是通过各金融机构领会政策意图,自愿合作。如,英格兰银行遇到政策改变时,常侧重幕后劝告,邀请商业银行的负责人交换意见,取得各银行自愿合作。道义劝告之所以能够在现行的金融体制下得以实施并使中央银行的政策意图得以有效传达,关键在于中央银行的领导地位,中央银行的声望越高,地位越独立,道义劝告的作用也就越明显。

(二) 窗口指导

窗口指导是指中央银行根据产业行情、物价走势和金融市场动向,对商业银行下达指令,要求其把贷款增加额限制在适当范围内,目的是调节银行信用总量,并不对放款用途作质的限制。窗口指导曾一度是日本主要的货币政策工具。

此外,间接信用管制还有金融检查、公开宣传等手段。中央银行利用其在金融系统中的特殊地位和声望,运用控制信用的法律权力和手段对商业银行的运营进行调控。相比其他货币政策手段而言,间接信用管制灵活性大,所引发的经济波动小。

专栏 10-5

欧洲中央银行的非常规货币政策操作

2008 年全球金融危机爆发以来,为刺激经济复苏、维护金融稳定,欧央行实施了以下六类非常规货币政策操作。

一是资产担保债券购买计划(Covered Bond Purchase Programme),指欧央行在一级、二级市场购买欧元区发行的欧元计价的担保债券。二是证券市场计划(Security Market Programme,SMP),即指欧央行买入欧元区重债国的政府债券。三是长期再融资操作(Longer-Term Refinancing Operations,LTROs)。长期再融资操作是存款准备金交易(Reserve Transaction)的一种,欧央行通过标准化投标,向交易对手银行提供长期流动性。四是与美联储、英格兰银行等央行进行货币互换。五是扩大合格抵押品范围。六是扩大货币政策操作合格对手方范围。

随着次贷危机的发展及欧元区自身主权债务危机的不断恶化,欧央行的非常规货币政策经历了一个规模日趋扩大、措施日益激进的过程,政策重心也逐步从单一的物价稳定向金融稳定转移。

首先推出的是资产担保债券购买计划,其目的是改善债券市场的流动性,鼓励金融机构扩张信贷供给。该计划分两期实施:第一期从2009年7月2日至2010年6月30日,共购买合格担保债券600亿欧元;第二期从2011年11月至2012年10月,将直接购买400亿欧元区债券。欧央行表示,所有购入的债券都将持有到期。担保债券购买计划对缓和金融市场紧张情绪、保持市场流动性发挥了一定作用,但对于抑制整个欧债危机发展作用有限。

2010年上半年,欧债危机急剧恶化,希腊、葡萄牙等重债国国债收益率大幅上升,主权债市场流动性几近枯竭,并向银行间市场、外汇市场和股票市场传导蔓延。为稳定金融市场,欧央行推出了证券市场计划,购买欧元区的政府债和合格的市场化私人债务工具。为了满足不向欧元区政府融资的法律规定,并区别于量化宽松政策,该买入操作通过每周进行的定期存款工具对冲注入的流动性,确保不会对现有的以及未来的流动性状况产生影响。截至2012年3月30日,欧央行买入政府债券数量达2142亿欧元。

但是,欧央行的证券市场计划并未能有效控制欧债危机的发展蔓延。2011年下半年,重债国国债收益率再度创下近年来新高,欧债危机开始向核心国家和银行体系传导蔓延。在此背景之下,欧央行将长期再融资操作的贷款期限从三个月延展到三年,将定量招投标改为无限量供给,以期稳定金融市场。欧央行于2011年12月21日和2012年2月29日实施了两轮无限量的长期再融资操作,共向市场注入了10185亿欧元的流动性。通过这两轮操作,欧元区银行补充了三年内所需的流动性,短期内银行危机爆发的可能性大幅降低。同时,银行将部分现金用于购买主权债,使欧元区主权债收益率显著下降,债务危机带来的紧张情绪得到了缓解。欧洲债务危机进入了一个相对稳定的阶段。

除上述三项非常规货币措施外,货币互换、扩大合格抵押品范围、扩大货币政策操作合格对手方范围也为欧央行应对危机发挥辅助作用。其中,货币互换可以使欧央行更容易地获得美元资源,以方便其向银行系统提供美元流动性;危机期间欧央行合格抵押品规模从一万亿欧元扩张至三万亿欧元,增强了其他政策工具的融资能力;通过扩大货币政策操作合格对手方范围,流动性支撑的领域得以拓展,也有利于政策效果的发挥。

总体来看,随着欧央行非常规货币政策的推出,欧洲金融市场的稳定性得到了大幅提升,国债收益率基本被控制在可持续的范围内,为欧洲推进根本性结构改革赢得了宝贵的时机。当然,非常规货币政策操作也有成本,包括可能从某种程度上损害欧央行的信誉、政策退出的影响等。危机以来,依靠不断降低抵押物标准,欧央行的资产规模大幅增长,在一定程度上削弱了欧元的信用基础,导致欧元汇率相对走低。欧央行担保债券购买计划和证券市场计划购买的资产都将持有到期,其退出时间和规模是确定的,所以预计对金融市场的影响较小。需要警惕的是长期再融资操作的退出,虽然根据安排,银行可以提前归还贷款,但仍然存在到期大规模还款的所谓"陡壁效应",可能对金融市场产生较大冲击。

资料来源:中国人民银行《2012 年第一季度中国货币政策执行报告》。

本章小结

中央银行货币政策目标是通过货币政策工具的运用来实现的,货币政策工具是中央银行为实现货币政策目标而使用的各种策略手段。货币政策工具体系主要由一般性政策工具和选择性政策工具构成。一般性货币政策工具是调节货币供应总量、信用总量和一般利率水平的主要手段,包括法定存款准备金率政策、再贴现政策和公开市场业务三种。三大政策工具的操作效应不尽相同,各国中央银行可根据具体的情况进行选择。金融创新对三大政策工具的作用力产生了不同的影响。选择性货币政策工具是调节局部信用的手段,它影响银行体系的资金运用方向,主要包括证券市场信用控制、消费信贷控制等。

法定存款准备金政策的运行机制在于,直接影响商业银行手持超额准备金的数量和改变货币乘数,使货币供应量收缩或扩张,从而达到调控目的。法定存款准备金政策的作用特点主要表现为:法定存款准备金比率的调整有较强的告示效应,具有法律的强制性,一经调整,任何存款性金融机构都必须执行;法定存款准备金比率的调整对货币供应量有显著的影响效果。再贴现政策的作用机制是一种利率价格机制,其基本的操作规则是变动商业银行向中央银行融资的成本,以影响其借款意愿,达到扩张或紧缩信用的目的。再贴现率对市场利率产生"告示效应",它预示中央银行货币政策的走势,从而影响金融机构及社会公众的预期,是保证金融系统稳健运行的"安全阀"。公开市场业务主动、灵活,具有较高的操作弹性,是中央银行使用最为频繁的政策工具。中央银行通过主动性和防御性公开市场业务操作,控制基础货币影响社会的货币供应量。

选择性的货币政策工具是中央银行针对个别部门、企业、领域或特殊用途的信贷而采用的政策工具,用于调节特定领域的信用关系。它们主要包括:证券市场信用控制、消费信用控制、不动产信用控制。选择性货币政策工具作用的特点是:通过干预、控制私人信贷市场的分配机能,调节货币供给量在部门、行业间的分配;调节个别部门、个别行业、个别市场非均衡增长的有效手段。这种有针对性的信用调控工具更有利于实现总体经济的均衡增长。

中央银行常用的其他货币政策工具主要包括直接信用控制和间接信用控制。直接信用控制主要包括：信用分配、利率上限、流动性比率、直接干预等。常用的间接信用控制主要包括：窗口指导、道义劝告、金融检查等。

> **关键词**

货币政策工具　法定存款准备金工具　再贴现政策工具　公开市场业务　主动性公开市场操作　防御性公开市场操作　一级交易商　选择性货币政策工具　证券市场信用控制工具　消费信用控制工具　道义劝告　窗口指导

> **思考题**

1. 简述法定存款准备金政策工具的基本内容。
2. 分析世界各国降低或取消法定准备金率的原因。
3. 分析我国准备金制度的构成及改革方向。
4. 简述再贴现政策工具的优点和局限性。
5. 简述美国再贴现政策工具的创新。
6. 简述公开市场业务的基本内容。
7. 简述一级交易商模式公开市场操作组织模式。
8. 简述美国联邦储备体系公开市场业务运行。
9. 简述我国的公开市场业务运行。
10. 简述直接信用控制工具。
11. 简述货币政策工具的配合。

第十一章 货币政策传导机制

> **内容提要**

货币政策传导机制,是指货币管理当局确定货币政策之后,从选用一定的政策工具现实地进行操作开始到实现其最终目标之间,所经过的各种中间环节相互之间的有机联系及其因果关系的总和。货币政策传导机制研究的是中央银行的货币政策是如何对实际经济产生影响的。就货币政策传导的一般机理而言,不同的学派有着自己的见解。本章着重介绍货币政策传导的货币传导渠道理论和信贷传导渠道理论,并对主要国家货币政策传导机制进行分析。

第一节 货币政策传导机制理论

货币政策传导机制理论是在货币供求理论的基础上,探讨货币供应量变化对就业、产量、收入及价格等实际经济因素产生影响的方式、途径和过程的学说。对货币政策通过什么途径传导,学术界大致存在两种不同的观点:其一是货币政策通过"货币渠道"传导,称为"货币渠道理论",主要分析利率、股票价格等变动如何对宏观经济变量产生影响,具体有利率渠道、资产价格渠道等;其二是货币政策通过"信贷渠道"传导观点,称为"信贷渠道理论",主要通过银行信贷条件、企业融资条件和居民家庭财务状况的变化,分析货币政策对经济的影响,具体有银行贷款渠道和资产负债表渠道。

一、早期的货币政策传导机制理论

在介绍上述两种货币政策传导机制理论之前,先介绍与之有直接思想渊源的早期学者的货币作用过程理论。

早期学者关于货币政策传导机制的研究成果,主要集中体现在传统货币数量说的相关表述中。该理论的核心内容是,一国货币数量的变化,将直接导致该国物价水平的相应变化。

传统货币数量论是建立在萨伊定理之上的,认为总需求总会等于总供给,货币数量的变动不会发生持久和重大的影响。最有代表性的是费雪的现金交易数量论与马歇尔、庇古的现金余额数量论。

费雪认为,货币由现金和存款组成。在一定时期内,现金数量 M_0 和存款货

币量 M_1 与它们各自流通速度 V_0 和 V_1 之积的和就构成货币供给总额；而同一时期商品交易量 T 与物价水平 P 之积则构成货币需求总额。一旦现金货币供给量确定，则货币供求达到均衡，即 $M_0 \times V_0 + M_1 \times V_1 = PT$。当现金货币供给量变动时，存款货币和货币供给总额发生变动，由于商品交易量基本上是一个常量，因此，货币供给量的变动将引起物价水平的变动。

现金余额论认为，货币价值决定于社会公众欲以通货保持的实物价值与该国货币供给量的比例。当实物价值不变而货币供给量变动，则货币价值会随着货币供给量的变动作反向变动。其传导过程为：当货币供给量增加时，个人就将感觉到手中实际持有的货币量多，就会增加支出从而减少货币余额，进而引起货币流通速度加快，导致商品供求关系失衡，结果引起物价上涨。马歇尔货币数量论试图找出决定通货流通速度的原因，从而说明物价短期变动主要是对货币需求的变化而引起的变动。

早期的经济学家们认为，一国一定时期内的商品数量和货币的流通速度在短期内是不会发生变化的。其中，国民产出在完全竞争均衡机制这只"看不见的手"的调节下，通常处于充分就业水平；而货币的流通速度主要取决于制度性因素如支付制度、支付习惯等，在短期内基本保持稳定不变。因此，货币的作用对象和作用过程较为简单，即，如果经济运行当中的货币供应量（M）增加，市场物价水平（P）就会上升，名义收入水平（Y）也会相应增加，这个作用机制可以简单表达为：$Ms \rightarrow P \rightarrow Y$。

二、货币政策传导的货币渠道理论

货币政策传导的货币渠道理论是指一切以完善的金融市场结构为基础，从私人经济部门的资产结构调整效应与财富变动效应的角度，分析货币政策传导机制的理论总称。货币渠道理论具体分析的是：由货币供应量变动，引起资产价格（如利率、股票、债券、外汇等）负相关变动，使各种资产的边际收益率发生相应变化，人们以此重新调整资产结构——调整利率敏感性投资和消费需求行为的过程。货币政策传导的货币渠道观一直是货币传导机制中的主流观点。传统凯恩斯学派、新古典综合派以及货币主义学派的货币政策传导理论均属此范畴。[1]

---

[1] 早期的凯恩斯学派纯粹以利率为货币政策传导的纽带，后来托宾将货币传导机制建立在货币与其他金融资产的结构调整基础上，各种金融资产的相对价格（利率）是传导过程的重要变量；货币学派扩大了资产结构调整的范围，弗里德曼把货币看做是与证券、股票、房产、耐用消费品等等没有两样的一系列资产中的一种，认为不但金融资产的利率而且其他实物资产的收益率也是重要的变量。由此可以看出，凯恩斯学派和货币学派货币关于货币政策的传导渠道只是深度和广度上的区别，本质上没有什么不同。

（一）凯恩斯学派货币政策传导机制理论

1. 凯恩斯经典货币政策利率传导机制理论

现代意义上货币传导理论源自约翰·梅纳德·凯恩斯在《就业、利息和货币通论》中的观点。

在凯恩斯革命之前，西方经济学中占统治地位的古典学派认为，虽然经济运行会受到周期性冲击的影响，但市场力量能够使经济迅速恢复充分就业的均衡。货币不过是一种方便交易的工具或媒介，是资本得以流通和经济得以顺利运行的润滑剂，因而对货币或货币政策传导并没有给予过多的关注。20世纪30年代的经济危机，引发了人们对包括货币政策在内的宏观经济政策性质和作用的争论。正是在当时的背景下，凯恩斯提出，在经济周期的不同阶段，资本边际效率会发生周期性的变化，经济也并非时时自动达到均衡，需要采取相机抉择的财政货币政策，以促使经济的稳定运行。在他的货币理论中，阐述了货币政策利率传导机制。

凯恩斯早期的货币观点基本上传承了马歇尔的货币数量论观点，主要体现在其著述《货币改革论》中。在他1930年出版的专著《货币论》中，他开始摆脱货币数量论的一些观点的束缚，将重心放在货币价值变动的原因及其控制手段方面，同时运用魏克赛尔的可贷资金学说进行分析。他认为，货币政策通过影响市场利率而影响储蓄和投资行为，进而对经济发展水平和物价产生影响。1936年凯恩斯的《就业、利息和货币通论》出版。在该书中，凯恩斯提出了关于货币与经济关系的看法，他把对货币需求的分析，纳入到对总需求和总供给的分析框架中，形成了关于货币活动如何影响经济活动的途径，即货币政策传导机制的分析，提出了货币政策经由利率及有效需求影响经济活动的货币政策传导机制理论。其基本框架是：

货币政策 → 利率 → 有效需求 → 投资 → 国民收入和物价水平

该传导机制将经济中的所有金融资产简化为无息的货币和有息的"债券"两类。在这种假设下，间接融资和直接融资是完全相同的，MM定理发挥作用，银行部门吸收存款和发放贷款，与其他非银行金融部门的业务没有本质的不同。货币政策的作用，是通过影响经济中的货币（银行的负债方）来传导的。这个传导机制的主要环节是利率：货币供应量的调整首先影响利率的升降，然后才使投资乃至总支出发生变化。在存在大量失业时，利率降低，扩大有效需求，促使投资和国民收入增大；当接近充分就业时，扩大有效需求，投资和国民收入增大，物价水平开始上升；当达到充分就业时，一般物价水平上升。

在凯恩斯的货币传导理论中，会因下列情况导致货币政策失效：流动性陷阱的存在使利率水平不会随货币供应量增加无限制地下降。如果超过客观限度，无论货币供给如何增加，都会产生相应的货币需求，一部分货币会闲置起来；在经济萧条时期,投资支出利率弹性低,即使利率降低,也无法唤起企业部门的投资热情,投资需求也难以增加。上述分析,被称为局部均衡分析的货币政策传导机制理论,因为它只表明了货币市场变动对商品市场的影响,而没有显示它们之间循环往复的相互作用。

利率传导机制第一次系统地阐述了现代意义上的货币政策传导机制问题,但它最大的缺陷在于,没有考虑金融资产的替代性以及名义和实际财富的相互影响问题,而这两点恰恰是后来货币主义向凯恩斯主义发起的诘难所在。

2. 新古典综合派对利率传导机制理论的修正和发展

在以凯恩斯《就业、利息和货币通论》为基石形成的 IS-LM 分析框架下,新古典综合派第一次全面丰富地阐述了货币政策传导的利率机制理论。此后,尽管包括货币主义在内的许多宏观经济理论从多种角度对新古典综合派展开了激烈批评,但在货币政策传导机制方面却始终未能脱出利率机制观的窠臼。

(1) IS-LM 分析框架的基本内容

IS-LM 是对封闭体系经济运行的高度抽象,模型运用函数、图像等,对宏观经济的均衡进行了综合分析。该模型假设前提为:第一,经济中只存在货币与债券两种资产,即在经济体系中,除货币以外的所有资产都可相互完全替代;第二,金融市场以利率出清。在此假设前提下,该模型描述了在价格水平不变的条件下,利率与总产出的关系,反映了货币市场和商品市场相互作用并趋于均衡的过程:

中央银行的扩张性货币政策使货币供应量增加,在既定的产出水平下,利率会相应地下降,利率的下降会刺激投资,并引起总支出增加,总需求增加又推动总产出增加。总产出的增加又使货币需求上升,如果没有新的货币供给投入经济生产,货币供求的对比就会使下降了的利率回升。这是商品市场对货币市场的作用。利率的回升又会使总需求减少,产量下降,而产量的下降又导致货币需求下降,那么利率又会回落。这样的变化会循环往复。这一过程最终会逼近一个均衡点,在这个点上,货币市场和商品市场同时达到均衡。在这个点上,可能利息率较原来的均衡水平低,而产出量较原来的均衡水平高。

封闭经济中的利率传导机制被典型地概括为如下过程:
$$R\uparrow \to M\uparrow \to i\downarrow \to I\uparrow, C\uparrow \to y\uparrow$$

随着中央银行增加准备金以扩张货币供给,商业银行能够向社会提供的活期存款额增加,其所持有的资产——债券也必然等幅增加,从而意味着社会货币存量上升($M\uparrow$),居民货币持有额必然增加、债券持有额必然减少。上述两种情形的结果,必然导致名义利率下降。如果名义价格水平未能完全调整,则真实利率随之下降($i\downarrow$),最终导致投资及消费增加($I\uparrow,C\uparrow$),国民收入上升($y\uparrow$)。

图 11-1 形象地描述了这一过程:随着货币供给的增加,LM 曲线向右下方移

动,与 IS 曲线交于 A 点,此时,利率更低,国民收入水平更高。

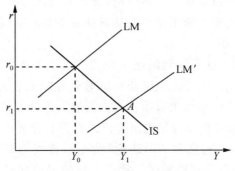

图 11-1　IS-LM 模型

在新古典综合派的理论框架内,上述传导机制能够方便地扩展到开放经济的环境下。开放经济体系下的利率传导机制可由 Mundell(1968)与 Flemming(1962)最早提出的 IS-LM-BP 模型加以表述(见图 9-3)。

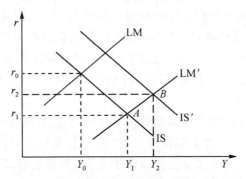

图 11-2　IS-LM-BP 模型

与单纯的封闭经济体系相比,开放经济中的货币政策增加了一条汇率传导渠道。中央银行增加货币供给导致利率上升后,除通过引发总需求变动影响国民收入外,还将经由汇率波动效应造成国民收入相应变动。此时,本国货币扩张与利率下降将导致汇率贬值($E\downarrow$),结果造成出口产品竞争力增强与进口产品竞争力减弱,从而直接导致净出口额与国民收入上升($NX\uparrow,y\uparrow$)。由此可见,在开放经济中利率的传导功能进一步增强。

其传导过程可以简述为:

$$R\uparrow \to M\uparrow \to i\downarrow \begin{array}{c} \nearrow I\uparrow,C\uparrow \searrow \\ \searrow E\downarrow \to NX\uparrow \nearrow \end{array} y\uparrow$$

(2) IS-LM 分析框架的优缺点

IS-LM 模型分析框架具有明显的优点:第一,易于驾驭,与经济学的基本原理比较吻合;第二,与现实宏观经济波动的统计规律基本一致。

但是,该模型也有其自身的缺陷。IS-LM 模型忽略了货币政策传导过程中的一些基本特征:在这一模型中,金融资产是单一的,忽略了金融结构对宏观经济的影响;资本存量是不变的,忽略了作为资本积累新投资的资产存量的调整。此外,该模型所提出的传导过程过于机械。现实中存在的是复杂的利率体系,而非模型中抽象的利率。而且企业融资的渠道很多,可以从银行贷款,也可以从股票市场上融资,或发行企业债券,还可以内部积累,每种融资方式的成本和风险也是不相同的,货币政策对利率产生影响进而对经济主体投资行为的影响也是比较复杂的。名义货币或实际货币存量的变化不仅会影响短期利率或借款成本,而且还会影响国内外各种商品和金融资产的实际价格或预期价格以及金融中介的变化、利率期限结构和借贷成本等。

(二) 货币主义学派货币政策传导机制理论

1. 货币主义学派货币政策传导机制的主要内容

20 世纪 60—70 年代以弗里德曼为代表的货币主义学派向凯恩斯主义的利率传导机制发起了挑战,在货币政策传导机制理论上取得了很多重要的进展。货币主义认为,恒常收入是决定货币需求的主要因素,由于恒常收入的稳定性,货币需求函数也是稳定的。同时,由于货币需求对利率不敏感,货币流通速度是可以准确预测的,因此,货币供给是决定名义收入的主要因素,政府应实行恒定的货币增长率,任何调控货币供应量的政府干预行为都是错误的。货币主义认为,利率在货币政策传导机制中并不起重要作用,在整个传导机制上具有决定性作用的是货币供应量。由此,货币主义者提出了他们的货币政策传导机制:货币数量的变动引起总支出水平的变化,总支出水平的变化引起进而影响总产出的变化。如果中央银行采取一个扩张性的货币政策,使得货币供应量增加,那么其传导过程如下:

$$M\uparrow \rightarrow E\uparrow \rightarrow Y\uparrow$$

弗里德曼认为,货币供应量的变动能够影响总需求的方式和渠道十分繁多而且复杂,因而他满足于从实证角度找出货币供应量与名义国民收入的相关性,并不具体探讨货币供应量对名义国民收入的作用方式或影响过程。因此,一些经济学家指责弗里德曼的货币政策传导机制为"黑箱理论"。

2. 货币主义学派关于货币政策的传导方式与凯恩斯学派的区别

货币主义学派关于货币政策的传导方式与凯恩斯学派在本质上是相同的,同属"货币传导机制观",但在深度和广度上是有区别的。货币主义学派的理论分析有以下明显特征:其一,在整个传导过程中,传导价格的非唯一性,利率只是许多相对价格的一种;其二,资产和产品的多元性。

凯恩斯学派认为,传导机制首先是在金融资产方面进行调整,即首先在货币市场进行调整,然后引起资本市场的变化,投资增加,通过乘数作用,增加消费和国民收入,最后影响到商品市场。具体地说,中央银行通过公开市场买进债券,一方面增加了货币的供应量,另一方面则促使债券的价格上升,这时,卖出债券的家庭又会用债券的收入去购买股票,从而引起股票价格上涨,利率下降。然而股票价格的上涨,必然会促进股票的发行,增加投资,从而又促进投资品价格上涨,产量随之增加。同时,投资增加以后,通过乘数作用,也增加了消费,结果导致国民收入的增加。

货币学派认为,凯恩斯学派的上述传导机制过于狭隘。货币主义者反对凯恩斯模式仅仅强调一种资产价格,如利率,或者泰勒模型中仅包括利率和汇率。货币主义者认为,观察货币政策如何影响全部相关资产价格以及实际财富是至关重要的。在货币主义者看来,至少有货币、债券或证券以及实收资本三类资产,这三类资产具有替代性,但并非完全替代。在整个传导过程中,利率只是许多相对价格的一种。货币政策可以同时在货币市场和资本市场上发生,中央银行改变基础货币和证券资产存量,对利率和资产价格可以产生不同的影响。同时,这些不同的影响会传导到产品市场上,对支出产生影响:在央行扩大公开市场购买之后,通过利率和资产价格的变化,资产市场可以达到均衡,但商品市场并没有达到均衡。即货币政策在引起资产价格进行相应调整的同时,会干扰商品市场均衡。这时,总需求曲线上移,价格和产出水平提高。由于资产需求取决于价格、产出和预期,那么产品市场变化会改变货币、债券及实收资本的需求。价格、产出水平愈高,货币的交易需求愈大。如果人们认为,价格、产出变化将持续下去,将会卖出债券以购买实收资本权益(股票及其他实际资产),这样便又会改变资产市场上资产价格水平和利率。在资产市场和商品市场持续相互影响的同时,还会受到其他因素的影响。如,商品市场变化影响经常性政府预算赤字:价格和产出增长会扩大税收,使政府支出下降,从而减少预算赤字或增加财政盈余。在较少的赤字下,基础货币和政府债券发行会下降。这些变化会进一步改变资产价格和利率。

货币学派对凯恩斯学派的由于流动性陷阱的存在将使货币变动对实质经济不产生任何影响的观点有不同看法。凯恩斯学派认为,流动性陷阱的存在,将使货币变动对实质经济不产生任何影响。这就是说,一旦利率达到其最小值,货币政策便变得软弱无力,因为多余的货币会被货币持有者以不变的利率吸引。货币主义者认为,货币市场利率只是影响货币变化的相对价格之一。基础货币增加,即使不降低利率,资产价格也会上升。相对价格的变化及其效应对支出的影响,将不会因为流动性陷阱的存在而消除。

（三）托宾的资产价格传导机制

利率传导途径只考虑了一种资产的价格,即货币的价格利率。但实际上,货币供应量变动不仅会引起货币资产价格的变动,也会引起诸如股票、债券、外汇等多种金融资产价格的变动,这些金融资产价格的变动构成了货币政策特殊的传导途径,随着金融市场的发展,金融资产价格途径在货币政策传导中日益发挥着重要作用。资产价格途径较早由凯恩斯主义者詹姆斯·托宾和弗朗科·莫迪利亚尼提出,后吸引了大量经济学家的研究,并把资产价格(包括房地产价格)视为货币政策影响国民经济的重要途径。

资产价格传导机制主要指,中央银行改变货币供应量会引发有价证券价格的变动,进而引发资产结构调整,最终影响实体经济的过程。金融资产价格机制效应主要表现在三个方面:(1)证券价格变动带来的财富效应,即当证券价格上升时,虚拟资产的名义价值上升,证券持有者的名义收入或财富增加;(2)证券价格变动的投资机制,即托宾的 q 理论;(3)证券价格变动的资产替代效应,即证券价格变动改变了可选择资产的相对价格体系,产生套利机会和套利行为,资金不断游移于各类资产之间,直到相对价格体系达到新的均衡。下面主要介绍托宾的证券价格变动的投资机制 q 理论。

20 世纪 60 年代,美国经济学家托宾在凯恩斯主义利率传导机制的理论框架下,提出了 q 理论,分析了货币资产价格利率变动与其他利率,如股票、债券等收益率的对比关系,描述了货币政策通过影响股票价格,进而影响实体经济的传导过程,提供了一个不同于以往凯恩斯主义者的货币政策传导机制。

托宾发展了凯恩斯的二元资产论,认为除货币外,金融资产还包括国债、公司债、股票、商业票据、定期存款等,彼此间的替代程度不同。托宾认为,货币无收益,但其安全、便利,属无风险资产;金融资产有收益,同时也有风险。金融资产的收益和风险存在着对应关系,风险较大的资产收益率高,风险较低的资产收益率低,不同资产在收益率与风险上的差异性决定了它们相互之间不能完全替代。经济主体会根据其偏好以及各种资产的风险与收益之比确定资产结构。由于各种资产间客观存在一定程度的替代性,因此,某种资产的收益不仅取决于该资产的供给,也取决于其他资产的供给,在市场机制作用下,各项资产的边际收益最终趋于一致。社会的投资行为既取决于各种真实资本的收益,又受各项资产交易成本的制约,只有当某种资产的收益大于成本时,经济中对该资产的投资才会增加。

托宾资产价格货币政策传导机制理论认为,货币政策传导主要通过总支出发挥作用,即货币的变动引起资产结构的调整,导致支出变动,进而影响实际经济变量,其中起关键作用的变量是股票价格。股票价格是对资本存量价值的评估,股票价格的上升和收益率的下降意味着提高了资本存量的价值,使新资本能以相对低的成本用于生产,从而提高对新资本的需求。(关于 q 理论货币政策传导机制,详见本章第二节中"托宾的 q 渠道")

托宾资产价格传导途径是对凯恩斯利率传导途径理论的继承与发展,q 值的引入,不仅丰富和发展了凯恩斯主义的利率传导机制理论,也为货币政策实践提供了新思路。从美国的货币政策操作看,美联储虽然没有接受托宾的主张以股票价格或 q 值作为货币政策的中介指标,但自托宾于 1969 年提出这一概念后,美联储一直重视这一指标的作用,并通过绘制 q 的数列曲线,观察其变动趋势。

三、货币政策传导的信贷渠道理论

20 世纪 80 年代以来,货币政策的信贷传导渠道理论得到迅速发展。货币政策的信贷传导渠道,是指经济中的银行贷款与债券、股票等不可完全替代时,货币供给的变化影响银行信贷资金的可得性,从而影响信贷供给并进一步影响投资和消费需求的货币政策传导机制。信贷渠道的传导机制理论主要有"银行贷款渠道理论"和"资产负债表渠道理论"。

(一) 信贷配给与信贷传导渠道

1. 信贷配给的概念。信贷配给是信贷市场不完善性或信贷市场摩擦的具体表现。它是指由于利率低于市场出清水平,信贷市场存在超额需求时的一种现象。信贷配给指以下两种情况:(1) 借款人在现行利率条件下获得的贷款数额低于他所希望获得的数额,即使他愿意支付更高的利率也不能满足全部资金需求;(2) 在表面上相同的借款人中(从贷款人的角度看),一些人获得贷款,另一些人被拒绝,被拒绝的人即使愿意支付更高的利率,也不能获得贷款。

2. 信贷配给现象产生的原因。信贷配给产生的原因有两种:(1) 是政府干预的结果。政府对信贷规模的直接控制或者对利率进行管制,使信贷市场上长期存在超额需求。在 20 世纪 50、60 年代,大多数经济学家讨论的都是这种信贷配给。这种信贷配给是在完全信息假设下进行的,信贷配给通常被解释为一种非均衡现象,在这种非均衡分析中,商业银行作为贷款人只是一个被动的角色,信贷配给并不是其最优化行为的结果。(2) 是理性银行家进行最优选择的结果。20 世纪 70 年代后期,不对称信息范式被引入信贷市场分析,大量研究表明,即使没有政府干预等外生约束,由于借款人存在的逆向选择和道德风险行为,信贷配给也可以是一种与贷款人理性行为相一致的长期均衡现象。贷款者用信贷配给而不是用提高利率的办法去出清市场的原因有两个:其一是为了防范道德风险。当贷方和借方之间的合同是一个允许破产的债务合同时,贷方提高利率的做法增加了借方进行风险投资的激励,当利率提高时,破产风险的增加实际上会减少贷方的预期收益。其二是防范逆向选择风险。理性借款人在利率提高时,为规避风险会退出借款队伍,反之,借方越少规避风险,就越有可能选择破产机会多的风险项目,所以贷方宁愿配给信贷而不是去提高利率。

3. 信用配给与信贷传导渠道。信贷配给的存在,表示银行贷款利率≠市场出清的均衡利率,它与市场利率之间的利差,表明银行信贷对产出有重要的影响,这无疑会对货币政策的效果产生重要的影响。传统货币政策强调利率的变化对资本品投资与消费等利率敏感部门的影响。信用配给存在表明,如果紧缩的货币政策导致或扩大了信贷配给,货币政策不仅具有总需求效应,而且也具有总供给效应。

(二) 银行贷款渠道理论

银行贷款渠道理论又称为狭义的信贷渠道理论,由伯南克(Bernanke)和布林达(Blinder)创立。

1. CC-LM 模型

1988 年伯南克和布林达提出了 CC-LM 模型,对银行信贷渠道如何传导货币政策进行了探讨。伯南克和布林达将贷款供求函数引入传统的 IS-LM 模型,并用 CC 曲线(CC 代表 Commodity 和 Credit)代替 IS 曲线,表示商品市场和信贷市场同时出清时所有利率和产出的组合,而 LM 曲线仍表示货币市场均衡时利率和产出的组合。该模型包含了货币、债券和银行贷款三种金融资产,这里的债券被定义为除货币和银行贷款之外的其他所有金融资产的集合。银行在消除信贷市场上的信息不完全、分散风险、降低交易成本等方面具有不可替代的作用,使得银行贷款与其他金融资产不可完全替代。如图 11-3 所示,CC 曲线和 LM 曲线决定了均衡的债券利率和均衡的国民收入。CC-LM 模型描述了紧缩性货币政策传导过程中的两种情况:一是货币供应量减少,银行活期存款(D)减少,LM 曲线向左上方移动导致利率上升($i_0 \rightarrow i_1$),产出下降($Y_0 \rightarrow Y_1$);二是因银行贷款供给(L)减少,CC 曲线向左下方移动(CC→CC′),使完全依赖银行贷款的企业投资(I)减少,产出进一步下降($Y_1 \rightarrow Y_2$)。模型中 i_2(银行贷款利率)小于 i_1(债券利率),即当银行贷款利率低于债券利率时,存在着信贷配给。

2. CC-LM 模型所表明的货币政策信贷渠道传导机制

CC-LM 模型所表明的货币政策信贷渠道传导机制可简单描述为:当货币当局采取紧缩性货币政策时,银行体系的准备金减少,银行的活期存款相应减少;在银行资产结构总体不变的情况下,银行的可贷资金减少,贷款随之下降。于是,那些依赖银行贷款的借款者不得不减少投资支出,最终使产出下降。信贷渠道的有效性取决于借款人对银行信贷的依赖程度。

3. CC-LM 模型所表明的信贷渠道传导机制的意义

(1) 当利率传导机制完全失效时(出现流动性陷阱),货币政策也可以通过信贷供给的变化造成 CC 曲线移动,对投资及经济景气状况产生影响。这意味着至少中央银行在政策操作时,应将社会信用总额、银行贷款总额等经济变量列入经常性观测的中介变量范围等等。

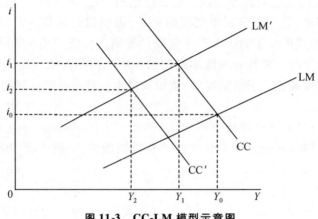

图 11-3 CC-LM 模型示意图

（2）信贷传导渠道的效果受金融市场的许多制度性因素影响。如，通过信贷渠道传递货币政策，在依赖银行资金为主要资金来源的国家比在资本市场发达的国家作用更为明显。在间接融资比重较大的国家中，商业银行可贷资金量与社会投资支出的关系很密切。因为企业的主要融资渠道是商业银行贷款，这时银行贷款量就会对投资支出，进而对整个经济活动产生重要影响。

（3）货币政策将发挥单一利率传导机制下不存在的分配性影响。在资本市场很发达的国家，由于信息不对称等原因，并非所有企业都可以在证券市场上融资，即银行贷款与股票、债券等其他金融资产不可完全替代。在此情况下，银行信贷对那些不能在金融市场上融资的中小企业的重要性就格外突出。当货币紧缩时，中小型企业的生产状况恶化程度将远远高于平均水平。

（三）资产负债表渠道理论

资产负债表渠道理论又称为广义的信贷渠道理论，指货币政策通过影响股票价格，引起企业资产净值的变化，进而影响银行贷款过程中的逆向选择和道德风险的发生，从而改变投资支出的传递过程。该理论的特点是，从货币政策操作影响特定借款人资产负债的状况，即借款人净值、流动性资产与可售抵押品的角度，解释信贷在货币政策传导机制中的作用（关于资产负债表渠道的货币政策传导机制，详见本章第二节中"资产负债表渠道"）。

货币政策企业资产负债表传导渠道在表现形式上非常接近银行贷款渠道，即同样认为，货币政策对经济运行的影响可以经由特定借款人受信能力的制约而得以强化。然而，实质上二者存在显著差异：前者从银行贷款供给角度解释信用对经济的独特影响；后者从不同货币政策态势对特定借款人资产负债状况的影响角度，解释信用在传导过程中的独特作用。资产负债表渠道不以中央银行能够影响银行贷款供给为前提，因而适用范围更加广泛。

第二节 货币政策传导的具体渠道

大多数经济学家认为,货币政策可以通过影响货币供给来影响总支出。但是在传导的具体渠道中,对何种变量是最为重要的仍然存有分歧。货币政策在决定经济活动和价格行为上的作用,还没有出现一个广泛被人们接受的观点。一般认为,货币供给影响最终支出的渠道可以分为三类:第一类是通过投资支出渠道起作用;第二类是通过消费支出渠道起作用;第三类是通过汇率渠道起作用。实际上,根据 GDP 的支出法核算办法,投资、消费和净出口是构成 GDP 的三驾马车,中央银行通过调控货币供应量来影响经济增长的必经途径,就是货币供应量的变化分别对这三个变量产生作用。如图 11-4 所示。

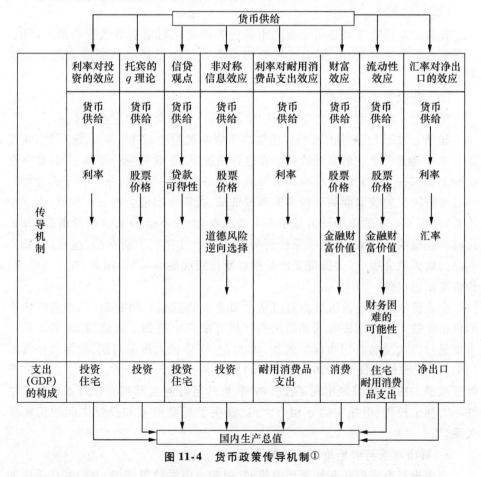

图 11-4　货币政策传导机制①

---

① 参见〔美〕米什金:《货币金融学》,李扬等译,中国人民大学出版社 1998 年版,第 579 页。

一、投资支出渠道

关于货币政策如何影响投资支出主要有三种理论,它们分别是:利率对投资的效应、托宾的 q 渠道和信贷渠道。

(一) 利率对投资的效应

利率对投资的效应实际上是凯恩斯学派的传统货币政策传递机制。传统的凯恩斯学派十分强调投资在经济周期波动中的作用,因而有关货币政策传递机制的早期研究工作主要集中在投资支出上。其主要思想是,货币供给(M)的增加会使利率(i)下降,利率下降又促使投资(I)增加,投资增加会引起产出(Y)的增长。其传递机制是:

$$M\uparrow \to i\downarrow \to I\uparrow \to Y\uparrow$$

(二) 托宾的 q 渠道

托宾的 q 理论主要是研究金融市场的各种变化对消费和投资决策的影响。根据他的传导机制理论,货币政策影响投资的机制是通过影响股票的价值实现的。

1. q 和投资支出的关系

托宾把 q 定义为:q = 企业资本的市场价值/企业资本的重置成本。

如果 q 大于1,企业的市场价值要高于资本的重置成本,因而,新厂房、新设备的成本要低于企业的市场价值。在这种情况下,企业可发行股票,并且能够在股票上得到一个比它们正在购买的设施和设备要高一些的价格。由于企业可以通过发行较少的股票而买到较多的新投资品,投资支出便会增加。相反,当 q 小于1时,由于企业的市场价值低于资本的成本,企业不会购买新的投资品(如果这时企业想购买资本品,可以低价购买其他企业已存在的资本品,这样,对新资本品的购买就会很少,而投资支出是指对新投资品的购买)。因此,在 q 很低时,投资支出也很少。

企业资本的市场价值数据可以从上市企业的股票价格获知,资本重置成本的价格指数可以在国民收入和国民生产核算账户中查到。因此,托宾的 q 是一个衡量投资状况的有用指标。例如,20世纪30年代大萧条时期,股票价格暴跌(1933年股票价值仅为1929年的1/10),q 也降至很低的水平,投资支出也降至极低水平。1983年美国出现了投资高潮,虽然当时的实际利率和资本租用价格并不有利于投资,但托宾的 q 相当大,这证明了托宾的 q 和投资之间的正相关关系。

2. 货币政策与股票价格变动的联系

当中央银行采取扩张性货币政策时,引起货币供给量增加,人们发现手中的货币比他们需要持有的要多,就会按照自己的偏好安排其金融资产,其中一部分货币必然流向股票市场，造成对股票需求的增加，股票价格将会上升。

将货币政策和 q 之间、q 和投资支出之间的相互影响联系起来，货币政策传递机制可以表述为：

$$M\uparrow \to P_s(股票价格)\uparrow \to q\uparrow \to I\uparrow \to Y\uparrow$$

（三）信贷渠道

信贷渠道传导理论认为，货币政策可以通过银行借贷渠道和借款者的资产负债表渠道影响全社会信用总额，并进一步影响总产出。

1. 银行贷款渠道

银行贷款渠道又称为狭义的信贷渠道。这种传导观认为：货币政策可通过银行贷款的增减刺激或减少投资支出，从而引起总产出的变化。

中央银行采取一项紧缩性货币政策引起货币供给量减少，会减少银行可用资金。如果银行紧缩贷款，那么将引起投资支出的下降。其传导过程如下图所示：

$$M\downarrow \to 贷款\downarrow \to I\downarrow \to Y\downarrow$$

2. 资产负债表渠道

资产负债表渠道又称为广义的信贷渠道，指货币政策通过影响股票价格，引起企业资产净值的变化，进而影响银行贷款过程中的逆向选择和道德风险的发生，从而改变投资支出的传递过程。

（1）在信息不对称的条件下，市场均衡的投资水平依赖于借款人资产负债表状况。

信息不对称引起的逆向选择和道德风险问题会影响银行的贷款发放。银行在发放贷款之前必须考虑借款人的资产价值，这两者之间是正向关系。一个企业的资产净值（它等于企业的资产与负债的差额）发挥着类似抵押品的作用。如果一个企业的资产净值较大，即使它从事了导致亏损的投资，在贷款偿付上出现违约，银行仍可以取得企业资产净值的所有权，将其出售以补偿贷款损失。而且，企业资产净值越大，违约的可能性也越小，因为企业拥有可以偿还贷款的缓冲资产。因而企业资产净值的增加将减轻银行出于逆向选择而不愿贷款的问题。此外，企业的资产净值较高意味着所有者在企业投入较多股本，这使其从事高风险投资项目的意愿降低，也减轻了道德风险问题。因此，向这类企业提供贷款比较安全。

（2）货币政策通过直接或间接地影响借款者的财务状况，使得借款人的信贷资质和资产负债表发生变化，进而影响贷款人的贷款行为，最终引起总产出的变化。

以紧缩性货币政策为例。紧缩性货币政策使货币供给减少与利率普遍上扬，借款人的资产状况将从两方面遭到削弱：从企业的资产净值看，利率的上升意味着股价的下跌,从而现有资本品的价值随之减少,资产状况相应恶化;从企业的净现金流量看,利率的上升导致利息等费用开支增加,从而直接减少净现金流;销售收入下降则从间接渠道进一步减少净现金流。由于上述原因,借款人担保品价值下降,贷款的逆向选择与道德风险问题趋向严重,结果部分资信状况不佳的借款人既无法从市场直接融资,又无法获得银行贷款,导致投资与产出额外紧缩。扩张性的货币政策则产生相反的效果。

上述两条货币政策资产负债表渠道传导效应可表示为:

$M\downarrow \to P_s\downarrow \to$ 企业资产净值 $\downarrow \to$ 逆向选择和道德风险 $\uparrow \to$ 贷款 $\downarrow \to I\downarrow \to Y$

$M\downarrow \to$ 现金流量 $\downarrow \to$ 企业资产净值 $\downarrow \to$ 逆向选择和道德风险 $\uparrow \to$ 贷款 $\downarrow \to I\downarrow \to Y$

二、消费支出渠道

关于货币政策与消费支出之间关系的早期研究,集中在利率对耐用消费品支出可能产生的影响上。后来,研究者们考察了消费者的资产负债如何影响消费者的支出决策的问题,提出了货币政策的财富效应,专门研究了货币政策与非耐用消费品支出之间的关系。研究者们还发现,由于耐用消费品的流动性很差,股票的流动性较强,因此,股票市场对耐用消费品支出也有影响,从而提出了货币政策的流动性效应。下面我们分别从这三方面进行介绍。

(一) 利率的耐用消费品支出效应

利率的耐用消费品支出效应,是指货币政策通过引起利率的变动来影响消费者对耐用消费品支出的决策,进而影响总需求的效应。耐用消费品支出主要指消费者对住房、汽车及家用电器等耐用品的支出。消费者用于这类消费品的支出,常常是靠借贷来筹措的。因此,利率降低会使在这方面支出的筹资成本降低,从而鼓励消费者增加耐用消费品的支出。扩张性货币政策引起的利率降低,将刺激耐用消费品支出增加。利率的耐用消费品支出效应的货币政策传递机制如下:

$M\uparrow \to i\downarrow \to$ 消费贷款 $\uparrow \to$ 耐用消费品支出 $\uparrow \to Y\uparrow$

(二) 财富效应

货币政策的财富效应,是指货币政策通过货币供给的增减影响股票价格,使公众持有的以股票市值计算的个人财富变动,从而影响其消费支出的效应。

莫迪利亚尼最早利用其消费生命周期理论对货币政策引起的这种消费支出增加进行了研究。在莫迪利亚尼的理论中,他认为消费者按照时间均匀地安排他们的消费。这里的消费是指用在非耐用消费品和服务上的开支,它取决于消费者毕生的财富,而不是取决于消费者的当期收入。消费者毕生财富的一个重要组成部分是金融资产,而股票往往又是金融资产的主要组成部分。因此,当扩张性的货币政策使得货币供给量增加,普通股的价格上升,金融资产的市场价值上升时,消费者的毕生财富也增加,进而消费增加。这样,财富效应的货币政策传递机制为:

$$M\uparrow \to P_s\uparrow \to 金融资产价值\uparrow \to 毕生财富\uparrow \to 消费\uparrow \to Y\uparrow$$

莫迪利亚尼通过研究发现,这是一个强有力的货币政策传导机制,它使货币政策的效力大为增强。在20世纪90年代中后期,美国股市持续走高,美国公众持有金融资产的市场价值上升,这对同期消费支出增加和经济稳定增长具有重要作用。需要说明的是财富效应中影响消费者支出的是其"毕生财富",所以,只有股市持续较长时间的上涨才会增加消费者整体的"毕生财富",这时才具有财富效应。股市短时间的暴涨暴跌则不具有财富效应。

(三) 流动性效应

流动性效应是指货币政策通过影响股票价格,使消费者持有的金融资产价值及其资产的流动性发生变化,从而影响其耐用消费品支出变化的政策效应。

人们在进行耐用品消费时,通常会根据自己的资产负债状况得出一个关于资产流动性的判断,若流动性高,则人们会增加对耐用消费品的支出,反之,则会减少对耐用消费品的支出。当预计会遇到财务困难时,无论是个人还是企业都愿意持有流动性强的金融资产而不是流动性不足的实物资产。金融资产,例如银行存款、股票、债券等可以很快在市场上出售,而且在变现时价值损失的可能性也比较小,因而金融资产的流动性高。但想要很快出售耐用消费品等实物资产,则可能会出现两种结果:一是找不到合适的买主,二是可能收不回该耐用消费品的完全价值。因此,当发生财务困难的可能性增大时,人们就会减少对耐用消费品的支出;反之,则增加对耐用消费品的支出。一般来说,当消费者持有的金融资产的数量远比其债务要多时,他们对未来发生财务困难可能性的估计会很低,因而会较为愿意购买耐用消费品。当股票价格上升时,金融资产的价值也会上升,人们对发生财务困难可能性的估计会降低,会愿意增加对耐用消费品的支出。这样,流动性效应的传递机制可以表述为:

$$M\uparrow \to P_s\uparrow \to 金融资产价值\uparrow \to 财务困难的可能性\downarrow \to 耐用消费品支出\uparrow \to Y\uparrow$$

三、汇率渠道

货币政策传导的汇率渠道,是指货币政策的变动通过影响货币供给量进而影响到国内利率,利率的变化引起汇率的变动,进而对净出口产生影响的过程。随着经济国际化和浮动汇率的出现,汇率对净出口的影响已经成为一个重要的货币政策传递机制。

一国若长期实施扩张性货币政策,货币供给长期增加会使国内的真实利率水平下降,并使国内物价水平上升,这两个因素都会使本国货币贬值。一国货币贬值,则该国的出口上升,进口下降,从而净出口将增加。净出口的增加意味着出口需求的增加,出口需求的增加会增加总需求,从而总产出会增加。国际贸易渠道的货币政策传递机制可以表述如下:

$$M\uparrow \to i\downarrow \to 物价水平\uparrow \to 汇率\downarrow \to 净出口\uparrow \to Y\uparrow$$

第三节 主要国家货币政策传导机制分析

货币政策传导机制是货币政策框架设计中的重要组成部分,是中央银行货币政策影响实体经济的渠道方式。由于各国在经济结构、金融市场发达程度、货币政策工具选择与目标取向等多方面存在差异,各国中央银行货币政策传导机制各具特色。这里对美国、英国、中国的货币政策传导机制进行简介。

一、美国货币政策传导机制

美国的货币政策传导机制经历了由利率调节到货币供应量调节,再到利率调节的演变过程。美联储在不同时期货币政策传导机制的选择,受到当时经济条件的制约,尤其受到当时金融市场条件的制约,更重要的是受当时货币政策传导机制理论发展的影响。例如,40—50年代是凯恩斯主义盛行的年代,因此,美联储推行的是以利率为传导机制的货币政策;70年代货币主义占了上风,美联储便将货币供应量作为货币政策的传导途径。目前,美国货币政策传导渠道具体包括:

1. 利率传导渠道。利率渠道是美联储货币政策传导的主渠道,其传导过程为:货币供应量增加,实际利率下降,借贷成本降低,企业投资支出与家庭消费支出增加,金融资产和实物资本价值上升,企业产出增加,直到实现新的产出均衡为止。美联储通过调整联邦基金利率,影响银行贷款或债券融资利率、股本融资成本等措施,进而影响企业和居民的投资、消费决策,尤其是影响固定资产投资和居民住宅建设。

2. 资产价格传导渠道。资产价格传导机制主要通过影响家庭和企业持有的金融资产的价值,影响家庭的消费支出和企业的投资支出。其传导过程为,货币供应量增加,实际利率下降,股票及其他金融资产价值上升,对于家庭而言,持有金融资产财富的家庭名义收入相应增加,家庭对日常消费品和耐用消费品的需求也相应增加,最终拉动产出增长;对于企业而言,股票价格上涨带来明显的 q 效应,促使企业更多地通过发行股票筹集资本,扩大固定资产投资和生产规模,最终推动产出和就业的增加。这个传导途径不仅调整经济主体的资产结构,也直接影响人们拥有的财富价值,传导中产生的家庭财富效应和企业的 q 投资效应是资产价格渠道的体现。

3. 汇率渠道。该渠道的主要作用表现在通过调整汇率影响美国的出口贸易,进而影响产出与收入。其传导过程为,实际利率下降,导致美元贬值,由美元贬值降低出口商品的价格,提升美国产品在世界市场上的竞争力,扩大其在世界范围内的市场份额,刺激国内出口企业的产出,最终推动国内商品和服务总需求的增加。

二、英国货币政策传导机制

英国在20世纪90年代以前的货币政策传导机制与美国差不多,但自从1992年实施通货膨胀目标制后,货币政策传导中的中介目标与最终目标都作了相应的调整,形成了以有效控制总需求为目的的传导机制。在通货膨胀目标制下,短期官方利率是最主要的货币政策工具。1996年以前,官方利率主要是英格兰银行的贴现利率,1996年后,增加了以金边债券为标的的两周回购操作利率,使货币政策工具的运用更加能反映市场状况。

官方利率调节需求的途径有四个,即市场利率、资产价格、预期和信心、汇率。官方利率的传导过程实际上也是英格兰银行引导预期、管理预期的过程,伴随着官方利率变动而变动的市场利率、资产价格和汇率必定会影响英国居民的预期,影响他们对国内产品、进口商品和劳务的实际需求。只有控制了总需求,才能稳定国内价格与进口价格上涨带来的通货膨胀压力,确保通货膨胀目标制的实现,货币政策传导途径的有效性最终通过总需求控制目标来体现。

官方利率调整后的传导效应主要表现在以下方面:(1) 替代效应。利率上升会降低即期而非未来的消费对个人和企业的吸引力,使国内信用总量、货币总量及实际需求下降。(2) 财富效应。利率上升导致金融资产、房地产价格下降,家庭与企业财富的减少会抑制消费与投资需求的扩张,从而有利于实现既定的通货膨胀目标。(3) 预期效应。通货膨胀目标制增强了英国货币政策操作的透明度,官方利率作为中央银行货币政策信号会受到社会公众的广泛关注,其变动会影响公众对经济前景,如通货膨胀、经济增长等其他重要经济变量的预期,进而调整经济主体的决策,影响企业与个人的支出、储蓄和投资行为。

三、中国货币政策传导机制

中国货币政策传导经过二十多年的改革与完善,形成了货币政策的直接传导与间接传导共存,以间接传导为主的货币政策传导机制。从货币政策传导的具体渠道看,信贷渠道是当前我国货币政策传导的主渠道;同时,利率渠道和汇率渠道的作用正逐步增强。

信贷渠道是当前中国货币政策传导的主渠道。中国是一个以银行为主导的间接融资体制,间接融资在社会融资中占有相当大的比重。这种融资体制决定了信贷渠道是当前中国货币政策传导的主渠道。从企业融资角度看,对于大多数企业而言,银行贷款和证券融资不具有充分的替代性,信贷政策以及信贷资金来源的变化对企业行为有着重要的影响,银行收缩信贷时,企业很难通过债券和股票市场融资来弥补;再从商业银行的资产结构看,信贷仍是商业银行主要的资产业务,证券投资所占比重不高。在中央银行与商业银行信贷资产占主导地位的情况下,货币政策能够有效地影响商业银行的资产和负债,从而影响银行信贷,进而影响实体经济。

利率渠道的作用逐步增强。从中国货币政策实践看,利率是近几年中国中央银行使用最多的货币政策工具之一。由于和实体经济与社会公众联系密切的银行存贷款利率仍属官定利率,利率的变动不能真实反映资金供求状况,使利率作为经济变量调节经济行为的功能被弱化,利率虽然是中央银行最常用的政策工具,但利率作为货币政策传导途径的有效性却十分有限。目前,中国不断加快利率市场化改革,不断完善市场化的利率定价机制。中国已经放开了贷款利率上限和存款利率下限,并且实现了债券市场和货币市场的利率市场化。上海银行间同业拆借利率基准性利率的地位不断得到提高,为拆借和回购交易、短期融资券、浮动利率债券和衍生品等产品定价方面提供了重要的参考,货币市场利率能有效反映资金供求关系,传导中国的货币政策导向。同时,中央银行的利率调控从仅依靠存贷款利率调整向引导市场利率走向和存贷款利率调整并重,使得中央银行对金融市场的利率调节能力得到大幅提高。中国企业、居民、金融机构对利率的敏感性增强,能根据利率的变动来调整自己的金融资产结构,使得利率市场化的微观基础进一步完备。中国人民银行发布的《中国金融稳定报告(2012)》指出,2012年要积极推动市场制度建设,完善资源配置的市场机制,进一步深化利率市场化和汇率形成机制等重点领域改革,为保持经济长期平稳较快增长创造良好的金融环境。随着利率市场化的深入,利率渠道在货币政策传导中发挥着日益重要的作用,并将在中国将来的货币政策传导中发挥主渠道的作用。

汇率渠道的作用将逐步呈现。从近期看,汇率渠道难以成为货币政策传导中的主要途径。中国现行的汇率制度是以市场供求为基础,参考一篮子货币进行调节,有管理的浮动汇率制度。在这种汇率制度和外汇管理制度下,货币政策传导出现了如下结果:(1)稳定汇率的政策取向削弱了中央银行有效控制货币供给的自主性。在中国国际收支持续顺差下,中央银行为稳定汇率被动收购外汇吐出基础货币,同时,为了平衡基础货币的增长,被迫通过本币公开市场业务进行对冲,造成货币政策操作指标的被动性。(2)盯住美元的固定汇率制度削弱了货币政策利率传导途径的有效性。在固定汇率制度下,政府主要运用货币政策调节资本项目。当中央银行企图通过降低利率放松银根,扩大企业投资与居民消费时,套利资金就会千方百计地将人民币兑换成外汇资金并流向国外,引起外汇需求增大,汇率波动。为了维持汇率稳定,中国人民银行往往抛出美元买进人民币,以减缓降低利率带来的信用扩张作用。在这种情况下,企业和居民不能根据市场信号主动进行本外币资产的调整和组合,人为地割断了货币市场与资本市场的直接联系,使得利率只能通过贸易和境内外资金流动来影响汇率进而影响国际收支,再进而影响国内货币供给和国内经济形势。随着中国经济对外开放程度的不断提高,汇率途径在货币政策传导中日益重要,为了使汇率成为中国货币政策的有效传导途径,应进一步加大汇率制度改革,在保持人民币汇率稳定的前提下,适度扩大汇率的浮动区间;改革强制结售汇制,使中国人民银行在外汇市场上变被动吸纳为主动操作,提高货币政策操作的主动性;强化对资本项目管理,保证货币政策的独立性和汇率稳定。

本章小结

货币政策是国家主要的宏观经济政策之一,货币政策目标确定后,中央银行必须利用自己的特殊地位,选择适当的操作目标和中介目标并运用相应的货币政策工具,对宏观金融进行调节,以保证政策目标的实现,具体体现在操纵货币政策工具、控制操作目标、调节中介目标、最终影响政策目标的过程,这一作用过程就是货币政策的传导机制。

货币政策传导的货币机制观是货币传导机制中的主流观点。它以完善的金融市场结构为基础,从私人经济部门的资产结构调整效应与财富变动效应角度,分析货币政策传导机制。该类传导机制将经济中的所有金融资产简化为无息的货币和有息的"债券"两类。在这种假设下,间接融资和直接融资是完全相同的,MM定理发挥作用,银行部门吸收存款和发放贷款,与其他非银行金融部门的业务没有本质的不同。货币政策的作用是通过影响经济中的货币(银行的负债方)来传导,中央银行通过改变货币供给,影响利率,进而影响总需求。利率是该货币传导机制的核心。

货币政策的信贷渠道传导理论,以金融市场中的信息不对称为分析前提,强调银行信贷与其他金融资产之间的不可替代性。信用传导机制的核心观点是:货币政策在实施调节时,除通过利率机制发挥作用外,还能通过信用机制独立地发挥作用;即使有了发达的金融市场,但有的资金需求者也不能不在融通资金上依赖银行,中央银行扩张或紧缩性货币决策,一般都通过银行借贷渠道和借款者的资产负债表渠道产生调节效应;由于金融市场本身的缺陷及制度性条件的限制,货币政策可以通过影响全社会信用总额和银行贷款总额的方式对投资及经济景气状况施加影响。

在具体的货币传导机制中,根据货币供给影响最终支出的渠道可以分为三类:第一类是通过投资支出渠道起作用;第二类是通过消费支出渠道起作用;第三类是通过国际贸易渠道起作用。

由于各国在经济结构、金融市场发达程度、货币政策工具选择与目标取向等多方面存在差异,各国中央银行货币政策传导机制各具特色。美国的货币政策传导机制经历了由利率调节到货币供应量调节,再到利率调节的演变过程。目前,美国货币政策传导渠道具体包括利率渠道、资产价格渠道以及汇率渠道。英国目前实施通货膨胀目标制,其最主要的货币政策工具是短期官方利率。英国中央银行通过官方利率变动影响市场利率、资产价格和汇率,进而影响英国居民的预期以及实际需求,最终实现既定的通货膨胀目标。中国正处在经济体制改革期,货币政策传导机制不断完善,形成了货币政策的直接传导与间接传导共存、以间接传导为主的货币政策传导机制。从货币政策传导的具体渠道看,信贷渠道是当前中国货币政策传导的主渠道;同时,利率渠道和汇率渠道的作用正逐步增强。

关键词

货币政策传导机制　信贷配给　托宾的 q 理论　银行贷款渠道理论　资产负债表渠道理论　投资支出渠道　信贷渠道　汇率渠道　资产负债表渠道

思考题

1. 简述货币政策传导的一般过程。
2. 阐述货币政策传导的货币机制理论。
3. 比较凯恩斯学派与货币学派的货币政策传导机制理论。
4. 评述托宾的资产价格传导机制。
5. 阐述货币政策传导的信贷机制理论。
6. 分析信贷渠道传导机制的意义。
7. 阐述货币政策传导的消费支出渠道和汇率渠道。
8. 分析当前中国货币政策传导机制的主要渠道。

第十二章 中央银行货币政策效应

> **内容提要**

货币政策效应是指货币政策对经济的影响程度。货币政策能否以及在多大程度上影响经济运行,在经济理论界存在争论和分歧。争论的焦点集中在两个方面:其一,中央银行能否有效地控制货币供给,即货币供给是内生的还是外生的;其二,货币供给量的调整对实际经济(产出和就业等)是否有影响,即货币是中性的还是非中性的。有关这两方面的理论讨论,构成本章的主要内容。

第一节 货币政策对货币供给的影响

关于货币政策能否影响货币供应量,在经济理论界存在争论。争论的焦点是货币供应量是内生的还是外生的。所谓货币供应量是内生变量,是指货币供应量主要是由经济体系中的收入、储蓄、投资、消费等实际经济变量和微观经济主体的行为决定的,中央银行虽然在名义上享有调节货币供应的权力,但外部的信贷需求和货币需求会通过各种渠道迫使中央银行适应货币需求的变化提供货币供给,因此,现实的货币供应量取决于货币需求。所谓货币供应量是外生变量,则是指经济中的其他部门不能对中央银行的货币供给产生干扰,中央银行可以自主地控制现实中的货币供应量,从而现实中的货币供应量取决于货币供给。

货币供给的内生性或外生性问题,是货币理论研究中具有较强政策含义的一个问题。如果认定货币供给是内生变量,那就等于说,货币供给总是要被动地决定于客观经济过程,而货币当局并不能有效地控制其变动,自然,货币政策的调节作用,特别是以货币供给变动为操作指标的调节作用,有很大的局限性。如果肯定地认为货币供给是外生变量,则无异于说,货币当局能够有效地通过对货币供给的调节影响经济进程。

一、货币供给的外生论

凯恩斯与弗里德曼是货币供给外生论的典型代表。

凯恩斯在货币本质问题上是一个固定货币论者。他认为货币是国家意志的产物,货币供给是由中央银行控制的外生变量,它的变化影响经济运行,但自身却不受经济因素制约。首先,货币的供给弹性等于零。货币的供给弹性是指生产货币的人数变化率除以购买货币的人数变化率。凯恩斯认为,这个弹性几乎等于零。因为,无论在商品货币还是管理货币的条件下,货币的供应都是受严格限制的。在商品货币条件下,它的生产受自然力量因素的限制,在绝大多数非产金国里,私人企业即使投入大量的劳动力和设备,货币生产能力的扩大也是微乎其微的,从而货币供应量的增加也微不足道。在管理通货制度下,私人企业所能生产的货币更是等于零,因为货币依靠国家的权力发行,并强制流通。无论货币需求多大,或经济中其他变量的刺激多么强烈,货币供应都不会受其影响而自行变化。因此,排除政府及其金融管理当局的行为后,货币的供给弹性等于零。其次,货币的替代弹性也几乎等于零。货币替代弹性是指当货币的交换价值上涨时,人们抛弃货币而用其他物品替代货币的比率。由于货币本身无效用,其效用来自交换价值,因此,当货币的交换价值越高时,人们便越不愿意用其他商品来替换货币,从而对货币的需求也就越大。既然货币的生产弹性和替换弹性都等于零,那么,货币供给量就是一个完全由政府决定的纯外生变量。

凯恩斯理论盛行后,货币的外生性一直是经济学主流学派的一个基本命题,并得到了货币学派的推崇,一度成为经济学的教条。

货币主义是一个与凯恩斯主义对立的学派。但是,在货币供给完全是外生的这一点上,弗里德曼的理论同凯恩斯的理论没有差别。弗里德曼认为,虽然货币需求函数是稳定的,但是货币供应量却是可以由中央银行自行决定的。这可从货币供给方程推得。货币供给方程中的三个主要因素——基础货币 H、存款准备金比率 D/R 和通货比率 D/C,虽然分别由货币当局的行为、商业银行的行为和公众的行为决定,但其中,中央银行能够直接决定 H,而 H 对于 D/R 和 D/C 有决定性影响。也就是说,货币当局只要控制或变动 H,就必然能在影响 D/R 和 D/C 的同时决定货币供给量的变动。在这种情况下,货币供给无疑是外生变量。他甚至认为,全世界的通货膨胀都只不过是中央银行的错误行为造成的。

极端的外生论者主张货币供给曲线是垂直的,这也是大多数货币经济学教科书对货币供给曲线的假设。主流经济理论都是在外生货币供给理论的基础上展开的。主流经济理论对货币政策的作用方式和效果有不同的判断,但是它们都认定,货币供给是中央银行外生决定的,中央银行通过控制货币供给能够有效地影响经济活动,其影响程度随经济周期的阶段和公众预期的水平而转移,而公众活动仅影响经济过程,却不影响货币供给量。外生的货币供应对于货币政策的重要意义在于,中央银行可以按照自己的意愿控制货币供应量,这是以货币供应量作为中介目标的货币政策操作的理论基础之一。

二、货币供给的内生论

货币供给内生论是在凯恩斯货币供给外生论的基础上逐渐发展起来的。如上所述,凯恩斯认为,货币发行是垄断的,且无替代弹性,因而货币完全由货币当局或政府控制。但是,随着金融市场的发展,许多西方经济学家对货币供给理论有了新的见解,认为中央银行、商业银行、企业和公众乃至金融市场都可能参与货币的创造。

新古典综合派认为,货币供应量主要由银行和企业的行为所决定,而银行和企业的行为又取决于经济体系内的许多变量,中央银行不可能有效地限制银行和企业的支出,更不可能支配它们的行动,因此,货币供应量主要是内生的而不是外生的。其主要论据有:(1) 在存贷关系上,银行的负债是由银行的资产决定的。只要经济体制内有贷款需求,银行就会提供信贷并创造出相应的存款货币和现金,即贷款会增加货币供应量。(2) 金融创新会通过利用闲置资金,加快货币流通速度的办法相对地扩大货币供应量,因此,即使中央银行控制货币供应量,经济系统也会扩大货币总流量。(3) 由于交换媒介具有多样性,企业可以创造出非正规形式的货币进行支付,从而扩大信用总规模。在经济生活中,当企业想增加投资时,融资问题很少会成为真正的约束因素。因为银行信贷不是满足新增投资支出的唯一渠道,企业可以通过发行或交换期票,甚至通过不履行还款义务等方式创造出"非自愿"商业信贷的方式来"支付"投资项目。

后凯恩斯主义经济学家把货币供给的内生性看做货币经济学的主要命题,认为货币的创造起源于经济主体对货币的需求。格利和肖在《金融理论中的货币》一书中讨论了非货币中介体的重要作用,并第一次提出了内生货币的概念,区分了内生货币和外生货币,认为内生货币的发行反映了私人部门内部生产与消费、生产与生产之间发生的金融活动,是与增长、积累和投资等问题联系在一起的,也就是说,货币供给具有内生性。后凯恩斯货币经济学的代表人物西德尼·温特劳布和尼古拉斯·卡尔多于20世纪70年代提出了货币需求创造货币供给的内生货币理论。他们认为,货币的需求通过政府的压力,转换成中央银行的货币供给。这就是说,不是货币供给决定经济运行,而是经济运行决定货币供给。中央银行只能顺应经济运行的要求供给货币,而无法执行自主性货币政策,这就从根本上对货币政策的有效性提出挑战。

温特劳布以其著名的工资定理为基础,提出了一种"内生货币供应模型"。他认为,对于与名义收入增加相联系的任何货币需求的增加,中央银行都将被迫采取增加货币供应的行动,直到使增加了的需求得到充分满足为止。这时,货币政策完全只是在起一种"支撑职能",毫无主动性可言。所以,货币供应还是内生的,而不是外生的。或者说,它在表面上是外生的,但实质上却是内生的。

卡尔多在分析货币问题时,以中央银行充当"最后贷款人"的职能为出发点,得出了与温特劳布类似的结论。按卡尔多的观点,如果中央银行拒绝为提交给它的合法票据贴现,则中央银行就不能履行其作为银行体系最后贷款人的职能。而这一职能对于确保清算银行不致因缺少流动性而丧失偿付能力是极为重要的。正是因为货币当局不能接受银行体系崩溃这一灾难性后果,货币供给就是内生的而不是外生的。它直接随公众对持有现金和银行存款需求的变化而变化,而不可能独立于这种需求去变化。在任何时候,货币存量都将由需求决定。简言之,卡尔多的推论过程是:中央银行迫于政府压力降低利率→投资增加→名义收入水平增加→经济中的交易货币需求增加→中央银行消极地予以满足→货币供给成为内生变量。

极端的内生论者主张货币供给曲线是水平的。上世纪80年代末莫尔(Moor)的研究将内生货币理论进一步推向深化。莫尔在分析信用货币的基础上提出,在经济中占绝对比重的信用货币具有内生本质。信用货币指商业银行发行的各种流通和存款凭证,它们形成于商业银行的贷款发放,而贷款发放则取决于公众对贷款的需求和贷款的期限,信用货币的供给因此不独立于信用货币的需求。尽管信用货币的供给也要受到中央银行货币政策的影响,但是,在中央银行确定的贴现贷款利率水平上,中央银行不能拒绝商业银行的贷款要求,而商业银行的贷款规模又同样为公众的贷款需求所决定,所以,流通中的货币存量最终取决于公众的贷款需求。内生货币是在既定利率水平上,无限满足货币的需求,从而货币供给曲线是水平的。莫尔认为,中央银行可以通过确定再贴现贷款的利率,进行货币政策操作,因此,再贷款的利率是外生的。[①]

内生货币理论在深入探讨经济运行决定货币供给的因素和机制基础上,提出了中央银行只能顺应经济运行的要求供给货币的水平货币供给曲线理论。内生货币理论在一定程度上反映了发达国家20世纪金融创新对货币供给理论的影响。随着各种金融创新工具的不断发展,特别是金融衍生工具和电子货币的发展,中央银行对货币供给的准确控制越加困难,20世纪80年代以来,许多国家放弃对货币供给量的管理,进行了准备金制度改革等,均反映了这一趋势。

第二节 货币政策对经济的影响

一、货币供应量与经济运行关系概述

货币是否能够系统地影响产出等经济变量,或者说货币是否中性,是经济学最古老、最持久、最重要的问题之一。货币中性的基本含义是,货币名义存量的变动只使绝对价格水平及所有的名义值随之作等比例变动,而经济中的真实变量,如实际收入、就业水平及实际利率等不变;反之,货币则是非中性的。外生货

[①] 参见胡海鸥:《货币理论与货币政策》,上海人民出版社2004年版。

币论者肯定中央银行对货币供给的控制能力,但在货币供给量的调整对实际经济是否有影响的问题上,存在严重分歧。

对货币供应量与经济运行关系进行最简洁描述的是总供给—总需求模型。

如图 12-1 所示,在 AD-AS 模型中,纵轴代表物价,横轴代表产出,AS 和 AD 分别是总供给线和总需求线。假定生产成本不变,因此,总供给线 AS 不发生位移。在 E_1 点 AS 和 AD1 相交,总供给与总需求达到均衡。假定在影响总需求线 AD 位移的众多因素中,只有货币供应量发生变化。

当实行扩张性的货币政策时,随货币供应量的增加,总需求线由 AD1 移到 AD2,与总供给线 AS 的交点也由 E_1 移向 E_2,供求均衡点上移,产出和价格也分别上升至 Q_2 和 p_2。货币供应量进一步增加,产出和价格继续上升。但是,产出增长速度开始减慢,价格水平上升速度则开始加快。到达均衡点 E_4 以后,货币供应量继续增加并不能引起实际产出的增加。货币供应量减少对产出和物价上升的影响亦然。如在 E_4 点,中央银行实行紧缩性货币政策,货币供给减少,总需求曲线从 AD4 向左边移动到 AD3。其与总供给曲线的交点由 E_4 向左边移动到 E_3。价格总水平由 p_4 下降到 p_3,产出水平则由 Q_4 减少到 Q_3。可见,随着货币供给的减少,通货膨胀和经济增长都在下降,但开始时经济增长下降速度低于通货膨胀下降速度。随着货币供给的进一步减少,通货膨胀和经济增长都进一步降低,但经济衰退的速度逐步加快,而通货膨胀下降幅度却逐步减少。

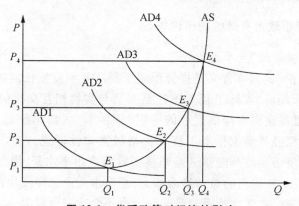

图 12-1 货币政策对经济的影响

由上述分析可知,货币供应量对经济运行确实是有影响的,也就是说,货币政策是有效的。至于货币政策的影响如何,则主要取决于总供给线 AS 的形状。如果总供给线 AS 向右上比较陡峭,增加的货币供应量主要反映在物价上涨上,此时,扩大货币供应量的货币政策对实际产出的影响不大。相反,此时减少货币供应量的货币政策却对抑制物价效果比较好,而对产出的抑制作用并不大。紧缩性的货币政策比较符合实体经济。如果总供给线 AS 向右上比较平坦,那么,扩大货币供应量的货币政策既能实现物价的相对稳定,又能增加实际产出。扩张性的货币政策比较有效,符合客观经济运行的需要。正因为总供给线的形状不同,使得不同的货币政策产生不同的效果,成为关于货币政策是否有效的争论的重要原因。

下面将分析不同学派关于货币政策有效性的争论,从中我们可知各种货币政策无效的观点所暗含的政策含义主要有这样几点:在货币流通速度急剧下降时,运用货币政策是无效的,增加的货币会陷入流动性陷阱;随着金融市场的发展,货币创造日益复杂化,货币供应量内生性增强,使得货币调控和传导面临新的挑战;货币在长期内是中性的,即货币扩张在长期内只会使价格上升,而不会导致诸如产出、就业等实际经济变量的增加;经济的短期波动与货币供应无关,因此,中央银行不必对经济的短期波动作出过于灵敏的反应;货币政策无效论作为货币政策中的特例,并不是经济金融运行中的常态。从实践上看,越来越多国家或地区的中央银行都开始认识到货币政策的局限性。这集中体现在它们对货币政策目标的选择上。目前,许多国家的中央银行放弃了货币政策多元化的目标而转向单一名义目标,主要类型有:货币目标、通胀目标、汇率目标或其他不够明晰的名义目标。这几种类型的名义目标有一些共同的特点,即它们与物价增长都有密切的关系。不仅如此,这样的选择被认为比相机抉择的货币政策具有更广泛的约束力,更易保持货币政策的一致性。

二、关于货币政策有效性的理论争论

(一) 古典学派的"货币面纱论"

"货币面纱论"的基本含义是指货币对于经济并不发生任何实质性的影响。因为,所谓"货币经济"实际上仍然不过是实物与实物相互交换的"实物经济",货币只不过是覆盖在实物经济之上的一层"面纱"。古典学派是货币中性论的首倡者,古典学派经济学家信奉工资和价格极富弹性假说,在这一假说的基础上,整个社会经济活动总是能够迅速调整到自然产出率水平,因此,古典总供给曲线为一垂直线。在垂直的总供给曲线上,总需求无论怎样变化,也不会改变实际收入水平。当然,扩张性货币政策实际上也不会改变总需求。

古典学派的货币中性论推导:假设货币当局增加名义货币供给,导致利率下降,刺激投资,造成过量需求,由于经济活动始终处于充分就业水平,总供给曲线是垂直的,在垂直的总供给曲线上,总需求无论怎样变化,也不会改变收入水平。同时,需求增加造成价格上涨,最初会降低实际工资,这样会造成过量劳动需求,使实际工资又回到原来水平,结果就业和产量水平都不会改变。实际上,扩张性货币政策也不会改变总需求。起初,名义货币供给的增加会使利率降低,但价格上升后,货币供给的实际价值会减少,直至利率回升至初始水平,投资受不到刺激,从而总需求也就不发生变化。所以,在古典学派那里,货币政策的实施除了引起价格水平变化外,对收入、就业、总需求、投资、实际工资、利率等变量都无影响,货币必然是中性的。

(二) 凯恩斯主义者的货币政策"非危机时期的有效论"

凯恩斯从货币供给对利率的影响,以及利率变动对总需求的影响出发,论证了货币政策在危机时期无效,而在非危机时期却在不同程度上有效。

凯恩斯认为,货币的供求决定利率的高低。在货币需求不变的情况下,货币供给的增加势必导致利率的下降,而投资又是利率的函数,在资本的边际效率不变的情况下,利率的下降势必刺激投资,推动总需求和社会产出的增长。货币供给的减少则带来相反的效果。货币的投机需求为利率的函数。由于在经济危机时期,资本的边际效率极低,利率降到很低的程度,债券价格也相应达到顶点。此时,货币的投机需求无穷大,货币供给的增加都将流入这个流动性陷阱。因为利率不会进一步下降,投资和消费都不会相应增加,这就是说,货币供给的增加无助于经济走出萧条。而在经济周期的其他阶段,利率没有降至最低点,债券价格也没有达到最高点,此时增加货币供给将促使利率下降,并将此增加货币供给的相当部分转化为货币的投资需求,从而推动总需求的增长。

凯恩斯的追随者把凯恩斯的这个观点进一步表达在 IS-LM 分析中。如图 12-2,LM 的底部与横轴的平行部分,表明利率已经降至最低限度,此时执行扩张性货币政策,只会使 LM 移向 LM′,但是,因为这两条线的底部重合,表明利率不可能进一步下降,它与 IS 的交点将停留在原来的位置上,国民收入与利率都将保持原来的水平。而在这底部以上的区域,LM′与 IS 的交点比 LM 低,利率下降国民收入增加。这就是说,货币政策在危机时期无效,而在其他时期有效。

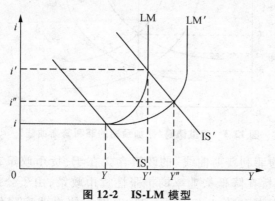

图 12-2　IS-LM 模型

(三) 货币主义者的货币政策"短期非中性长期中性论"

货币主义者认为货币至关重要,货币供给变动必然导致名义国民收入的变动。名义国民收入是由物价水平和实际产出两个因素决定的。在短期内,货币供给的变动既引起物价水平的变动,又引起实际产出的变动;而在长期中,货币供给的变动只会引起物价水平的变动,而不会引起实际产出的变动。这就是货币主义的货币政策"短期非中性长期中性论"。

弗里德曼提出"附加预期的菲利普斯曲线"来阐明货币学派关于货币政策有效性问题的基本观点。弗里德曼在适应性预期、自然率假说和黏性价格的基础上建立了"附加预期的菲利普斯曲线",并首次将菲利普斯曲线区分为长期和短期菲利普斯曲线。弗里德曼认为,短期菲利普斯曲线 SAS 是一条由以下方程决定的向右上方倾斜的曲线:

$$\pi_t = \pi_t^e + b \frac{Q_t - Q^N}{Q^N}, \quad \pi_t^e = f(\pi_{t-1}, \pi_{t-2} \cdots)$$

其中,π_t = 通货膨胀率;π_t^e = 通货膨胀预期;b = 实际产出与潜在产出的缺口对通货膨胀的影响系数,即菲利普斯曲线的斜率。

从短期看,当总需求曲线移动时,如从 AD_1 移动到 AD_2,与短期总供给曲线 SAS1 的交点由 E_1 移到 E_2,带来通货膨胀上升(从 π_1 上升到 π_2)的同时,也刺激了经济的增长(从 Q^N 增长到 Q_t)。但是,由于通货膨胀预期随过去通货膨胀的上升而上升,因而短期菲利普斯曲线从 SAS1 向上移动到 SAS2。通货膨胀由 π_2 上升到 π_3,而经济增长则由 Q_t 退回到 Q^N。因此,长期菲利普斯曲线是一条垂直于自然增长水平 Q^N 的垂线。在此曲线下,总需求曲线的移动只会带来通货膨胀的加剧,而不会对经济增长产生实质性的影响。分析如图 12-3 所示。

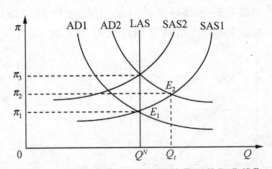

图 12-3 弗里德曼"附加预期的菲利普斯曲线"

"附加预期的菲利普斯曲线"的政策含义在于:货币政策在短期内是有效的,但从长期看,旨在降低失业率的扩张性货币政策,由于公众适应性预期的存在,只能使通货膨胀率一步步地上升,而不能使失业率降低到自然失业率以下。

(四)卢卡斯的货币政策"为预期抵消的有效论"①

以卢卡斯为代表的理性预期学派认为,理性预期使中央银行不能达到预期目标,扩张性政策只会带来通货膨胀而不会带来经济增长,货币政策在短期和长期均是无效的。

理性预期学派假定,人都是理性的经济人,价格具有完全的弹性。人们充分运用其所掌握的知识和信息作出切合未来实际的最佳预测。人们一旦获得新的信息,就会立即调整其预测并采取明智的行动。这种预期偶然也会与实际存在误差,但在平均水平上是与实际相一致的。当中央银行扩张性的货币政策使通货膨胀上升的时候,公众根据正确的预期所预先采取的行动将抵消扩张性货币政策的作用,即被预期到的货币政策是无效的(见图12-4)。因此,在早期凯恩斯主义中存在、货币主义中短期存在的资产调整过程,到理性预期学派则连短期也不存在了,通货膨胀与失业之间没有替代关系,菲利普斯曲线即便在短期中也成了垂线。

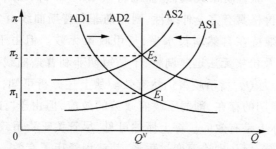

图 12-4 合理预期学派模型:被预期到的货币政策是无效的

(五)新凯恩斯主义的政策有效论

新凯恩斯主义沿袭了凯恩斯主义市场非出清(黏性价格)的假设,并引入了理性预期概念,加强了市场失灵的微观基础的分析。他们以现实中信息的不完全和非对称、价格黏性为假设前提,得出即使公众完全预期到货币政策的变动,价格也不能完全调整,货币政策仍然是有效的结论。

对于菲利普斯曲线的重新阐述是新凯恩斯主义发展与变革的重要方面。新凯恩斯主义认为,由于西方国家采取成本加成定价模型确定商品的价格,因此,工资和价格并非完全是伸缩性的,经济中存在着某些因素妨碍着工资和物价完全随预期价格水平的上升而上升。其中,长期劳资合同是阻碍工资和物价的完全伸缩性的原因之一,工资和价格不能充分响应预期价格水平的变动现象称为"工资—价格黏性"。而高昂的谈判成本也是价格黏性存在的原因。同时,他们

---

① 关于预期是如何确定的,有很多说法。弗里德曼采用的是适应性预期,新古典宏观经济学以及以后的新凯恩斯宏观经济学都采用了理性预期假设。

引入了理性预期,得出的基本结论是,不管预期或非预期的政策对总产出都会产生影响,但非预期的政策对总产出有更大的影响。其分析见图 12-5。

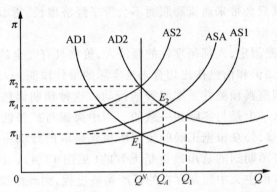

图 12-5　新凯恩斯主义模型:预期与非预期货币政策对经济的影响

当政府采取扩张性货币政策,总需求将从 AD1 移到 AD2,但该政策被公众预期到了。如果价格具有完全伸缩性,则短期菲利普斯曲线由 AS1 左移到 AS2,则产出为 Q^N,仍维持在自然增长水平,货币政策无效。但由于"工资—价格黏性"的影响,工资及价格无法迅速调整,于是短期菲利普斯曲线仅由 AS1 左移到 ASA,则产出扩大为 Q_A,货币政策仍然有效。从上述分析可知,新凯恩斯主义者认为,尽管理性预期的存在,削弱了政府政策的效应,但由于"工资—价格黏性"的存在,政策实际上是有效的。综上所述可见,尽管关于货币政策有效性问题存在较大的理论分歧,但从理论演变过程看,其认识经历了有效—无效—有效的演变;从宏观调控的实践看,尽管随着金融创新工具的迅速发展,货币政策有效调控的难度在增加,但总体上仍不失为宏观调控的重要工具之一。当然,货币政策作用的有效发挥是与各个国家各个时期的宏观经济环境、经济波动的不同阶段、各种政策工具的合理使用和有效性协调分不开的。

（六）合理预期学派的预期货币政策无效论

合理预期学派认为,货币既不像凯恩斯主义者主张的那样完全非中性,又不像货币主义者主张的那样是短期非中性和长期中性,而是完全中性的。由于公众都具有理性预期的能力,货币供给变动的结果会立即被公众预期到,因此,不可能对就业、产出等实际经济变量产生影响,只能影响名义变量。假如,政府宣布增加货币供给量,公众预期到未来物价上涨,并按预期的物价上涨率调整名义工资,以保证实际工资不会因物价的上涨而下降。在这种情况下,厂商不可能增加对劳动力的需求,产出和就业不会增加,只是维持在原来的水平上。如果货币政策按固定规则或常规实施,公众就能掌握关于政策实施及其后果的充分信息,并制定出预防性对策。社会公众在理性预期基础上采取的预防性对策与货币政策实施之间没有任何时滞,使货币政策在实施的当时就失去了效应,所以被预期到的货币政策无效。如果货币政策是临时的和非常规的,公众无法预期,其效果也十分短暂,因为公众会把政策的反常变动纳入自己的预期,结果是公众在上当受骗一次后,使政府反复运用的非常规政策操作从此失效。这样,货币政策无论是在短期还是在长期,无论是规则的还是非常规的,最终都无效。

合理预期学派基于上述分析,对稳定性的货币政策提出了致命的批评,宣称稳定的货币政策是无效的和不必要的。他们认为,当总需求下降时,如果人人都认识到这一点,那么企业和厂商会削减它们的工资和价格,从而使实际货币数量增加,利率下降,直到产出回到原来水平。因而不需要用货币政策或财政政策来抵消任何人都已经知道的总需求下降。如果没有人知道总需求已下降,企业厂商不会立即削减工资和价格,产出和就业会持续下降一段时间,但这时政府也不可能意识到它现在应采取扩张性的政策。假定政府先于社会公众知道总需求已下降,那么政府可以直接把这一信息公布于众,而不必采取扩张性政策。

(七) 温特劳布—卡尔多的货币政策无效论

1. 温特劳布的工资定律与货币政策无效论

温特劳布和卡尔多是近年来西方国家否定货币政策有效性思潮的重要代表。温特劳布从他著名的工资定律出发,提出内生货币供给理论。温特劳布从他的货币内生理论出发,认为物价水平的变化是单位劳动成本改变的结果,货币供给直接与实际产出水平和就业相联系,它与物价水平只有间接的联系。只要货币工资在谈判桌上外生地决定,货币政策对物价就只有间接的影响。除非中央银行完全无视政治当局的权威,即不惜引起实际产出和就业的大量下降,货币政策才能发挥这种影响。排除掉这一点,物价就是工资的函数,而不是货币供给的函数,货币供给只能起一种"支撑作用"。用温特劳布的话来说:"只要物价水平主要由中央银行所不能控制的工资谈判所决定,货币当局就最多只能保证货币的充分供给,以消除妨碍充分就业和增长的金融障碍。货币当局并不拥有控制物价水平的有效手段。"

2. 卡尔多的内生货币论与货币政策无效论

卡尔多的内生货币理论是牢固建立在中央银行"最后贷款人"的职能上。卡尔多认为,中央银行的基本职责是作为最后贷款人,通过贴现窗口,保证金融机构的偿付能力。这就使中央银行坐在自己的炸药箱上,为了防止信贷紧缩导致灾难性的债务紧缩,中央银行除了满足"交易需求"外别无选择。中央银行不能拒绝对"合格票据"的贴现,如果它这样做了,即每天或每周确定一个固定的贴现额度,中央银行就不能履行其为银行体系最后贷款人的职责。而该职责对于保证银行体系的流动性极为重要,因为货币当局不能接受银行体系崩溃这一灾难性的后果。所以,在信贷、货币经济中,货币供给是内生而不是外生的,它直接随公众对现金或银行存款需求的变化而变化,不能独立于这种需求的变化之外。

第三节 货币政策效应分析

一、货币政策效应衡量指标

(一)货币政策效应的含义及其决定因素

所谓货币政策效应,是指货币管理当局推行一定的货币政策后,社会经济运行所作出的现实反应。货币政策效应与货币政策目标的不同之处在于,货币政策目标是一种主观变量,而货币政策效应则是一种客观变量。一般意义上,货币政策目标就制定者的主观愿望而言都是好的,积极的,而货币政策效应则可能是既有好的,又有坏的;既有积极的一面,又有消极的一面。

决定货币政策效应的因素有多种,首先是货币政策目标。货币政策目标一经确定,中央银行就会采取相应的对策去组织实施。在一般情况下,主观上所追求的目标和客观上所达到的效应不会有太大的偏差。其次是货币政策工具。使用不同的工具会达到不同的效果。再次是推行货币政策的时机。同样的货币政策或货币政策工具,在不同的经济环境中推行和使用,所收到的效果会大不一样。此外,影响货币政策效应的还有货币政策的传导机制。

(二)货币政策效应的衡量

衡量货币政策效应,一是看效应发挥的快慢,这个问题前面关于时滞的分析已经涉及。二是看发挥效力的大小,这或许是更主要的方面,也是我们这里重点研究的问题。货币政策的数量效果通常指货币政策效果的强度,即货币政策作用力的大小。由于货币政策的作用过程是相当复杂的,必须经由若干个中间变量的连锁反应才能发生作用。不论使用什么样的货币政策工具,通常是先影响准备金的数量,经由准备金数量的变化导致货币供应数量发生增减变化,进而引起市场利率的波动,然后,通过货币需求的利率弹性和真实资产需求的利率弹性,公众对资产组合进行调整,从而影响投资支出,进而对真实经济的运作产生影响。在现实生活中,宏观经济目标的实现往往有赖于多种政策,如收入政策、价格政策等的配套进行。因此,要准确检验货币政策效果,必须收集数据,建立模型,从事计量经济分析,这是一个很复杂的问题。

货币政策的效果检验一般通过两类指标进行:外部效应指标——检验目标变量对中介变量的反应;内部效应指标——检验中介变量对政策工具操作的反应。

1. 外部效应指标

(1)反映总体社会经济状况的指标。货币政策主要为解决经济增长、就业和国际收支等宏观经济问题。因此,利用一组国民经济发展比例和效益指标,可以考核货币政策对解决宏观经济问题、实现预期经济目标的效果。具体使用的指标主要有:① 国内生产总值(GDP)指数和国民生产总值(GNP)指数。这两个按不变价格编制的总量指数反映了一国在一定时期内的经济增长状况。在考察货币对实际经济过程总体作用方面,各国比较普遍采用的是 M_1 和 M_2 两个层次的货币占国内生产总值的比重指标,这两个指标是判断货币政策调控宏观经济有效性的重要依据。其中,M_2 作为货币形态的金融资产总量,其占名义 GDP 的比重指标,体现着一国的金融深化程度;M_1 占名义 GDP 的比重指标,则反映了货币供应量对实际经济过程的作用程度。② 失业率。失业率在一定程度上可以反映经济增长的潜力。③ 国际收支状况。它反映在一定时期内的对外经济关系和对外经济依存程度,可从国际收支平衡表中看出大致状况。

(2) 反映通货膨胀程度的指标。在不兑现的信用货币制度下,物价水平波动的主要原因在于货币供给过多。过多投放货币,必然引起物价上涨。因此,利用物价水平指标,可以直接考核通货膨胀程度。具体使用的指标主要有:① 国民生产总值平减指数(GNP Deflator),表明以现价计值的构成国民生产总值的商品和劳务价格相对于基期年份的价格变化,是最为综合的价格指数;② 商品零售价格指数,反映不同时期商品零售价格水平变化的程度和趋势,可按全部商品综合编制,也可按各类商品(如粮食、副食品、服装等)分别编制;③ 消费物价指数,反映不同时期城乡居民生活费用水平变化的程度和趋势,一般根据日常生活需要的消费品零售价格和劳务费用支出编制;④ 批发物价指数,反映不同时期商品批发价格水平变化的程度和趋势,可按全部商品综合编制,也可按各类商品(如钢材、燃料、电力等)分别编制。

2. 内部效应指标

(1) 反映货币供给数量及结构变化的指标。货币政策操作变量的调整是否有效,取决于中介变量,主要是货币供应量是否发生相对应的变化。反映货币供给数量及结构变化的指标主要有:① 货币供应量增长率。货币供应量增长率指标是反映在一定时期内货币供应量增量变动情况的相对数指标,包含 M_0、M_1 和 M_2 三个层次。通过不同时期的货币供应量增长率的比较分析,可考核货币政策操作变量对中介变量的实施效果。② 货币供应量结构比率。这主要是指 M_0 占 M_1 的比重和 M_1 占 M_2 的比重。M_0 和 M_1 体现着现实的社会购买力,M_2 还包括了一部分储蓄性质的潜在的或未来的社会购买力。很明显,有效需求过度问题在于现实社会购买力过剩,主要与 M_1 的增长率过高有关。

(2) 反映币值情况的指标。货币供给的数量变化,总是会体现在货币的币值上。如果货币供给过度,引起物价上涨,单位货币所能购买的商品或劳务减少。因此,货币的币值能够通过商品的物价水平变动情况反映出来。反映货币币值变动的指标主要是货币购买力指数。

二、影响货币政策效应的主要因素

(一)货币政策时滞

货币政策时滞指中央银行从制定货币政策到货币政策取得预期效果的时间间隔。中央银行货币政策实施后,如果收效太迟或难以确定何时收效,则政策的有效性就大打折扣。

1. 货币政策时滞的含义和类型

从中央银行对经济活动中的变化有所反应,到货币政策工具的选择,再到货币政策工具对货币政策的操作指标发生作用,再到货币政策操作指标的变化波及货币政策的中介指标,由中介变量的变化再到对货币政策最终目标产生影响,每一个环节都需要占用一定的时间。

一般来说,货币政策效果受到以下四种时间结构滞后的制约:

(1)对经济形势判断的滞后。中央银行依靠数据资料来对当前经济形势作出判断。然而,除了金融市场数据如利率、股票和债券价格外,许多数据资料是不可能被连续得到的,它们只能按月或季度得到。因此,中央银行总是依靠"过时的数据"来作出政策决策。结果,以过时的数据为基础而作出的政策显然不是对当前经济的准确描绘,因而不可避免地会出现误差。在对经济形势判断方面经常困扰中央银行的另一个问题是,中央银行是应该根据初始的(不完全精确的)统计数据迅速行动呢,还是应该等待更好的、更准确的统计数据以后再行动(当然,这时有可能已经错过了采取行动的最佳时间)?

(2)政策设计和实施的滞后。中央银行一旦认识到经济活动中需要采用某种货币政策措施解决矛盾,就要着手拟定政策实施方案,并按规定程序报批,然后才能公布及实施贯彻。这一时间越长,政策的适时性就越会受到损害。这一时滞之所以存在,是因为中央银行根据经济形势研究对策、拟订方案,并对所提方案作可行性论证,最后审定批准,整个制定过程的每一个步骤都需要耗费一定的时间。这部分时滞的长短,取决于中央银行对作为决策依据的各种信息资料的占有程度和对经济、金融形势的分析、判断能力,体现了中央银行决策水平的高低和对金融调控能力的强弱。

(3)经济对货币政策变化的动态反应滞后。货币当局将选定的政策付诸实施后,经济需要一些时间才能完全吸收政策的变动。对中央银行来说,重要的是经济的调整过程需要多长的时间?在调整过程中,经济对政策变动的反应有多少是可以预见的?不同的经济学流派对此有不同的看法。货币主义认为,经济对货币政策变动的动态反应是一个长期可变的滞后过程;凯恩斯主义认为,短期反应是相当可预测的;当前的一些经济理论则认为,经济对货币政策的反应依赖于货币政策变动的方式以及新政策是否被预期到。

(4) 价格的缓慢调整滞后。大多数凯恩斯主义者和货币主义者都同意如下观点:一旦中央银行改变名义货币供给,经济中的所有其他名义变量都要花时间来调整。即,对名义变量而言,存在着一定的"黏性",这导致实际变量在整个调整期内波动。

2. 时滞对货币政策效应的影响

时滞的存在,常常使货币政策预期效应发生较大的偏差,当这种偏差越来越成为各国中央银行货币政策制定与执行中的普遍现象时,引起了经济学家的高度关注。经济学家通过对货币政策时滞与货币政策效应之间关系的分析,得出货币政策具有局限性的结论。货币政策时滞主要从时滞的长短和时滞分布是否均匀两方面影响货币政策效应。

(1) 时滞的长短。如果货币政策对经济的影响能很快地表现出来,那么货币当局就有可能根据期初的预测值,考察政策生效的状况,并对政策的取向和力度作必要的调整,以便使政策能够更好地实现预期目标。如果政策效应要在很长的时间,比如两年后产生,而在这两年内,经济形势会发生很大变化,这样就很难证明货币政策预期效应是否存在。

(2) 时滞分布。货币政策的时滞不仅会分布在不同的变量和作用对象身上,而且分布在不同变量和对象身上的时滞长度也不一样。例如,货币政策对存货投资的效应时滞和对固定资产投资的效应时滞存在时滞差异,紧缩性政策和扩张性政策也存在时滞差异,等等。如果时滞分布均匀,货币政策有效性不会受到影响。因为只要时滞有一个确定的范围,中央银行便能根据预期落后的时差,预先采取影响将来某一时期经济情况的货币政策。但若货币政策时滞分布不均匀,有很大的变异性,时滞不能预测,很可能使货币政策在错误的时间发生作用,使经济形势更加复杂。例如,当中央银行无法预测时滞时,很可能在经济衰退时制定扩张政策,当名义收入已经超过预定指标时才产生提高收入的效果,而当中央银行改弦易辙采取新政策时,其效果可能再次在不适当的时候集中表现出来。这样,中央银行反经济周期的货币政策不仅会失去其有效性,而且会扩大经济周期的波动幅度。因此,中央银行在把握时滞的长度时,必须对时滞的分布状况加以统计分析和必要的计量研究。

3. 货币政策时滞的实证分析

弗里德曼经过大量的实证研究认为,从货币增长率的变化到名义收入的变化需要6—9个月的时间,对物价产生影响要在此后6—9个月,而索洛和托宾等人认为时差不过6—10个月。美国的研究表明,企业任何一个投资计划都需要在一定时间后才能够开始生效。住房投资一般需要6个月—1年的时间才能对利率的变化作出有力的反应,至于那些包括建设新厂房和订购专门设备的投资计划,可能需要花上几年的时间。因此,货币政策对 GNP 的影响的最高点,一般要经过 1—2 年的滞后才能达到。然而,衰退对经济的打击往往是出人意料地发生的,货币当局也是在经济衰退到最糟的境地之前的几个月才反应过来。当然,货币当局可以迅速调整政策,采取行动力图扭转衰退的趋势。但是,货币政策的滞后效应使刺激经济的影响要到衰退最严重的阶段过去后才达到最高点。如果衰退是短暂的,跟随着的是活跃的复苏,货币政策扩张的刺激将会在最不需要它的时候发挥最猛烈的作用。鉴于这样的分析,许多西方经济学家认为,即使实际 GNP 远比潜在 GNP 的水平低,也不一定需要实施扩张的货币政策。

(二) 经济主体合理预期的抵消作用

所谓合理预期是指人们在充分掌握了一切可以利用的信息后,对经济形势作出较准确的预期。合理预期会削弱以至抵消货币政策的效果。其理由主要有:

1. 当一项货币政策出台时,各经济主体会迅速根据所获得的各种信息预测政策的后果,并很快作出对策,极少有时滞。货币当局推出的政策面对各经济主体广泛采取抵消政策作用的对策,货币政策可能归于无效。比如,政府拟采取长期的扩张政策,企业家会从各种渠道获悉社会总需求将要增加,由于相信扩张政策的推行会使需求大量持久地增加下去,因此,人们只是及时提高价格而不增加产量。同时,由于各阶层都有自己的预期看法,并采取预防性措施,结果是利率、租金、价格、名义工资等都会增加,从而把预期的损失包括进去。当扩张政策导致通货膨胀时,经济主体的合理预期便起到加速通货膨胀的作用。当紧缩的货币政策削减需求总量时,最初的效果则是产量下降,而通货膨胀不会及时受到抑制。只有当生产显著减缩,失业不断增加时,通货膨胀才开始下降。企业家对紧缩政策后果的预期,会进一步推动产量的下降和失业的增加。

2. 货币政策取向和操作力度透明度的提高,使经济主体准确预测政策效果成为可能。如果各经济主体无法准确预测货币政策的走势和操作力度,货币政策或许能生效,但这样的可能性不大。因为公众对经济生活的接触是直接的,多层次的,掌握信息的渠道很多,况且,货币政策的实施本身就需要社会各界的理解和支持,不可能长期不让各界知道。否则,会使经济陷入混乱之中。

(三) 其他经济政治因素的影响

影响货币政策效应的其他经济和政治因素,概括起来主要有以下方面:

1. 经济形势的意外变化。在一项货币政策的执行过程中,如果经济形势由于不可抗拒的因素发生始料不及的变化,而货币政策无法作出相应调整时,很可能使货币政策效果下降或失效。

2. 经济增长中的瓶颈制约因素使扩张性的货币政策无法奏效。在经济增长过程中,由于各部门的发展不均衡,生产领域中出现了生产要素结构性短缺,这时即使货币、资金的供给是充足的,也很难实现实际经济增长的预期目标,使扩张的政策目标难以实现。

3. 在产业部门存在开工率不足、经济效益下滑的情况下,紧缩性的货币政策在紧缩需求的同时,会使供给减少,从而使调节供求的政策目标难以实现。

4. 各种政治因素的影响。如主要由大选引起的政治性经济周期的影响等。

本章小结

货币政策效应是指中央银行制定和实施货币政策后,社会经济领域所作出的现实反应。

关于货币政策有效性的分歧,首先是关于货币政策能否影响货币供应量。主张货币政策不能影响货币供应量的称为内生论。内生论认为,货币供应量主要是由经济体系中的收入、储蓄、投资、消费等实际经济变量和微观经济主体的行为决定的,中央银行虽然在名义上享有调节货币供应的权力,但外部的信贷需求和货币需求会通过各种渠道迫使中央银行适应货币需求的变化,因此,现实的货币供应量取决于货币需求。主张货币政策能影响货币供应量的称为外生论,外生论则认为,经济中的其他部门不能对中央银行的货币供给产生干扰,中央银行可以自主地控制现实中的货币供应量,从而现实中的货币供应量取决于货币供给。

其次是关于货币政策能否影响产出等经济变量。根据货币政策能否对产出等经济变量产生影响,有货币中性论和货币非中性论之争。货币中性论是指货币名义存量的变动只使绝对价格水平及所有的名义值随之作等比例变动,而经济中的真实变量,如实际收入、就业水平及实际利率等不变;反之,货币则是非中性的。不同学派关于货币政策有效性的争论有:货币面纱论、非危机时期的有效论、短期非中性长期中性论、为预期抵消的有效论、新凯恩斯主义的政策有效论。

影响货币政策效应的因素很多,货币政策时滞、经济主体预期等均对货币政策有效性产生影响。货币政策时滞指中央银行从制定货币政策到货币政策取得预期效果的时间间隔。时滞的存在,常常使货币政策预期效应发生较大的偏差。货币政策时滞主要从时滞的长短和时滞分布是否均匀两方面影响货币政策效应。经济主体合理预期也会对货币政策有效性产生抵消作用。因为人们在充分掌握了一切可以利用的信息后,对经济形势作出较准确的预期从而削弱以至抵消货币政策的效果。

关键词

货币外生论　货币内生论　货币中性论　货币非中性论　货币政策时滞

思考题

1. 简述货币外生论。
2. 简述温特劳布和卡尔多内生货币理论。
3. 评述莫尔的内生货币理论。
4. 阐述关于货币政策有效性的理论争论。
5. 简述货币政策时滞的产生原因。
6. 结合我国中央银行的实际,分析货币政策的时滞及对中央银行货币政策效果的影响。

第四篇 中央银行与金融监管

第十三章 金融监管概述

> **内容提要**

金融市场的健康发展以及金融机构的稳健经营对于国民经济发展起着至关重要的作用,而金融市场的稳定有赖于完善的金融监管体系和高效的监管措施。随着经济全球化的全面深入,金融市场日新月异的发展变化深刻影响着全球市场,金融市场的波动与风险也使人们越发认识到金融监管的重要性。本章首先介绍了金融监管的具体含义,并从金融市场本身特点和金融市场特殊地位两个角度详细阐释了金融监管的必要性,介绍了金融监管的目标、原则、和具体的方法、内容。在此基础上,对当前主要的金融监管体制进行了介绍与比较分析。

第一节 金融监管及其必要性

一、金融监管的含义

金融监管(Supervise and Regulate)是金融监督和金融管理的总称。

金融监督是指金融管理当局对金融市场运行状况进行系统、及时的信息搜集和处理,以维护市场秩序和防范市场风险,并对金融机构实施全面而经常性的检查和督促,以维持金融机构的合法、安全、稳健经营。

金融管理是指金融管理当局依法对金融市场进行管理,包括市场体系的构建、市场规则的制定和对市场违规行为的处罚等,同时对金融机构及其经营活动实行领导、组织、协调和控制等。金融监管有狭义和广义之分:狭义的金融监管是指中央银行或其他金融监管当局依法对整个金融业(包括金融机构和金融业务)实施的监督管理。广义的金融监管除包括以上内容外,还包括了金融机构的内部控制和稽核、同业自律性组织的监管、社会中介组织的监管等。本章的金融监管采用狭义定义。

二、金融监管的必要性

(一)内在原因:金融市场存在市场失灵

金融监管作为政府管制的组成部分,其实施的必要性首先在于金融市场本身的市场失灵(Market Failure)。基于新古典微观经济学的市场失灵理论与信经济学理论分析,实施金融监管是监管当局为维护公众利益,对市场运行过程中不适合或低效率的"失灵"所作出的必要反应。造成金融市场"失灵"的原因主要有四种:不完全竞争、信息不对称、外部效应和公共产品。

1. 不完全竞争

不完全竞争(Imperfect Competition)是相对于完全竞争而言的,即无法满足完全竞争条件的市场均属不完全竞争。不完全竞争市场主要包括:完全垄断(Perfect Monopoly)、寡头垄断(Oligopoly)、垄断竞争(Monopolistic Competition)。金融市场上的不完全竞争表现为垄断以及不正当竞争行为。

金融市场同时存在着自然垄断和人为垄断。首先,由于金融业存在规模经济效应,金融机构为获得规模经济所带来的平均成本降低、利润提高等好处,不断扩大自身规模和市场份额,从而具备了形成自然垄断的可能。例如,随着银行规模的扩大,分支机构的增加,银行将为其客户提供更为便捷、安全的服务,从而凭借客户规模的扩大进一步促进自身发展。另外,随着金融机构规模的不断扩大和实力的持续壮大,金融机构将可能利用其优势地位,采取不正当的竞争手段挤出同业竞争者和潜在的进入者。例如,银行可能为留住重要客户而向其发放不正常的"关系贷款",为争夺存款资金而凭借非正常竞争手段,甚至僭越法律法规的手段吸收存款。

不完全市场的存在使得金融市场无法使资源配置达到帕累托最优,而激烈的垄断竞争可能造成金融市场秩序的混乱,甚至进一步危及实体经济的健康发展。因此,需要借助金融监管规范市场秩序,适当干预市场主体的竞争行为。

2. 负外部效应

外部效应(Externality)也称外部性,根据萨穆尔森和诺德豪斯的定义,外部性是指那些生产或消费对其他团体强征了不可补偿的成本或给予了无须补偿的收益的情形。因此,负外部性是指一方的行为对另一方造成了损失,却不需要对损失方进行补偿。金融市场的负外部性主要指金融市场对市场以外的领域或个人造成的额外成本,即金融行业的私人成本小于社会成本的现象。

首先,高杠杆率经营方式使金融机构凭借相对较少的自有资金获取更大收益,使得其本身所承担的风险远远小于全行业乃至整个经济体承担的风险。以商业银行为例,依赖于部分准备金制度,银行自有资本一般情况下仅占其总资本的10%以下,银行贷放的资金来源主要为储户存款。一旦银行发生经营困难甚至破产,不仅导致其所有者蒙受巨大损失,而且还使存款人财产受到损失,更为严重的是,损失风险将通过支付清算系统殃及其他银行,甚至危及实体经济的稳定。其次,金融机构的紧密联系使得市场风险具有传染性。金融行业之间存在着错综复杂的资金关系,单个金融机构的风险极易在业内蔓延,并影响投资者的市场信心,从而影响整个金融市场和实体经济。2008年金融危机最初是由美国次贷危机引发,美国房地产次级贷款的证券化产品偿付问题殃及投资银行业、保险业等,最终给实体经济带来巨大冲击,金融市场的负外部性可见一斑。

由于现实很难满足科斯定理的假设条件,因此,外部性无法通过市场主体自身的交易协商解决,需要借助政府干预进行调节,所以,有必要通过金融监管降低金融市场负外部性对实体经济的不利影响。

3. 信息不完全

所谓信息不完全(Incomplete Information)是指市场参与者不拥有某种经济环境的全部知识,从而无法作出理性决策。金融市场的信息不完全主要表现在信息不对称。

信息不对称普遍存在于保险市场、证券市场和银行业。以商业银行为例:首先,存款人、银行之间的信息不对称表现为,银行信息披露的及时性和真实与否直接影响着存款人对银行经营状况及其存款的安全性、流动性、收益性的理性判断。由于信息获取在日渐开放的金融市场仍然存在成本,且需要存款人具备一定的专业知识,因此,银行处于信息优势一方,从而存在利用信息优势获取不当收益的可能。存款人与银行的信息不对称发展至极端情况可能引发大批银行的挤兑风潮。因此,为避免存款人由于对银行的不信任而引发的挤兑,需要金融监管当局引导金融机构进行及时的信息披露,并保证信息的真实性,从而降低存款人的信息获取成本。其次,银行、借款人之间的信息不对称表现为借款人存在隐瞒其真实情况以顺利获取贷款的动机,因此,银行处于信息劣势,无法对借款人的信用状况和风险状况作出理性的评估,从而存在坏账风险。过高的坏账率将危及银行的经营,一方面给金融市场带来隐患,另一方面也催生了银行的信贷配给制度,使得资源配置效率进一步降低。因此,为优化效率,降低银行经营风险,采取适当的金融监管措施是极为必要的。

当代金融市场的信息不对称还体现在大量的金融衍生产品采用日趋复杂的设计和定价模型,使众多缺乏专业知识的投资者无法作出合乎自身情况的投资标的选择,也为金融机构提供了误导金融消费者的空间。这一严重的信息不对称已经给金融系统造成了灾难性的后果。针对这一情况,2009年美国出台《个人消费者金融保护署法案》,试图避免金融机构利用消费者非理性行为向其推广有违消费者最佳利益的金融产品或服务。

4. 公共产品

公共产品(Public Goods)是指具有消费或使用上的非竞争性和受益上的非排他性的产品。公共产品可分为纯公共产品和准公共产品。纯公共产品兼具非竞争性和非排他性,而准公共产品则具备其中一个特点。金融监管具有准公共产品的特性,例如,金融市场的良好和优质服务运行为企业和个人的投融资行为和获得便利的金融服务提供了良好的市场平台,而享受这一服务并不具有竞争性,开放金融市场所提供的市场信息可以为投资者共享,不具有排他性。金融市场监管的公共产品特性使"搭便车"行为成为可能,如,金融消费者缺乏监督金融机构稳健经营的积极性和专业能力,金融企业缺乏向市场提供相应信息的主动性。因此,由金融监管介入金融市场,担负起维护市场秩序、促进信息公开的职能,具有极大的必要性。

综上,由于存在市场失灵,必须建立和完善金融监管体系,促进市场公平竞争和信息公开,提高市场效率。

(二) 外在原因:金融市场的地位和特性

金融市场的重要地位和其不稳定、高风险的特性是金融监管的外部原因,因此,金融监管是维护金融系统安全和经济平稳发展的必然要求。

1. 金融市场的重要地位

金融是现代经济的核心,现代经济是建立在货币与信用基础上的金融经济。借助金融市场高效的货币筹集、货币创造和投资输出,现代经济以前所未有的速度运转。而金融机构所提供的多样化、创新性金融服务也为实体经济的蓬勃发展提供了有利条件。2008年爆发的全球金融危机充分向世界证明了金融市场的稳定与发展对于实体经济运行的基础性意义。因此,基于金融市场在现代经济体系中的重要地位,对金融市场进行监管,从而维护金融体系的效率与稳定,对现代经济稳定与可持续发展具有重要意义。

2. 金融市场的不稳定性

首先,金融市场的不稳定性本质上由其自身特点所决定,信息不对称使得金融机构存在巨大的风险,而负外部性将金融市场的风险扩大至整个经济体系,但作为公共产品,金融市场又不可避免地存在"搭便车"的现象。市场失灵是导致金融市场不稳定的根本原因。

其次,现代金融的证券化趋势和高风险金融创新在一定程度上增加了金融市场的不稳定性。2008年全球金融危机便是由房屋贷款证券化产品发生资金链断裂,最终危机由信贷市场扩散至保险、证券市场直至引发全球性金融危机。

因此,为减轻市场失灵对金融市场稳定发展的干扰,规范金融机构经营活动,维护经济体系的健康运转,需要加强对金融市场的监管力度。

3. 金融市场的高风险性

金融机构的特殊经营方式也造成金融市场的高风险性。与一般企业不同,金融机构凭借其高杠杆率获得巨额收益。以银行为例,部分准备金制度使得银行可以凭借高达90%的负债率维持日常运营。然而,一旦出现大额提款需求,若银行的现金储备不足以应对,银行便存在破产风险。单个银行的支付危机很可能引发全行业的信任危机,并发展为多家银行同时出现挤兑风潮,甚至引发金融系统的崩溃。同时,部分准备制和银行的信用创造致使整个金融体系面临巨大的支付风险,任何存款人怀疑某一商业银行无力兑现的事件都可能通过金融体系环环相扣的支付链条传导至其他金融机构,导致支付系统瘫痪甚至崩溃,从而引发大面积甚至全面的金融支付危机和市场信心动摇。因此,必须加强金融监管,保证金融机构的文件和安全经营,避免由单个金融机构经营不善所引发的金融危机。

三、金融监管可能存在的负面影响

过度保护金融机构的监管措施可能导致道德风险。

道德风险(Moral Hazard)一词来源于保险业,是指参与合同的一方所面临的对方可能改变行为而损害到本方利益的风险。金融监管可能诱发的道德风险在于,监管方针对金融机构实施了一系列维护其安全的监管措施,这些措施一方面维护了金融机构的安全,但同时也为金融系统的高风险经营模式提供了隐性担保。

以银行存款保险制度为例,所谓存款保险制度(Deposit Insurance System)是一种金融保障制度,是指由符合条件的各类存款性金融机构集中起来建立一个保险机构,各存款机构作为投保人按一定存款比例缴纳保险费,建立存款保险准备金,当成员机构发生经营危机或面临破产倒闭时,存款保险机构向其提供财务救助或直接向存款人支付部分或全部存款,从而保护存款人利益,维护银行信用,稳定金融秩序的一种制度。存款保险制度最大的弊端在于可能诱发道德风险。首先,由于该制度可为存款提供安全保障,从而降低了存款人考察银行经营状况和其存款安全性的风险意识。在利率市场化的情况下,可能导致存款人为获得高额利息而把存款集中于风险较高的银行,根据风险收益正比的金融规律,存款人的这一行为将使经营状况良好、风险较小的银行被挤出信贷市场,从而进一步增加了市场风险。另外,存款保险制度还可能弱化商业银行的风险约束机制,考虑到存款保险的救助,银行存在为追逐利润而铤而走险的可能性,因此,存款保险制度可能变相鼓励了银行的投机行为。

道德风险的存在破坏了金融市场收益与风险的平衡,鼓励了银行的投机行为,一定程度上损害了金融市场的效率。

第二节 金融监管的目标与原则

一、金融监管的目标

金融监管的目标是监管当局实施监管行为所要实现的效果以及制定具体金融监管制度、措施的指导和依据。金融监管目标可分为针对整个金融市场的总体目标和针对特殊行业的具体目标。

（一）金融监管的总体目标

金融监管的总体目标主要有以下四个：一是维持金融机构的正常经营活动和金融体系的安全；二是保护存款人、投资者和其他社会公众的利益；三是创造公平的竞争环境，促进金融业在竞争的基础上提高效率；四是确保金融机构的经营活动与中央银行的货币政策目标保持一致。

金融监管的总体目标充分体现金融监管旨在弥补金融市场失灵、提高资源配置效率等方面发挥作用。具体而言，总体目标基于金融市场的负外部性和金融监管公共产品特征，提出在保证金融机构正常经营的基础上，保证金融体系的安全，从而有效防范单个或几个金融机构经营危机所引发的整个金融系统风险；总体目标二根据金融市场上存在的信息不对称而提出，旨在保护处于信息弱势地位的普通金融消费者和投资者，通过推动信息公开、普及金融知识、开展投资者教育等措施实现金融监管目标；总体目标三依据金融市场存在的寡头垄断甚至完全垄断等妨碍市场竞争的现象提出，旨在营造良好的市场竞争氛围，使金融机构在良性的公平竞争中不断发展，并提高其风险控制能力，维持金融市场的稳定；总体目标四强调了金融市场在政府宏观调控中起到的作用，借助金融监管引导金融市场服务于政府宏观调控目标，旨在以金融市场的稳定与发展促进经济、社会平稳发展。

（二）银行业监管目标

就银行业监管而言，由于银行的服务对象是社会公众，关系到整个金融系统的安全性，因此，银行业监管的根本宗旨是确保银行服务满足公众需要。围绕该宗旨，银行业监管目标主要涵盖以下三个方面：第一，确保可持续的银行服务体系；第二，提高银行服务在公众中的普及度；第三，保护存款人、普通消费者利益。

2006年《银行业监督管理办法》第3条规定："银行业监督管理的目标是促进银行业的合法、稳健运行，维护公众对银行业的信心。"随着中国金融市场的不断开放和发展，中国银行业在飞速发展的同时也面临着国际市场的竞争与风险。中国银监会在银行业监督管理方面的职能也随之不断明确、细化。银监会在已有法定监管目标的基础上，结合国外银行业监管经验，提出了我国银行业监管的四个具体目标：第一，通过审慎有效的监管，保护广大存款人和消费者的利益；第二，通过审慎有效的监管，增进市场信心；第三，通过宣传教育工作和相关信息披露，增进公众对现代金融产品、服务和相应风险的识别和了解；第四，努力减少金融犯罪，维护金融稳定。

银行业监管目标在服从于金融监管总体目标的同时充分考虑到商业银行在金融体系和经济体系中的重要作用。相对于总体目标而言，银行业具体监管目标更具有针对性和可操作性，并可以依据行业发展状况进行及时的修订和调整，具备一定的灵活性。

二、金融监管的原则

金融监管的原则是金融监管操作的基本规范,是监管当局进行有效监管的必要条件。在银行业监管方面,2006年10月,巴塞尔银行监管委员会颁布了新版《有效银行监管核心原则》(以下简称《核心原则》)。新版《核心原则》在1997年版的基础上,结合近十年的实践经验和监管探索,进行了一系列的修订。《核心原则》作为各国金融监管当局对银行业进行监督的基本指导原则,贯穿和渗透于金融监管体系之中,已成为各国评估本国监管体系质量和明确未来工作要求的标杆。

（一）监管主体独立性原则

保持监管主体的独立性,对于树立监管当局威信,促进监管主体运用其专业知识和独立地位,高效地制定有力的监管措施具有重要意义。只有具备独立地位的监管主体,才能维持其监管措施的公正性和中立性,既维持金融系统的安全运转和金融机构的正常经营,又保护公众的一般利益。监管主体的独立性和政策空间对于其制定措施的可行性和执行力也具有至关重要的决定意义。

监管主体的独立性具体体现为监管机构与监管人员的独立性、监管工具的选择和监管目标确定的独立性、承担问责的独立性。在银行业监管方面,《核心原则》指出:"有效的银行监管体系要求每个银行监管机构都有明确的责任和目标。每个监管机构都应具备操作上的独立性、透明的程序、良好的治理结构和充足的资源,并就履行职责情况接受问责。"

（二）依法监管原则

在银行业监管方面,《核心原则》强调:"适当的银行监管法律框架十分必要,其内容包括对设立银行的审批、要求银行遵守法律、安全和稳健合规经营的权力和监管人员的法律保护。"依法监管原则体现了金融监管的严肃性、强制性、一贯性和权威性。同时,也要求金融监管当局严格依照法律实施其监管行为,从而强调维持监管主体的公正性和严谨性,通过完善的法律法规加强监管主体自身的规制和管理,在惩戒和打击寻租行为的同时规范监管主体的监管行为。金融监管的依法监管原则不仅强调监管主体行为的依法原则,更突出了法律对监管主体的制约和指导作用。

后金融危机时代,为应对金融创新所带来的未知风险,降低金融市场波动的负外部性,各国纷纷针对金融监管制定了相应的法律法规,其目的就在于通过完善法律、制度环境,在加强和规范金融监管的同时,为金融市场的健康发展奠定坚实基础。

(三) 内控和外控相结合原则

所谓"内控",是指金融市场主体通过规范自身经营活动、提高自身竞争实力和抗风险能力等行为加强自我约束,即自律。内部控制的目的在于,确保金融机构的谨慎经营,以保护和增加以董事会为代表的投资者和所有者的权益。其内容涵盖金融主体内部的组织结构、经营活动、权责关系、会计核算和内部审计、贯彻"双人原则"等方面。所谓"外控",是指金融监管当局和市场竞争秩序对金融机构的外部约束。外部监管主要包括市场准入、风险稽核、信息公开、规定银行业务范围等方面。

在银行业监管方面,《核心原则》对内控和外控有着详细的规定,同时也强调内控与外控的密切结合。例如,在市场准入方面,原则三要求:"发照机关必须有权制定发招标准,有权拒绝一切不符合标准的申请。发照程序至少应包括审查银行及其所在集团的所有权结构和治理情况、董事会成员和高级管理层的资格、银行的战略和经营计划、内部控制和风险管理,以及包括资本金规模在内的预计财务状况。"由此可知,原则三不仅要求监管当局对银行市场进入申请进行严格的审批,同时该原则也要求银行自身加强自律,以符合监管当局的审批要求。此外,在重大收购、大笔所有权转让和风险管理方面,《核心原则》也强调了内控与外控相结合原则在规范银行业经营中发挥的作用。

(四) 稳健运行与风险预防原则

稳健运行是保障金融系统安全,预防金融风险的前提,风险预防是实现金融系统和金融机构稳健运行的有力保障,两者互相促进,紧密联系。金融监管的主要目的就在于通过系统性的风险预防措施,维持金融市场的稳健运行,从而促进金融系统对整个经济发挥更大的服务和支持作用,推动社会经济的全面进步。

在银行业监管方面,《核心原则》强调了金融系统稳定运行的重要性,如原则五规定:"银行监管当局有权根据指定的标准审查银行大笔的收购或投资,其中包括跨境设立机构,确保其附属机构或组织结构不会带来过高的风险。"在风险管理程序方面,《核心原则》在资本充足率,风险管理程序,信用风险,有问题资产、准备和储备,大额风险暴露限额,对关联方的风险暴露,市场风险,流动性风险,操作风险等多个方面均对监管当局提出了一定的要求。足见《核心原则》对风险预防的重视。

(五) 母国与东道国共同监管原则

随着经济一体化的不断深化和跨国金融集团的发展壮大,金融系统的影响范围遍及全球,使得重要区域市场的波动也迅速地传导至全球市场,并通过影响市场信心和投资预期而左右全球市场走势。因此,金融监管要求金融机构母国与其业务开展所在的东道国协同合作,共同监管。

在银行业监管方面,《核心原则》原则二十五规定:"在母国和东道国的关系方面,跨境业务的并表监管需要母国银行监管当局与其他有关监管当局,特别是东道国监管当局之间进行合作及交换信息。银行监管当局必须要求外国银行按照国内银行的同等标准从事本地业务。"原则二十五明确地提出了在金融监管过程中银行业监管当局通力合作,按照统一的监管标准加强跨国银行监管,同时强调了信息交换的重要性。

第三节 金融监管的内容与方法

一、金融监管的内容

金融监管涵盖了市场准入监管、市场运作过程的监管和市场退出的监管三个方面内容,贯穿于金融机构的设立、经营、退出的全过程。

（一）市场准入的监管

市场准入监管是指监管部门对金融机构进入市场、经营金融产品、提供金融服务等一系列进入金融市场活动依法进行审核和批准,是各国金融监管的基础性环节。其目的在于从源头上过滤不合格金融机构,杜绝其威胁金融市场安全和发展,避免资源浪费和不合理配置。

金融机构进入市场总体而言应该满足两个条件:

首先,该金融机构应有进入市场的必要性。金融机构进入金融市场,应审核该金融机构的业务范围和战略定位是否符合金融业以及整个经济体系发展的需要,是否遵循了金融业服务于实体经济的市场和政策导向,是否遵循金融市场自身发展规律。鼓励合格金融机构进入市场的用意在于,防止垄断和不正当竞争的滋生,从而形成公平、合理的市场竞争格局。

另外,该金融机构还应有进入市场的可能性。所谓可能性,就是指金融机构持续经营,实现盈利和提供优质金融服务、金融产品的能力。该条件要求市场准入监管具有一定的预见性,即通过审核申请进入市场金融机构的资本充足状况、主营业务、机构的治理结构设计、高级管理人员能力等方面,对金融机构未来持续经营能力进行合理评估和预测。

（二）市场运作过程的监管

金融机构进入市场正式运营之后将面临来自整个金融市场的风险和同业竞争的威胁,其风险敞口相对进入之初也将不断增大。因此,市场运作过程的监管作为监管当局实时监控金融机构运营和风险控制的重要举措,在整个监管体系中尤为重要。对于不同的金融机构而言,由于业务范围和自身经营特点的迥异,市场运作过程的监管也呈现出不同的内容。例如,对于商业银行而言,市场运作过程监管包括资本充足率监管、流动性监管、业务范围监管、贷款风险控制、外汇风险管理、准备金管理等方面。

(三) 市场退出的监管

市场退出监管是指金融监管当局对金融机构退出、破产倒闭或合(兼)并、变更等实施监管,也包括对违规金融机构终止经营的监管。市场退出监管与市场准入监管相对应而存在,体现了监管当局对金融机构经营风险监管的全局性和完整性。金融机构的退出直接影响到投资人和金融机构所有人、关联机构乃至整个金融市场的利益,因此,有必要引入监管当局,以维持市场退出过程的公平、合法,从而降低金融机构退出市场的社会成本。同时,建立完善的市场退出机制,也有利于促进金融市场的竞争淘汰,优化资源配置,提高经济效益。

金融机构主要有两种市场退出形式——自愿退出和强制退出。自愿退出是指金融机构根据其章程或股东大会决议,经中国人民银行批准,自行终止其金融业务,注销其法人资格的行为,具体可采用自行解散、吸收合并、分立等形式。强制退出是指金融监管当局发布行政命令关闭金融机构的行为,或司法机关根据相关法律规定作出裁定宣告金融机构破产的行为。

金融机构主要由以下市场退出方式:

1. 解散。金融机构解散属于自愿退出的范畴,是指已成立的金融机构因其章程或者法律规定事由的发生丧失经营能力,经批准登记注销后,金融机构组织消灭的法律行为。

2. 破产。破产是金融机构市场退出的司法程序。金融机构无法支付到期债务时,该机构和其债权人均可向司法机关提出破产申请,由司法机关作出裁定,对金融机构的财产进行清算并对其剩余财产实行强制分配。

3. 撤销和关闭。撤销和关闭属于强制退出范畴,是指金融机构市场退出的行政程序。撤销是中国人民银行以金融机构违反法律规定、不能支付到期债务为由,强制吊销金融机构的经营金融业务资格,并通过行政程序对金融机构进行行政清算的过程。

金融机构的撤销不同于自行解散和破产。首先,撤销是由监管金融机构所作出的行政决定,适用于经救助后仍无法恢复正常经营的金融机构,撤销的首要目的在于,最大限度地保护债权人的利益,并保持金融机构的整体稳健运行,其债权人一般能得到全额清偿。撤销也称为行政关闭,但行政关闭并非金融机构退出市场的最终解决办法,被关闭机构可能因无法清偿债务或多数债权人对监管机构提出的清偿方案提出异议等原因而转入破产程序,即对该机构的现有财产进行强制性分配。

二、金融监管的手段

1. 法律手段。法律手段是金融监管的重要手段,要求在完善立法、公正执法的基础上运用法律的强制性规范金融机构的经营活动。法律手段体现了金融监管的强制性，同时也保证了监管行为的规范性、严肃性和一贯性，从而有助于树立监管当局的威信和监管行为的震慑力、约束力。法律手段的有效性依赖于一国金融法律体系的完善，金融法律不仅是金融机构的行为准则，也是金融监管机构进行金融监管所必须遵循的根本原则。近年来，我国陆续颁布了《中国人民银行法》、《商业银行法》、《保险法》、《外汇管理法》、《票据法》、《担保法》、《公司法》、《证券法》以及《关于惩治破坏金融秩序犯罪的决定》、《金融违法行为处罚办法》等法律法规，为金融监管提供了更为全面、有效的法律体系作为监管依据。

2. 行政手段。行政手段是监管当局采取带强制性的行政命令、指示、规定等措施对金融市场进行监管的行为。行政手段具有权威性、强制性、垂直性、具体性、封闭性等特点，包括行政命令手段、行政引导手段、行政信息手段、行政咨询服务手段等。行政手段具有一定的及时性，在金融市场发生剧烈波动时，监管当局往往采取行政手段进行市场干预，及时纠正市场失灵。但鉴于行政手段是政府决策的产物，在决策过程中会受到信息不对称、利益集团博弈、寻租行为等因素的影响，因此具有较大的实施成本。同时，行政手段具有不稳定性，缺乏可持续性，因此，对金融市场的可持续发展也具有一定的副作用。过度的行政干预也将约束金融创新的发展，不利于我国金融市场的持续发展和金融机构竞争力的提升。综上，行政行为仅仅是一种辅助手段。

3. 经济手段。经济手段是指监管当局在自觉依据和运用价值规律的基础上借助经济杠杆的调节作用，对金融市场和金融机构的经营行为进行引导，调节利益关系，控制公共目标的管理方法。经济手段具有间接性、利益性、关联性、制约性、技术性和公开性的特点。经济手段在作用方式上表现为利用利益引导机制，间接影响被监管方的行为，凝聚实现管理目标的组织力量，调动金融市场被监管对象的积极性，使金融机构将个体利益与市场公共利益有机统一。经济手段主要采取价格杠杆、财税杠杆、货币杠杆、公共管理合同等措施。例如，对于商业银行监管而言，经济手段主要有央行最后贷款人手段、存款保险制度等；在证券市场监管中，金融信贷手段和税收政策也是重要的经济手段。

4. 技术手段。金融市场的信息化和金融创新的突飞猛进以及金融产品的复杂化、多元化要求监管方运用先进的计算机技术以及网络通信技术等高科技手段进行监管。技术手段不仅可及时加快和提高收集、处理信息资料及客观评价监管对象经营情况的速度和能力，还可以扩大监管的覆盖面，提高监管效率，并及时发现问题和隐患，快速反馈监控结果，遏制金融业的不稳定性和风险性。

三、金融监管的方法

按照金融监管的具体实施主体,金融监管主要有两种方法——直接监管和间接监管。直接监管是指监管机构作为监管主体和监管行为的实施者直接参与市场监管过程;间接监管是指监管当局委托金融机构的内部审计机构,或会计师事务所、资信评估机构等独立第三方机构实施监管行为。

(一) 直接监管

直接监管包括现场稽核与非现场稽核。

1. 现场稽核(On-site Examination)。现场稽核是指稽核人员直接渗入到金融机构现场进行监督检查的一种形式。多数国家现场稽核与检查的主要内容是,资本充足率、资产质量、盈利能力、清偿能力、流动性、管理水平和内控制度等。我国现场稽核按检查内容分为全面稽核和专项稽核。全面稽核的内容主要有:业务经营合规性稽核、业务经营风险性稽核、财务收支与盈利水平稽核、内部控制与经营管理稽核。现场稽核的目的在于,通过稽核人员亲临现场。对有关人士及事项进行查访,能够获得对监管对象更为深入的了解,从而及时发现隐蔽的风险,尤其是金融机构的欺诈行为。现场稽核一般有以下四个环节:现场检查前的准备、进入现场检查、对被检查机构进行综合评价、出具检查报告。

2. 非现场稽核(Off-site Surveillance)。非现场稽核是指稽核部门连续不断地收集金融机构的各种经营数据、资料,按一定程度来汇总、分析、预测、监督其经营状况和发展趋势的一种稽核方式。非现场稽核的目的在于,通过金融机构的财务报表、报告和其他相关资料的分析,检查其执行审慎监管政策的情况,评估金融机构的经营管理水平,及时发现其潜在问题并督促解决,并进一步确定需要进行现场稽核的监管对象。非现场稽核的内容包括合规性检查和风险性检查。合规性检查是通过监管对象的财务报表和其他资料进行分析,检查其各项指标是否符合监管当局指定的审慎政策及有关规定。对于商业银行而言,除以上方法外,监管当局还通过计算银行在资本充足率、流动性、贷款集中度、呆账准备金等方面的审慎比率,检查银行遵循审慎政策和其他监管规定的情况。风险性检查是指监管当局通过对所掌握的资料数据进行对比分析、趋势分析、计量模型分析等方法,评估监管对象的风险状况,预测其发展趋势。

(二) 间接监管

1. 金融机构的内部审计

内部审计(Internal Audit)是建立于组织内部、服务于管理部门的一种独立的检查、监督和评价活动。内部审计在内部控制、风险管理方面发挥着控制风险并促进组织目标实现的作用,这也正是组织的核心目标。从一定程度上说,内部审计就是通过对内部控制的审查和评价进而把握整个管理活动,从而有效地保证和巩固内部控制。同时,内部审计是组织进行风险管理的一个重要工具。内部审计利用自身优势,对本组织面临的风险进行深入、细致的评估,提出降低风险的措施,是内部控制中风险评估的重要内容。金融机构的内部审计是由金融机构内部专设的审计机构和人员,依据国家的金融法律法规和相关政策,对本机构的各项管理工作实施情况进行监督检查。

对于商业银行而言,根据中国银监会 2006 年发布的《银行业金融机构内部审计指引》第 3 条,"内部审计是一种独立、客观的监督、评价和咨询活动,是银行业金融机构内部控制的重要组成部分,通过系统化和规范化的方法,审查评价并改善商业银行金融机构经营活动、风险状况、内部控制和公司治理效果,促进银行业金融机构稳健发展。"商业银行内部审计的目标是"保证国家有关经济金融法律法规、方针政策、监管部门规章的贯彻执行;在银行业金融机构的风险框架内,促进风险控制在可接受水平;改善银行业金融机构的运营,增加价值。"

商业银行的内部审计体系由董事会负责建立、维护,没有设立董事会的,由高级管理层负责履行相关职责。内部审计事项主要包括:经营管理的合规性及合规部门工作情况,内部控制的安全性和有效性,风险状况及风险识别,计量监控程序的实用性和有效性,信息系统规划设计、开发运行的可靠性,会计记录和财务报告的准确性和可靠性,与风险相关的资本评估系统情况,机构运营绩效和管理人员履职情况等。

2. 独立第三方机构的外部审计

外部审计(External Audit)是指独立于监管当局和金融机构,由第三方机构所进行的审计活动,通过对金融机构的业务活动、财务收支、营运状况等的真实性、合法性、效益性进行审查,为金融监管当局和市场投资者提供真实、准确、公允的财务报表。独立第三方审计机构包括会计师事务所、律师事务所等。

高质量的外部审计能够促进企业正确运用会计准则,提高其财务报表的可信度、透明度和对市场的有用性,从而提高市场信心。同时,良好的审计实践能够改善公司治理和内部控制水平,从而有利于金融稳定。

然而,在 2008 年金融危机中,外部审计暴露出了以下问题:第一,外部审计未能就金融机构存在的风险和重大问题向投资者和监管部门及其他财务报告使用者发出预警,审计方为了避免破坏其与金融机构管理层的合作关系,往往把工作重点集中于收集和接收证据以支持管理层的主张,这为金融机构向投资者和监管部门隐瞒其财务问题提供了可乘之机。第二,审计机构与监管当局的对话机制失效,外部审计对于监管机构的预警功能未能有效发挥。由于缺乏有效的约束机制,外部审计机构缺乏主动向监管当局报告的积极性,从而使监管部门缺乏监管的有效信息。第三,审计机构未充分遵守审计标准,对外部审计的监管力度有待提高。因此,在金融监管的过程中,不仅要求综合运用内外部审计方法加强对金融机构的监管,还应提高对审计机构本身的监管和推进相关准则、制度体系的改革。

3. 资信评估机构的评级

资信评估也称信用评级(Credit Rating),是指独立、中立的专业评级机构,接受评级对象的委托,根据"独立、公正、客观、科学"的原则,以一定规范化、制度化的评级标准为依据,运用科学而严谨的分析技术和方法对评级对象的信用进行调查、审核、比较、测定和综合评价,最终以某种简单而直观的信用级别表示方式提供给社会公众。信用评级的根本目的在于,揭示受评对象的违约风险,即其债务偿付能力和履约意愿,其评级结果对监管当局而言具有一定的参考价值。

目前,国际上公认的最具权威性的专业信用评级机构有三家:美国标准普尔公司、穆迪投资服务公司和惠誉国际信用评级有限公司。以上公司在国际金融服务体系中占据了垄断地位,拥有绝对话语权。2012年,随着欧债危机的进一步恶化,三大评级机构纷纷下调对欧洲主权国家债券的信用评级,引发了更为巨大的市场恐慌,对此,欧盟表示将考虑新的评级机构准则并拟立法加强对评级机构的控制。评级机构对市场信心和金融市场稳定性的巨大影响引起了监管当局和主权国家政府的重视,如何建立公正、公允、独立的信用评级体系成为关乎全球金融市场稳定和金融机构存亡的重要议题。

第四节 金融监管制度的选择

随着金融自由化的浪潮与信息技术的大发展,世界金融环境发生了巨大变化,主要表现为金融产品种类和数量的增加,金融交易时间的短缩以及金融交易范围的扩大。尤其是金融衍生商品交易的出现和发展,不仅给金融机构带来套期保值的机会,同时也加大了金融机构的风险。为了适应这些变化和有效地控制金融机构的风险,世界各国都在不同程度对各自的金融监管系统进行改革。因此,选择适于当前经济环境的金融监管制度成为各国政府和金融监管当局的主要课题。

广义上,金融监管制度的选择包括两个层面:一是选择金融机构的经营模式,二是选择金融监管机构的监管模式。金融机构的经营模式可以分为分业经营和混业经营,金融监管机构的监管模式可以分为统一监管和分立监管。

一、金融机构经营模式的选择

(一)分业经营

所谓分业经营(Separate Operation)是指对金融机构业务范围进行分业管制,即银行、证券、保险、信托等金融机构不得相互间持有股份、参与经营。分业经营有三个层次的含义:第一,金融业与非金融业分离,即金融机构不得经营非金融业务,不得对非金融机构持股。第二,金融业中银行、证券、保险三大子行业分离,不得兼营。第三,上述三大子行业内部有关业务进一步分离,如银行业内部长期、短期存贷款业务分离,政策性业务和商业性业务分离;证券业内证券承销业务、证券交易业务、证券经济业务和证券做市商业务分离;保险业内财产保险业务、人身保险业务、再保险业务相分离。

  分业经营的产生可追溯到20世纪30年代初世界经济大萧条的年代。在此之前,世界的金融体制处于一种自发形成的混业状态。美国国民银行和州立银行处于较为宽松的监管环境中,可以经营证券类业务。20世纪20年代末,美国商业银行逐渐与投资银行融为一体,商业银行在证券市场上扮演重要角色。但是,在大萧条发生的短短几年中,美国有一万一千多家商业银行倒闭,约占美国银行总数的三分之一,金融信用体系彻底崩溃。事后在研究30年代经济危机的原因时,人们普遍认为,主要原因之一便是商业银行业务和证券业务在机构和资金操作上的混同引发了危机。当商业银行业务和证券业务由一个金融机构,例如银行兼营而又没有良好的监督机制时,银行很可能把存款筹集来的资金不是用来发放贷款而是拿到证券市场进行运用来获取较高的收益。由于证券市场价格的变动比较剧烈,所以在证券市场运用的风险也相对较高。一旦证券市场的运用失败,大量的损失必将给银行带来破产的危险。因此,为防止危机的再次发生,美国国会以法律的形式规定了银行不能同时兼营商业银行业务和证券业务,该项法律就是著名的《格拉斯—斯蒂格尔法》。该法律的出台不仅确定了美国金融业走向分业经营的方向,也为之后采用分业经营模式的其他国家提供了理论依据。1956年的《银行控股公司法》及1970年的《银行控股公司法修正案》进一步完善了美国金融业分业经营的格局。

  (二) 混业经营

  混业经营(Mixed Operation)是指根据规定,金融机构可以同时兼营商业银行业务、证券业务、信托业务以及保险业务。与分业经营相对应,混业经营也有三个层次的含义,即金融业与非金融业之间、三大行业(银行业、证券业、保险业)之间和三大行业内部的兼营。由于世界各国金融业的具体情况不同,混业经营的形式也存在差异。世界各国的混业经营模式主要有以下三种类型:

  1. 全能银行制

  全能银行(Universal Banking)是能够提供全部金融服务的金融机构,同时,金融机构可以持有其他金融机构和非金融企业的股权,参与控股公司的经营决策。全能银行制广泛应用于以德国、瑞士、荷兰为代表的欧洲大陆国家。

  2. 金融控股公司制

  金融控股公司制是以美国、日本为代表的金融业混业经营模式。根据《对金融机构控股公司的监管原则》,金融控股公司制是指在同一控制权下,所属的受监管实体至少明显地在从事两种以上的银行、证券和保险业务,同时每类业务的资本要求不同。金融控股公司实行集团控股、联合经营的模式,由控股公司作为集团母体,作为投资机构或某项金融业务的实际经营机构领导旗下子公司的经营活动。而集团的不同金融业务由独立的法人经营,虽然实行财务并表,但各子公司自负盈亏,独立承担民事责任。1999年11月美国国会通过了《金融服务现代化法》,又名《Gramm-Leach-Biley 法案》。该法案的目的是,废除持续时间长达66年之久,已经不符合时代发展的《格拉斯—斯蒂格尔法》,同时准许金融控股公司下属子公司对银行、证券、保险的混业。这一法律的出台意味着美国金融业分业经营模式的结束,标志着美国金融业进入混业经营的新的历史阶段。由于美国是国际金融游戏规则的主要创立者,这一法律的出台同时也给正在进行金融制度改革的其他国家带来了相当大的影响。

3. 金融集团制

以英国为代表的金融集团制又可称为子公司制,该模式允许商业银行在符合一定条件的前提下成立子公司,或由其控股公司成立的子公司兼营其他业务。金融集团制与金融控股公司制的不同之处在于:在金融集团制下,由商业银行设立子公司,从事证券、保险等非银行类金融业务;而在金融控股公司制下,银行与证券、保险类业务的从事主体处于集团的控制下,银行业务是金融控股公司众多金融业务的其中之一。

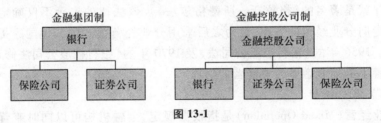

图 13-1

(三) 经营模式的比较

1933年《格拉斯—斯蒂格尔法》标志着分业经营制度框架在美国的初步确立。直至20世纪六七十年代,在实行分业经营的几十年间,该经营模式适应了当时经济发展的客观要求,在维护美国金融系统的稳定方面发挥了重要作用。但在20世纪80年代后,由于金融自由化的浪潮和信息技术的发展,金融机构的业务范围变得越来越模糊。许多金融机构利用金融创新不断拓展业务范围,加剧了金融市场竞争。金融机构的激烈竞争导致大量经营不善、效率低下的机构破产倒闭,极大地威胁着金融市场的稳定发展。因此,监管当局开始认识到:分业经营能够保持金融系统相对稳定的同时也在一定程度上阻隔了金融机构间的市场竞争,使得部分金融机构安于现状,经营效率降低,无法适应市场变化应对市场波动,从而存在着巨大的破产风险。因此,包括美国在内的世界各国监管当局重新认识到,只有提高金融机构的竞争力(效率)才能最终保持金融系统的稳定。在金融监管的指导思想发生根本性变化的基础上,由于欧盟经济体的成立,以及欧洲大陆德国式混业经营模式所具有的竞争力给美国监管当局的压力越来越大,1999年,美国监管当局废除《格拉斯—斯蒂格尔法》推出《金融服务现代化法》,许可金融机构采取混业经营模式。然而,2008年爆发的金融危机暴露了美国分业监管体制与混业经营机制的不相适应。

表 13-1

分业经营	优点	1) 规模经济:借助专业化经营集中优势资源,扩大市场份额,实现规模经济 2) 避免利益冲突:由于顾客群体比较单一,照顾某些群体利益而损害其他群体利益的情况比较少 3) 监管难度相对较小
	缺点	1) 风险集中:业务和资产内容相对单一,外部环境的变化对金融机构的影响不易分散 2) 抑制竞争:金融机构的活动范围被限制在各自的业务领域当中,市场潜在进入者减少,抑制市场竞争,降低资源配置效率
混业经营	优点	1) 促进竞争:金融机构可采取多元化经营,市场参加者的增加将促进市场竞争,提高资源分配效率 2) 范围经济:同一金融机构能够提供不同业种的不同金融服务,可以降低单位费用,为其节约成本 3) 分散风险:由于业务的多样化,金融机构内部风险分散的余地也在扩大,因此,此时金融机构的风险比业务单一化时的金融机构来得小
	缺点	1) 本业务以外风险的增加:例如银行单单经营商业银行业务时,其主要的风险是信用风险和利率风险,而当其兼营证券业务时,其还承担巨大的市场风险 2) 产业控制:金融机构业务范围的扩大必将导致社会资源过度集中于金融机构,从而导致金融机构对金融产业和非金融产业的控制 3) 利益冲突:由于金融机构的顾客多种多样,其有可能照顾某些特殊顾客的利益而损害其他顾客的利益 4) 监管难度相对较大

专栏 13-1

美国的金融监管体系与金融改革

2008 年金融危机爆发前,美国采取"双重多头"金融监管体制。所谓"双重"是指联邦和各州均有金融监管的权力;所谓"多头"是指在一个国家有多个履行金融监管职能的机构。美国政府在联邦一级的金融监管机构主要有:联邦储备体系(Federal Reserve System,FRS)、货币监理署(Office of the Comptroller of the Currency,OCC)、联邦存款保险公司(Federal Deposit Insurance Corporation,FDIC)、证券交易委员会(Securities and Exchange Commission,SEC)、联邦住房放款银行委员会、联邦储备贷款保险公司、全国保险监管者协会(NACI)、联邦储贷监理署(Office of Thrift Supervision,OTS)和国民信贷联合会等,分别对各类金融机构实施专业的交叉监管。

对存款性金融机构承担主要监管职责的联邦级和州级机构有六家,其中联邦级监管机构有五家。美联储(FRS)主要负责监管州注册的联储会员银行。1999年11月《金融服务现代化法》经国会和总统批准后,美联储又增加了作为金融持股公司伞式监管者的职能。这样,美联储成了能同时监管银行、证券和保险行业的最主要和重要的联邦机构。联邦存款保险公司(FDIC)负责监管所有州注册的非联储会员银行。货币监理署(OCC)负责监管所有在联邦注册的国民银行和外国银行分支机构。储贷监理署(OTS)负责监管所有属于储蓄机构保险基金的联邦和州注册的储贷机构。国家信用社管理局(NCUA)负责监管所有参加联邦保险的信用社。除货币监理署和储贷监理署在行政上隶属财政部外,其余三家则为独立的联邦政府机构。美国证券交易委员会(SEC)根据1934年《证券交易法》而成立,是直属美国联邦的独立准司法机构,负责美国的证券监督和管理工作。

除了联邦级的金融监管机构外,由于美国实行双轨银行制,每个州又都设有自己的银行监管部门,通常称为州银行(DFI),主要负责对本州注册的银行,尤其是本州注册的非联储会员银行的监管。由于几乎所有的州注册银行都参加了联邦存款保险,因此,这些银行也同时接受联邦存款保险公司的监督,即同时处于联邦和州两级金融监管机构的双重监管之下。

1999年,《金融服务现代化法》的通过,彻底结束了美国银行、证券、保险分业经营的状态,标志着混业经营的开始。同时,美国的金融监管理念也由之前的机构性监管转为功能性监管。尽管功能性监管的理念跳出了分业经营情况下机构性监管的以金融机构身份分割的不足,但功能性监管体制是在不触动现有监管体制的前提下,促进各监管机构之间的职能协调、信息沟通以及执法合作,本质上仍然是分业监管的模式,并没有提供明确的制度构建和授权支撑。所以,该套金融监管系统在运行的十年过程中,也逐渐暴露出其存在的弊端,并且在此次危机中集中爆发。主要表现在以下几个方面:第一,缺乏一个能够拥有全部监管信息和预防监管系统性风险的机构。第二,不同的监管机构所适用的监管法律规则不同,运用的监管理念也有所差别。这就为一些金融机构进行监管套利提供了空间,导致部分机构主动选择对其最为有利的监管机构。第三,多层次的监管机构和多标准监管操作必然产生监管工作中的重叠。这种监管的重叠增加了监管的成本。

面对次贷危机中暴露出的风险管理的制度性缺陷,2008年3月,美国财政部公布了金融监管改革蓝图。金融监管改革蓝图提出对美国金融监管体制进行重建,建立以目标为基础监管模式,并认为这种监管模式能够鼓励和支持金融创新,促进金融体系有效竞争,同时更好地管理金融风险。

2009年6月17日,美国政府正式公布了自1929年"大萧条"以来最彻底的全面金融监管改革方案——美国金融监管体系改革的"白皮书"。这份长达88页的改革方案几乎涉及美国金融领域的各个方面,从更严格的消费者保护政策到出台对金融产品更为严格的监管规则,计划把目前游离在监管之外的金融产品和金融机构,都置于联邦政府的控制之下。改革目的旨在全面修复美国现有金融监管体系,防止类似当前危机的再度发生。

2009年12月,美国众议院通过了在"白皮书"基础上制定的"金融监管改革法案"(《华尔街改革和消费者保护法案》)。2010年5月13日,美国参议院又通过了"金融监管改革法案修正案"。

"金融监管改革法案"的出台,被视为美国金融监管体系改革的重大成果,也是自20世纪30年代大萧条以来改革幅度最大、最彻底的金融监管改革法案。"金融监管改革法案"的亮点之一,是赋予美联储作为"超级监管者"的更大权力,金融监管新政还包括对大银行征收"金融危机责任费"、严格限制大型金融机构的规模及经营范围、各大银行将不得经营对冲基金及私募业务等核心内容。这些金融监管改革措施在短期和长期都将对美国经济产生深远影响,也将重塑美国乃至全球金融业的游戏规则,最终会对全球金融体系和金融市场产生深刻影响。

二、金融监管方式的选择

由于各国的历史发展、经济体制、文化传统等方面的不同,在金融监管模式上一般也存在不同。尽管如此,金融监管模式还是可以分成两个类型:统一监管模式和分立监管模式。

(一)统一监管模式

统一监管模式是指把金融业作为一个整体统一进行监管。这种模式下一般金融监管机构只设有一个,承担所有的监管职责。统一监管模式主要针对混业经营模式。金融监管机构可以是中央银行,也可以是其他机构。这种监管模式一般有以下的优缺点:

优点:(1)节约成本。由于所有的监管都在同一个机构内进行,形成范围经济,这样不仅能够节约人力资源和技术投入的费用,还可以实现信息共享,降低信息成本。(2)适应性强。随着金融技术的不断提高,金融创新日益加快。统一监管能够迅速适应新的变化,并能够从整体的角度控制和防范新的金融系统风险。(3)责任明确。由于监管机构只有一个,监管者的责任认定比较明确。

缺点:缺乏竞争。由于机构庞大,而且不存在来自其他监管机构的竞争压力,监管机构内容易产生道德风险,降低监管效率。

（二）分立监管模式

分立监管模式也称分业监管,是指将金融机构和金融市场按照银行、证券、保险等分成若干个领域,每个领域设有监管机构负责该领域的监管职责。分立监管有以下优缺点：

优点：(1)专业监管优势。分业监管能够发挥专业监管的优势,有效解决不同监管目标的冲突问题。(2)加强竞争。尽管监管机构的监管领域不同,相互间仍然存在竞争的压力。

缺点：(1)成本较高。不同监管机构之间人员、技术以及信息不能够共享,监管成本比较高。(2)协调性差。监管机构之间没有统一领导,协调性差,容易造成监管真空地带。

综上可以看到,和金融机构的经营模式一样,监管模式中统一监管和分立监管各有利弊。事实上,各国监管当局对这两种模式的认识也各有千秋,因此,在选择监管模式上也存在差异。例如,美国和德国实行的是分立监管,而日本和英国实行的是统一监管。不过,由于国际金融市场上混业经营日益成为金融机构的经营模式,实行相对应的统一监管模式或将是一种发展趋势。

三、我国金融监管制度的演变

我国现代金融系统的建立仅有二十年左右的历史。这意味着我国金融监管制度建立的历史较短。从过去我国金融监管制度的发展看,金融机构的经营模式经历了由1995年以前的原始混业经营发展成为那之后的分业经营,而金融监管机构的监管模式则经历了1998年之前的统一监管发展成为那之后的分业监管这样一个历史阶段。

（一）1995年前混业经营、统一监管的金融监管体制

改革开放前,我国监管体制属分业经营、统一监管模式。改革开放以前,我国的金融系统有两个特征。一是结构的单调。当时在我国的金融系统中,除了中国人民银行以外,其他的金融机构几乎不存在。二是业务的单调。当时,中国人民银行除了货币发行业务以外,其主要业务只有存款业务和计划指令下的贷款业务。而且,当时中国人民银行又是处于财政部的管理之下,实质上只相当于财政部的一个出纳部门。1984年以前,中国人民银行一方面经营普通银行业务,另一方面全面行使金融监管职责。

从改革开放到1995年这段期间,金融业的一个主要特征就是金融机构的混业经营。随着我国经济改革开放的开始,1979年至1984年的五年中,先后按照融资方向的不同设立了中国农业银行(1979年)、中国银行(1979年)、中国建设银行(1979年)以及中国工商银行(1984年)四大国有专业银行。20世纪80年代到90年代,不同资本形态的新设商业银行也相继诞生。例如,交通银行、中信实业银行、深圳发展银行、中国民生银行等。由于金融机构与业务内容的多样

化,金融机构之间的竞争开始逐渐激化。特别是新设商业银行,其业务范围比国有专业银行要广得多,这给两者之间的竞争带来了不公平的一面。于是,在利益机制的驱动下,各国有专业银行不仅突破原专业分工的界限,而且开始突破行业分工的界限,纷纷模仿新设商业银行,向信托、证券、保险、投资、房地产等领域拓展,实施混业经营。对于政府和监管当局来说,建立何种经营模式事先并不清楚,因此,和其他一些先进国家金融系统发展初期的情况一样,形成混业经营、统一监管格局。

(二) 1995年后分业经营、分业监管的金融监管模式

由于缺乏完善的制度规范和法律约束,至20世纪90年代的前半期我国产生了银行系统的管理混乱和持续的高通胀。鉴于我国金融市场出现的问题,1992年12月,国务院证券委员会和中国证券监督管理委员会成立,与中国人民银行共同管理证券业。1993年,我国正式将"分业经营、分业管理"作为金融监管改革的目标。1995年颁布《中央银行法》、《商业银行法》、《保险法》等一系列法律法规,以法律形式确定了我国金融机构的分业经营模式。

1995年5月颁布的《商业银行法》第43条规定:商业银行在中华人民共和国境内不得从事信托投资和股票业务;不得投资非自用不动产;商业银行在中华人民共和国境内不得从事向非银行金融机构和企业投资。1995年6月国务院又转发了中国人民银行《关于中国工商银行等四家银行与所属信托投资公司脱钩的意见》,要求四大国有专业银行在机构、资金、财务、业务、人事、行政等方面与所属信托投资公司以及信托部、证券部脱钩,不再保持隶属关系或挂靠关系,银行不再经营信托投资业务,除承销国债和代理发行债券外,不再办理证券业务。1998年颁布的《证券法》进一步明确了我国金融业分业经营的原则。该法第6条规定:"证券业和银行业、信托业、保险业分业经营,分业管理。证券公司与银行、信托、保险业务机构分别设立。"

金融机构分业经营体制确立的同时,我国也在酝酿着如何选择金融监管机构的监管模式问题。从改革开放至20世纪90年代初,统一监管是我国监管模式的一个特点。中国人民银行是我国金融业唯一的监管机构,对银行业、证券业、保险业等行业实行着直接监管。中国人民银行除负责制定有关金融法规和政策、管理金融机构与金融市场、全面管理股票和债券外,作为国家证券主管机关还负责证券发行、上市的审批。中国保险监管职能也由中国人民银行承担。

1998年,随着一系列的金融改革,证券业和保险业的监管职能相继从中国人民银行分离,我国初步形成了分业监管的监管模式。此时,中国人民银行仅负责对银行业的监管。之后,随着金融改革的深化,为了保持中国人民银行作为中央银行的独立性,同时也为了完善分业监管模式,2003年4月,中国银行业监督管理委员会正式成立,统一监管银行、金融资产管理公司、信托投资公司等各类银行业金融机构。中国证监会、中国保监会、中国银监会的成立,标志着我国建

立起分业监管模式下的金融监管体系。

> **本章小结**

金融监管是金融监督和金融管理的总称,鉴于金融市场固有的不完全竞争、负外部效应、信息不完全、公共产品等市场失灵现象,金融市场在全球经济中的重要地位以及金融市场的不稳定性和高风险性等特点,实施有效的金融监管措施具有极大的必要性。

金融监管的总体目标在于维护金融市场稳定,促进市场效率提高和保护公众利益。金融监管应遵循监管主体独立、依法监管、内控与外控相结合、稳健运行与风险预防、母国与东道国共同监管的原则。综合采取法律手段、经济手段、技术手段和行政手段,对金融机构的市场准入、市场运作过程和市场退出进行全面而深入的监管。按照金融监管的具体实施主体,金融监管主要有两种方法:直接监管和间接监管。直接监管是指监管机构作为监管主体和监管行为的实施者直接参与市场监管过程;间接监管是指监管当局委托金融机构内部审计机构,或会计师事务所、资信评估机构等独立第三方机构实施监管行为。

金融监管制度可分为统一监管和分业监管,金融监管制度的选择应根据一国的金融发展水平和经济发展需要以及金融机构经营模式来选择。金融机构经营模式包括分业经营和混业经营。目前,我国实施分业经营、分业监管的金融监管模式。随着我国金融控股集团的发展和金融机构对混业经营的尝试,金融监管机构间应建立完善的统筹协调机制,并依据我国金融发展状况对监管模式进行相应的调整和革新。

> **关键词**

金融监管　金融监管的必要性　金融监管目标　金融监管原则　金融监管的手段与方法　金融监管的内容　分业经营　混业经营　分业监管　统一监管

> **思考题**

1. 金融市场的市场失灵表现为哪几个方面?
2. 金融监管的必要性。
3. 金融监管的目标与原则。
4. 金融监管的手段与方法。
5. 金融监管的内容。
6. 简述并比较混业经营与分业经营。
7. 简述我国选择分业经营模式的理由。
8. 简述我国金融监管模式的演变。

第十四章　中央银行对银行业金融机构的监管

> **内容提要**

商业银行在金融机构体系中发挥着信用中介、支付中介、信用创造和金融服务的重要职能，对于金融市场的稳健运行和实体经济的繁荣发展也发挥着重要作用，因此，商业银行监管是中央银行金融监管最重要的内容之一。本章主要介绍中央银行对商业银行监管的内容和商业银行国际监管重要准则——巴塞尔资本协议。

第一节　银行业金融机构市场准入、退出监管

对于银行业而言，鉴于其在金融系统中的关键作用和衔接存款人和贷款人的中介作用，银行业市场准入监管表现得尤为严格，其目的除防止不当经营、投机冒进者进入市场之外，还在于通过严格的准入审核维持和提升银行业的整体实力，从而维护银行特许权的价值。

一、中央银行对商业银行的市场准入监管

银行业准入监管具体审核内容包括：银行业务范围、资本金数额、从业人员资质、组织结构及内部控制设计合理性、营业场所安全性等方面。2006年发布的《有效银行监管的核心原则》指出："发照机关必须有权制定发招标准，有权拒绝一切不符合标准的申请。发照程序至少应包括审查银行及其所在集团的所有权结构和治理情况、董事会成员和高级管理层的资格、银行的战略和经营计划、内部控制和风险管理，以及包括资本金规模在内的预计财务状况；当报批银行的所有者或母公司为外国银行时，应事先获得母国监管当局的同意。"

（一）审批商业银行考虑的基本因素

根据我国《商业银行法》的规定，设立商业银行，应当经国务院银行业监督管理机构审查批准。未经国务院银行业监督管理机构批准，任何单位和个人不得从事吸收公众存款等商业银行业务，任何单位不得在名称中使用"银行"字样。

中央银行在审批商业银行时，主要考察以下因素：

1. 注册资本金

任何以营利为目的的企业在其发展初期以及后续经营期间都需要募集和使用一定的资本金,并且在经营过程中保持资本金的充足。商业银行的资本金是指银行投资者为维持银行正常经营活动、获取经营利润而投入的货币资金和保留在银行的利润。商业银行的资本金包括:在开业注册登记时所载明、界定银行经营规模的资金,以及商业银行在业务经营过程中通过各种方式不断补充的资金。

充足的资本金有助于提高银行的抗风险能力,规避和降低破产倒闭的风险;维持银行的正常组织、经营活动;提高银行债务负担能力,增强公众信心,规避银行挤兑风险。因此,设立商业银行要考虑的首要因素就是其是否具备充足的资本。

根据我国《银行法》第 13 条的规定,"设立全国性商业银行的注册资本最低限额为十亿元人民币。设立城市商业银行的注册资本最低限额为一亿元人民币,设立农村商业银行的注册资本最低限额为五千万元人民币。注册资本应当是实缴资本。国务院银行业监督管理机构根据审慎监管的要求可以调整注册资本最低限额,但不得少于前款规定的限额。"

2. 高级管理人员素质

高级管理人员是直接从事商业银行经营管理的决策者和执行者,其管理能力和工作水平直接关系到商业银行能否持续、稳健经营。

根据《中国人民银行法》和《商业银行法》等有关金融法律、法规,2000 年中国人民银行制定了《金融机构高级管理人员任职资格管理办法》。其对于包括商业银行在内的金融机构高级管理人员的任职资格,以及任职资格的审核管理、任职资格的取消等方面进行了详细规定。

根据《金融机构高级管理人员任职资格管理办法》第 6 条的规定,"担任金融机构法定代表人,应是中华人民共和国公民。"第 7 条规定:"金融机构高级管理人员应满足以下条件:能正确贯彻执行国家的经济、金融方针政策;熟悉并遵守有关经济、金融法律法规;具有与担任职务相适应的专业知识和工作经验;具备与担任职务相称的组织管理能力和业务能力;具有公正、诚实、廉洁的品质,工作作风正派。"

3. 银行业竞争状况和社会经济需要

银行业的竞争状况对于新设立商业银行的经营战略、管理策略和自身定位具有重大影响,也预示了新设立商业银行将要面对的市场风险。而社会经济需要直接决定了银行的设立是否具有经济价值,能否促进经济发展。无法满足社会经济发展需要的商业银行的设立是资源的浪费,不仅不利于资源的合理配置,对于商业银行的自身发展也起负面作用。因此,中央银行在审批商业银行设立申请时,除考虑商业银行本身的持续经营能力和抗风险能力外,还应综合银行业整体竞争状况以及社会经济的需要,减少和避免资源的浪费,在促进市场竞争的同时提高市场效率。

(二) 我国商业银行设立的条件

根据我国《商业银行法》的规定,设立商业银行,应当具备下列条件:(1) 有符合本法和《公司法》规定的章程;(2) 有符合本法规定的注册资本最低限额;(3) 有具备任职专业知识和业务工作经验的董事、高级管理人员;(4) 有健全的组织机构和管理制度;(5) 有符合要求的营业场所、安全防范措施和与业务有关的其他设施。此外,还应当符合其他审慎性条件。

二、中央银行对商业银行市场退出的监管

我国金融机构的市场退出受到《商业银行法》和《公司法》等法律法规的约束。商业银行的市场退出在遵守以上法律规定的基础上还受到《商业银行法》的约束。

(一) 商业银行市场退出监管的必要性

中央银行对商业银行进入银行业市场的申请进行严格的审批,相应的,对于商业银行的市场退出,也需进行严格的监管。市场退出监管是金融监管当局对金融机构退出金融业、破产倒闭或合(兼)并、变更等活动的管理。

金融机构市场退出的原因分为主动退出与被动退出。主动退出是指金融机构因分立、合并或者出现公司章程规定的事由需要解散,因此主动提出退出市场。被动退出是指由于法定的理由,如法院宣布破产、因严重违规、资不抵债等原因,被迫退出市场。对于被动退出市场的商业银行,中央银行将依照法律将其关闭,取消其经营金融业务的资格。

中央银行引导商业银行合法、合规地进行市场退出,对于金融市场而言,有利于维持正常的金融秩序,维护金融市场稳定,合理引导商业银行妥善退出,从而防范由个别商业银行经营不善所引发的系统性风险,保护存款人利益。同时,良好的市场退出监管有利于促进市场公平竞争,优化金融环境,促进金融市场的优胜劣汰,从而提高资源配置效率。

商业银行作为一种准公共企业,在追求利润最大化的同时也承担着重要的金融服务和金融中介职能,其市场退出不仅关乎商业银行所有者的切身利益,也影响着广大存款人、相关企业和社会公众的利益。因此,对商业银行的市场退出进行严格而富有针对性的监管,具有极大的必要性。

中央银行对商业银行的市场退出监管根据不同的退出方式实行不同的监管措施。

1. 接管

接管是指商业银行已经或可能发生信用危机,并严重影响存款人利益时,中央银行可对该银行实行接管。央行接管商业银行的目的在于,采取一系列必要措施保护存款人利益,并帮助商业银行恢复正常经营的能力,从而避免商业银行倒闭,对金融市场产生不利后果,危害存款人和社会公众利益。

根据《银行业监督管理办法》第 38 条的规定,"银行业金融机构已经或者可能发生信用危机,严重影响存款人和其他客户合法权益的,国务院银行业监督管理机构可以依法对该银行业金融机构实行接管或者促成机构重组,接管和机构重组依照有关法律和国务院的规定执行。"

对于银监会接管商业银行的具体实施方法,我国《商业银行法》有着详细规定。接管由国务院银行业监督管理机构决定,并组织实施。国务院银行业监督管理机构的接管决定应当载明下列内容:(1)被接管的商业银行名称;(2)接管理由;(3)接管组织;(4)接管期限。接管决定由国务院银行业监督管理机构予以公告。

自接管开始之日起,由接管组织行使商业银行的经营管理权力。接管期限届满,国务院银行业监督管理机构可以决定延期,但接管期限最长不得超过二年。有下列情形之一的,接管终止:(1)接管决定规定的期限届满或者国务院银行业监督管理机构决定的接管延期届满;(2)接管期限届满前,该商业银行已恢复正常经营能力;(3)接管期限届满前,该商业银行被合并或者被依法宣告破产。

2. 解散

解散属于自愿退出的范畴,是指已成立的商业银行因其章程或者法律规定事由的发生使得金融机构丧失经营能力,经批准登记注销后,其组织消灭的法律行为。鉴于商业银行的特殊性,尽管解散是商业银行依法行使的经营自主权,但其解散需要经过监管当局的严格审批。

对于商业银行而言,依据《商业银行法》第 69 条规定,"商业银行因分立、合并或出现公司章程规定的解散事由而需要解散的,应当向国务院银行业监督管理机构提出申请,并附解散的理由和支付存款的本金和利息等债务清偿计划。经国务院银行业监督管理机构批准后解散。商业银行解散的,应当依法成立清算组,进行清算,按照清偿计划及时偿还存款本金和利息等债务。国务院银行业监督管理机构监督清算过程。"

商业银行分立是指一家商业银行分成多家商业银行,原商业银行的权利义务由新商业银行承担的法律行为。随着我国银行业的发展和市场竞争的加剧,商业银行间的整合加速。在市场整合过程中,一些新商业银行的成立是建立在原有银行法人资格消灭的基础上,因此,原有银行应当依法解散,其债权债务关系至新设立的商业银行。

商业银行合并是指两个或两个以上的商业银行通过签订合并协议,依法成立新商业银行的法律行为。商业银行的合并分为吸收合并和新设合并。吸收合并是指一个商业银行吸收其他商业银行的行为,被吸收商业银行必须解散。新设合并是指两个以上的商业银行合并后设立新的商业银行,因此,原有商业银行应解散。

商业银行因出现公司章程规定的解散事由而解散,所涉事由包括营业目标未达到、盈利情况未达目标等。

3. 并购

并购是合并和收购的总称。合并分为吸收合并和新设合并。收购是指一家银行采取现金或股票方式购买另一家或多家银行的全部或多数股权,实现对其控股的行为。被收购银行的法人资格消灭,或作为收购方的非法人分支机构继续经营。

成功的商业银行的并购行为有利于促进资源的重新配置和整合,促进产业集中,推动金融监管的改革,但也有形成市场垄断的风险。因此,商业银行的并购活动需要首先向监管当局提交申请,并在审批通过后,依照相关法律,在监管当局的监督管理下进行一系列并购活动。

4. 撤销

撤销属于强制退出范畴,是指金融机构市场退出的行政程序。撤销是中国人民银行以金融机构违反法律规定、不能支付到期债务为由,强制吊销金融机构的经营金融业务资格,并通过行政程序对金融机构进行行政清算的过程。

金融机构的撤销不同于自行解散和破产。首先,撤销是由监管金融机构所作出的行政决定,适用于经救助后仍无法恢复正常经营的金融机构,撤销的首要目的在于,最大限度地保护债权人的利益,并保持金融机构的整体稳健运行,其债权人一般能得到全额清偿。撤销也称为行政关闭,但行政关闭未必是金融机构退出市场的最终解决办法,被关闭机构可能因无法清偿债务或多数债权人对监管机构提出的清偿方案提出异议等原因而转入破产程序,即对该机构的现有财产进行强制性分配。

对于商业银行而言,根据《银行业监督管理办法》第39条的规定,"银行业金融机构有违法经营、经营管理不善等情形,不予撤销将严重危害金融秩序、损害公众利益的,国务院银行业监督管理机构有权予以撤销。"

《商业银行法》第70条规定,"商业银行因吊销经营许可证被撤销的,国务院银行业监督管理机构应当依法及时组织成立清算组,进行清算,按清偿计划及时偿还存款本金和利息等债务。"2001年颁布的《金融机构撤销条例》对商业银行的撤销程序进行了详细的规定。

5. 破产

破产是金融机构市场退出的司法程序。金融机构无法支付到期债务时,该机构和其债权人均可向司法机关提出破产申请,由司法机关作出裁定,对金融机构的财产进行清算并对其剩余财产实行强制分配。鉴于商业银行的特殊性,其破产对于整个金融体系的稳定性要求较高,规模较大的商业银行甚至形成"大而不能倒"的局面。因此,监管当局在处理商业银行破产申请时往往十分谨慎。

对于商业银行而言,根据《商业银行法》第 71 条规定,"商业银行不能支付到期债务,经国务院银行业监督管理机构同意,由人民法院依法宣告其破产。商业银行被宣告破产的,由人民法院组织国务院银行业监督管理机构等有关部门和有关人员成立清算组,进行清算。商业银行破产清算时,在支付清算费用、所欠职工工资和劳务保险费用后,应当优先支付个人储蓄存款的本金和利息。"

三、中央银行对商业银行的救助

与美国等发达金融市场相比,中国由于商业银行数量少、机构普遍庞大以及改革开放以来国内未经历过大规模的金融危机,因此,中国问题银行救助的实践很少。其中较为典型的有,1988 年中国人民银行通过财政部以发放债券的形式向四大国有商业银行注资,1997 年中国人民银行向威海市商业银行发放救助贷款,1998 年中国人民银行向海南发展银行发放救助贷款,1999 年中国人民银行对郑州市城市合作银行出现挤兑实行全面救助。

中央银行对商业银行的救助方法较多,其中使用较为普遍的有以下两种:

1. 最后贷款人

中央银行贷款(Central Bank Loan)是指中央银行动用基础货币向商业银行等金融机构以多种方式融通资金的总称。当商业银行遇到头寸不足或有临时性资金需要时,可向中央银行申请贷款。贷款形式主要有三种:一是再贴现,即商业银行以工商企业向其贴现的商业票据为抵押,向中央银行再贴现,以获得所需资金;二是抵押贷款,即商业银行以实物资产为抵押向中央银行借款;三是信用贷款,即中央银行直接向申请贷款的商业银行发放贷款,无须抵押,适用于信誉、业绩表现较好的商业银行。

中央银行对银行业的贷款救助体现了其最后贷款人的作用。尽管央行作为最后贷款人为市场提供了流动性,有利于平息金融动荡,但是,如何行使央行最后贷款人职能,合理确定贷款发放对象,避免过度救助对市场竞争和优胜劣汰的不利影响,则是目前业界争论的焦点。

全球金融危机期间,美联储实施了 3.3 万亿美元紧急贷款计划。2010 年,美联储公布了紧急贷款计划细节,数据披露了 2008 年至 2009 年期间接受美联储贷款的银行与企业中,国外银行尤其是欧洲银行是这项紧急贷款计划的最大受益者,从而引发了一场对中央银行最后贷款人职能的质疑与争论。另外,美国银行业在 2007 年至 2009 年期间从美联储获得总计高达 7.7 万亿美元的各类短期融资、贷款担保和其他救助款项,而根据已披露的 190 家金融机构的数据,受援机构通过美联储贷款和市场利率之间的息差,赚取了大约 130 亿美元的利润。国际货币基金组织经济学家孙涛表示,在金融市场系统性风险集中爆发之际,美联储施以援手无可厚非,以超低利率给商业银行融资固然有助于解决流动性不足问题,但也可能增大道德风险,因为银行预期在面临融资困境时会得到央行的帮助,从而疏于日常的风险管理甚至冒险投机。

《中国人民银行紧急贷款管理办法》(以下简称《暂行办法》)对于央行贷款救助的对象、贷款条件、贷款用途、期限和利率、贷款管理等方面作出了较为详细的规定。然而,《暂行办法》也存在缺陷。首先,救助的标准不明确。《暂行办法》仅笼统规定紧急贷款是为了帮助发生支付危机的金融机构缓解支付压力、恢复信誉,对于缺乏清偿性的金融机构是否应该救助的问题,以及支付危机发展到何种程度才应对商业银行予以救助的问题等缺乏进一步详细的规定,导致中央银行在实践中对问题银行的救助基本上是无限度的支持,从而在客观上鼓励了银行的投机行为,加剧了金融风险,降低了公共资金的使用效率。其次,贷款期限较长,难以激励问题银行迅速改善其经营管理,降低了中国人民银行资金的使用效率。最后,《暂行办法》对获取再贷款金融机构的惩罚措施规定不足。《暂行办法》尽管规定了罚息利率,但只适用于逾期归还贷款的情形,而对于其他部分贷款则不适用。此外,《暂行办法》也未明确要求金融机构承担限期改善经营管理、调整董事会人员组成、限制高级管理人员薪酬等义务。

在实践中,中国人民银行在提供紧急贷款时也并未严格遵循《暂行办法》的规定。《暂行办法》要求银行必须为紧急贷款提供抵押、质押或保证人担保,但实践中紧急贷款更多的是以信用贷款方式发放,而许多银行没有采取切实有效的自救计划,仅依赖中国人民银行发放的贷款资金。这导致央行救助性贷款一旦放出很难收回,成为提供给问题银行的"免费的午餐"。这不仅弱化了市场约束机制,并且导致问题银行过分依赖救助,将银行的经营风险及损失转嫁到国家,扭曲了市场竞争规则,浪费了社会资源,滋长了道德风险。因此,中央银行应审慎发挥最后贷款人职能,在保证金融市场稳定性的同时,注意市场效率和公平市场竞争秩序的维护。

2. 存款保险制度

存款保险制度(Deposit Insurance System)是一种金融保障制度,是指由符合条件的各类存款性金融机构集中起来建立保险机构,各存款机构作为投保人按一定存款比例向其交纳保险费,建立存款保险准备金,当成员机构发生经营危机或面临破产倒闭时,存款保险机构向其提供财务救助或直接向存款人支付部分或全部存款。存款保险制度是国际上救助问题银行通行的制度安排,在提高公众对银行的信心、形成有效的市场退出机制、减轻政府负担、降低金融风险、维护金融安全方面发挥着重要作用。

存款保险制度的组织形式主要有以下三种:

(1) 由政府设立存款保险机构,如美国联邦存款保险公司属于联邦政府的独立金融管理机构,旗下的六个分公司具体贯彻存款保险政策,办理保险业务,执行对商业银行的监管职能;

(2) 由政府主管当局与银行业联合组成存款保险机构,如日本存款保险机构由政府、日本银行和民间金融机构三方出资建立;

(3) 由银行业组织存款保险,如法国和德国由银行业协会自行制定存款保险计划并负责理赔。

根据国际存款保险协会的信息,截至 2011 年 3 月底,有 111 个国家(包括 64 家会员国家)已经建立存款保险制度,42 个国家正在筹备或研究建立存款保险制度。

目前,金融稳定理事会成员国(地区)的存款保险主要分为四种类型:一是纯粹的"付款箱型",仅负责对受保存款进行赔付;二是"强付款箱型",除负责对受保存款赔付外,还适度参与风险处置,包括向高风险银行提供流动性支持,为银行重组提供融资等;三是"损失最小化型",存款保险机构积极参与处置决策,并可运用多种风险处置工具和机制,实现处置成本最小化;四是"风险最小化型",存款保险机构具有广泛的风险控制职能,既有完善的风险处置职能,又有一定的审慎监管权。

现阶段我国实行的是全额赔付的隐性存款保险制度,即商业银行发生经营危机时,政府会出面对存款人进行赔付。以政府信用为后盾的隐性存款保险制度不利于商业银行和储户培养风险意识,亦不利于央行推进利率市场化。因此,伴随着我国存贷款利率首次实行双向浮动,建立与之配套的存款保险制度也提上日程。2012 年 7 月 13 日,央行发布《中国金融稳定报告(2012 年)》,指出目前我国推出存款保险制度的时机已经基本成熟,2012 年将积极研究论证制定《存款保险条例》。

第二节 中央银行对商业银行日常经营的监管

一、日常经营监管的基本内容

就银行业而言,其市场运作过程的监管主要包括以下方面:

(一) 资本充足率监管

金融机构区别于一般商事主体的最大特点在于其经营的高杠杆率,同时也伴随着高风险性。银行业的高负债经营方式更是成为其盈利的重要支撑。因此，为控制资本充足率过低带来的巨大风险，各国监管当局对银行资本充足率监管均高度重视。资本充足率(Capital Adequacy Ratio)也称为资本风险(加权)资产率(Capital to Risk (Weighted) Assets Ratio, CRAR)，是指资本总额与风险加权资产总额的比例，反映了商业银行在存款人和债权人资产蒙受损失之前以自有资本承担损失的能力。风险加权资产(Risk-weighted Assets)是指依据风险大小对商业银行的资产加以分类，根据不同类别资产的风险性质确定相应的风险系数，以该系数为权重而求得的资产总和。

资本充足率 = 资本总额 / 风险加权资产总额

风险加权资产总额 = 资产负债表内资产 × 风险权数 + 资产负债表外资产 × 转换系数 × 风险加权数

2010年批准实施的《巴塞尔协议 III》中对银行资本充足率提出了更为严格的要求：商业银行的核心资本充足率由4%提升为6%，同时计提2.5%的防护缓冲资本和不高于2.5%的反周期准备资本，总资本充足率为8%。

2012年6月8日，中国银监会正式对外发布了《商业银行资本充足率管理办法(试行)》，该办法规定，系统重要性银行和其他银行的资本充足率要求分别为11.5%和10.5%，同时核心一级资本充足率为5%，并设定了六年的资本充足率达标过渡期，即要求国内商业银行于2018年底前达标。

对资本充足率进行严格监管有利于抑制风险资产的过度膨胀，保护存款人和其他债权人的利益，保证银行等金融机构正常运营和发展。

(二) 流动性监管

流动性(Liquidity)是指资产变现的能力，对于商业银行而言，流动性特指其满足存款人和贷款人资金需求的能力。缺乏流动性不仅影响银行业本身的正常经营，还将极大地打击市场信心，甚至酿成殃及整个金融市场的巨大风险和市场波动。2008年金融危机体现了过去在跨国经营机构流动性管理、流动性监管规则的制定、应急融资计划的可行性、资产流动性的评估等多方面的监管已经不能适应新的全球金融市场环境。在金融危机中，全球主要金融市场均出现了全局性的流动性危机，进一步促使在全球范围内强化对金融机构的流动性风险管理成为国际共识。

对于商业银行而言，银行由于其根本特征在于吸收存款的同时发放贷款——通过"杠杆化运作"和"期限转换"完成资金供给和需求的对接，从而使得商业银行自身存在着巨大的流动性风险。针对银行经营的特殊性，《有效银行监管的核心原则》(以下简称《核心原则》)指出："银行监管当局必须满意地看到，银行具备反映银行自身的风险状况的管理流动性战略，并且建立了识别、计量、监测和控制流动性风险及日常管理流动性的审慎政策和程序。监管当局应要求银行建立处理流动性问题的应急预案。"巴塞尔委员会将流动性风险监管提升到与资本充足监管同样重要的位置,认为流动性和资本要求同样具有无可替代的重要性,应成为监管改革重要的核心。2009年,巴塞尔委员会发布了加强全球银行业流动性监管的建议性文件《流动性风险的计量标准和监测的国际框架》,针对金融危机中银行暴露的流动性风险,该文件提出了流动性风险管理稳健框架的关键要素并介绍了流动性监管的指标和监测工具,为各国实施更为统一化、具备可操作性的流动性监管提供了参照性指导意见。我国也于2011年10月对外公布了《商业银行流动性风险管理办法(试行)》的征求意见稿。

(三) 业务范围监管

业务范围监管是对金融机构所提供金融产品和服务的类别与内容所采取的监管措施。各国依据其不同的经济和金融发展水平以及本国监管当局的监管水平采取了不同的业务范围监管方法。

在银行业监管方面,《核心原则》中原则二指出,"必须明确界定已获得执照并等同银行接受监管的各类机构允许从事的业务范围,并在名称上严格控制银行一词的使用。"但就具体的业务范围而言,国际尚未达成统一。发达金融市场多允许商业银行混业经营,给予商业银行足够的业务拓展和金融产品创新空间。我国金融机构实行严格的分业经营制度,对商业银行的许可业务范围进行严格的限制。我国《商业银行法》明确规定了商业银行可以经营的业务,包括吸收公众存款、发放短期长期贷款、办理国内外结算、发行金融债券等。我国实行分业经营意在引导金融机构的稳健发展,控制市场风险和盲目推进业务扩张的风险。随着金融业的创新与发展,银行业金融机构的业务朝着多样化方向发展,甚至不断打破传统的行业界限。但2008年金融危机中,银行业混业经营所带来的巨大风险与监管漏洞促使监管当局重新审视混业经营与分业经营的利弊。无论如何,对金融机构业务范围进行严格监管早已成为各国金融监管的共识。对于银行业而言,其经营范围、种类和方式必须由金融监管当局进行严格的审核。

(四) 贷款风险的控制

贷款风险(Loan Risk)主要是指贷款本息按期收回的可能性。由于银行的主要收入来源为发放贷款所获得的利息,因此,贷款风险是银行业金融机构面临的主要风险,也成为银行业监管的重要内容。贷款风险产生的根本原因在于,贷款人作为资金供给方与借款人作为资金需求方之间的信息不对称,因此,贷款风险主要表现为信用风险。同时,商业银行作为商事主体,为追求利润最大化,缺乏有效规避高风险借款人的动机,因此,缺乏有效监管的贷款市场最终可能导致信贷配给的产生或风险的增加。

针对贷款风险,《核心原则》中原则八规定:"银行监管当局必须满意地看到,银行具备一整套管理信用风险的程序;该程序要考虑到银行的风险状况,涵盖识别、计量、监测和控制信用风险(包括交易对手风险)的审慎政策与程序。"监管部门对于贷款风险的控制主要可引导商业银行采取五种策略。第一,风险规避策略,即要求商业银行建立完善的借款人信用审查制度,对借款人进行全面而细致的还贷能力审查,从源头控制贷款风险,规避高风险借款人。第二,风险分散策略,即限制银行对单个借款人发放过多的贷款,贷款限额的制定依据各国具体情况而不同,例如意大利规定单个借款者的贷款数额不得超过其自有资本,美国规定不得超过10%。第三,风险转嫁策略,即贷款人以某种方式将贷款风险转嫁给他人承担,如保险转嫁、保证贷款(担保贷款)等措施。第四,风险控制策略,监管当局通过制定政策、法规,引导商业银行建立贯穿于贷款全过程的风控制度,包括监督商业银行建立健全审贷分离制度、推广抵押贷款和质押贷款、加强贷后审查工作等。第五,风险补偿策略,即贷款风险发生后降低损失的策略。主要有自担风险和自保风险两种方式。自担风险是指贷款人在风险损失发生时将损失直接探入成本或冲减资本金;自保风险是指贷款人根据一定时期风险损失的测算,通过建立贷款呆账准备金补偿贷款坏账损失。鉴于贷款风险的发生不仅与商业银行的经营水平密切相关,还受到金融市场和实体经济的影响,因此,建立适当的风险补偿机制也是十分必要的。

(五)外汇风险管理

外汇风险又称汇率风险(Currency Risk),是指经济主体持有或运用外汇的经济活动中,因汇率变动而蒙受损失的可能性。外汇风险包括交易风险、折算风险、经济风险。商业银行的外汇风险主要是经营外汇业务所面临的外汇买卖风险、外汇信用风险以及清算风险。外汇买卖风险是指银行在外汇兑换和买卖过程中产生的风险。外汇信用风险是指外汇交易中当事人违约给银行带来的风险。清算风险是指外汇交易未能按规定时间履行付款责任的风险。

商业银行的外汇风险主要来自其外汇头寸变化,因此,各国的监管当局在依据本国金融发展水平和外汇市场开放程度制定监管制度的同时,对外汇头寸管理尤为重视。如英格兰银行对所有在英国营业的银行的外汇头寸进行监控,要求任何币种的交易头寸净缺口均不得超过其资本基础的10%,各币种的净空头寸数之和不得超过资本基础的15%。对于外国银行分支机构,英格兰银行要求其总部和母国监管当局要对其外汇交易活动进行有效的控制;日本要求外币银行在每个营业日结束时,其外汇净头寸(包括即期和远期)不得突破核准的限额;荷兰、瑞士对银行持有未保险的外币存款要求增加相应的资本金。

根据2010年发布的《国家外汇管理局关于银行结售汇综合头寸管理有关问题的通知》,我国按照以下原则对银行头寸进行管理:第一,法人统一核定,即银行头寸由外汇局按照法人监管原则统一核定,不对银行分支机构另行核定(外国银行分行除外);第二,限额管理,即外汇局根据国际收支状况和银行外汇业务经营状况等因素对头寸采取核定限额的管理模式;第三,按权责发生制原则管理,即银行对客户结售汇业务、自身结售汇业务和参与银行间外汇市场交易在交易订立日(而不是资金实际收付日)计入头寸;第四,按日考核和监管,即银行应按日管理全行头寸,使每个交易日结束时的头寸保持在外汇局核定限额内,对于临时超过限额的,银行应在下一个交易日结束前调整至限额内;第五,头寸余额应定期与会计科目核对。

(六) 准备金管理

准备金管理是指对商业银行库存的现金和按比例存在中央银行的存款进行合理运营与管理。准备金的提取比例即准备金率不仅影响着商业银行的资本充足性,还是宏观调控政策的重要工具。监管当局的主要任务在于,确保银行的准备金是在充分考虑谨慎经营和真实评价业务质量的基础上提取的。

准备金管理具体分为存款准备金管理、资本准备金管理和贷款准备金管理。鉴于银行业务的特殊性,监管当局的准备金管理主要集中于存款准备金方面。我国商业银行的存款准备金提取依照央行公布的存款准备金率提取,历次存款准备金率的调整不仅影响着商业银行业务开展,对金融市场和社会经济发展也具有政策导向意义。

二、日常经营监管的方式

中央银行对商业银行日常经营监管的方式包括现场稽核和非现场稽核。具体内容详见本书第十三章第三节。

第三节 银行业监管的国际准则——巴塞尔资本协议

20世纪70年代初期,随着布雷顿森林体系的崩溃和联邦德国赫斯塔特银行、美国富兰克林国民银行的相继倒闭,金融市场受到了极大的冲击。1975年,在国际清算银行的发起和支持下,"十国集团"(美国、英国、法国、联邦德国、意大利、荷兰、加拿大、比利时、瑞典、日本)以及瑞士、卢森堡中央银行行长在瑞士巴塞尔举行会议,讨论跨国银行的国际监管和管理问题,并成立了常设监督机构"巴塞尔银行监督委员会"。该委员会的主要职责是,交流金融监管信息、建立银行业最低监管标准、加强各国监管当局的国际合作和协调、维护国际银行体系稳健运行。对于银行业监管而言,巴塞尔协议的产生与革新在推动国际协作方面发挥了重要作用。

一、1988年的《统一国际银行资本衡量和资本标准的国际协议》

20世纪80年代初,与国际债务危机有关的全球金融风险不断增长,与此同时,世界主要跨国银行的资本充足率却呈现下降的趋势。为阻止银行体系资本充足率的进一步下降,并形成较为一致的资本充足性衡量方法和衡量标准,1988年7月,巴塞尔委员会颁布了《统一国际银行资本衡量与资本标准的协议》(Proposal for International Convergence of Capital Measurement and Capital Standards)。这个协议也称《巴塞尔报告》(Basel Report)或《巴塞尔资本协议》,目前业界经常提到的《巴塞尔协议》就是指该协议。

《巴塞尔协议》的突出贡献在于,提出了商业银行监管的最低资本充足率要求,确立了全球统一的银行风险管理标准,并强调了国家风险对银行信用风险的影响。其主要内容包括以下三个部分:

1. 规范银行资本的构成。该协议将银行资本分为两级——核心资本与附属资本。核心资本作为资本基础的第一级,是银行资本中最重要的部分,包括股本和公开储备。附属资本作为资本基础的第二级,包括非公开储备、重估储备、一般储备金、长期次级债务和带有债务性质的资本工具,其总额不得超过核心资本总额的100%。

2. 确定风险权重的计量标准。该协议根据银行资产的相对风险程度,设定银行资产和表外业务的风险权重,以评估银行资本的适当规模。具体的做法是,将资本与资产负债表上不同种类的资产风险以及表外项目所产生的风险挂钩。对于银行的资产,依据其风险大小,可分为五类:0%风险的资产、10%风险的资产、20%风险的资产、50%风险的资产、100%风险的资产。资产的风险越大,风险加权系数越高。银行的表外业务则应按照信用换算系数换算成资产负债表内的相应项目,然后依照风险权重计算。

3. 规定资本充足率目标。为确立统一的国际银行长期资本率标准,协议要求,自文件公布之日起,银行应逐步建立起所需的资本基础,到1992年年底,银行的资本对加权风险资产的比例应达到8%,核心资本应达到4%。

二、《新巴塞尔资本协议》

20实际90年代后,金融创新的快速发展极大地推动了金融衍生工具及其交易的增长,银行业也开始涉足衍生品交易,从而使得金融市场波动对银行业的影响日益加深。同时,英国巴林银行、日本大和银行的倒闭也引起了监管当局对于市场风险的重视。为应对金融市场的新形势,2004年6月,巴塞尔银行监管委员会根据第三稿的反馈意见推出了《新巴塞尔资本协议》(New Basel Accord),也称《巴塞尔协议Ⅱ》(Basel Ⅱ Accord)。

(一) 银行监管的三大支柱

《新巴塞尔资本协议》建立了银行监管的新框架,即最低资本要求、监管部门的监管监察以及市场约束,从而构成了著名的银行监管三大支柱。

1. 最低资本要求(Minimum Capital Requirement)。新协议保留了1988年协议中关于资本的定义、风险加权的计算以及资本充足率的要求,但对资本充足率的计算方法作了重要调整。新协议变更了资本充足率的计算公式,修改了信用风险的计算方法,并开创性地将操作风险纳入监管范畴。操作风险是指由于不正确的内部操作流程、人员、系统或外部事件所导致的直接或间接损失的风险。

2. 监管当局的监督检查(Supervisory Review Process)。新协议第一次将监管当局的监督检查列入资本监管框架中。协议要求监管当局根据银行的风险状况和外部经营条件,要求银行保持充足的资本应对市场风险,同时,促进银行提高其风险管理水平,完善内部控制水平。银行应按照其所承担的风险大小建立资本充足整体状况的内部评价机制,并制定维持资本充足的战略。监管当局应对银行资本下滑的情况及早进行干预。

3. 市场约束(Market Discipline)。新框架第一次引入了市场约束机制,强调市场力量在促进银行稳健、高效经营以及保持充足资本水平方面的作用。良好的市场约束机制能够促使经营状况良好的银行获得市场优势,以有利的价格从投资者、债权人、存款人及其他交易对手中获得资金,而风险管理欠佳的银行则需支付更高的风险溢价,从而促使银行提高经营管理水平,降低风险。协议提出,银行应当及时向社会披露关键信息,如对银行的资本结构、风险结构、资本充足率、内部评估系统及风险资产计量法、风险资产管理的战略与制度、管理过程等提出了定性和定量的信息披露要求;提出了银行应具有经董事会批准的正式披露政策,包括公开披露财务状况与经营状况的目的和战略,并规定了披露的频率和方式。信息披露有利于提高市场透明度,促进市场参与者作出理性判断,从而借助市场机制推动银行完善风险管理,提高市场效率。

(二)《新巴塞尔协议》的特点

1. 资本水平能够更真实地反映银行风险。新协议提出,银行资本储备除要反映其信用风险外,还必须同时反映调拨风险和操作风险;要借助外部信用评级确定资产风险权重,使风险衡量更为客观;在评估资产风险权重和资本充足率时,要考虑抵押品的价值和质量、担保人的信用和能力;在确定资本充足水平时,要充分考虑各种风险缓解技术、工具的影响。这些规定扩大了银行风险管理的范围,使风险计量更为谨慎、周密。

2. 进一步强调银行内控机制建设的重要性。新协议提出银行和监管当局可根据业务的复杂程度、银行自身的风险管理水平等灵活选择监管方式,提出综合考虑各种风险因素的充足的资本储备是银行风险管理的第一支柱,外部评级与内部评级体系是确定最低资本充足率的依托;在资产评级方面,除了继续保留外部评级这一方式外,更多地强调银行要建立内部的风险评估体系,并提供了标准化方案、初级内部评级方案、高级内部评级方案三种可供选择的方案。这些规定既强化了银行建立内控机制的责任,又增加了银行风险管理的灵活性。

3. 强化监管当局对银行风险管理的监管约束。新协议强调了监管当局的严格评估与及时干预,提出了监管当局要准确评估银行是否达到最低资本要求,评估银行资本水平是否与实际风险相适应,评估银行内部评级体系是否科学可靠;提出监管当局要及早干预,防止银行资本充足水平低于实际风险水平。这些规定强化了监管当局职责,硬化了对银行风险管理的监管约束。

4. 引入市场约束机制。新协议首次引入市场机制,并充分肯定了市场在银行资金分配和风险管理方面所发挥的积极作用。同时,协议在银行信息披露方面给出了较为详细的规定,有助于强化对银行的市场约束,提高外部监管的可行性和及时性。

三、《巴塞尔协议Ⅲ》

(一)《巴塞尔协议Ⅲ》的内容

2007年,美国次贷危机爆发,随着危机的蔓延与深化,大量金融机构破产或被收购,资本市场持续低迷,最终发展为全球性金融危机,重创实体经济。金融危机的爆发暴露了金融市场的缺陷和金融监管的漏洞,作为国际银行业监管基础的《新巴塞尔资本协议》也因监管标准的顺周期性和监管要求的风险覆盖能力不足而面临实质性的调整。为了进一步加强对银行的监管和风险管理,巴塞尔委员会以《巴塞尔协议Ⅱ》为基础,制定了一套全面的改革措施,即《巴塞尔协议Ⅲ》。2010年9月12日,巴塞尔委员会召开央行行长及监管当局负责人会议,就《巴塞尔协议Ⅲ》的基本框架达成一致。2010年11月,G20首尔峰会正式通过了该框架。

《巴塞尔协议Ⅲ》在资本管理方面作出了较大的改进,并结合全球经济和金融市场状况设计了详细的过渡期安排。其主要内容如下:

1. 提高资本监管要求

(1) 资本的新定义。在协议中,核心资本的重要性大大提升,附属资本概念则被弱化。协议将银行资本工具分为一级资本和二级资本,取消了专门用于抵御市场风险的三级资本,并增加了对原来的一级、二级资本的扣除项。其中,一级资本包含核心一级资本和其他一级资本。协议规定,只有能够在银行持续经营的条件下吸收损失的非普通股资本工具才可纳入一级资本,一级资本必须是扣除那些不在普通股项目下进行调整、资本质量较差、缺乏全球统一的监管调整标准和透明度不足的资产之后所得到的剩余资产。而二级资本则应能够在银行破产清算的条件下吸收损失。

（2）最低资本充足率要求。在最低资本充足率要求方面，协议要求全球各商业银行在五年内将一级资本充足率下限提高至6%，由普通股构成的核心一级资本占银行风险资产比率的下限提高到4.5%，而总资本充足率则保持8%不变。

2. 建立反周期资本监管框架

（1）反周期超额资本（Countercyclical Buffer）。协议要求，银行应保有0—2.5%的反周期超额资本。反周期超额资本与商业银行的信贷指标挂钩，其建立目的在于，防范银行在经济繁荣时期过度放贷而产生大量的隐形坏账风险，并帮助银行在经济下行周期抗击亏损。反周期超额资本在经济上升时期提高了对银行资本的要求，并用于经济衰退时期弥补损失，保证了银行能够持续达到最低资本要求，维护其正常信贷供给能力。

（2）资本留存超额资本（Conservation Buffer）。协议首次提出银行必须设立资本留存缓冲资金，即资本留存超额资本，占银行总资产的2.5%，以满足扣除资本扣减项后的普通股要求。资本留存缓冲资金由扣除递延税项和其他项目后的普通股权益组成。协议引入资本留存超额资本的目的在于，确保银行维持缓冲资金，以弥补银行在金融危机时期所蒙受的损失。该项规定将于2016年1月起使用，并于2019年1月开始生效。届时，要求资本充足率加资本缓冲必须达到10.5%，而核心一级资本比例加资本留存缓冲比例将达到7%。（详见下表）

表 14-1 《巴塞尔协议 III》的最低资本要求框架

《巴塞尔协议 III》最低资本充足率要求	总资本	一级资本	核心一级资本（普通股）
1. 最低资本充足率	8%	6%	4.5%
2. 超额留存缓冲资本	2.5%		
3. 反周期超额资本	0—2.5%		
最低资本充足率+超额留存缓冲资本	10.5%	8.7%	7%
最低资本充足率+超额留存缓冲资本+反周期超额资本要求	10.5%—13%	8.5%—11%	7%—9.5%
《巴塞尔协议 II》最低资本充足率要求	8%	4%	2%

3. 引入统一的杠杆率监管标准

金融危机中商业银行过高的杠杆率给银行带来了巨大的风险，同时，资本充足率要求无法反应表外总资产的扩张情况。因此，协议引入统一的杠杆率监管标准。协议定义杠杆率为银行一级资本占其表内资产、表外风险敞口以及衍生品总风险暴露的比率。协议将杠杆率最低标准定为3%。

4. 加强流动性风险管理

协议明确提出了两大流动性监管指标和四个方面的监测工具。

两大流动性监管指标分别是：流动性覆盖比率(Liquidity Coverage Ratio, LCR)和净稳定融资比率(Net Stable Funding Ratio, NSFR)。其中, 流动性覆盖比率是指优质流动性资产储备与未来30天的资金流量出量之比, 协议规定该比率不得低于100%。设置流动性覆盖比率的目的在于, 提高银行短期流动性, 以应对突发的流动性中断情况, 从而提高商业银行抵御短期流动性风险的能力。净稳定融资比率是指可用的稳定资金与业务所需的稳定资金之比, 协议规定该指标不得低于100%。引入该指标的目的在于, 鼓励银行通过结构调整减少短期融资的期限错配, 增加长期稳定的资金来源, 防止银行在市场繁荣、流动性充裕时期过度依赖批发性融资, 以提高商业银行在长期内抵御流动性风险的能力。

四个方面的监测工具包括：合同期限错配、融资集中度、可用的无变现障碍资产和与市场有关的检测工具。

5. 设立银行资本监管过渡期

协议为商业银行补充资本提供了充裕的时间。协议规定, 所有成员国执行期从2013年1月1日开始, 新协议中的各项要求将在过渡期内分阶段执行。

表14-2 《巴塞尔协议Ⅲ》过渡期分段表

	2011—2012	2013	2014	2015	2016	2017	2018	2019年1月1日起
杠杆率	监管检测期	过渡期为2013年1月1日至2017年1月1日, 从2015年1月1日开始披露					纳入第一支柱	
普通股充足率最低要求		3.5%	4.0%	4.5%	4.5%	4.5%	4.5%	4.5%
资本留存缓冲最低要求					0.625%	1.250%	1.875%	2.5%
普通股充足率加资本留存缓冲最低要求		3.5%	4.0%	4.5%	5.125%	5.750%	6.375%	7.0%
一级资本充足率最低要求		4.5%	5.5%	6.0%	6.0%	6.0%	6.0%	6.0%
总资本充足率最低要求		8.0%	8.0%	8.0%	8.0%	8.0%	8.0%	8.0%
总资本充足率加资本留存缓冲的最低要求		8.0%	8.0%	8.0%	8.625%	9.125%	9.785%	10.5%

(二)《巴塞尔协议Ⅲ》的影响

1. 对国际银行业的影响

就短期而言,协议对商业银行的资本充足率提出了更高的要求,尽管欧美国家的商业银行资本充足率普遍较低,但由于协议同时提出了长达八年的过渡期,因此,在短期内,协议对于欧美国家的商业银行以及金融市场的冲击不大。但是,考虑经济危机后美国经济的持续疲软以及欧洲主权国家债务危机的持续恶化,欧美国家商业银行提高资本充足率可能导致银行利润的下降,从而可能对实体经济复苏产生负面影响。亚洲商业银行的资本充足率普遍较高,因此,协议的新资本充足率要求对亚洲商业银行影响较小。

就长期而言,协议将推动商业银行回归传统的业务模式,降低国际化大银行的盈利预期,同时也将推动商业银行重新步入有机增长轨道,从而改善银行业的竞争环境。

2. 对国内银行业的影响

我国商业银行资本充足率普遍较高,因此,协议对我国商业银行的短期影响不大,贯彻《巴塞尔协议Ⅲ》在长期上将使我国商业银行依赖信贷资产高速扩张的发展模式面临严峻的考验,同时,我国资本补充机制的不健全将可能进一步强化资本乘数效应。另外,金融创新特别是商业银行表外业务、跨市场业务、衍生品交易扩张也将带来新的风险。

2011年5月,银监会正式发布《中国版巴塞尔协议Ⅲ》(详见本章专栏)。实施新资本监管标准不会对银行体系的信贷供给能力产生较大冲击,对GDP增长率的短期影响很小。目前,国内主要银行已经达到新监管标准,商业银行的资本缺口很小,无须大规模补充资本。但从长期看,由于国内经济增长对银行信贷供给的依赖性很强,为支持经济持续增长,银行信贷规模需保持一定的增长速度,为持续达到资本充足率的监管要求,商业银行不可避免地面临资本补充需求。

专栏 14-1

中国版巴塞尔协议Ⅲ
——中国银监会关于中国银行业实施新监管标准的指导意见(节选)

2010年12月16日,巴塞尔委员会发布了《第三版巴塞尔协议》(Basel Ⅲ),并要求各成员经济体两年内完成相应监管法规的制定和修订工作,2013年1月1日开始实施新监管标准,2019年1月1日前全面达标。《第三版巴塞尔协议》确立了微观审慎和宏观审慎相结合的金融监管新模式,大幅度提高了商业银行资本监管要求,建立全球一致的流动性监管量化标准,将对商业银行经营模式、银行体系稳健性乃至宏观经济运行产生深远影响。为推动中国银行业实施国际新监管标准,增强银行体系稳健性和国内银行的国际竞争力,特制定本指导意见。

一、总体目标和指导原则

(一)总体目标

借鉴国际金融监管改革成果,根据国内银行业改革发展和监管实际,构建面向未来、符合国情、与国际标准接轨的银行业监管框架,推动银行业贯彻落实"十二五"规划纲要,进一步深化改革,转变发展方式,提高发展质量,增强银行业稳健性和竞争力,支持国民经济稳健平衡可持续增长。

(二)指导原则

1. 立足国内银行业实际,借鉴国际金融监管改革成果,完善银行业审慎监管标准。基于我国银行业改革发展实际,坚持行之有效的监管实践,借鉴《第三版巴塞尔协议》,提升我国银行业稳健标准,构建一整套维护银行体系长期稳健运行的审慎监管制度安排。

2. 宏观审慎监管与微观审慎监管有机结合。统筹考虑我国经济周期及金融市场发展变化趋势,科学设计资本充足率、杠杆率、流动性、贷款损失准备等监管标准并合理确定监管要求,体现逆周期宏观审慎监管要求,充分反映银行业金融机构面临的单体风险和系统性风险。

3. 监管标准统一性和监管实践灵活性相结合。为保证银行业竞争的公平性,统一设定适用于各类银行业金融机构的监管标准,同时适当提高系统重要性银行监管标准,并根据不同机构情况设置差异化的过渡期安排,确保各类银行业金融机构向新监管标准平稳过渡。

4. 支持经济持续增长和维护银行体系稳健统筹兼顾。银行体系是我国融资体系的主渠道,过渡期内监管部门将密切监控新监管标准对银行业金融机构的微观影响和对实体经济运行的宏观效应,全面评估成本与收益,并加强与相关部门的政策协调,避免新监管标准实施对信贷供给及经济发展可能造成的负面冲击。

二、提高银行业审慎监管标准

根据《第三版巴塞尔协议》确定的银行资本和流动性监管新标准,在全面评估现行审慎监管制度有效性的基础上,提高资本充足率、杠杆率、流动性、贷款损失准备等监管标准,建立更具前瞻性的、有机统一的审慎监管制度安排,增强银行业金融机构抵御风险的能力。

(一)强化资本充足率监管

1. 改进资本充足率计算方法。一是严格资本定义,提高监管资本的损失吸收能力。将监管资本从现行的两级分类(一级资本和二级资本)修改为三级分类,即核心一级资本、其他一级资本和二级资本;严格执行对核心一级资本的扣除规定,提升资本工具吸收损失能力。二是优化风险加权资产计算方法,扩大资本覆盖的风险范围。采用差异化的信用风险权重方法,推动银行业金融机构提升信用风险管理能力;明确操作风险的资本要求;提高交易性业务、资产证券化业务、场外衍生品交易等复杂金融工具的风险权重。

2. 提高资本充足率监管要求。将现行的两个最低资本充足率要求(一级资本和总资本占风险资产的比例分别不低于4%和8%)调整为三个层次的资本充足率要求:一是明确三个最低资本充足率要求,即核心一级资本充足率、一级资本充足率和资本充足率分别不低于5%、6%和8%。二是引入逆周期资本监管框架,包括:2.5%的留存超额资本和0—2.5%的逆周期超额资本。三是增加系统重要性银行的附加资本要求,暂定为1%。新标准实施后,正常条件下系统重要性银行和非系统重要性银行的资本充足率分别不低于11.5%和10.5%;若出现系统性的信贷过快增长,商业银行需计提逆周期超额资本。

3. 建立杠杆率监管标准。引入杠杆率监管标准,即一级资本占调整后表内外资产余额的比例不低于4%,弥补资本充足率的不足,控制银行业金融机构以及银行体系的杠杆率积累。

4. 合理安排过渡期。新资本监管标准从2012年1月1日开始执行,系统重要性银行和非系统重要性银行应分别于2013年底和2016年底前达到新的资本监管标准。过渡期结束后,各类银行应按照新监管标准披露资本充足率和杠杆率。

(二) 改进流动性风险监管

1. 建立多维度的流动性风险监管标准和监测指标体系。建立流动性覆盖率、净稳定融资比例、流动性比例、存贷比以及核心负债依存度、流动性缺口率、客户存款集中度以及同业负债集中度等多个流动性风险监管和监测指标,其中流动性覆盖率、净稳定融资比例均不得低于100%。同时,推动银行业金融机构建立多情景、多方法、多币种和多时间跨度的流动性风险内部监控指标体系。

2. 引导银行业金融机构加强流动性风险管理。进一步明确银行业金融机构流动性风险管理的审慎监管要求,提高流动性风险管理的精细化程度和专业化水平,严格监督检查措施,纠正不审慎行为,促使商业银行合理匹配资产负债期限结构,增强银行体系应对流动性压力冲击的能力。

3. 合理安排过渡期。新的流动性风险监管标准和监测指标体系自2012年1月1日开始实施,流动性覆盖率和净稳定融资比例分别给予二年和五年的观察期,银行业金融机构应于2013年底和2016年底前分别达到流动性覆盖率和净稳定融资比例的监管要求。

(三) 强化贷款损失准备监管

1. 建立贷款拨备率和拨备覆盖率监管标准。贷款拨备率(贷款损失准备占贷款的比例)不低于 2.5%,拨备覆盖率(贷款损失准备占不良贷款的比例)不低于 150%,原则上按两者孰高的方法确定银行业金融机构贷款损失准备监管要求。

2. 建立动态调整贷款损失准备制度。监管部门将根据经济发展不同阶段、银行业金融机构贷款质量差异和盈利状况的不同,对贷款损失准备监管要求进行动态化和差异化调整:经济上行期适度提高贷款损失准备要求,经济下行期则根据贷款核销情况适度调低;根据单家银行业金融机构的贷款质量和盈利能力,适度调整贷款损失准备要求。

3. 过渡期安排。新标准自 2012 年 1 月 1 日开始实施,系统重要性银行应于 2013 年底前达标;对非系统重要性银行,监管部门将设定差异化的过渡期安排,并鼓励提前达标:盈利能力较强、贷款损失准备补提较少的银行业金融机构应在 2016 年底前达标;个别盈利能力较低、贷款损失准备补提较多的银行业金融机构应在 2018 年底前达标。

三、增强系统重要性银行监管有效性

根据国内大型银行经营模式以及监管实践,监管部门将从市场准入、审慎监管标准、持续监管和监管合作几个方面,加强系统重要性银行监管。

1. 明确系统重要性银行的定义。国内系统重要性银行的评估主要考虑规模、关联性、复杂性和可替代性等四个方面因素,监管部门将建立系统重要性银行的评估方法论和持续评估框架。

2. 维持防火墙安排,改进事前准入监管。为防止系统重要性银行经营模式过于复杂,降低不同金融市场风险的传染,继续采用结构化限制性监管措施:一是维持现行银行体系与资本市场、银行与控股股东、银行与附属机构之间的防火墙,防止风险跨境、跨业传染。二是从严限制银行业金融机构从事结构复杂、高杠杆交易业务,避免过度承担风险。三是审慎推进综合经营试点。对于进行综合经营试点的银行,建立正式的后评估制度,对于在合理时限内跨业经营仍不能达到所在行业平均盈利水平的银行,监管部门将要求其退出该行业。

3. 提高审慎监管要求。除附加资本要求之外,监管部门将视情况对系统重要性银行提出更高的审慎监管要求,以提升其应对外部冲击的能力:一是要求系统重要性银行发行自救债券,以提高吸收损失的能力。二是提高流动性监管要求。三是进一步严格大额风险暴露限制,适度降低系统重要性银行对单一借款人和集团客户贷款占资本净额的比例。四是提高集团层面并表风险治理监管标准,包括集团层面风险偏好设定、统一的风险管理政策、信息管理系统建设、集团内部交易等。

4. 强化持续监管。一是监管资源向系统重要性银行倾斜,赋予一线监管人员更广泛的权力,加强对系统重要性银行决策过程、执行过程的监管,以尽早识别风险并采取干预措施。二是丰富和扩展非现场监管体系,完善系统重要性银行的风险监管评估框架,及时预警、有效识别并快速处置风险。三是进一步提升系统重要性银行现场检查精确打击的能力,督促系统重要性银行加强公司治理和风险管理,防止和纠正不安全、不稳健的经营行为。四是实现功能监管与机构监管相结合,采用产品分析、模型验证、压力测试、同业评估等监管手段,保证监管技术能够适应系统重要性银行业务和组织机构日益复杂化的趋势。五是指导并监督系统重要性银行制定恢复和处置计划、危机管理计划,增强系统重要性银行自我保护能力。

5. 加强监管合作。在跨境合作方面,建立对境外监管当局监管能力的评估机制,健全跨境经营系统重要性银行的监管联席会议机制,提高信息交流质量,加强在市场准入、非现场监管、现场检查以及危机管理方面的合作。在跨业合作方面,在国务院统一领导下,监管部门将加强与人民银行、证券监管部门、保险监管部门的协调配合,构建"无缝式"金融监管体系,改进对银行集团非银行业务的风险评估。

专栏 14-2

宏观审慎政策框架新进展

宏观审慎管理的核心,是从宏观的、逆周期的视角采取措施,防范由金融体系顺周期波动和跨部门传染导致的系统性风险,维护货币和金融体系的稳定。作为危机后国际金融管理改革的核心内容,国际社会强化宏观审慎政策的努力已取得积极进展,初步形成了可操作的政策框架。

在政策工具方面,二十国集团(G20)于 2010 年末批准了《巴塞尔协议Ⅲ》的基本框架,包含了加强宏观审慎管理、增强逆风向调节的诸多进展。一是在最低监管资本要求之上增加基于宏观审慎的资本要求。要求银行保留 2.5% 的资本留存缓冲,以更好地应对经济和金融冲击。各国可根据"信用(贷)/GDP"超出其趋势值的程度等要求银行增加 0—2.5% 的逆周期资本缓冲,以保护银行体系免受信贷激增所带来的冲击,起到逆周期调节的作用。系统重要性银行还应在上述最低资本要求的基础上具备更强的吸收损失能力。二是加强对流动性和杠杆率的要求。提出了流动性覆盖比率(LCR)和净稳定融资比率(NSFR)两个标准,以提升金融机构管理流动性风险的能力。作为最低资本要求的补充,新的杠杆率测算纳入了表外风险,以一级资本占表内资产、表外风险敞口和衍生品总风险暴露来计算杠杆水平。

在国际金融管理改革实践方面，表现出由中央银行主导宏观审慎政策的趋势。根据金融改革法案，美国建立了金融稳定监督委员会，负责识别和防范系统性风险。法案强化了美联储对系统重要性金融机构的监管，授权美联储负责对大型、复杂金融机构实施监管，并对金融市场清算、支付、结算体系进行监管，发现、衡量并化解系统性金融风险。英国政府授权英格兰银行负责宏观审慎管理，通过在英格兰银行内设立金融政策委员会来制定宏观审慎政策，并把金融监管权从金融服务局转移到央行。英国将金融监管职责重新归入中央银行，表明其金融管理理念发生了重要变化。2011年9月新修订的《韩国银行法》也进一步强化了韩国银行的宏观审慎职能，赋予其维护金融稳定的必要工具和手段。日本银行通过多种方式履行宏观审慎职能，包括定期评估金融体系稳定性，将宏观审慎管理与微观层面的现场检查、非现场监测相结合，发挥最后贷款人职能为金融机构提供必要的流动性支持，从宏观审慎视角出发制定货币政策，监测支付结算体系等。国际清算银行(BIS)在有关央行治理和金融稳定的报告中指出，宏观审慎职责更适于划归央行，这主要是因为央行更适于承担宏观和系统性风险责任。国际货币基金组织(IMF)首席经济学家布兰查德在反思宏观政策框架的报告中也指出，中央银行具有理想的能力来监测宏观经济的变化，同时由于货币政策可能对杠杆和风险行为产生影响，因此也有必要把宏观审慎职责集中在中央银行。

作为G20成员，中国正在着力加强和完善宏观审慎政策框架。"十二五"规划明确提出"构建逆周期的金融宏观审慎管理制度框架"。当前，中国实行数量型和价格型相结合的金融宏观调控模式，中央银行既重视利率等价格型指标变化，也重视货币信贷增长状况，并运用信贷政策、差别准备金、调整按揭成数等手段加强宏观审慎管理，注重通过窗口指导等方式加强风险提示，取得了较好效果。国际金融危机爆发后，按照中央有关健全宏观审慎政策框架的部署，中国人民银行从2009年年中即开始研究进一步强化宏观审慎管理的政策措施，2011年通过引入差别准备金动态调整措施，把货币信贷和流动性管理的总量调节与强化宏观审慎政策结合起来，有效地促进了货币信贷平稳增长，提升了金融机构的稳健性。下一阶段，将在借鉴国际金融危机教训和国际上有效做法的基础上，结合中国国情，进一步健全宏观审慎政策框架，建立宏观审慎管理和微观审慎监管协调配合、互为补充的体制机制，发挥中央银行在加强逆周期宏观审慎管理中的主导作用，不断完善相关管理手段。

资料来源：2011年第四季度中国货币政策执行报告。

本章小结

中央银行对商业银行的监管主要包括：市场准入监管、市场退出监管和日常经营监管。中央银行审批商业银行需考虑的主要因素包括：银行的注册资本金、高级管理人员素质以及银行业竞争状况和社会经济发展需要。我国商业银行的设立严格依照《商业银行法》的规定由银监会负责审批。商业银行的市场退出受到我国《商业银行法》以及《公司法》的约束。相对于一般上市企业而言，银行业的市场退出受到央行更为严格的监管和审批。商业银行市场退出原因主要有主动退出和被动退出两种，方式主要有接管、解散、并购、撤销、破产五种。

针对经营出现问题的商业银行，央行采取的救助措施主要有贷款救助和建立并完善存款保险制度。央行的贷款救助主要有再贴现、抵押贷款和信用贷款三种形式。贷款救助容易滋生道德风险，可能对市场竞争产生负面影响，因此，央行应审慎运用贷款救助。存款保险制度是由符合条件的各类存款金融机构集中起来建立保险机构，各存款机构作为投保人按一定存款比例向其交纳保险费，建立存款保险准备金，当成员机构发生经营危机或面临破产倒闭时，存款保险机构向其提供财务救助或直接向存款人支付部分或全部存款。

商业银行日常经营监管的内容包括：资本充足率监管、流动性监管、业务范围监管、贷款风险控制、外汇风险管理、准备金管理。日常经营监管的方式主要有现场稽核和非现场稽核。

巴塞尔资本协议是当今商业银行国际监管的重要准则。1975 年《巴塞尔协议》的产生标志着银行业监管的国际合作正式开始。2004 年发布的新《巴塞尔协议》确立了银行监管的三大支柱，即最低资本要求、监管当局的监督检查和市场约束。2010 年公布的《巴塞尔协议Ⅲ》在资本管理方面提出了更高的要求，引入反周期超额资本和资本留存超额资本以建立反周期资本框架，引入统一的杠杆率监管标准并提出加强银行流动性风险管理。《巴塞尔协议Ⅲ》提出了长达八年的资本监管过渡期，有利于商业银行平稳过渡和维护金融市场稳定。针对《巴塞尔协议Ⅲ》并结合中国银行业发展现状，中国银监会发布了《中国版巴塞尔协议Ⅲ》。

关键词

银行业市场准入　银行业市场退出方式　存款保险制度　资本充足率　流动性风险　现场稽核　巴塞尔协议　银行监管三大支柱　核心资本　附属资本　一级资本　核心一级资本　二级资本　反周期超额资本　资本留存超额资本　流动性覆盖比率

思考题

1. 简述商业银行市场准入审核的主要考察因素。
2. 简述商业银行市场退出的主要形式。

3. 商业银行日常经营监管的主要内容。
4. 简述存款保险制度的内容与作用。
5. 为什么央行贷款救助可能提高商业银行的经营风险?
6. 简述巴塞尔协议的历史沿革。
7. 比较《巴塞尔协议Ⅲ》与《新巴塞尔协议》的内容。

第十五章　中央银行对外汇、外债和国际储备的监管

内容提要

经济全球化趋势使得各国经济、金融活动的相互依赖日益加深。中央银行作为对本国经济和金融活动实施调控和监管的主体,有责任保证本国对外目标,即国际收支的平衡。因此,中央银行应根据本国的具体情况制定相应的外汇、外债和国际储备的监管政策。与此同时,在金融机构体系中,除银行金融机构外,保险机构、证券机构、信托金融机构、合作金融机构、财务公司等也都发挥着重要作用。中央银行加强对这些金融机构的监管,保证其稳健运作和健康发展,对于实现金融监管总体目标和整个金融体系的稳定具有十分重要的意义。本章对于中央银行对外汇、外债及国际储备的监管内容及我国中央银行对上述领域的监管进行详述,并对其他非银行金融机构分类进行详述。

第一节　中央银行对外汇的监管

中央银行对外汇进行监管,是指为稳定本国货币的对外汇率,保持国际收支的相对平衡,采用经济、法律、行政的手段,对其境内和其管辖范围内的本国与外国的单位及个人的外汇收付、外汇买卖、外汇结算及其他外汇业务采取限制性措施。不同的国家或同一国家在不同的发展阶段,外汇管理的范围不一、程度不同,但总体上包括对贸易外汇、非贸易外汇、资本输出输入、外汇汇率等进行调控与管理等方面的内容。

一、中央银行外汇监管的主要内容

(一) 对贸易外汇的监管

贸易收支是国际收支最主要的项目,贸易外汇收支的状况对一国国际收支的状况具有非常重要的影响。因此,外汇资金短缺或有贸易逆差的国家,都企图通过对贸易外汇的管理达到鼓励出口并集中贸易外汇收入、限制进口贸易的外汇支出的目的。所以,贸易外汇的管理包括对进口付汇的管理和对出口收汇的管理两个方面。

第一,对进口付汇的管理。在对贸易外汇实行管制的国家,一般都实行进口

许可证制度。进口商只有获得进口许可证才能购买进口所需外汇。大多数发展中国家都如此。为保护本国经济，各国一般都限制与其国内生产竞争的商品进口，并禁止某些奢侈品和非必需品的进口。目前，在进口管制方面，除少数亚洲和南美洲国家外，一般发展中国家都加强了进口管制，除实行进口许可证制度外，还经常要采取以下方法：(1) 实行限量，包括对进口总量或某项商品进口实行限制。如马来西亚规定，作为保护国内工业的临时性措施，对某些进口商实行限制，并规定进口机动车辆须有特别许可证，且受到数量限制；土耳其则将进口分为两类，其中一类为公布总配额的进口，商业部对所有配额进口按其每一配额项目确定的数量限度分配外汇。(2) 征收进口税和进口附加税。如印度规定除进口税外，对进口商品还要从价征收5%、15%或20%的附加税；利比亚规定进口商品须缴纳关税和海关附加税，后者合计为应缴关税的15%。(3) 对进口规定预存保证金。如菲律宾规定，一般情况下，指定银行要求厂商在开信用证时预付20%或50%的保证金；摩洛哥规定，在指定银行登记进口交易时，应存入相当于进口所花费外汇总额25%的不计利息的预付进口保证金。(4) 实行国家对某些进口产品的专营。如印度尼西亚规定，国家基本贮备的某些物资进口由国营公司经营，称为"保留进口项目"。(5) 对进口实行国家统一控制，所有进口统一由国家指定的进口单位办理。如缅甸规定，所有进口由缅甸进出口公司或以该公司名义办理。

第二，对出口收汇的管理。各国一般对出口采取鼓励政策，以扩大出口，增加外汇收入。其主要措施包括信贷支持、出口补贴和出口退税等。在奖励出口的同时，为了保证出口，外汇管理的国家对出口收汇都有严格规定。一般规定出口商应将所得外汇的部分或全部按规定汇率出售给指定部门，如指定的外汇银行。出口商必须向外汇主管机关申报出口商品的价格、金额、结算方式、支付货币和期限等内容，以便外汇管理机关对收汇情况进行监督检查。出口商收到外汇后，必须及时向外汇主管部门申报和缴售。为了保证出口外汇能够按照规定出售给指定部门，各国大都采取出口许可证制度。此外，为鼓励出口，有些国家实行外汇留成制，允许出口商获得外汇后，将其中一部分留下自己使用或以较高价格卖出。实行严格外汇管理的发展中国家多数都采取上述办法对出口外汇进行管理，如菲律宾、印度尼西亚、巴基斯坦、印度、土耳其等国都要求出口收汇全部缴售。

(二) 对非贸易外汇的监管

非贸易外汇收支又叫无形外汇收支，指贸易收支和资本流动以外的各项外汇收支，包括运输费、保险费、港口使用费、国际邮电费、佣金、利息、股息、利润、专利费、稿费、驻外机构经费、旅游费、赡养汇款等。对于其中的外贸从属费用，如运费、保险费、佣金等，基本上按照贸易外汇管制条例处理。对非贸易外汇管理的目的在于集中外汇收入，限制外汇支出。因此，对非贸易外汇的管理也分为非贸易外汇收入管理和非贸易外汇支出管理两个方面。

第一，非贸易外汇收入管理。在实行非贸易外汇管理的国家，一般都要求将所有非贸易外汇收入缴售给指定机构。目前，世界上除一些发达国家、南美洲国家、东南亚国家和中东、北非的几个国家之外，几乎都采取了这类管理措施。

第二，非贸易外汇支出管理。一般规定对汇出款项和出口旅游费用支出，需经外汇管理部门批准后才能汇出。很多国家对个人所需外汇，如出国旅行费用、留学费用、赡养费用等还规定了一定限额，在限额内可由指定银行直接供给外汇。如泰国规定，非贸易支付须经批准，除国外旅行、国外赡养、国外学习费用外，指定银行可批准每笔不超过140美元等值的外汇，同时还对个人出国旅游、商业旅行和赡养汇款规定了不同限额。此外，有些国家还对旅行者出入国境携带本币和外币都规定了限额，个别国家则禁止出入境旅客携带现钞，如哥伦比亚。

（三）对资本输出输入的监管

资本收支是国际收支的重要项目，对一国国际收支状况有重要影响。各国实施外汇管理时，都非常重视对资本收支的管理，由于发达国家和发展中国家国情不同，对资本收支的管理也各不相同。资本收支的管理包括资本输入管理和资本输出管理两方面。

第一，资本输入管理。发达国家在第二次世界大战前和战后初期，对资本输入一般不加限制，当时许多国家如英国、法国、联邦德国等都不得不从美国输入资本。20世纪60年代后，随着各资本主义国家经济实力的增强以及西欧共同市场的成立，各国开始对美国资本的输入及欧美各国之间的相互投资采取限制性措施。特别是那些国际收支长期顺差，本币面临升值压力的发达国家，为防止资本大量流入造成输入性通货膨胀，对资本的输入采取了更严格的限制措施。这些限制性措施包括：(1) 严格控制本国企业和跨国公司向外借款。如瑞士规定，本国企业向国外借款需经批准。(2) 规定本国银行吸收非居民存款要缴纳较高比例的存款准备金。如联邦德国规定，银行吸收的国外存款要缴纳90%或100%的准备金。(3) 有些国家规定对非居民活期存款不付利息，甚至在一定时期内还对超过规定的存款余额向存户加收一定比例的利息。如瑞士曾规定对非居民超出十万瑞士法郎的存款不但不付利息，而且还要每季倒收10%的利息。(4) 限制非居民购买本国的股票、债券以及向本国贷款或投资，规定非居民持有本国股票和债券所得收入要缴纳较高比例的所得税。如日本禁止非居民增加其有价证券持有额；联邦德国规定凡利用外资和贷款超过五千马克者，需经中央银行批准。发展中国家的情况完全不同。由于普遍面临生产技术水平落后、资金短缺与迅速发展本国经济的矛盾，发展中国家一般都采取措施鼓励外国资本在本国投资,以优惠政策吸收外资流入,如降低税率,允许投资利润自由汇回等。如泰国规定,外国在泰投资可享受优惠待遇,包括保证本年度净收入汇出国外和资本汇出国外。

第二,资本输出管理。发达国家由于自身资金实力雄厚,需要寻找更为有利的投资场所,进一步占领国际市场,一般都允许资本自由输出。发展中国家为了发展民族经济,在积极引进外资的同时,也采取措施限制本国资金外流。如禁止携带有价证券出境,限制向国外投资,禁止购买外国股票、债券,限制资本转移等。如阿尔及利亚规定,一般不允许居民在外国购买资本资产;埃及规定限制向国外的资本转移,规定移居国外的埃及人转移资本的限额。

（四）对非居民存款账户监管

在当前国际上广泛实行非现金结算制度下,国际结算大多是通过转账来进行的,银行存款账户上的资金转移,在一定程度上也影响账户所在国的国际收支。所以,一些国家也将非居民存款账户列入外汇管制范围。多数发达国家和一些南美、中东、东南亚国家对非居民账户没有特殊限制,其他国家对此都有不同程度的限制,一般做法是,根据银行账户存款所属的国别和产生原因给予不同程度的管制。如芬兰对非居民账户的管理规定,非居民账户分为可兑换账户、限制性账户和资本账户三类。可兑换账户是为从外国银行直接收到芬兰货币、携入的芬兰货币、来自其他可兑换账户拨款以及被批准可以汇往国外的芬兰马克款项设立的账户,此账户可自由借记并可将余额汇往任何国家;限制性账户由与芬兰签订双边支付协定的国家居民持有,可自由贷记,余额可汇往有关双边国家;资本账户由其他非居民账户组成,主要用于资本性质支付,除少数例外情况外,必须经芬兰银行的许可才能将此账户的资金拨给另一非居民或汇往国外。澳大利亚规定,所有贷记非居民账户上的款项需经批准,批准条件如同向该存款人的居住国汇出款项一样,非居民账户上的余额可自由兑换货币提取。有些国家还把非居民账户分为境外账户与限制性账户、冻结账户或移民账户,前者可以自由转移,后者支取款项须经批准。

（五）对黄金输出入监管

实行外汇管理的国家对黄金输出入的管理重点放在限制其输出上,一般禁止私人输出黄金。携带黄金出境,须提供外汇管理部门的证明或入境时的海关申报单。当黄金被用于国家的国际收支时,由中央银行或指定银行办理其输出入。有些国家对携带黄金饰品出境有一定数量限制,限额以内可自由携带出境,超过限额则要经主管部门批准。对于黄金输入,多数国家不加限制,只要向海关申报即可携带入境,但也有个别国家禁止私人输入黄金,如法国。主要工业国家对黄金买卖、持有和输出入都无管制。1980 年以来,各国在黄金管制方面发生了一些变化,有些国家放松了管制。如斐济将买、卖、借入和借出黄金合法化,马来西亚取消了对所有商业性进出口黄金的限制。也有些国家对黄金交易加强了管制,如印度只允许增值税在15%或15%以上的金饰品出口。还有些国家对黄金征税,德国曾规定对出售外国法偿金币要征收增值税,墨西哥对出售黄金的超额利润征税40%。

（六）对汇率的调整和管理

第一,汇率的调整。70年代初,随着布雷顿森林制度的解体,许多国家开始实行浮动汇率制度,汇率经常调整,调整方式包括以下几种:(1)盯住某一国家的货币调整汇率。一般在当天的汇率超过前一天汇率上下1%时就要调整。目前,在国际货币基金组织成员国中出现了逐渐放弃这一做法的趋势,但现仍有55个成员国的货币盯住一种货币。其中盯住美元的有37个国家,如埃及、利比亚、委内瑞拉、罗马尼亚等;盯住法国法郎的有13个国家,如马里、刚果等;其余5个国家分别盯住英镑、印度卢比、西班牙塞塔和南非兰特。(2)盯住特别提款权调整汇率。特别提款权是国际货币基金组织创设的一种记账单位,实行浮动汇率后,用"一篮子货币"定值。从1981年1月起,"一篮子货币"以五种货币定值,其中美元占42%,联邦德国马克占19%,法国法郎、日元、英镑各占13%。目前,缅甸、几内亚、伊朗等14个国家使用此方法。(3)按"一篮子货币"计算汇率。这种方法是选择若干种同本国对外贸易有关的货币,并根据这些国家的双边贸易值占其对外贸易总值的比例作为权数,随着市场汇率的变动加权计算,算出本国货币的汇率。近年来,越来越多的国家采用这种方法,目前已有24个国家采取此种方法,如奥地利、瑞典、新加坡、中国等。(4)实行联合浮动。欧洲货币体系成员国的货币汇率采用这一方法,即在成员国货币之间保持固定比率,当汇率上下波动幅度超过2.25%时,就采取行动干预市场,以维持各国货币之间汇率的稳定,但对其他货币的汇率则允许自由浮动。(5)实行灵活浮动。其中包括:没有限制的单独浮动,如美国、英国、日本、加拿大等8个国家;按照一套指数的计算方法不加限制地调整汇率,如巴西、智利、葡萄牙等国;有管理的浮动,即政府进行干预使市场利率向对本国有利的方向浮动,如阿根廷、西班牙、土耳其等国家。

第二,汇率的管理。汇率是宏观经济管理中的一项重要政策工具。为了稳定汇率和促进国际收支平衡,各国都对汇率进行管理和控制。虽然各国情况不同,采取的措施也不一样,但大体可分为直接管理和间接管理两类,而且管理一般由中央银行进行。(1)直接管理。其做法主要是规定各项外汇收支分别按不同的汇率结汇,实行复汇率制度。复汇率制度有以下三种形式:差别汇率、外汇结汇证制度、官方汇率和市场汇率混合使用。这些措施的目的一般都在于奖出限入及调整进口商品的结构。国际货币基金组织规定,不允许成员国在贸易上采取多种汇率,但允许资本项目和贸易收支使用不同汇率。不过国际货币基金组织并不强制其成员国取消多种汇率。(2)间接管理。其中最重要的方式是在中央银行建立外汇平准基金,为此进行外汇买卖,对汇率的波动起缓冲和稳定作用。

二、外汇管理的经济分析

外汇管理就单个国家而言,在特定环境下实施,固然可收到良好效果,然而,国际经济关系日益紧密,任何一个国家的经济必然受到国际经济与世界贸易的影响与制约,所以,外汇管理利之所在,弊亦随之。对一国经济而言,外汇管理效果是好是坏,完全取决于该国当时所处的经济环境与背景以及所要达到的经济目标,必须具体问题具体分析。

通常认为,外汇管理有积极作用的一面。如可以防止资金外逃,特别是当资金大量外移、国家外汇储备锐减、汇率剧烈波动时,有必要采取外汇管理,直接控制外汇的供需。有些货币高估的国家,为保证法定汇率在一定时期和一定范围内的稳定,也有必要实行外汇管理。同时,实行外汇管理,还便于本国财政、货币政策的推行,减少外来因素的干扰。另外对发展中国家来说,还可以起到保护本国产业的作用。

但是外汇管理的作用也是相对的。通常认为,外汇管理虽可使汇率在一定时期和一定范围内保持稳定,但由于影响汇率稳定的因素很多,单纯依靠外汇管理措施以求汇率的长期稳定是不可能的。同时,过分严格的外汇管理还可能限制国际贸易的发展,限制资本流入,导致国外投资的减少,不利于经济的成长与国际收支的改善。

我国作为发展中国家,目前对外汇实行比较严格的管理,其目的在于促进国际收支平衡,促进国内经济建设协调发展。现阶段我国实行外汇管理的作用主要有以下三个方面:

首先,通过外汇管理,大力增加外汇收入,合理使用外汇,保持国际收支平衡。外汇是对外交往的媒介,没有一定的外汇收入和外汇储备,难以开展对外交往。我国是发展中国家,外汇短缺成为制约我国对外经济贸易发展以及国内经济建设增长的重要因素之一,因此,现阶段实行外汇管理很有必要。一方面可运用各种方式促进出口创汇,既扩大贸易外汇收入,又扩大非贸易外汇收入;另一方面,又把外汇支出管理起来,统一安排,灵活调度,合理节约地使用创汇资金,最终实现国际收支平衡。

其次,通过外汇管理,促进对外金融和外向型经济的发展。我国作为发展中国家,在现代化建设过程中,必须利用国内外两种资源,开拓国内外两个市场,积极鼓励出口和引进外资,对重点行业、地区和创汇型大企业给予外汇支持,同时有计划、有效益、安全灵活地统一经营国家的外汇储备,保证外汇支付能力,从而促进对外经济的扩大与发展。

最后,通过外汇管理,还可促进国内经济协调发展。实行外汇管理,发展对外经济归根结底是为了促进国内经济建设,加快现代化步伐。我国实行社会主义市场经济,对外金融、对外贸易、外汇收支与国内生产、流通、市场供求有着极其密切的关系,外汇资金的分配与平衡,是整个国家资金分配和平衡的重要组成部分。所以,外汇管理的具体措施,要与国内经济发展的需要相适应,制定符合实际需要、具有灵活弹性的外汇管理政策与措施,必将促进与保证国内经济的协调发展。

三、我国中央银行的外汇管理

我国外汇管理的基本任务是:建立独立自主的外汇管理制度,正确制定国家的外汇法规和政策,保持国际收支的基本平衡和汇率的基本稳定,有效地促进国民经济的持续稳定发展。

(一) 改革后外汇管理体制的变迁(1979年—1993年)

1979年后,为了适应对外开放和经济体制改革,特别是对外贸易体制改革的要求,我国对外汇管理制度进行了改革。外汇管理由高度的计划控制逐步转变为更多地依靠间接的市场调控手段。

1. 设立专门的外汇管理机构。1979年3月,国务院批准设立国家外汇管理总局,赋予其管理全国外汇的职能。1982年8月,改称国家外汇管理局,划归中国人民银行领导。1990年1月,国务院又决定国家外汇管理局改为国务院领导下的国家局,由中国人民银行归口管理,以便进一步加强外汇管理工作。

2. 公布外汇管理条例和各项实施细则。如1980年颁布《外汇管理暂行条例》,此后陆续公布了三十多个细则。我国外汇管理的立法和制度日趋完善。

3. 改革外汇分配制度,实行外汇留成制。1979年8月,国务院颁发了《关于大力发展对外贸易增加外汇收入若干问题的规定》,恢复外汇留成制。外汇留成是外汇额度留成,而非外汇现汇留成。留成外汇是计划分配外汇的补充,对奖励出口、弥补出口亏损、调动各方面创汇的积极性以及发展生产都起到积极作用。

4. 建立外汇调剂市场,对外汇进行市场调节。1979年实行外汇留成办法后,客观上产生了调剂外汇余额的需要。1980年国家外汇管理局、中国银行制定《调剂外汇暂行办法》。1986年国家外汇管理局颁布了《办理留成外汇调剂的几项规定》。1988年国家外汇管理局制定了《关于外汇调剂的规定》,在各省、自治区、直辖市建立外汇调剂市场。

5. 引进外资银行,建立多种形式的金融体系。1982年开始,我国首先在深圳特区引进外资银行。1985年国务院颁布《经济特区外资银行、中外合资银行管理条例》后,在经济特区及上海等沿海城市批准了一批经营外汇业务的外资银行及中外合资银行,与此同时还设立一批全国性和区域性的综合银行,逐步形成一个以外汇专业银行为主,多种金融机构并存的外汇金融体系。

6. 积极利用外资,加强外债管理。从1979年起我国实行积极利用外资政策,并建立了严格的外债管理制度,这对引进外国先进技术,解决国内资金不足,加速国民经济发展起了一定的作用。

7. 放宽对国内居民的外汇管理。1979年起实行居民收入的外汇按规定比例留存的办法。从1988年起国家银行开办了居民外汇存款,外国和港澳地区汇给国内居民的汇款和居民持有的外币现钞都允许存入银行并允许在规定范围和用途内提取外汇、外钞,或进行外汇买卖和出境使用。

(二) 并轨后外汇管理体制发展阶段(1994年至今)

1993年12月28日,中国人民银行总行公布了我国外汇管理体制的新方案,并于1994年1月1日起实行,这次改革有以下几方面:

1. 实现人民币官方汇率和调剂价格并轨,实行以市场供求为基础的、单一的、有管理的浮动汇率制度。

2. 实行银行结售汇制度,取消外汇留成和上缴制,采取结售汇制度,取消了经常账户正常对外支付用汇的计划审批制度。

3. 建立银行间外汇交易市场,改进汇率形成机制。银行间外汇市场的功能主要是为各外汇银行提供相互调剂余缺和清算服务,这个市场设在上海,于1994年4月开始运行。

4. 取消外汇收支的指令性计划。

以上的改革使我国外汇管理体制进入一个全新的阶段,以管理浮动汇率制取代了官方汇率与调剂价并存的双重汇率制,以结售汇制取代了留成制,以银行间外汇市场取代了外汇调剂市场,以单一货币取代多种货币流通和计价。这些改革使我国外汇管理体系进入一个更市场化、高效化的新时期。

为了改变多年来外汇立法落后于外汇管理改革实践的现状,1996年我国在外汇管理法制建设方面做了大量工作:

1. 发布实施《外汇管理条例》。该条例于1996年1月29日由国务院发布。该条例作为外汇管理的根本性法规,以最高层次的外汇立法形式确定了1994年以来外汇体制改革的成果,将外汇管理工作纳入法制化。1997年1月14日该条例进行了修正。

2. 建立了较为完善的经常项目管理法规体系。1996年5月国家外汇管理局发布了《境内居民外汇存款汇出境外的规定》和《境内居民因私兑换外汇管理办法》,提高了境内居民因私出境兑换外汇的标准,扩大了因私用汇的兑换范围。为规范结汇、售汇及付汇行为,实现人民币经常项目下的可兑换,1996年6

月20日中国人民银行发布了《结汇、售汇及付汇管理规定》,并从7月1日起正式实施。之后又相继制定15个配套办法,取消了尚存的经常项目兑换限制,使我国提前实现了人民币经常项目可兑换,为我国承诺接受IMF第八条款义务提供了法律依据。

近年来,国家外汇管理局加大了电子化建设的进程,与海关总署联合开发了"中国电子口岸—进口付汇系统",改进了进口付汇核销方式。为了进一步简化进口付汇核销手续,方便进口商的经营活动,支持外向型经济的发展,国家外汇管理局发布了《货到汇款项下贸易进口付汇自动核销管理规定》。从2004年9月1日起对结算方式为"货到付款"的进口付汇业务实行自动核销,并简化银行审核单证。这是国家外汇管理局改进服务,促进贸易便利化的又一举措。

3. 进一步完善资本项目管理规定。人民币经常项目可兑换后,如何管理好资本项目,防止资本项目资金混入经常项目流入和流出,国家外汇管理局在资本项目管理方面加强了立法工作。1996年9月26日中国人民银行发布了《境内机构对外担保管理办法》,完善资本项目管理,为我国最终实现人民币资本项目可兑换做好准备。

4. 逐步完善对金融机构经营外汇业务的监管制度。

5. 建立健全国际收支统计申报制度。

6. 对外汇管理法规、规章和其他规范性文件进行全面清理,取消相关的行政许可项目。为了贯彻实施《行政许可法》,经国务院行政审批制度改革领导小组审核确定,2004年8月国家外汇管理局宣布了保留的39个行政审批项目,取消了8个行政审批项目。具体包括:远洋渔业企业年度购汇限额核准、境外工程使用物资备案核准、对外支付超过规定比例和金额的预付货款核准、转口贸易项下外汇收支备案及对外支付核准、出口收汇核销员管理备案、国际收支收报员认定、外汇制定银行结汇、售汇业务从业人员资格核准以及保险公司外汇业务从业人员资格核定。

第二节 中央银行对外债的监管

一、中央银行外债管理的主要内容

按照世界银行、国际货币基金组织、国际清算银行和经济合作与发展组织对外债的定义,外债指的是:在任何特定的时间,一国居民对非居民承担的、已拨付尚未清偿的、具有契约性偿还义务的全部债务,包括需偿还的本金(不论是否需支付利息)及需支付的利息(不论是否需偿还本金)。

(一)中央银行管理外债的目标

中央银行管理外债的总目标是:使所借入的外债成为国民经济持续稳定发

展的催化剂,同时要避免将来出现偿债困难或债务危机。即以国外资本的流入赢得经济发展的时间。

1. 保证借入的国外资金以适宜的或较好的贷款条件持续流入经济发展所需要的部门。对于资金短缺的发展中国家来说,其国内各个借款人作为个别的实体,或者由于其对外借款需求的短期行为冲动,或者由于其缺乏经验和借款技巧,未必能在国际资本市场上以适宜的贷款条件筹集到所需的资金。外债管理部门通过对外债借入的指导和管理,应能起到协调国内需求和国外市场资金供给的作用。

2. 应使利用外债的项目都能取得好的经济效益。借入外债是对未来国民收入的预支。只有取得良好的经济效益,这种预支才是有利的。

3. 通过外债管理,应能保证所借入的外债都能按时偿还。按时偿还就能赢得良好的信誉。好借好还,信誉好才易于借到新的外债,才能够取得较优惠的贷款条件。拖欠债务,还要支付罚息,这些不必要的损失,都应通过良好的外债管理加以避免。

(二) 中央银行管理外债的内容

作为管理外债重要职能部门之一的中央银行,应对外债的借、用、还三个方面进行管理,即应保证借好、用好、还好外债。

1. 外债的借入管理

(1) 外债总规模的管理。在一定时期内借入多少外债取决于国家的总体经济实力和对外债的偿还能力,监控指标对于测算合理的外债规模有一定的参考价值。偿债率、债务率等指标,都应控制在一定的范围之内。对于国家在一定时点已达到的外债规模,中央银行的外债信息监测系统应及时作出报告。

(2) 债务类型结构的管理。筹措外债的形式多种多样。一般来说,政府贷款和国际金融组织贷款利率较低,借款期限长,条件比较优惠,在可能的情况下可以考虑多借;商业贷款利率、期限都不如官方贷款优惠,所借比例应适当控制;融资租赁的设备入境即可生产,能较快发挥效益,也是一种可用的借债形式。

(3) 货币结构的管理。不少国家在测算外债规模时以美元为计算单位,但在实际借入外债时,往往有多种货币。在国际市场上,由于不同币种间的汇率经常变化,因而存在着汇率风险。从微观上看,如果一个借款单位借入的币种与其将来可能获得收益的币种不一致,在偿还债务时就有一个将所收益币种转换为用以偿还债务所需的那一币种的问题。比较稳妥的办法是,使借入币种与收益币种尽可能一致,或者使借入的币种多元化。从宏观上看,国家整体外债的货币构成也应与本国出口和劳务收入的货币构成及外汇储备的货币构成相协调,同时还要考虑各币种汇率的未来变动趋势及币种的多元化,这样可减少汇率风险。

(4) 期限分布的管理。这有两方面内容,一是长短期债务的比例要适当,短期债务不宜过大,一般以控制在不超过总债务的20%—25%为宜。二是还款年期要均衡,应避免还款期过于集中在某一年,形成偿债高峰。债务管理部门应对今后各年的还债情况进行测算,如果预计今后某一年可能出现偿还高峰,则可应用经济或行政手段,尽量使新借款的还款期避开还款高峰年,例如规定不得借入到那一年到期的债款,或者控制那一年到期的债务数量。

(5) 利率结构的管理。一般来说,借债总是要支付利息的,而利息的多少直接与利率有关。对于官方优惠贷款,往往采用固定利率。对于商业贷款,既有固定利率,又有浮动利率。由于今后市场利率很难准确把握,所以浮动利率债务存在着利率风险。固定利率债务和浮动利率债务的比例如何、浮动利率应选择什么样的基础利率、固定利率与浮动利率债务如何转化、如何预测今后市场利率的变动趋势,这些都是利率管理的内容。

(6) 筹资市场分布的管理。能否选择合适的借款市场,对于能否顺利地筹借到所需的资金关系很大。每个市场都有自己的特点,有些市场对于某些借款人还有一定的限制。同时,也不是所有市场对于每一个借款人都适合。在进入市场的时机上,应尽量避免国内的几个机构同时在同一国外市场上筹资。

2. 外债的使用管理

(1) 外债的投向管理。外债的使用应重点放在能出口创汇的行业及能源、交通等基础工业上。外债一般须以外汇来偿还,能创汇是保证偿还的前提,能源、交通等基础工业直接制约一国经济的进一步发展,应重点利用外资。外债管理部门主要应从宏观上进行控制,保证国家总体债务投向各行业的比例适当,并可根据贷款的性质加以引导。

(2) 外债使用效益的管理。使用外债的项目能否取得好的经济效益,是考虑该项目是否需要借入外债的前提。只有取得良好的经济效益,利用外资才值得,偿还外债也才有保证。为此,在借入外债前,必须对借债项目进行可行性分析,全面考察项目的场地、设备、原料来源、配套设施、销售渠道等多种因素;在外债的使用期间,外债管理部门应随时监督外债的使用、项目的进展情况,督促借款单位不断提高借债项目的经济效益。

3. 外债的偿还管理

(1) 对偿还外债本金的管理。外债本金的偿还有多种方式:一种是等额本金,即将本金的偿还平摊在各年内,每年偿还的本金数相等;另一种是定额年金,即各年偿还本金数与利息数之和都相同;还有一种是一次偿清,即在债务到期日一次将本金还清。此外,还有其他形式的还本方法,比如不规则的还本方式,双方商定从某年开始,各年分别还多少。债务管理部门应督促债务人按协议规定的日期偿还本金,必要时可从债务人的外汇账户中直接扣付,以保证对外信誉。

(2) 对偿还外债利息的管理。除少数无息贷款外,大多数债务都需支付利息。有的债务是固定利息,有的是浮动利息,支付时间有的是一年付息一次,有的是一年两次,也有些是不规则的。同本金偿还不同的是:本金的偿还有些可以在外债借入的若干年后才开始,有些甚至可以在到期日一次还清,而利息是从债务的借入之日起就开始计算。利息的支付几乎每年都要进行,即使在宽限期内也不例外。债务管理部门应经常检查督促债务人按时支付利息。

(三)中央银行管理外债的手段

1. 制定外债规划,公布外债管理有关规定。通过参与国家总体外债规划的制定,可以控制国家未来债务的总规模及其结构,引导国家债务的投向。通过公布外债管理有关法规,可以对债务人的资格、外债借入的审查、还本付息的监督等作出具体规定。

2. 对外债实行事前审批。根据国家对外借债计划,对具体债务的金额、市场、利率、期限、币种等进行审核,严格把关。对于借债金额过大,或借款条件欠佳的债务,不予批准或指导债务人改变筹资市场,重新谈判。

3. 对外债实行事后监测。中央银行通过其外债统计监测系统,可以全面掌握国家的总体负债情况,如果国家的负债情况接近或超过一定的警戒限度,有可能出现偿债困难,监测系统将及时发出警报,使国家及早作出计划调整或政策调整,以保证国家对债务的按时偿还。

4. 对外债进行分析,提出政策建议。中央银行对外债的分析可以从各个方面、各个角度进行,包括国际市场利率变动对偿还利息的影响、汇率变化对未来还本付息的影响、当前的偿债率和未来可能达到的偿债率分析、国家应采取的借款战略、寻求适合本国国情的外债监控敏感性指标及其相应的指标值。

二、外债的经济分析

(一)衡量外债偿还能力的数量界限

如何评价一个国家对外债的偿还能力,有哪些指标可以作为衡量偿还能力的参考,其数量界限是多少,是一个值得研究的问题。

一般认为,以下指标可以作为参考:

1. 负债率。负债率是债务国未偿还外债余额与当年国外汇总收入的比率。公式为:负债率=年末外债余额/当年国民生产总值。负债率与债务国债务负担成正比。国际上公认的安全线为15%,低于10%为偿债能力较强,超出20%为偿债能力欠佳。

2. 债务率。债务率是债务国的债务余额占当期该国外汇总收入的比例。公式为:债务率=年末外债余额/当年该国外汇总收入。它表明了以债务国目前的收入水平,需要多长时间才能偿清现存总债务。债务率越高,债务国偿债能力越差。一般认为,债务率的安全警戒线为100%。

3. 偿债率。偿债率是指一国年偿债额占当年该国外汇总收入的比率。公式为:偿债率＝本年度外债还本付息额/本年度外汇总收入。偿债率越低,债务国的偿债能力越强;反之,债务国的外债负担就越重。国际货币基金组织将偿债率的安全线划定在15%—20%之间。一般认为,偿债率不超过20%较为安全。

4. 外债余额增长率。外债余额增长率在正常年份,不应超过国民生产总值的增长率。

上述四项指标中,第1项指标是从静态考察生产对外债的承受能力;第4项指标是从动态考察生产对外债的承受能力;第2项和第3项指标是从静态考察资源转换能力对外债的承受能力,即外债余额和还本付息额与外汇收入的关系。第3项指标即偿债率是用以衡量外债偿还能力最重要的指标,也是用来显示未来债务偿还是否还会出现问题的晴雨表;其余的指标,相比而言,是辅助性或补充性的指标。常见的说法是,偿债率控制在20%以下为宜,超过20%,说明债务偿还会出现问题。世界银行分析45个债务国的情况说明,偿债率超过20%的17个国家中,15个国家出现了严重的债务问题,以致不得不重新安排债务。无疑,上述偿还债务的比率或指标,特别是偿债率对于衡量一国的外债偿还能力,有重要的参考作用。

但上述指标不是决定性的或完全科学的指标,因为它们本身存在一些局限:第一,上述指标所显示的是过去的情况,并不包括将来形势的发展。出口商品产销的变化、出口市场的兴衰、商品价格的升降等因素,都直接影响未来出口收益的增减。而这些因素的变化在相当程度上是不受本国主观努力所左右的。对未来形势发展缺乏预见性是偿债率和其他类似比率或指标先天缺乏的。第二,以出口收入为基础的偿债率只显示了国际收支的一个方面,并没有考虑到国家进口商品和劳务的因素,也没有包含国际储备状况,而这些都是影响国际支付能力的重要因素。如果一国的偿债率超过20%,但外汇储备充足,人均国民收入水平较高,今后经济发展速度快,外债偿还也不会出现问题。第三,能否持续、有保证地借入外债也是外债偿还不出问题的因素之一。因此,将一国外债偿还能力局限于外汇收入来衡量显然是有局限的。

总之,由于外债问题牵涉面很广,可变因素很多,对一国的外债水平或外债的偿还能力,不可能用一个比率或一组比率来概括。至于这些指标的警戒线水平,也因各国的国情不同而有所不同。各国中央银行需要从更多方面、不同的角度去估计本国的外债水平及其偿还能力。

(二) 外债的经济分析

1. 外债的经济收益

第二次世界大战后,许多国家利用外资发展本国经济,借外债逐渐成为国际资本流动的重要形式,对世界各国经济发展起到了推动作用。具体而言,借外债的经济效益表现在以下几个方面：

（1）投资。借外债可以弥补国内建设资金不足，增加投资能力。几乎所有的分析家都认为：借外债的作用是扩大投资，因为它补充国内建设资金的不足，有助于提高资本形成比率，从而带来更高的投资率和收入增长率。但这里有一个必要前提：所借外债都能有效地用于投资项目。

（2）技术和设备。借入外债后，债务国可以根据本国的生产需要和消化能力引进国外的先进技术和设备，经过不断吸收，提高本国的生产技术水平和社会劳动生产率，生产出能够满足国内需要的产品，丰富本国人民的物质文化生活。

（3）就业。通过借外债增加国内的生产投入，开辟新行业，建立新企业，能吸收大批的待业人员，经过培训后，不但提高了本国的就业率，而且提高了劳动力的素质。

（4）贸易。借外债不仅促进了本国的生产结构变化，而且有利于出口商品结构变化。实践证明，利用国外资金引进国内紧缺物资和关键设备，可以加强某一生产领域或行业的建设，调整不合理的产业结构，扩大出口创汇的生产能力，提高国际市场上的竞争地位，改变长期依赖进口的状况，促进国际经济发展。

（5）银行或金融机构。借外债可以改善一个国家作为潜在金融市场的形象，在债务国保持良好信誉的情况下，外国在债务国设立分行、代表机构的机会将增多，这给债务国带来许多好处：① 增加外国银行对债务国的了解，从而改善借贷信誉标准；② 帮助开发本地银行没有利用的国际资本市场；③ 有助于吸引跨国公司的直接投资；④ 支持当地金融机构和金融市场的开放。所以，通过借外债能够加强债务国和债权国在金融领域的合作，增强债务国经营和管理国际资本的能力，最终有利于促进国际经济贸易合作的开展。

2. 借用外债的成本

借外债可以给债务国的经济带来许多收益，但同时，也将使债务国付出如下代价：

（1）债务偿还。债务偿还包括还本和付息。为了还本付息，债务国就要放弃一定数量用于消费和投资的购买力。债务国用于偿还债务的资金来源可通过扩大出口、减少进口或继续借外债来获得。国际商业贷款或按市场条件的外国政府贷款，其利率极高，故成本高昂。另外，对债务国来说，可能在一定时间有许多贷款到期，即形成所谓的偿债高峰期，这时很容易使债务国出现清偿困难或清偿危机，不能履行偿还债务的义务。而不按期还债会损害债务国的信誉，并削弱债权者的信心，从而使债务国难以再借到外国贷款，甚至还会有被拒绝于国际金融和商业重心门外的危险。

（2）附带条件的外债。附带条件的外债主要是指附加其他条件的政府或国际金融组织的贷款，这些贷款的附加条件可以视为还本付息之外的附加成本。

例如，债务国在得到一笔政府贷款后，要用其中一部分购买债权国的物品，而这些物品不一定是债务国所急需进口的。又如，一些债权国或国际金融组织机构在提供贷款时，以债务国实行经济"改革"或政策调整为条件，干预债务国的经济活动。

（3）外资供应的不确定性。外资的供应并不总是稳定有保证的。国际经济和金融形势的动荡会影响债务国的资本流入，而影响国际经济和金融形势的因素又是非常多的。债权国出现衰退、通货膨胀和预算赤字严重的情况下，势必会减少对债务国的政府贷款，如果债权国经济不景气，出现衰退，或国际贸易出现萎缩状况，商业银行也可能消减甚至停止对债务国提供新的贷款。外资供应的这些不确定性往往是造成债务国清偿困难的重要原因。

（4）对外债的依赖性。如果外债使用不当，不能创汇，或不能带来足以还本付息的外汇，债务国就不得不继举新债来还旧债，结果使债务国对外债产生依赖性，并有可能加重。对外债的依赖性越大，债务国对国际金融市场和国际经济环境变化冲击的抵抗力就越脆弱。外债给债务国带来的收益和使它们付出的代价，对于不同的国家、不同的时期和不同的经济环境来说，是不一样的。但是，究竟是利大还是弊大，在很大程度上取决于债务国经济发展政策及使用和管理外债的能力。

3. 外债与国际收支平衡

国际收支是一个国家在一定时期内对外政治、经济、文化往来所产生的全部经济交易的系统记录，集中反映了一国对外经济关系的综合情况及其国际金融活动的内容和范围。外债是国际债权债务的表现形式之一，必须在一定时期内清算。即债权国收入货币，了结其对外债权；债务国支付货币，清偿其对外债务。由此涉及国际的货币收支问题，这是国际收支的一个重要内容。

借用外债是一国对外经济活动的一个主要组成部分，对一国的国际收支状况有重要影响，特别是从发展的角度看，它反映着一国国际收支发展的前景和趋势。反过来说，国际收支状况也在很大程度上影响着债务活动的周期，表现在贸易顺差可以用来偿还外债的本息。世界银行把债务周期划分为五个阶段：第一阶段是不成熟的债务人，这个阶段的特点是，贸易逆差，利息支付净流出，净资本流入，债务上升；第二阶段是成熟的债务人，这个阶段的特点是，贸易逆差下降，债务按递减速度上升；第三阶段是债务减少，贸易顺差上升，利息支付的净流出减少，净资本流出，净外债下降；第四阶段是不成熟的债权人，其特点是，贸易顺差下降，再转为逆差，利息支付的净流出转为流入，资本流出速度下降，外国资产的净积累；第五阶段是成熟的债权人，贸易逆差，利息支付的净流入，净资本流量减少，净国外资产的头寸缓慢增长或稳定不变。过去的50年来，英国和美国国际收支平衡结构变化的格局基本如此。直到现在，这两个国家的国际收支平衡仍然非常接近地按照这五个阶段变化着。

第二次世界大战以后,发展中国家也将国际收支平衡作为一项重要的经济目标来实现。但是,由于大多数发展中国家处于债务周期的第一阶段"不成熟的债务人",所以依靠经常项目调整平衡国际收支困难较大,必须借助资本项目顺差来弥补经常项目逆差,以求国际收支总体平衡。借外债是利用外资的主要形式之一。特别是在经济发展初期,发展中国家需要大量资金进口国外的先进技术和设备,容易造成一定量的贸易逆差;由借外债满足必要的进口需要,促进本国经济发展,逐渐转变贸易逆差为顺差,增强还本付息能力,进入第二阶段"成熟的债务人"。所以,从国际收支平衡对债务周期影响的角度看,外债对于把保持国际收支平衡作为经济政策目标的债务国来说,有助于这一目标的实现。如果债务国对外债管理的政策妥当,也将促进其债务周期的变化。

三、我国中央银行的外债管理

(一)我国关于外债的定义

国务院批准公布的《外债统计监测暂行规定》,将外债定义为:中国境内的机关、团体企业、事业单位、金融机构或者其他机构(以下统称借款单位)对中国境外的国际金融组织、外国政府、金融机构、企业或者其他机构用外国货币承担的具有契约性偿还义务的全部债务。该规定同时还指出,"借款单位向在中国境内注册的外资银行和中外合资银行借入的外汇资金视同外债。在中国境内注册的外资银行和中外合资银行向外借入的外汇资金不视为外债。"

我国关于外债的定义与国际金融组织的外债定义基本上是一致的,但根据我国国情在两方面作了变通处理。

1. 强调以外国货币承担偿还义务的债务才算外债,将本币债务、以商品和劳务偿还的债务排除在外债之外。本币债务不算外债,是因为人民币不属自由兑换货币。以商品和劳务形式偿还的债务不算为外债,一是因为目前这部分债务数量很少,而统计起来工作量又很大;二是因为我国对以商品和劳务形式偿还债务采取鼓励政策。在实际统计中,我们把补偿贸易中以外汇偿还的债务算为外债,以商品偿还的不算。

2. 在华外资银行和中外合资银行虽属中国居民,但在管理上将其视为非居民。它们的对外借款不视为中国的外债,中国居民向其借款则视同外债。

(二)我国目前的外债概况

关于我国外债总量情况,总体上大致适度,外债规模与国内消化能力及清偿能力是相适应的。近年来,通过实施适量举借外债,缓解了国内建设资金严重供应不足的矛盾,有力地促进了国民经济的发展。以 2003 年底计,我国外债余额为 1936.3 亿美元,其中中长期外债余额为 1165.9 亿美元,占 60.2%,短期外债余额为 770.4 亿美元,占 39.8%。按照国际口径测算,我国 2003 年偿债率为 6.85%,债务率为 39.92%,负债率为 13.74%,均低于国际上公认的安全线标准。目前,我国外债的来源结构、期限结构、币别结构、投向结构等,与我国的国民经济发展及产业结构的要求是相符合的。在 2003 年末 1936.3 亿美元外债余额中,国务院部委债务余额占 33.6%,国内企业债务余额占 4.85%,外商投资企业债务余额占 24.06%。2003 年末短期债务余额占总债务余额的比重是 39.8%,远远高于国外公认的较为合理的 25% 的比重,已引起外汇管理部门的高度重视。在债务币别结构方面,绝大部分为美元与日元,与我国出口收汇的币别相一致,基本合理。但在我国外债运用过程中,同时存在着一些亟待改进的问题:外债余额增长过快、外债余额与外汇准备之间的数量关系处理不当、外债投向不尽合理、外债来源市场过于集中、币种单一、债出多门、缺乏有权威的协调管理机构等,对此,需要通过加快外债管理体制改革来进一步解决。

(三) 我国外债管理体制

我国的外债管理主要是通过建立并实行外债管理机制和外债偿还管理制度进行的。我国现行的外债管理机制,包括统一计划、归口管理、债务登记几个相互联系、相互制约的内容,这是由我国社会主义市场经济和债务管理的内容所决定的。

1. 统一规划。国家统一制定中长期和年度利用国外贷款的总规模和使用方向,并编制指令性和指导性指标计划,对计划进行综合平衡后,纳入国民经济和社会发展中长期计划和年度计划。

2. 归口管理。外债管理是一项复杂而又具体的系统工程。外债管理机构仅仅起到"龙头"作用,不可能面面俱到。因此,我国根据政府机构的职能分工以及历史沿革,按业务相近原则,对外债的某些过程实行归口管理。(1) 中国人民银行负责建立和健全全国统一的国外贷款信贷、结算制度,加强国外贷款的信贷和结算监督;(2) 财政部负责建立和健全全国统一的国外贷款借、用、还的财务、会计核算制度,加强外债的财务管理、会计核算和财政监督;(3) 商务部和海关总署负责建立和健全全国统一的借用国外贷款进出口货物监管、关税优惠政策和管理办法,加强借用国外贷款进出口物资的监督;(4) 审计署负责建立和健全全国统一的国外贷款借、用、还的审计制度,加强外债的审计监督;(5) 国家税务总局负责建立和健全全国统一的国外贷款借、用、还的税收政策和制度,加强外债的税收管理和监督。这种分工合作管理方式,使我国的外债管理日趋完善。

3. 债务登记。我国境内的任何机构对外签订借款合同或担保合同之后,必须根据外债管理的有关规定,在外汇管理部门办理债务登记手续。对于国际商业贷款的借款合同或担保合同,必须经过债务登记之后才能生效。

我国现行的外债偿还管理制度主要包括以下内容:

第一，三种偿债方式的划分。为了减轻中央的负担，增强地方和部门使用国外贷款的责任感，提高使用单位的负债经营意识，国家从财政角度确立了"谁借款，谁偿还"的总原则。具体划分为统借统还、统借自还、自借自还三种方式。（1）统借统还是指对外有国家统一借入，统一偿还。该项目与资金须经国家发改委和财政部审查确认，报国务院批准。外汇列入家外汇收支计划，人民币列入中央财政收支预算，统一安排。（2）统借自还是指对外由国家统一借入，对内用款单位偿还贷款本息。外汇和人民币分别列入部门或地方外汇收支计划和财政收支预算。（3）自借自还是指借、用、还均由借款单位或其主管部门负责，分别列入同级外汇或财务收支计划。偿还责任在批复的项目建议书中就已明确，借款单位要求承担相应的法律和经济责任，确保按时还本付息。

第二，对外偿付要领取"外债业务核准件"，我国借款单位对外还本付息，要事先到外汇管理部门开具外债业务核准件，到开户行通过外债专用现汇账户和外债还本付息专用现汇账户对外支付。

第三，偿债监督。借款单位到期如不履行偿还责任，有关部门可经国家外汇管理局批准后，通知银行从偿还单位或其主管部门或担保单位的外汇和人民币账户中直接扣付，以确保对外信誉。

第四，建立偿债基金。为应付国际资本市场的变化，使我国外债偿还有备无患和解决一些偿债单位的具体困难，国家和地方宜建立偿债基金，以增加投资者的信心，保证资金的不断流入。

（四）我国外债管理的对策

1. 重视总体控制。不仅要做好总量控制，还应该做到币种搭配合理、期限合理及资金来源合理。从国家、地方、单位三级把握债务总量，使用有度，避免投资热、外资热的盲目升级，切实防止外债危机。

2. 落实偿还责任。明确划分国家债务、企业债务和私人债务。国家—地方、部门—主管单位—企业根据不同的情况，承担各自的偿还责任。偿还责任不仅要落实到单位，还要落实到主要责任人身上，对因债务问题造成经济损失的单位及其负责人，要给予必要的经济制裁和行政处分，损失巨大的还要依法追究刑事责任。

3. 建立清偿基金。根据一些发展中国家的经验，外债偿债基金是防止债务危机的一个行之有效的方法。偿债基金作为偿债的风险基金，是提高应变能力的必要措施。我国应建立国家和地方两级偿债基金。偿债基金实行基金化管理，基金自我周转、增值、有偿使用。有的项目出现债务偿还困难时，可以使用偿债基金垫付还本付息额，使项目外债能按期偿还，维护国家信誉。

4. 建立外债管理信息系统。外债管理信息系统包括计划管理子系统、审批管理子系统、统计监测子系统等。在对大量的外债信息包括国家外债规模结构、国际资金市场的供求状况、国家经济政策和出口创汇情况等进行系统分析的基础上,为外债管理部门提供更加准确、及时、直接的决策依据。

专栏 15-1

东南亚金融危机对外汇、外债监管的启示

1997年始的东南亚金融危机对世界金融市场产生了重大影响,它是货币危机、银行体系危机、债务危机、信用危机、清偿力危机的综合表现,而经济发展的传统模式和外国资本的迅速流入是引发上述危机的最根本原因。通过这次危机,在外汇、外债的监管中可得到以下启示:

(1) 汇率制度必须及时根据特定的经济环境予以调整。东南亚地区普遍实行与美元挂钩的固定汇率制度,不能适应新经济环境的变化,是引发这次危机的重要原因。在经济环境已经发生重大变化的情况下,人为地维持固定汇率是十分困难的,对汇率的长期管理不善必然会酿成严重后果。

(2) 对于外汇储备对汇率的稳定作用要有冷静的认识。在开放的经济条件下,高额外汇储备一般被视为防范国际金融风险的重要防御手段。然而,在这次危机中受打击最为突出的泰国,其外汇储备高达377亿美元,几乎达GDP的20%和六个月的进口值。外汇储备主要是在外汇市场,特别是在现汇市场上起到稳定作用,但对相关金融市场,如股票市场、债券市场、衍生工具市场等基本上不具备稳定作用。不同来源的外汇储备对稳定市场的作用差别很大。因此,外汇储备规模只是宏观经济运行的结果,对于经济的长期失衡,其调节作用十分有限。健全的经济运行机制才是抵御金融风险的最有效工具。

(3) 对外国资本流入的总量水平、期限结构和投资部门结构等需要加以监控和管理。在外国资本流入的各种形式中,生产性的直接投资最为稳定,应确定为发展中国家吸收外资的主要途径。证券投资及短期外币信贷的比例应加以控制。引进外资要适度,并要加强对外资的引导,制定出能影响资本流入量的宏观经济政策,使外资引进与国家经济发展规划有机地结合起来。

(4) 加强资本项目管理,稳步开放资本市场。这次东南亚金融危机,一个重要的原因就是过早地开放了资本市场。对外开放要与金融制度的建立和健全相结合,对资本项目的自由兑换应采取审慎态度。即使实行从经常项目到资本项目的自由兑换也要遵照循序渐进的原则,即优先开放长期投资市场,严格控制短期资本流入,鼓励外资进入基础设施建设和基础产业。

第三节 中央银行对国际储备的监管

一、中央银行国际储备监管的内容

国际储备是各国政府为了弥补国际收支逆差和保持汇率稳定以及应付紧急支付的需要而持有的国际可以接受的资产。国际货币基金组织对外汇储备有如下定义：是指一国政府和中央银行所持有的黄金、外汇和特别提款权总额再加上该国在货币基金组织中的储蓄头寸。

一国国际储备管理是多方面的，但最重要的是，国际储备规模与结构两方面的管理。

（一）国际储备规模管理

国际储备规模管理是通过有关管理规定和营运安排，使一国的国际储备数量保持在适度的水平上。国际储备作用的发挥是靠储备规模适度作保证的。适度的国际储备规模，是由经济发展的客观需要决定的，是有客观标准的。适度的国际储备规模，是既能满足国家经济增长和对外支付的需要，又不会储备过多形成积压浪费的合理储备规模。

1. 影响国际储备规模的主要因素

（1）一国对外贸易状况。包括该国对外贸易在国民经济中的地位和作用、贸易条件和出口商品在国际市场上的竞争潜力等状况。对外贸易的规模越大，在贸易条件上处于不利地位而其出口商品又缺乏竞争力的国家，就需要越多的国际储备。

（2）汇率制度和外汇政策。相比较而言，浮动汇率对储备的需求比固定汇率要小一些。一国实行稳定汇率的外汇政策，需要的国际储备较实行自由浮动汇率政策的要多。

（3）货币地位。一国货币如果处于国际储蓄货币地位，可以通过增加本国货币的对外负债来弥补国际收支逆差，而不需要较多的储备；相反，则需要较多的储备。这也是美国等少数发达国家国际储备水平较低的一个重要因素。

（4）外汇管制的程度。在实行较严格的外汇管制条件下，汇率、进口用汇和资本流动将受到管制，这在一定程度上能控制和利用居民的私有外汇，有能力控制进口，所需的国际储备就少。

2. 确定适度国际储备规模的界限

在考虑上述诸多因素的基础上，适度的国际储备量要依据本国的经济发展和对外贸易及资本流动状况来确定。根据制约储备量因素不断变动的特点，各国在确定国际储备水平时，通常总是确定出储备水平变动的上限和下限，从而将储备水平的变动控制在适宜的中间水平上或控制在适宜的区间内。

一国的国际储备水平应根据该国的经济发展水平来确定下限,即保证该国最低限度进出口贸易总量所必需的储备资产,成为经常储备量或最低储备量。同时也应考虑其上限,即该国经济发展最快时可能出现的对外支付最大需要的储备资产量,成为保险储备量或最高储备量。下限是国民经济发展的临界制约点,如果达不到这一水平,一国的对外支付就会陷入困境。而上限则表明该国拥有充分的国际清偿能力,是国民经济发展所需要的最高储备量。上限和下限之间,便构成了一国适量的国际储备区间。在这个区间内的任何一个水平线上,都可能是一国所持有的最佳储备量,最佳储备量或最适度储备量是一个区间或区域值。

3. 确定适度国际储备规模的常用方法

(1) 一国国际储备量与国民生产总值之比。这一比例反映了一国的经济规模对于国际储备量的需求。国际储备量要适应国民生产总值的变化,两者之间基本上呈正比例变化关系。根据这一比例关系,可大致估算一国的国际储备量。

(2) 国际储备量与对外债务总额之比。它反映了一国的对外清偿能力和国际信誉。国际储备是支付外债本息的保证,所以国际储备应与对外债务之间具有一定的比例关系。

(3) 国际储备量与月平均进口额之比。这是最常用的参考指标。一国进口所需的外汇是对外支付最重要的部分。月平均进口额在一定程度上反映了一国日常必备的对外支付量。一般认为,一国的国际储备量大约相当于三个月的进口付汇额是较为适宜的。这就是有名的"特里芬法则",也是国际货币基金组织常用的"三个月进口货价法"。

综上所述,国际储备基本上如同物资储备一样,是一种缓冲器。国际储备规模管理具有两面性:一方面是一国政府在国内经济的调节和控制上有更大的活动余地;另一方面持有国际储备要付出相应的代价,如持有过多的国际储备,就等于把相应的财富让给别人使用。因而,有效的国际储备规模管理应是在保证支付的前提下,使持有储备资产所付出的代价尽可能少。

(二) 国际储备结构管理

所谓国际储备结构的管理,是指一国如何最佳地分布国际储备资产,从而使黄金储备、外汇储备、普通提款权和特别提款权四种形式的国际储备资产持有量之间保持适当的比例关系。一国持有的普通提款权和特别提款权的多少,是由该国向基金组织缴纳份额的多寡所决定的,份额不变,其持有的数量也不会发生变化。而黄金作为国际储备资产的作用正逐步削弱。在这种情形下,外汇储备逐渐上升为国际储备资产的最主要形式,国际储备外汇化的趋势不可阻挡。因此,国际储备结构的管理,主要是外汇储备结构的管理。而所谓最佳分布国际储备资产,实际是指外汇储备中各种储备货币币别之间以及将外汇储备存放于外国银行部分同投资于外国证券部分之间保持适当的比例关系。实施外汇储备的结构管理,必须坚持储备资产的安全性、流动性、保值性、盈利性相结合的管理原则,实现储备资产多样化、风险分散化、分布合理化,充分发挥国际储备资产的作用。

1. 外汇储备币种机构及其优化。外汇储备币种机构是指外汇储备的币种构成以及各币种在外汇储备总额中所占的比例。一国外汇储备中储备币种的选择,各币种之间的比例确定要考虑以下几个重要因素:

(1) 储备货币币种与本国对外贸易结构所需币种大体一致。这既是适应储备货币具有流动性、满足国家经济建设用汇的需要,也是减少货币兑换环节、防范汇率风险的需要,同时又是考核外汇储备结构是否合理的重要标志之一。

(2) 储备货币币种与本国对外投资和外债还本付息的币种大体一致。本国对外投资是实现储备资产盈利性的需要,同时储备资产的作用之一是保证国家对外支付能力和国际信誉的需要。

(3) 储备货币币种与外汇市场上储备货币的汇率与利率走势需求的币种大体一致。这样可以使多种储备货币按各种货币汇率、利率的走势以及不同货币间升值与贬值相互抵消的可能加以合理搭配,保证外汇储备不受损失并获得相应的收益。

(4) 储备货币币别要满足本国汇率政策执行和干预市场的需要。主要是本国货币如受到某种储备货币的冲击,不利于本国货币的稳定时,一国货币当局需要动用储备货币,干预外汇市场,以支持本国货币汇率的稳定。

(5) 储备货币的币种选择,要考虑储备货币发行国的经济、金融状况,以及国际金融市场的发展状况。

2. 外汇储备资产结构及其优化。外汇储备资产结构是指外币现金、外币存款、外币短期证券和外币长期证券等资产在外汇储备中的相互地位。

外汇储备资产的形式不同,其流动性、安全性及收益性就不相同。一般讲,短期的、变现能力强的外汇储备资产,其流动性强、风险性较小,但收益水平低;而长期的、变现能力差的外汇储备资产,其流动性差、风险性也较大,但收益水平高。如何确定不同形式资产的比率,应以本国的实际需要为依据。一国持有储备资产的主要意图是应付对外支付的需要,而谋求储备资产的增值只能是第二位的。因此,在考虑外汇储备资产合理分布时,要特别重视其变现能力因素。在确保储备资产能够充分满足国家对外支付的基础上,可将其划分为不同等级,并确定各等级的合理比例。

(1) 一线储备。主要用于一国经常性或临时对外支付所需的外汇储备,这部分储备资产必须保持高度的流动性,随时可以变现使用。其资产形式应为:现金、活期存款、短期存款、短期债券、商业票据等。一线储备要以满足国家对外支付、维护国际信誉需要为标准,在全部外汇储备资产中占有一定的比例。一线储备的盈利性较低,风险性也较小。

(2)二线储备。主要是作为补充性的流动资产,用于一国在发生临时性或突发性事件时对外支付的保证,由于二线储备是用于不时之需,因此,对其管理可以盈利为主,兼顾适当的流动性及风险性,主要应投资于中期国库券、债券等。

(3)三级储备。主要是外汇储备资产中用于长期投资的部分,包括各种形式具有较高收益的长期有价证券。三线储备资产的流动性差,风险相对性高些,但收益性高,可以弥补一线储备资产的收益不足。

二、我国中央银行对国际储备的监管

(一)我国国际储备的构成

1980年,我国恢复了国际货币基金组织和世界银行的合法席位后,按照规定缴纳了应缴份额,享有在基金组织外汇储备头寸的提取权和接受基金组织分配的特别提款权,纳入世界储备体系。作为国际货币基金组织的会员国,我国的国际储备亦由黄金储备、外汇储备、在基金组织的储备头寸和基金组织分配的特别提款权余额四部分组成。但我国国际储备中的黄金储备,只是作为整个国家黄金库存总量的一部分,划出后多年没有变化,在国际货币基金组织的储蓄头寸、特别提款权的余额自1985年以来基本上也没有多少变动,因此,我国国际储备管理的主要内容是外汇储备管理。

(二)我国中央银行的外汇储备管理

我国外汇储备管理的改革与我国的金融体制、外贸体制和外汇管理体制的改革同步配套进行。按照逐步建立我国社会主义市场经济体制的要求,我国外汇储备管理体制改革将从以下几个方面入手:

1. 将国家外汇储备逐步与国际收支中经常项目收支的直接差额挂钩,建立我国外汇储备基金。

2. 尽可能避免直接动用储备来调整进出口的不平衡。在人民币实现浮动汇率机制以后,我国对国际收支的调节,应主要通过人民币汇率水平的变动来实现,发挥汇率对国际收支的调节作用。

3. 中央银行可以从我国国际储备中拨出一笔外汇与黄金建立外汇平准基金,通过直接参与外汇市场买卖发挥干预市场和调控经济的职能,充分发挥外汇储备的干预资产作用。

4. 进一步明确我国外汇储备的所有权和经营权。根据外汇储备的性质和国际上的一般惯例,我国的外汇储备属于国家,应归财政部所有,可以由国家委托中央银行具体经营管理。

5. 建立统一完善的国内外汇清算系统,保证我国的对外支付及国际结算。

(三) 我国外汇储备资产的运用

从外汇管理的角度出发,外汇储备资产除了考虑安全性以外,还应兼顾流动性和盈利性两个方面。从流动性看,应将储备资产存放于国外银行的活期账户上,但活期存款账户一般不付利息或付息少,达不到盈利性要求;如果从盈利性角度看,最好将储备资产动用在收益较高的投资上,而这样流动性就差了。因此,储备资产的流动性和盈利性之间就有一个优化组合问题。为此,应做好以下工作:

1. 做好对国际金融市场的分析和预测,研究证券投资方法、变现能力和期限长短等。

2. 根据统计资料确定本国储蓄的流动性要求,以及根据经济、外贸的发展加以修正。

3. 制定投资方案,对各种投资的对象、期限、币种和利率加以分析比较,选择兼顾流动性和盈利性的最优方案。

4. 对外汇储备资产管理工作进行有效的监督和检查,随时调整储备构成变化后的政策措施。

本章小结

中央银行为了稳定本国货币的对外汇率、保持国际收支相对平衡,要对外汇进行监督与管理。外汇监管的内容主要包括:贸易外汇的监控与管理、非贸易外汇的监控与管理、资本输出输入的监控与管理、非居民存款账户的监控与管理、汇率调整与管理、外汇风险管理等。目前在经济全球化条件下,各国的外汇管理体制、手段、方法也在发展与完善。

外债是利用国外资金的重要形式,中央银行对外债的借入、使用、偿还运行过程加以协调、监督与控制。我国中央银行在外债管理坚持统一管理、量力而行、结构合理、注重效益的原则,对外债总量、外债结构以及外债借、用、还全过程实施监管。

国际储备关系到国家调节国际收支和稳定本国货币汇率的能力,在现行国际汇率制度和风险趋势条件下,中央银行加强了对国际储备的监管,主要监督国际储备总量、国际储备结构、国际储备的补充来源。我国外汇管理的基本任务,是建立独立自主的外汇管理制度,正确制定国家的外汇法规和政策,保持国际收支的基本平衡和汇率的基本稳定,有效地促进国民经济的持续稳定发展。

关键词

外汇监管 外债监管 负债率 债务率 偿债率 国际储备监管

思考题

1. 简述外汇管理的基本内容。
2. 简述外债偿还能力的数量界限。
3. 分析中央银行外债管理的目标与内容。
4. 阐述国际储备管理的必要性。
5. 阐述国际储备结构及其调节原则。

主要参考文献

1. 黄达等主编:《中国金融百科全书》,经济管理出版社1990年版;
2. 张强等:《中央银行学》,湖南出版社1997年版;
3. 周林主编:《世界银行业监管》,上海财经大学出版社1998年版;
4. 戴相龙、黄达主编:《中华金融辞库》,中国金融出版社1998年版;
5. 国际清算银行:《巴塞尔银行监管委员会文献汇编》,中国金融出版社1998年版;
6. 〔美〕米什金:《货币金融学》,李扬等译,中国人民大学出版社1998年版;
7. 贺力平主编:《货币政策工具操作程序》,西南财经大学出版社1998年版;
8. 王广谦主编:《中央银行学》,高等教育出版社1999年版;
9. 刘锡良等:《中央银行学》,中国金融出版社1997年版;
10. 王松奇:《金融学》,中国金融出版社1999年版;
11. 易钢、吴有昌:《货币银行学》,上海人民出版社1999年版;
12. 周道许:《现代金融监管体制研究》,中国金融出版社2000年版;
13. 李扬、王松奇主编:《中国金融理论前沿》,社会科学文献出版社2000年版;
14. 陈学彬主编:《中央银行概论》,上海社会科学院出版社2000年版;
15. 刘明康主编:《欧元运行与欧元清算》,经济管理出版社2001年版;
16. 胡海鸥主编:《货币理论与货币政策》,上海人民出版社2004年版;
17. 贺培:《经济与金融体系中的支付系统》,中国财政经济出版社2001年版;
18. 陈学彬:《金融监管学》,高等教育出版社2003年版;
19. 易定红:《美联储实施货币政策的经验及其借鉴意义》,中国人民大学出版社2004年版;
20. 《欧洲中央银行货币政策》,张敖、胡秋慧译,中国金融出版社2004年版;
21. 刘定华主编:《金融法教程(第二版)》,中国金融出版社2004年版;
22. 〔美〕阿兰·S.布兰德(Alan S. Blinder):《中央银行的现代化进程》,孙涛等译,中国金融出版社2006年版;
23. 向松祚、邵智宾:《伯南克的货币理论和政策哲学》,北京大学出版社2008年版;
24. 裴平、熊鹏等:《中国货币政策传导研究》,中国金融出版社2009年版;
25. 博源基金会:《国际金融监管:问题·改革》,社会科学文献出版社2010年版;
26. 杜朝运:《中央银行学》,厦门大学出版社2010年版;
27. 刘肖原、李中山主编:《中央银行学教程》,中国人民大学出版社2011年版;
28. 赵何敏、黄明皓:《中央银行学》,清华大学出版社2012年版;
29. 苏亮瑜:《我国货币政策传导机制及盯住目标选择》,载《金融研究》2008年第5期;
30. 张宏:《通货膨胀目标制度与我国货币政策借鉴——兼论泰勒规则》,载《国际金融研究》2008年第12期;

31. 彭兴韵:《金融危机管理中的货币政策操作——美联储的若干工具创新及货币政策的国际协调》,载《金融研究》2009年第4期;

32. 盛松成、方轶强:《支付系统发展对公开市场操作效果的影响》,载《金融研究》2009年第10期;

33. 中国人民银行网站;

34. 美联储网站;

35. 国务院发展研究中心信息网站。